Wirtschaftshistorische Studien

Wirtschaftshistorische Studien

Festgabe für Othmar Pickl

Herausgegeben von Karl Hardach

PETER LANG
Frankfurt am Main · Berlin · Bern · Bruxelles · New York · Oxford · Wien

Bibliografische Information der Deutschen Nationalbibliothek
Die Deutsche Nationalbibliothek verzeichnet diese Publikation in der Deutschen Nationalbibliografie; detaillierte bibliografische Daten sind im Internet über <http://www.d-nb.de> abrufbar.

ISBN 978-3-631-56543-8

www.peterlang.de

Othmar Pickl, Steirer mit Leib und Seele, seit 1946 als Student, Promovend, Habilitand und seit 1969 als erster Ordinarius für Sozial- und Wirtschaftsgeschichte der Karl-Franzens-Universität Graz verbunden, ist in seinen wissenschaftlichen Arbeiten, von der Landesgeschichte ausgehend, zur europäischen Wirtschafts- und Sozialgeschichte fortgeschritten. Die Laudatio mit Vita in der Festschrift zum 60. Geburtstag schließt mit den Worten: „Wann immer in der Steiermark von Geschichtswissenschaft die Rede sein wird, der Name Othmar Pickl wird stets ehrenvoll genannt werden."

Tabula Gratulatoria*

* *Infirmitas ac dissolutio naturae seniorum senumque assectatores.*

Die Epoche des Protokapitalismus – Mittelalter und frühe Neuzeit in der langfristigen Wirtschaftsentwicklung Österreichs

Felix Butschek

1. Die Voraussetzungen der Industrialisierung

Die Erforschung der mittelalterlichen und frühneuzeitlichen Wirtschaft, also jenes Bereiches, zu dem Othmar Pickl seine richtungsweisenden Beiträge leistete, hat in jüngerer Zeit durch die Neue Institutionenökonomie (NEI), die mit dem Namen von D. North verbunden ist, beachtliche Impulse erhalten. Das geschah einmal dadurch, dass andere Determinanten und Zusammenhänge des wirtschaftlichen Geschehens offenbar wurden, als dies die Neoklassik wahrhaben wollte. Darüber hinaus aber, dass man im Zug der Weiterentwicklung dieser Ansätze immer deutlicher sah, wie sehr der spezifisch europäische Weg zur Industriellen Revolution durch die Gegebenheiten schon in der Antike, vor allem aber durch die Entwicklungen im Mittelalter sowie der frühen Neuzeit bestimmt worden war. Immer klarer trat hervor, dass während dieser Epochen die wesentlichen Voraussetzungen für die Industrialisierung entstanden, dass in dieser Periode schon jene Elemente sichtbar werden, die man als charakteristisch für die kapitalistische Wirtschaft erachtet.

Und diese Voraussetzungen bildeten sich aus Änderungen der gesellschaftlichen Regeln sowie Wertvorstellungen in den Begriffen der NEI – der Institutionen – heraus, die Verhaltensweisen prägten, welche diesen fundamentalen und weltweit einzigartigen Wandel von Gesellschaft und Wirtschaft verursachten. Sie lassen sich auf folgende Weise zusammenfassen:

1. Zum Unterschied von den meisten anderen Hochkulturen wurde die – physische – Arbeit als Resultat der christlichen Lehre in der europäischen Kultur hoch bewertet.
2. In Europa entfaltete sich der individualistische, verantwortungsbereite, initiative, selbstreflektive und selbstbewusste europäische Menschentyp.
3. Als das entscheidende Merkmal muss man die technisch-wissenschaftliche Ausprägung seines Denkens betrachten. Auf dieser Grundlage setzte die Expansion der Naturwissenschaften ein, die schließlich zum raschen und breiten Fortschritt in der Technik führte, angetrieben von einer dynamischen „scientific community".
4. Eine zentrale Determinante der kapitalistischen Entwicklung in Europa repräsentiert der Rechtsstaat. Sein Charakteristikum liegt darin, dass alle Indi-

viduen grundsätzlich dem Gesetz unterworfen sind und wohldefinierte Eigentumsrechte entwickelt, dass Konflikte vor Gerichten ausgetragen werden und man damit auf individuelle Gewalt zur Rechtsdurchsetzung verzichtet. Dadurch ist der Einzelne vor willkürlichen Eingriffen Dritter in seine Rechte geschützt.

5. Alle die hier genannten Faktoren sind in vorindustrieller Zeit zumeist mit dem Fernhandel verflochten.
6. Und damit wird auf ein letztes Element der Entwicklung zur Industriellen Revolution hingewiesen, nämlich die Einkommensmaximierung durch unternehmerische Tätigkeit, genauer gesagt durch Produktion oder Leistung (Butschek, 2006, S. 128).

Und alle diese institutionellen Bedingungen tragen im Wesentlichen komplementären Charakter, sie müssen also im Lauf der Entwicklung alle vorhanden sein. Andererseits zeitigte die unterschiedliche Ausbildung dieser Faktoren oft Konsequenzen für Zeitpunkt und Verlauf des späteren Industrialisierungsprozesses.

Und diese Voraussetzungen galten nicht nur für den historischen Prozess der Europäischen Industrialisierung – der Industriellen Revolution –, sondern erweisen sich im Wesentlichen auch heute als unverzichtbar, wie die weltwirtschaftliche Entwicklung des letzten halben Jahrhunderts erweist. Staaten, die in der Lage waren, diese zu entwickeln, sind bereits voll in den „Catching-up"-Prozess eingetreten, dort, wo dieses nicht gelingt, verharren sie in Stagnation.

Wenn hier der Versuch unternommen wird, auf dieser theoretischen Basis die Bedeutung des Mittelalters und der frühen Neuzeit für die ökonomische Entwicklung des heutigen Bundesgebietes hin zur Industrialisierung abzuschätzen, dann wird dazu ein Weg beschritten, den Othmar Pickl schon sehr früh gewiesen hat. In seiner bereits 1967 publizierten Arbeit „Die Ursachen der sozialen und wirtschaftlichen Umbrüche des 14./15. Jahrhunderts" analysiert er diese Periode nicht nur unter ökonomischen Kriterien, sondern hebt vor allem die Veränderung der Verhaltensweisen als Konsequenz gewandelter Institutionenstrukturen hervor (Pickl, 1967).

2. Der Beitrag des Mittelalters und der frühen Neuzeit

Wenn dem Vorhergehenden entnommen werden kann, dass die Voraussetzungen für die Industrielle Revolution in Europa im Zug eines langen Prozesses, der bis in die Antike zurückreicht, entstanden, stellt sich die Frage, welche Bedeutung dem Mittelalter und der frühen Neuzeit darin zukommt und welchen Beitrag jene Epochen zur Entwicklung dieser Voraussetzungen geleistet haben.

So wurde etwa die Arbeit weder in der antiken griechischen, noch in der römischen Gesellschaft geschätzt. Jede Tätigkeit, die auf die Sicherung des Lebensunterhaltes gerichtet war, musste die Möglichkeiten höherwertig bestimmten Lebens politischer oder künstlerischer Art einschränken und war eines Freien unwürdig (Cicero, De officiis I, zitiert nach Finley, 1977, S. 39).

Die jüdisch-christliche Kultur folgte dagegen einem ganz anderen Zugang, der sich im Mittelalter erstmals voll manifestierte: „Bete und arbeite!“, wobei es keineswegs bei einer grundsätzlichen Hochschätzung blieb, als sich daraus für den Christen die Verpflichtung zur Arbeit ergab und der Müßiggang scharf verurteilt wurde. Die Thomistik fügt diesem Konzept noch ein dynamisches Element hinzu, indem es nicht nur galt, zu arbeiten, sondern dieses rational und effizient zu tun und schließlich das christliche Armutsideal damit eingeschränkt wurde (Sombart, 1923, S. 311). Alle diese Ansätze intensivierte der Protestantismus, indem er der Arbeit noch göttlichen Berufungscharakter verlieh.

Dagegen war der individualistische europäische Menschentyp bereits in der Antike angelegt, welche die Bürger in politische Entscheidungen einband und ihnen beträchtlichen Freiraum eröffnete. Die politische Partizipation bot ihnen zwar Gestaltungsmöglichkeiten, verlangte aber auch die Bereitschaft, Verantwortung zu übernehmen. Diese Selbstverantwortung erforderte eine realitätsbezogene Analyse der Umwelt, die den rationalen, also vernunftgeleiteten, Ansatz des europäischen Denkens erklären könnte. Das Römische Reich eröffnete diesen Spielraum zwar nicht in gleichem Maß, bewahrte aber in seinen frühen Phasen viele demokratische und egalitäre Elemente.

Es waren die mittelalterlichen europäischen Städte, die an die antike Tradition in ihrer weitreichenden bürgerlichen Selbstverwaltung anknüpften und diese in Richtung intensiverer demokratischer Mitbestimmung weiterentwickelten. Aus dem dort entstehenden Menschentyp rekrutierte sich der kapitalistische Unternehmer – wie auch der Erfinder, der initiative Verwaltungsbeamte und Politiker –, der seine Dispositionsmöglichkeiten nutzte: „The heart of the matter lay indeed in the making of a new kind of man – rational, ordered, diligent, productive“ (Landes, 1998, S. 177).

Auch das technisch-wissenschaftliche Denken, die neue Weltsicht, zeichnet sich erstmals auf breiterer Basis mit der „Quantitativen Revolution“ des späteren Mittelalters ab. Damit wird der Bereich des Mystisch-Religiösen verlassen und der Rationalismus zur Grundlage der europäischen Geistigkeit. Und diese Bewegung mündete schließlich während der frühen Neuzeit in der „Wissenschaftlichen Revolution“, die das Fundament europäischen Denkens darstellte.

Doch wurden nicht die akademischen Wissenschaften entscheidend für die Industrielle Revolution, sondern das Entstehen einer wissenschaftsfreundlichen Atmosphäre, die breitere Bevölkerungskreise, vor allem in der Produktion sowie im Handel Tätige, erfasste. Hier sei als Beispiel Agricolas „De re metallica" genannt. Die Verschränkung von akademischer Wissenschaft und Produktion vollzog sich erst in den späteren Phasen der kapitalistischen Entwicklung, jene Kombination, die schließlich die Innovation zu einem permanenten Prozess, zur „Routine", werden ließ.

Auch für den Rechtsstaat finden sich die ersten Ansätze in der Polis, wurden aber in eindrucksvoller Weise durch das Römische Recht weiterentwickelt. Zwar übertrug sich dieses nicht unmittelbar auf die Rechtsetzung der mittelalterlichen Städte – es wurde erst in einer späteren Phase rezipiert –, doch entwickelten sich diese trotz unterschiedlicher „Stadtrechte" gleichfalls alle in Richtung eines Rechtsstaates. Damit soll nicht gesagt sein, dass alle Bereiche des Rechtssystems stets die ökonomischen Aktivitäten begünstigten, aber das Hauptargument liegt in diesem Zusammenhang auf wohldefinierten Eigentumsrechten, auf der Rechtssicherheit, auf dem korrekten Zugang zu Gerichten und Behörden, sowie auf der Abwesenheit von Korruption in Rechtsprechung und Verwaltung. Dadurch wurde sichergestellt, dass Vertrauen im gegenseitigen Umgang entstand und die Unternehmer langfristig disponieren konnten, wodurch die Transaktionskosten entscheidend sanken, was wiederum zur Ausweitung der Märkte und zu intensivierter Arbeitsteilung und damit zur Reduktion der Produktionskosten führte.

Fernhandel war viele Jahrhunderte nicht unbedingt ein europäisches Spezifikum. Charakteristische Züge beginnt er aber im Mittelalter anzunehmen, wieder unter Bedingungen eines großen Freiraumes für die Handeltreibenden und expliziter Begünstigung durch die Territorialherren. In diesem Rahmen entstanden zahlreiche intereuropäische Messen in Frankreich und Flandern, vor allem aber eine Reihe institutioneller Neuerungen. In Oberitalien entwickelten sich das Bankwesen, allgemein der bargeldlose Zahlungsverkehr und die Kontrolle der Geschäftsabwicklung.

Besondere Bedeutung gewann der Seehandel ab der frühen Neuzeit. Er erreichte eine bis dahin ungekannte geographische Ausdehnung und einen mengenmäßig gewaltigen Umfang. Nicht nur förderte die technische Entwicklung den Schiffsbau und die Navigation voran, entscheidend wirkte sich aus, dass auf diese Weise unternehmerische Disposition im großen Stil möglich und üblich wurde. Der in diesem Bereich schon weitgehend freie Markt konnte seine Funktion als „Entdeckungsverfahren" (Hayek, 1994) ausüben. Damit war eine Atmosphäre entstanden, die es ermöglichte, diese Kenntnisse vom Bereich des Handels in jene der Produktion zu übertragen: „With the rise of commerce came a rise in shipping and, perhaps more important, a rise in the institutions of credit and commerce; and above all a rise of men devoted to commerce: men concerned with fine calculations of profit and loss, men of wide horizons, whose attitudes communicated themselves in various ways throughout their societies“ (Rostow, 1960, S. 31).

Vergrößerung des Vermögens durch Gewalt oder Schaffung von Renten durchzieht die ganze Menschheitsgeschichte. Die im Mittelalter entstehende Besonderheit liegt nicht nur in der Herstellung von Gütern und Erbringung von Leistungen, sondern auch im Bestreben, das daraus resultierende Einkommen durch Veränderung dieser Prozesse zu steigern und zwar durch bewussten Einsatz des technisch-organisatorischen Fortschritts. Das bedeutete den Ausbruch aus traditionsgeleiteten Verhaltensweisen in dynamische. Es werden auch nicht sporadisch auftretende technische Neuerungen übernommen, sondern die Möglichkeiten des technischen Fortschritts zur Einkommensmaximierung permanent und bewusst eingesetzt.

Und diese ganze Entwicklung konzentrierte sich auf die europäische Stadt mit ihren Bürgern. Diese sich im Mittelalter entfaltenden autonomen gesellschaftlichen Einheiten wurden zum Träger der beschriebenen Wandlungen der Institutionenstruktur. Sie bewirkten den Übergang von der ökonomischen Statik der Antike zu einer neuen Dynamik, in der sich bereits das Charakteristikum des Industriezeitalters andeutet – zusammenfassend lässt sich diese Epoche daher als jene des Protokapitalismus bezeichnen.

Wie sehr das mittelalterliche und frühneuzeitliche Entwicklungsniveau für den Prozess zur Industriellen Revolution maßgeblich war, erhellt auch daraus, dass sich die eher schleppende Expansion Osteuropas auch in einer relativ späten Industrialisierung niederschlug. Umgekehrt bewirkt ein hohes Niveau von Wirtschaft und Gesellschaft allein in dieser Epoche nicht unbedingt eine frühe Industrialisierung, wie sich an der Situation Oberitaliens ablesen lässt. Andere Effekte können diesen Prozess, insbesondere in der frühen Neuzeit, beeinflussen. Wie immer, das Niveau der Wirtschaft im Mittelalter und in der frühen Neuzeit vermittelt einige Anhaltspunkte für die spätere Entwicklung. Sohin scheint es sinnvoll die Situation des heutigen Bundesgebietes in dieser Periode zu analysieren.

3. Die Entstehung des Städtenetzes – das Hochmittelalter in Österreich

Das heutige Bundesgebiet profitierte auch ökonomisch von der politischen Stabilisierung in der Karolingischen Periode. In dieser wurden alle jene Ansätze entwickelt, die sich im Hochmittelalter ausprägen sollten. Natürlich kam während dieser Epoche der Landwirtschaft die größte Bedeutung zu. Relativ bald setzte sich gegenüber der Zweifelderwirtschaft die Dreifelderwirtschaft durch. Der technische Fortschritt manifestierte sich auch in der Verwendung zunächst eisenbeschlagener, allmählich ganzmetallischer Arbeitsgeräte, wie des Radpfluges und der Egge. Die Sichel wurde für die Heumahd von der Sense abgelöst, blieb aber für die Ernte des wertvollen Getreides – um möglichst wenig Körner zu verlieren – in Gebrauch.

Auch in den Zugdiensten setzten sich entscheidende Verbesserungen gegenüber der Antike durch. Schon in der karolingischen Periode ging man vom ineffizienten antiken Pferdegeschirr ab und zum Kummet über, das die Zugleistungen der Tiere enorm steigerte. Aber auch die Anspannung des Pferdes wurde erheblich verbessert, sein Hufbeschlag und die Eisenbereifung der Wagenräder steigerten gleichfalls die Transportleistung. Insgesamt dürfte sich die Zugleistung um das Vier- bis Fünffache gegenüber der Antike erhöht haben (Sandgruber, 1995, S. 21). Die Quellen scheinen darauf hinzuweisen, dass damals die agrarische Produktion des heutigen Bundesgebietes in ihrem technischen Standard dem westeuropäischen Niveau entsprach.

Der ökonomische Schwerpunkt dieser Region lag jedoch zweifellos im Bergbau. Insbesondere die alpinen Gebiete erwiesen sich reich an Bodenschätzen. Die schriftlichen Quellen weisen auf eine Förderung ab dem 12. Jahrhundert auf dem steirischen Erzberg hin, sowie etwas später auf Hüttenberg in Kärnten. Der Abbau am Erzberg erfolgte seit je her von zwei Seiten. Vom Süden in Vordernberg und vom Norden in Innerberg. Diese geographischen Gegebenheiten bestimmten auch die Absatzgebiete. Innerberg lieferte sein Eisen nach Norden, wo sich allmählich Steyr zum zentralen Verlagsort entwickelte. Im Süden übernahm anfangs Judenburg diese Funktion, verlor jedoch seine Bedeutung im Zeitablauf an Leoben (Pickl, 1992, S. 173).

Man muss sich in diesem Zusammenhang stets vor Augen halten, dass die Handelsbeziehungen im Mittelalter durch herrschaftliche Privilegien und Ordnungen strikt reglementiert waren. Gewiss spielte auch die geographische Lage eine Rolle, aber innerhalb dieses Rahmens entschieden behördliche Eingriffe über die Richtung des Warenstroms. So erklärt sich der Aufstieg Steyrs durch die Verleihung des Stapelrechts für Eisen und Holz.

Der Export erlangte schon im frühen Mittelalter einiges an Gewicht. Das Hüttenberger Eisen aus Kärnten wurde nach Italien verfrachtet, das Vordernberger nach Südtirol und die Innerberger Produktion ging nach Süddeutschland sowie Böhmen, Mähren und Schlesien. Darüber hinaus wurden im heutigen Bundesgebiet Edelmetalle gefördert. Silber baute man zu dieser Zeit in Friesach sowie in der Steiermark, in Oberzeiring und Schladming ab.

Eine zentrale Rolle kam in Österreich der Salzgewinnung zu. In der Antike vermochte sich der Abbau von Steinsalz nicht durchzusetzen, weil sich das Meersalz als viel billiger erwies. Es waren weniger die Turbulenzen der Völkerwanderung und der Zusammenbruch des Römischen Reiches, vielmehr der technische

Fortschritt des Mittelalters, der hier einen Umschwung herbeiführte. Anstelle des Trockenabbaus trat die Gewinnung der Sole im Berg, die mittels Rohrleitungen zu Sudhäusern an geeigneten Standorten zur Weiterverarbeitung geleitet wurde. In der Folge entwickelte sich der Salzbergbau zu einem der ertragreichsten Wirtschaftszweige, der als Regal vor allem den Territorialfürsten außerordentliche Gewinne abwarf.

Lässt sich vom Bergbau sagen, dass dieser im heutigen Bundesgebiet zur Zeit des Hochmittelalters einen beträchtlichen technischen Entwicklungsstand erreicht hatte und damit den Trägern des technischen Fortschritts zugerechnet werden muss, so gilt das weniger für den Handel sowie das Geldwesen. Natürlich existierte Ersterer im regionalen Bereich, blieb aber für die protokapitalistische Entwicklung von geringer Bedeutung. Im internationalen Handel kam Österreich im europäischen Kontext lediglich eine untergeordnete Rolle zu.

Das lag zum einen sicherlich am Fehlen von Seehäfen. Die Alpenländer konnten nie die Vorteile der italienischen und niederländischen Häfen lukrieren. Die Donau ließ sich gewiss als Verkehrsweg nutzen, hielt aber keinen Vergleich mit den Möglichkeiten des Seetransports aus. Damit konnte schon technisch nicht jenes Handelsvolumen bewältigt werden, das durch die „kommerziellen Pforten" erreichbar war.

Doch gingen die Folgen dieser geographischen Gegebenheiten noch weiter. Die österreichischen Städte hatten dadurch nicht unmittelbar an jenem technischen Fortschritt teil, der schon sehr früh im Schiffsbau und im Rahmen der Navigation auftrat. Auch setzten sich die rechtlichen und kaufmännischen Entwicklungen, die vom Überseehandel ausgingen, erst allmählich durch. Der internationale Seehandel ließ sich weit weniger stark reglementieren wie die wirtschaftlichen Aktivitäten zu Lande, wodurch sich dort die Marktkoordination durchsetzte. Somit waren es vor allem die Seehäfen, in denen ein besonders starkes, autonomes Bürgertum entstand.

Dazu kam, dass sich in den österreichischen Städten wenig spezifische Produktionen entwickelten, die internationale Nachfrage befriedigen konnten, wie etwa die Tuchproduktion in Flandern oder die Veredelung in Oberitalien. Eine solche Position erlangte man allerdings in der Eisenverarbeitung in einigen Städten. Auch der Wein der in Österreich in großen Mengen angebaut und auch über größere Distanzen geliefert wurde, gewann eine beträchtliche Bedeutung für den internationalen Handel.

Als Standort erwies sich das Bundesgebiet ambivalent. Im europäischen Kontext lag es eher am Rand der west- und zentraleuropäischen Zentren. Osteuropa – mit Ausnahme Böhmens und Mährens – wies, wie schon gesagt, einen vergleichsweise niedrigen ökonomischen Entwicklungsstand auf. Andererseits kreuzten sich in Österreich wichtige Verkehrsachsen. Trotz aller Nachteile gegenüber der Seeschifffahrt und der schwächeren Wirtschaftsentwicklung Osteuropas blieb die Donau ein zentraler Handelsweg für den West-Osthandel. Ebenso bedeutsam erwies sich der Umstand, dass viele Nord-Südverbindungen nach Italien über das Bundesgebiet verliefen.

Insgesamt scheint die wirtschaftliche Aktivität im heutigen Bundesgebiet während des Hochmittelalters ein beträchtliches Niveau erreicht zu haben. Nach der Colmarer Chronik wurden die Einkünfte des Reichslehens Österreich und der Steiermark Mitte des 13. Jahrhunderts auf 60.000 Mark Silber jährlich geschätzt. Das entsprach dem zweiten Platz nach dem König von Böhmen, vor dem Markgrafen von Brandenburg und dem Erzbischof von Köln (Sandgruber, 1995, S. 46). Rechnete man noch die Produktion Westösterreichs dazu, dann scheint die wirtschaftliche Lage recht eindrucksvoll gewesen zu sein.

Zentrale Bedeutung für die protokapitalistische Entwicklung erlangte in dieser Periode die Ausbildung des Städtenetzes. Dieses etablierte sich schon im Wesentlichen während des 13. Jahrhunderts und bestimmte die regionale Struktur bis in die Gegenwart.

Auch die österreichischen Städte erfreuten sich gegenüber dem der Grundherrschaft unterworfenen flachen Land umfangreicher Privilegien. Es wurden ihnen Stadtrechte verliehen, die Stadtrichter exekutierten. Die Stadtregierung oblag einem Stadtrat. Das Stapelrecht erlangte zentrale Bedeutung. Darüber hinaus jedoch war es vielfach nur Bürgern erlaubt, Handel zu treiben. Außerhalb der Städte blieb dieser auf Jahrmärkte und Kirchtage beschränkt. Freilich konnten solche Vorrechte nur mehr oder minder gut durchgesetzt werden.

Basis der neuen – bürgerlichen – Institutionenstruktur bildete die ökonomische Aktivität der Einwohner. Wie bereits erwähnt, fanden die Städte ihre primäre Aufgabe im – zunächst noch regionalen – Handel; sie versorgten also die nähere Umgebung mit Waren. Diese wurden in stets größerem Umfang selbst produziert. Das Handwerk, das in der karolingischen Epoche vorwiegend auf grundherrlichen Eigenwirtschaften ausgeübt wurde, verlagerte sich mehr und mehr in die Städte und übernahm auf diese Weise dort allmählich die ökonomische Hauptfunktion.

Dazu kamen einige Orte mit charakteristischer Exportproduktion, also solcher, die weit über die Versorgung des Umlandes hinausging. Das galt vor allem für Städte, die Eisen handelten und verarbeiteten, wie Steyr oder Leoben. Eingeschränkt, weil ohne Verarbeitung, lässt sich das auch von Orten der Salzgewinnung, wie Hall in Tirol, sagen.

Das städtische Handwerk produzierte für einen von der Zunftordnung bestimmten Kreis von – bekannten – Konsumenten. Sein unternehmerisches Ziel der „ordentlichen Nahrung“ trug also prinzipiell statischen Charakter. Zwar blieb auch der Handel durch Privilegien und sonstige Vorschriften stark reglementiert, doch blieb der internationale Warenaustausch in weitaus stärkerem Maß den Marktgesetzen unterworfen als der lokale oder das Handwerk. Damit entstanden auch in Österreich große Handelshäuser, die sich alsbald über den Warenhandel hinaus mit Geldgeschäften befassten – ohne freilich das Niveau der italienischen und oberdeutschen Unternehmer zu erreichen. Dennoch setzte sich hier ein Unternehmertyp durch, der nicht nur den anonymen Markt belieferte, sondern Einkommensmaximierung anstrebte (Pickl, 1967, S. 30).

Somit entwickelte sich auch in den österreichischen Städten während des Hochmittelalters das protokapitalistische System mit rechtsstaatlichen und autonomen Zügen, das wohldefinierte Eigentumsrechte hervorbrachte und Transaktionskosten senkte, darüber hinaus aber bereits einen neuen dynamischen Unternehmertyp schuf.

Andererseits scheint es, dass in Österreich die Städte nicht jenes Maß an Unabhängigkeit erlangten wie in anderen europäischen Regionen. Der Einfluss von Grund- oder Territorialherren blieb hier relativ stark. Noch Ende des 14. Jahrhunderts beschwerte sich die Bürgerschaft Salzburgs über Heiratsbeschränkungen und limitierte Freizügigkeit (Bruckmüller, 2001, S. 78). Orte, wie die oberdeutschen Reichsstädte oder die oberitalienischen Stadtrepubliken, wie die Städte der Niederlande, der Schweiz oder der Hanse, entstanden im heutigen Bundesgebiet nicht.

Wien, die bedeutendste Stadt des heutigen Bundesgebietes, profilierte sich schon sehr früh durch seine Residenzfunktion. Im 12. Jahrhundert gewann die ursprüngliche Siedlung an Bedeutung, weil der Babenberger Herzog Heinrich II Jasomirgott seinen Herrschaftssitz dorthin verlegt hatte. Und im 13. Jahrhundert war die handelspolitische Position Wiens mit Hilfe des Landesherrn ausgebaut worden, sowohl im Warenaustausch mit Westeuropa, als auch mit Venedig. 1221 verlieh Leopold VI Wien das Stadtrechtsprivileg, das ein umfangreiches Stapelrecht enthielt und damit seine wirtschaftliche Position, insbesondere gegenüber Regensburg, stärkte.

Die habsburgische Herrschaft akzentuierte noch die Residenzfunktion der Stadt. Der Landesfürst blieb auch Stadtherr. Dennoch weitete sich die städtische Autonomie stetig aus. Sowohl die Verwaltung, als auch die Rechtsprechung fielen in stets höherem Maß in die Kompetenz der Bürger. Die kurze Regierungszeit Rudolf IV des Stifters, die darauf hinzielte, dessen Prestige im Reichsverband zu erhöhen, kam auch der Stadt zugute, etwa durch den Ausbau des Stephansdomes oder die Gründung der Wiener Universität 1365. Die Stadtverwaltung erhielt neue Kompetenzen, wie ein Grundbuch anzulegen oder Gewerbe zu regeln (Czendes – Opll, 2001, S. 133).

Ausbildung erfolgte im Mittelalter, außer durch Privatlehrer, nahezu ausschließlich in Klosterschulen für angehende Mönche. Erst allmählich wurden auch Laien in solchen Instituten aufgenommen. Mit dem Ausbau des Netzes der Pfarren traten Pfarrschulen an ihre Seite. Erst im 12. Jahrhundert kam es zur Gründung einer städtischen Lateinschule, der „Bürgerschule zu St. Stephan" (Mühlberger, 2001, S. 296). Aufgabe dieser Lehranstalten war es im Wesentlichen, den Schülern Lesen und Schreiben in der lateinischen Sprache beizubringen. An der Universität wurden Theologie, Jurisprudenz, Medizin sowie Artes gelehrt. Letztere umfassten Grammatik, Rhetorik, Logik, Astronomie, Mathematik, Physik und Musik (Mühlberger, 2001, S. 342).

4. Ein Zentrum des Bergbaus – das späte Mittelalter

Die so genannte „Krise des Mittelalters" traf auch die österreichische Region. Einfälle der Hussiten und Türken sowie endlose dynastische Streitigkeiten führten zu permanenten militärischen Auseinandersetzungen mit entsprechenden Plünderungen im Umland Wiens. Wetterkatastrophen und Heuschreckenplagen bildeten das Vorspiel zum Einbruch der Pest 1347 und den Beginn der „kleinen Eiszeit". Sie reduzierten die Einwohnerzahl des Landes dramatisch. Dadurch ergaben sich zunächst Konsequenzen für die Siedlungsstruktur. Im Zug der „Wüstungen" wurden vor allem die relativ schlechten Böden aufgegeben; die Siedlungsgrenze im Gebirge sank. Erst gegen Ende des 15. Jahrhunderts wurden die Folgen des Bevölkerungsrückgangs überwunden.

Freilich zeitigte die „Agrarkrise" recht unterschiedliche Konsequenzen. Zwar sank gewiss das Produktionsvolumen, und die Preise für viele Lebensmittel verfielen. Diese Phasen waren gewiss durch menschliches Leid gekennzeichnet, aber für bestimmte Bevölkerungsgruppen resultierten daraus durchaus positive Folgen. Die Arbeitskräfteknappheit stärkte die Position der Landbevölkerung. Sie erzwang finanzielle und rechtliche Zugeständnisse der Grundherren an die Hörigen, aber auch die Einkommen der Taglöhner zeigten eine Aufwärtstendenz.

Die Struktur der landwirtschaftlichen Erzeugung veränderte sich in vorteilhafter Weise. Der Getreideanbau wurde durch vielfältige Nutzpflanzen ergänzt. Der Weinbau erlangte stets größere Bedeutung. Als neuer landwirtschaftlicher Erwerbszweig entstand die Fischzucht. Alles in allem lässt sich aus dieser Entwicklung erkennen, dass sich die Nachfrage nach agrarischen Gütern stark differenzierte und damit die Einkommen der in der Landwirtschaft Tätigen gestiegen sein müssen. Als Hinweis darauf kann auch der Umstand gelten, dass die teureren Pferde immer häufiger in der Produktion eingesetzt wurden (Cerman, 2006, S. 25).

Der Bergbau erreichte gerade um die Mitte des 16. Jahrhunderts in Österreich seinen Höhepunkt. Gold wurde bereits im 15. Jahrhundert im Lavanttal gewaschen. Die Förderung dieses Metalls kulminierte im 15. Jahrhundert in den Hohen Tauern. Silber baute man vom 13. bis zum frühen 15. Jahrhundert vor allem in der Steiermark ab, doch verlagerte sich das Zentrum der Silberförderung während des 16. Jahrhunderts immer stärker nach Tirol, Salzburg und Kärnten. Schwaz entwickelte sich um diese Zeit zum wichtigsten Silberlieferanten Europas. Auch die mit der Silbergewinnung verbundene Kupferförderung zählte international zu den ertragreichsten (Sandgruber, 1995, S. 72).

Allerdings wurden die geförderten Edelmetalle nur zum Teil in Österreich weiterverarbeitet. Kupfer fand dagegen regionale Verwendung in Geschützgießereien; die Werkstätten in Innsbruck entwickelten sich zu den bedeutendsten in Mitteleuropa. Eine große Rolle insbesondere für Waffen und Konsumgüter spielte die Verarbeitung von Messing.

Seit dem 14. Jahrhundert expandierte auch die alpine Eisengewinnung kräftig. Zu Ende des Mittelalters produzierte die Steiermark 4.000 bis 5.000 Tonnen und erreichte damit 10 % bis 15 % der europäischen Erzeugung. Maßgeblich für die Produktion wurden die Exporte, die im Süden über den Balkan bis zur Levante getätigt wurden, im Osten bis Ungarn sowie Russland und im Norden über die oberdeutschen Reichsstädte die baltischen Länder erreichten. Eine Vorstellung von der Größenordnung des Exports vermittelt das ungarische Zollregister, wonach 1457/58 über Pressburg 1,6 Millionen Stück „Steyrer Messer" eingeführt wurden (Pickl, 1992, S. 181).

Steyr entwickelte sich in dieser Periode zum wichtigsten Produktionsstandort des Landes. Hier entstanden neben Messerschmieden Hammerwerke, Mahlmühlen, Sägewerke, Papiermühlen, Textil- und Ledererzeugungen. In der Steiermark hatte sich eine Rüstungsproduktion etabliert. In Thörl und Aflenz wurden Geschütze, Kanonenkugeln, Schanzzeug und Handfeuerwaffen hergestellt.

Auch in dieser Periode war der Bergbau durch technischen Fortschritt charakterisiert. So wurden bereits um die Mitte des 14. Jahrhunderts im Gasteiner und Rauriser Tal Erzmühlen nachgewiesen. Um die gleiche Zeit wurde für die Silberverhüttung in Schwaz ein Verfahren entwickelt, wodurch das Silber mit Hilfe von Blei vom Kupfer getrennt wurde. Um 1500 ersetzte man die Erzmühlen durch Pochwerke, die sich im alpinen Raum rasch verbreiteten. Hölzerne Schienen sind während des 16. Jahrhunderts in den Revieren von Schladming, Schwaz und Rattenberg nachgewiesen. Für den Erztransport wurde der Sackzug entwickelt. Wasserräder und Handpumpen erweiterten die Entwässerung der Stollen.

Die Nachfrage nach Salz war während des späten Mittelalters in Österreich ebenfalls stark angestiegen, und zwar nicht nur für den menschlichen Verbrauch. Es fand für die Fütterung des Viehs ebenso Verwendung, wie zur Konservierung von Lebensmitteln. Hallein entwickelte sich im Lauf des 13. Jahrhunderts zum Zentrum des alpinen Salzbergbaus.

Vom technischen Fortschritt profitierte ein neues Produkt: das Papier. 1469 wird eine Papiermühle in der Nähe von St. Pölten genannt (Sandgruber, 1995, S. 89). Dieses Gut wurde auch nach Ungarn exportiert. Die Glasproduktion bevorzugte Standorte in den Wäldern; doch gegen Ende des 16. Jahrhunderts entstanden größere Glashütten in Hall, Innsbruck und Wien. Während im Hochmittelalter die Bierbrauerei eher in den Haushalten erfolgte, entwickelte sich in der Folgezeit ein spezialisiertes Braugewerbe.

Angesichts der dynamischen wirtschaftlichen Entwicklung kann es nicht überraschen, dass im späten Mittelalter auch in Österreich die Städte und Märkte eine beträchtliche Expansion erlebten. Zwar hielten sich die Stadtgründungen – verglichen mit dem Hochmittelalter – in Grenzen, aber der Häuserbestand und damit auch die Einwohnerzahl expandierten beträchtlich. Demgegenüber nahm die Zahl der Märkte ungebrochen zu. Die Einwohnerzahl der Städte bewegte sich zwischen 200 und 5.000. Lediglich Wien erreichte 20.000. Eine besondere Position nahm die Stadt Schwaz ein, die am Höhepunkt des Silberabbaus, um 1500, gleichfalls 20.000 erreicht haben könnte.

Die gewerbliche Produktion in den Städten war im späten Mittelalter, ebenso wie fast überall in Europa durch Zünfte – in Österreich Zechen genannt – weitgehend geregelt. Diese Selbstverwaltungskörper legten die Bedingungen für Produktionsverfahren, Qualität der Produkte, Preise und Käuferkreis fest, ebenso den Zutritt zum Gewerbe und die Zahl der Gesellen und Lehrlinge, die ein Meister beschäftigen durfte. Das heißt, dass sich die städtische Gewerbeproduktion weit von jeglicher freier Konkurrenz vollzog; der Markt war massiv reglementiert – auch wenn die Regelungen von „Störern" durchbrochen wurden. Diese Organisationsform bremste damit eher den technischen Fortschritt. Eine Möglichkeit für dessen Weiterentwicklung bot sich nur dadurch, dass sich Gewerbe aufspalteten oder überhaupt neu gegründet wurden. Tatsächlich vermehrte sich die Zahl der Zechen im Lauf des Mittelalters beträchtlich (Tremel, 1969, S. 179).

Die städtische Produktion konzentrierte sich in Österreich auch im späten Mittelalter auf die Herstellung von Konsumgütern und die Erbringung einschlägiger Dienstleistungen. Das Exportgewerbe spielte weiterhin eine limitierte Rolle. Für Wien blieb diesbezüglich der Weinhandel weitaus der wichtigste Faktor. Dazu gesellten sich in bescheidenem Ausmaß Textilien, Goldschmiede und Messerer (Lichtenberger, 1973, S. 302). Diese Aussage gilt allerdings nicht für Städte, die auf Eisenverarbeitung oder Rüstungsgüter spezialisiert waren. Als neues Gewerbe etablierte sich in den Städten der Buchdruck.

Zwar kam, wie schon dargelegt, dem Fernhandel in Österreich im späten Mittelalter einige Bedeutung zu, doch führte dieser nur teilweise zur Herausbildung großer Vermögen. Dies lag daran, dass der lokale Beitrag dazu eher im technischen Vollzug lag, wogegen die kommerzielle Organisation von süddeutschen und oberitalienischen Handelshäusern getragen wurde. Die Finanzierung der politischen und militärischen Ambitionen der Habsburger übernahmen auch zumeist die süddeutschen Unternehmer, wie vor allem die Fugger.

Trotz aller Erschwernisse scheint das heutige Bundesgebiet auch im Spätmittelalter ein relativ hohes Einkommen erzielt zu haben. Das mag daran gelegen sein, dass die westlichen Landesteile sowie die Bergbauregionen und auch die Städte innerhalb ihrer Mauern von den kriegerischen Wirren weniger betroffen waren. Jedenfalls zählten die Habsburger nach wie vor zu den wohlhabendsten Fürsten des Reiches.

In den Städten entstand während dieser Periode allmählich eine neue Elite, die sich aus Hochschulprofessoren, Universitätsabsolventen, insbesondere Juristen und Beamten, zusammensetzte. Für die beiden Letzteren spielte die Wiener Universität keine Rolle, da Römisches Recht hier erst zu Beginn der Neuzeit unterrichtet wurde. Dagegen erreichten die Naturwissenschaften hervorragendes Niveau. Johannes von Gmunden wird als Begründer der „Ersten Wiener Mathematisch-astronomischen Schule" betrachtet. Georg Aunpeck von Peuerbach verfasste ein Standardwerk der Astronomie und Johannes Müller von Königsberg galt als Begründer der modernen Trigonometrie (Mühlberger, 2001, S. 342). Alle diese Männer fühlten sich der humanistischen Philosophie verpflichtet, für die Wien damals ein Zentrum darstellte. Zu deren Anhängern zählten auch viele hohe Kleriker. Berühmtester Repräsentant dieser Philosophie wurde der Sekretär Kaiser Friedrich III, Enea Silvio Piccolomini, der spätere Papst Pius II. Sicherlich lässt sich der Humanismus als die ideologische Basis des städtischen Bürgertums im späten Mittelalter beschreiben.

Auch dessen effektiver politischer Einfluss erreichte in dieser Phase seinen Höhepunkt. Einerseits räumte ihm die Mitgliedschaft in der Ständeversammlung Interventionsmöglichkeiten ein, darüber hinaus waren es die schon beschriebenen permanenten Querelen der Landesfürsten und des Kaisers, die seine Bedeutung erhöhten. Seine finanzielle und militärische Potenz machten sie zu einem zentralen Faktor in diesen Auseinandersetzungen.

5. Krieg, Rekatholisierung und Refeudalisierung – die frühe Neuzeit

Demgegenüber weist die ökonomische und soziale Entwicklung in der frühen Neuzeit durchaus krisenhafte Züge auf. Da waren zunächst exogene Faktoren, wie weitere klimatische Verschlechterungen, die Missernten und damit Hungersnöte nach sich zogen. Noch gravierender wirkte sich die Pestepidemie von 1630 aus. Dazu kam jedoch eine Fülle sozialer, politischer und militärischer Umbrüche, welche die Wirtschaft in Mitleidenschaft ziehen mussten.

Die Landwirtschaft reagierte wohl auf die sich differenzierende Nachfrage mit neuen Erzeugnissen und auch steigender Produktivität. Auf der anderen Seite wandelte sich das Verhältnis zu den Grundherren. Dieses, das im Mittelalter noch durch eine Tendenz zu gegenseitiger Verpflichtung und durch eine gewisse Autonomie der Bauern gekennzeichnet war, wich einem immer stärker akzentuierten Bestreben des Adels, von seinen Untertanen höhere Abgaben zu fordern (Knittler, 2006, S. 86).

Dazu kamen die Ansprüche der Territorialherrschaft mit ihren Großmachtambitionen. Die militärischen Erfordernisse, die Innovationen dieses Bereiches, die von Kanonen über Feuerwaffen bis zum neuen, teuren Festungsbau (trace italienne) reichten, der Übergang vom feudalen Aufgebot zu Söldnerheeren, sowie die wachsende „conspicuous consumption" der Höfe brachten gleichfalls stärkere Belastungen mit sich. Die von den Ständen bewilligten Sondersteuern wurden an die Bauern weitergegeben.

Alles das führte zu zahllosen Bauernaufständen verschiedener Größenordnung. Die Ursachen dafür lagen in erster Linie in der steigenden Belastung durch Abgaben und Robotleistungen. Dazu gesellten sich im Lauf des 16. Jahrhunderts auch religiöse Motive. Einige dieser Erhebungen aber strebten eine grundlegende Umgestaltung der Gesellschaft in Richtung demokratischer und egalitärer Strukturen an. Sie entwickelten dazu umfassende und konsistente Konzepte, wie etwa jenes im Zug des Tiroler Aufstandes Anfang des 16. Jahrhunderts durch den früheren Sekretär des Erzbischofs von Brixen, Michael Gaismayer (Macek, 1988, S. 169).

Da diese Rebellionen oft nach anfänglichen Erfolgen niedergeschlagen wurden, weil die Bauernheere letztlich doch unzulänglich organisiert blieben, setzten sich die von den Territorialfürsten unterstützten Grundherren mit ihren Ansprüchen durch. Es kam zur „Refeudalisierung". Es liegt nahe, dass die hohe Abgabenbelastung der Untertanen die Motivation zur Arbeit, zu Investitionen und Innovationen bremste.

In Ostösterreich mussten sich die permanenten kriegerischen Verwicklungen sehr direkt auf die Produktion auswirken, wie das auch Pickl empirisch darlegte (Pickl, 1966). Seit die Türken 1526 Ungarn erobert hatten, kam es zu ständigen Einfällen in Kärnten, der Steiermark, im Burgenland und in Niederösterreich. 1529 stand ein türkisches Heer das erste Mal vor Wien. Zwar gab es während des Dreißigjährigen Krieges keine massiven Vorstöße, weil das Osmanische Reich im Osten engagiert war, doch erfolgten ständig kleinere Einfälle, vor allem durch die siebenbürgischen Vasallen der Hohen Pforte. Dazu kamen noch Anfang des 17. Jahrhunderts Vorstöße der böhmischen Stände. Im Verlauf dieser Auseinandersetzungen wurden Ober- und Niederösterreich bis vor die Tore Wiens zum Kriegsschauplatz (Broucek, 2001, S. 142). Diese Bedrohungen gingen erst nach der Belagerung Wiens 1683 und den militärischen Erfolgen der kaiserlichen Armeen in Ungarn und am Balkan im Wesentlichen zu Ende.

Einschränkungen anderer Art betrafen den für Österreich so wichtigen Wirtschaftsfaktor des Bergbaus. Die Produktion von Eisen expandierte kräftig, wie auch die Eisenverarbeitung. Die ständigen kriegerischen Verwicklungen der Habsburger begünstigten sogar die Ausweitung der Rüstungsproduktion. Zentrale Rolle in der Eisenverarbeitung kam in Österreich nach wie vor der Sensenerzeugung zu. Die durchschnittliche jährliche Produktion eines Eisenhammers erreichte 22.000 Stück und wurde in beträchtlichem Ausmaß exportiert. Auch die Salzproduktion entwickelte sich in den Habsburgischen Ländern günstig, da auf administrativem Wege die Absatzgebiete sichergestellt wurden.

Gravierende Veränderungen ergaben sich jedoch in dem lange Zeit so bedeutsamen Abbau von Silber. Vor allem in Schwaz fand die Förderung einfach deshalb ein Ende, weil sich die Lagerstätten erschöpften. Damit erwies sich auch die Förderung von Kupfer und Blei als unrentabel. Das Ende des Bergbaus in dieser Region führte zu einer dramatischen Reduktion der Bevölkerung. Die Zahl der Beschäftigten in Schwaz sank von einem Höchststand von 15.000 auf nur mehr 3.000 1608 (Sandgruber, 1995, S. 74).

Die Position der Stadt und ihrer Bürger im gesellschaftlichen Gefüge des Landes veränderte sich während der frühen Neuzeit grundlegend. Diese Wandlung repräsentiert nicht ein spezifisch österreichisches Problem, sondern ein solches für ganz Europa. Eingangs war auf die Bedeutung der urbanen Zentren in jenem Prozess hingewiesen worden, der schließlich zur Industriellen Revolution führte. Und gerade im Mittelalter hatten die Städte eine ungeheuer starke Stellung erlangt. Stadtherren wie Territorialherrscher vermochten auf deren Aktivität oft nur sehr beschränkt Einfluss zu nehmen.

Unter diesen Umständen entstanden in Italien Stadtstaaten, im Deutschen Reich nahmen die Reichsstädte die Position von Fürstentümern mit eigener Außenpolitik ein. Städtebünde, wie die Hanse, dominierten die Ostsee und vermochten Territorialherrschern, wie etwa dem Dänenkönig, ihren Willen aufzuzwingen. Allerdings legten diese ökonomisch wie militärisch so starken Organisationen nur in Ausnahmefällen staatenbildenden Charakter an den Tag. So in Holland und in der Schweiz. In allen übrigen Ländern des Kontinents setzten sich in der frühen Neuzeit politisch die fürstliche Zentralgewalt und gesellschaftlich der Adel immer stärker durch. Auch die italienischen Stadtstaaten nahmen immer mehr solchen Charakter an und gerieten schließlich unter die Herrschaft fremder Großmächte.

Dieser Machtverlust der Städte lässt sich auch dem sozialen Wandel zuschreiben. In der frühen Neuzeit begann in Europa die Ablösung des Feudalsystems durch den Territorialstaat. Teilweise entstand spontan der Bedarf an überregionalen Regelungen, etwa im wirtschaftlichen Bereich über die Waldnutzung, die durch fürstliche „Ordnungen" beschränkt wurde, die faktisch in den Entscheidungsbereich der Grundherren eingriff. Besonders aber durch die Rechtsvereinheitlichung. Diese hatte sich einerseits aus der Rezeption des Römischen Rechts Ende des 14. Jahrhunderts ergeben, andererseits durch die Gründung von Universitäten, wo dieser Prozess vorangetrieben wurde.

Weiters aber erwuchs aus den politischen Gegebenheiten das Machtmonopol des Zentralstaates. Weder waren die Grundherren in der Lage, die Sicherheit ihrer Untertanen zu garantieren, noch sich im Zug der Bauernkriege gegen diese zur Wehr zu setzen. Sie waren oft auf die Hilfe der Territorialherrschaft angewiesen.

Ähnliches gilt auch für die Städte. Auch diese erwiesen sich zu schwach, um sich gegen massive militärische Bedrohung von außen, wie etwa durch die Türken, allein zur Wehr zu setzen. Auch waren die Oberschichten in den Auseinandersetzungen mit den anderen Gruppierungen der Stadt oft gezwungen, Hilfe bei der Territorialherrschaft zu suchen. Umgekehrt wären sie auch nicht mehr in der Lage gewesen, sich gegen die modernen Massenheere dieser zu behaupten (Tilly, 1994, S. 24).

Letztlich kann aber nicht übersehen werden, dass auch zur Zeit ihrer noch ungebrochenen Macht die Städte niemals staatenbildende Kraft entfalteten oder in der Lage waren, überregionale Identitäten zu begründen. Ihre Interessen konzentrierten sich lediglich auf die Angelegenheiten des jeweiligen Ortes. Auch unter Einschluss der von ihnen beherrschten Umgebung entstanden nie Kerne eines eigenen Staatsgebildes und auch ihre politische Willensbildung wurde nie auf diese Regionen übertragen. Sie regierten dort durchaus feudalistisch (Moraw, 1994, S. 111) Sie gingen zwar zweckgerichtete Bündnisse mit ihresgleichen ein, schlossen sich aber nur unter massivem militärischen Druck von außen zu – stark föderalistisch geprägten – staatlichen Gebilden zusammen, wie eben die Schweiz und Holland. Sie vermochten daher in der noch labilen Übergangsphase vom Feudalismus zum Absolutismus kein autonomes Ordnungselement zu bilden, allenfalls agierten sie im Rahmen der ständischen Politik. Eher waren es die aufständischen Bauernbewegungen, die staatenbildende Konzepte entwickelten. Maßgebend für die Staatswerdung blieb letztlich die von den Territorialherrschern entwickelte, auf ihre Person oder ihr Geschlecht ausgerichtete, Ideologie (Blockmans, 1994, S. 242).

Freilich erfolgte die Machtübernahme durch den Zentralstaat keineswegs reibungslos. Grundherren, Prälaten und Städte hatten sich in den „Ständen" Organisationen geschaffen, um ihre Interessen zu vertreten. Diese zur „Beratung" der Fürsten gedachten Einrichtungen verfügten über ihr Recht, Sondersteuern zu bewilligen – ein starkes politisches Machtmittel. Demgemäß kam es überall in Europa zu mehr oder minder gewaltsamen Auseinandersetzungen zwischen dem werdenden fürstlichen Zentralstaat und den Ständen.

Als exemplarisch erwiesen sich die Ereignisse nach dem Tod Maximilians I 1519. Dieser hatte testamentarisch bestimmt, dass bis zum Regierungsantritt seiner Nachfolger das „Regiment" aus seinen Beamten die Regierungsgewalt ausüben sollte. Dies wurde von den Ständen nicht akzeptiert. Im Zug dieser Auseinandersetzungen bildete Wien die Spitze des radikalen Flügels. Dieser übernahm nicht nur die Exekutive, sondern forderte auch, dass Landtagsbeschlüsse nicht mehr der landesfürstlichen Zustimmung bedurften, also bereits ein konstitutionelles Modell.

Nach längeren Verhandlungen, die zunächst zu Kompromisslösungen führten, kam es nach dem Regierungsantritt Ferdinands I 1522 zu einem Tribunal in Wiener Neustadt, von dem die Hauptexponenten der ständischen Bewegung, darunter der Wiener Bürgermeister, Dr. Siebenbürger, zum Tod verurteilt wurden.

Damit war den städtischen konstitutionellen Bestrebungen in Österreich offenbar das Rückgrat gebrochen. In der Folge dieser Urteile schränkte Ferdinand I auch die Autonomie Wiens ein, insbesondere schloss er die Handwerker von der Entscheidungsfindung aus (Czendes – Opll, 2001, S. 183). Die Städte spielten im Ringen um die Staatswerdung in Österreich keine entscheidende Rolle mehr.

Die konfessionelle Spaltung verschärfte die politischen Auseinandersetzungen. In der zweiten Hälfte des 16. Jahrhunderts war Österreich, mit Ausnahme Tirols und Vorarlbergs, praktisch vollständig protestantisch, wogegen die Habsburger zu den entschiedensten Exponenten der Gegenreformation zählten. Zwar konnte sich der Adel das lange Zeit unbestrittene Privileg auf Ausübung der protestantischen Konfession sichern, das galt jedoch nicht für die Städte. Die Rekatholisierung erwies sich dort als zusätzliches Element zur Einschränkung der Autonomie.

Allerdings verschärften sich auch die Gegensätze zwischen Adel und Landesfürsten im Lauf des 16. Jahrhunderts und fanden schließlich Anfang des 17. Jahrhunderts ihren Höhepunkt im Aufstand der böhmischen und ostösterreichischen Stände. Diese strebten danach, die Habsburger zu vertreiben und eine Art Adelsrepublik zu gründen, die sich an den holländischen Generalstaaten, der Schweiz (Bruckmüller, 2001, S. 115) oder Polen orientieren sollte. Charakteristischer Weise spielte in diesen Kämpfen die Stadt Wien keine Rolle mehr. Die aristokratischen Ambitionen fanden durch die Schlacht am Weißen Berg 1620 ein unwiderrufliches Ende.

In der Folge bildeten sich jedoch neue politische Koalitionen heraus. Hatten sich die Territorialherrscher im Mittelalter noch oft auf die Städte gestützt, um ihre Interessen durchzusetzen, bildete sich mit der Unterwerfung des Adels eine neue Allianz heraus. Letzterer demonstrierte seine Loyalität gegenüber der Krone und erhielt dafür ihre Unterstützung in wirtschaftspolitischen Auseinandersetzungen mit den Städten. So wurden nunmehr deren zahlreiche Privilegien zugunsten der Grundherren abgeschafft. Diese kamen dadurch in die Lage, nichtlandwirtschaftliche Produktionen in beliebigem Ausmaß auf dem flachen Land in Angriff zu nehmen und damit die Monopolposition der Städte – respektive der städtischen Zünfte – zu durchbrechen. Lediglich in England bildete sich ein andersartiges Verhältnis der sozialen Gruppen aus.

Dazu kamen allerdings noch Änderungen der Verhaltensweisen. Während des Mittelalters hatte sich weithin ein bürgerliches Selbstbewusstsein durchgesetzt, das u. a. seinen Niederschlag in Lehr- und Erbauungsbüchern, wie jenem von L. Alberti „Del governo della famiglia" fand, in dem sich die arbeits- und sparsamen Bürger scharf von den müßigen und verschwenderischen Aristokraten abgrenzten. Dieses bürgerliche Selbstbewusstsein ging im katholischen Südeuropa zu Beginn der frühen Neuzeit verloren. Das Bürgertum übernahm allmählich den aristokratischen Wertekodex, was sich weniger darin ausdrückte, dass die zu Wohlstand gelangten Unternehmer daran gingen, große Ländereien zu erwerben; dafür mochten auch rationale ökonomische Gründe maßgebend gewesen sein. Immobilien repräsentierten eine sichere Kapitalanlage, regelmäßiges Einkommen, erleichterten die Kreditfinanzierung und enthielten manchmal auch ein spekulatives Element (Soly, 1975, S. 35). Maßgebend war der Wertewandel in dieser Schicht.

Charakteristischen Ausdruck fand dieser in den oberitalienischen Stadtrepubliken. Die venezianischen Patrizier, die ihren erblichen Rang durch Eintragung im „Goldenen Buch" demonstrierten, nannten sich „nobili" und blickten voller Verachtung auf den Handel herab. In Mailand wurde diese Position normativ explizit zum Ausdruck gebracht. 1652 wurde der Rang des „cavaliere patrizio" geschaffen, eine Art adeliger Patrizier. Und 1716 erging ein Gesetz, wonach nur jene als Patrizier anerkannt wurden, die nachweisen konnten, dass u. a. seit drei Generationen kein Mitglied der Familie deren Ansehen durch eine kaufmännische Tätigkeit geschädigt habe. Im 18. Jahrhundert verkehrten die Familien der städtischen Patrizier mit dem Landadel des die Stadt umgebenden Herzogtums als Ebenbürtige miteinander (Palmer, 1970, S. 45). Diese Darstellung bezieht sich zwar auf das Barockzeitalter, weist doch darauf hin, dass dieser Prozess schon sehr viel früher in Gang gekommen sein muss.

Nun waren im Bundesgebiet schon im Mittelalter erfolgreiche Kaufleute und Produzenten geadelt worden, doch dürfte damals der aristokratische Wertekodex für ihr Verhalten noch keine zentrale Rolle gespielt haben. Das änderte sich in der frühen Neuzeit, als die wohlhabenden Bürger durchwegs auch hier die Nobilitierung anstrebten und die aristokratischen Normen übernahmen: „Das Bürgertum war satt geworden. Nicht mehr Erwerb um des Erwerbs willen stand im Vordergrund seines Strebens, sondern Herrendienst und Gültenbesitz wurden das begehrteste Lebensziel des Bürgers, der in der jüngeren Generation die angesehene soziale Stellung, die Sicherheit der Existenz und den bequemen Genuss des ererbten Vermögens erstrebte. Vergebens sucht man in der dritten Generation Bürgerstolz und Standesbewusstsein, vergebens auch den Arbeitseifer und den Erwerbstrieb der Vorfahren, sie sah mit einer gewissen Scham auf die Quelle ihres Vermögens herab, in das sie hineingeboren war, und suchte sie durch den Erwerb von Titeln und Gütern zu verdecken. Gerade die besten Köpfe des Bürgertums erstrebten den Übertritt in den Adel und passten sich seiner Lebensweise an. Eine Klasse, die so dachte, war unfähig, eine entscheidende Rolle im wirtschaftlichen und sozialen Leben zu führen" (Tremel, 1969, S. 227).

Der Umstand, dass sich dieser Prozess vor allem im südeuropäisch-katholischen Raum vollzog, bewog manche Autoren, hier einen Zusammenhang zwischen der Konfession und den sozialen sowie ökonomischen Verhaltensweisen zu sehen (Hersche, 2006, S. 442). Doch scheint dem Katholizismus, genauer gesagt der Gegenreformation, hier nur die Funktion des Verstärkers eines endogen in Gang gekommenen Prozesses zugekommen zu sein.

In den protestantischen Ländern ging zwar auch die städtische Autonomie gegenüber der Zentralgewalt verloren, doch blieben die bürgerlich-kapitalistischen Verhaltenweisen mit einigen demokratischen Ansätzen teilweise erhalten – nicht zu reden von Holland und der Schweiz, wo das Bürgertum die Herrschaft angetreten hatte. Aber nicht nur das: Gerade dort entwickelten sich staatlich organisierte Schulen und Universitäten, intensivierte sich die naturwissenschaftliche Forschung im Rahmen einer Scientific Community.

Demgegenüber blieb das südeuropäische Schulwesen mit seiner starken Ausrichtung auf die lateinische Sprache sowie auf Theologie und Philosophie großteils in kirchlicher Hand oder unter kirchlichem Einfluss. Die Konsequenzen dieser Veränderungen bewirkten, dass ehemals berühmte Hochschulen, wie jene von Bologna oder Ingolstadt, ihren internationalen Ruf einbüßten und der Anteil der Katholiken an den Naturwissenschaftlern dramatisch abfiel (Mason, 1997, S. 210).

Die Wiener Universität hatte unter Maximilian I noch eine späte humanistische Blüte erlebt, geriet jedoch in der Folgezeit durch die Reformation und die Probleme Wiens in eine Krise. Diese überwand Ferdinand I mit großem Engagement, doch blieb die Hochschule nunmehr strikt katholisch orientiert und stark auf die Erfordernisse des Verwaltungsapparates ausgerichtet (Mühlberger, 2001, S. 395).

Dazu kam die Geringschätzung kommerzieller Produktion und Leistung durch die Kirche. Manche Autoren meinen, diese Position hänge auch mit ihrer Präferenz für die Arbeit in der Landwirtschaft zusammen. Dieser Umstand würde sich teilweise aus deren umfangreichem Grundbesitz erklären, teilweise aus ihrer Vorliebe für diese gesunde, ursprüngliche Produktionsweise. Darin könne man auch ein Element der südeuropäischen „Reagrarisierung" sehen (Hersche, 2006, S. 456).

In Österreich wird die Periode der frühen Neuzeit generell als ökonomische Krise der Städte betrachtet. Die Wirtschaftsleistung dieser Einheiten ging generell zurück. Das scheint keineswegs nur ein impressionistisches Faktum gewesen zu sein, sondern sehr real, als den Städten beträchtliche Steuererleichterungen gewährt wurden (Bruckmüller, 2001, S. 147). Insbesondere die im internationalen Handel Tätigen bekamen die Auswirkungen der kriegerischen Ereignisse zu spüren. Schon im 16. Jahrhundert beeinträchtigte der türkische Vormarsch den Venedig-Handel und im 17. Jahrhundert verursachte der Dreißigjährige Krieg einen Einbruch der Nachfrage.

Überdies führte die Gegenreformation durch die Auswanderung oder Vertreibung protestantischer Bürger ebenfalls zu massiven Einschränkungen der wirtschaftlichen Entwicklung. Dieser Verlust an Arbeitskräften wog umso schwerer, als es sich bei dieser Bevölkerungsgruppe vorwiegend um hochqualifizierte und initiative Menschen handelte, die manchmal über beträchtliche Kapitalien verfügten.

Der Bedeutungsverlust der Städte durch verstärkte Machtposition der Landesfürsten fand seinen Niederschlag in der Besteuerung. Aber auch die Grundherren missachteten immer häufiger die städtischen Zunftprivilegien im Umland und errichteten auch in steigendem Maß „Freihäuser" in den Städten, die durch ihre Steuerfreiheit deren finanzielle Möglichkeiten beschränkten. Sicherlich zeigt sich auch darin die Tendenz zur „Refeudalisierung".

Für die Residenzstädte, vor allem Wien, zeichnete sich eine ambivalente Entwicklung ab. Die größte Stadt Österreichs nahm zwar wirtschaftlich international keine Spitzenposition ein. Hier war eben keine spezifische Produktion entstanden, die der Stadt ökonomisch besonderes Gewicht verliehen hätte: „Ein klassisches Exportgewerbe besaß Wien nicht" (Weigl, 2001, S. 33) und die städtische Selbständigkeit fand nach Unterdrückung der Autonomiebestrebungen von 1522 durch Ferdinand I ein Ende (Baltzarek, 1974, S. 189). Umgekehrt reihte sich Wien unter jene Städte ein, die, wie London, Madrid und Paris, zunehmende Bedeutung als Hauptstädte großer Reiche gewannen.

Die Unterwerfung der Aristokratie unter die Zentralgewalt fand ihren Ausdruck in der Bindung an den Hof. Ihre Mitglieder nahmen damit alle führenden Positionen im Staat ein. Das bedingte aber, dass sie sich, einschließlich ihrer Bedienten, in der Residenzstadt niederließen und ihr auf den Gütern erzieltes Einkommen dort ausgaben.

Aber auch die Zahl der Angehörigen des Hofes erlebte eine deutliche Zunahme. Das resultierte nicht nur aus der Selbstinszenierung der Herrscher und der Aufstellung eines stehenden Heeres, sondern auch aus der Notwendigkeit, die dringend benötigten Abgaben einzutreiben und zu administrieren. Dazu kam, dass die Rechtsvereinheitlichung auf Ebene des Zentralstaates vorgenommen wurde – zuletzt entstand durch Reichstagsbeschluss ein Instanzenzug zum Reichskammergericht. Das bedeutete aber, dass auch die Zahl der Beamten und Richter expandierte. Auf dieser zweiten sozialen Ebene gewann zwar das Bürgertum auf Grund seiner Fachkenntnis zunehmenden Einfluss, konnte aber nur in Einzelfällen politisch aufsteigen und beschränkt seinen Wertekodex im Staat etablieren.

Die Veränderungen der Sozialstruktur Wiens lassen sich an der Verschiebung der Hausbesitzanteile nachvollziehen. Jene der Bürger reduzierten sich zwischen 1615 und 1650 von 72,1 % auf 54,2 %, wogegen die Anteile der Adeligen und des Klerus sich verdoppelten. Jene der Hofbeamten erhöhten sich immerhin von 17,1 % auf 23 %. Die gesamte Bevölkerung der Metropole stieg schätzungsweise von 20.000 bis 25.000 Mitte des 16. Jahrhunderts auf 50.000 Mitte des 17. Jahrhunderts (Weigl, 2001, S. 53).

Sicherlich bewirkte diese Konstellation eine geballte Nachfrage nach Gütern und Leistungen, die eine nachhaltige wirtschaftliche Belebung dieser Residenzen, so auch Wiens, herbeiführte (Chaloupek, 1991, S. 24).

Es scheint somit, dass man die frühe Neuzeit als die eigentlich problematische Epoche der österreichischen Wirtschaftsentwicklung bezeichnen muss. Zunächst wurde die Produktion durch permanente kriegerische Ereignisse auf direkte oder indirekte Weise geschädigt. Der Zusammenbruch der Silberförderung in Schwaz veränderte die wirtschaftliche Situation Westösterreichs. Dazu kamen die Auswirkungen der Gegenreformation, die nicht nur schmerzhafte Verluste an Humankapital verursachten, sondern die humanistische Philosophie unterdrückte und damit das ideologische Fundament des bürgerlichen Selbstbewusstseins eliminierte. Der bürgerliche Wertekodex spielte keine Rolle mehr. Im Zug der ständischen Auseinandersetzungen ging letztlich die Machtposition Wiens vollständig verloren. Die Niederlage der Stände 1620 führte zu einer neuen Kooperation von Adel und Territorialgewalt.

6. Zusammenfassung und Schlussfolgerungen

Versucht man, die Perioden des hohen und späten Mittelalters sowie der frühen Neuzeit in ihrer Bedeutung für den Weg Österreichs zur Industrialisierung abzuschätzen, dann ergibt sich zusammenfassend folgendes Bild: Die Wirtschaft des heutigen Bundesgebietes zählte schon im Hochmittelalter zu den wohlhabenden Regionen Europas, ohne allerdings darin einen Spitzenplatz einzunehmen. Weder gab es Seehäfen, die sich zu wirtschaftlichen Zentren hätten entwickeln können, wie in Oberitalien, noch Handels- und Gewerbemetropolen vom Zuschnitt der oberdeutschen Reichsstädte mit spezifischen Exportprodukten.

Dennoch verfügte das Land über einige wirtschaftliche Trümpfe, vor allem durch den Bergbau. In der Förderung von Edelmetallen nahm es lange Zeit einen europäischen Spitzenplatz ein, und auch Salz sowie Eisen gewannen zunehmend an Bedeutung. Freilich bleibt festzuhalten, dass die Verarbeitung des Silbers vorwiegend außerhalb Österreichs erfolgte. Das galt nicht für die Eisenverarbeitung, die allerdings auf wenige Orte, wie Steyr, konzentriert blieb und ansonsten vielfach außerhalb der Städte angesiedelt war. Früh vermittelte auch der Transitverkehr zwischen Oberitalien und Süddeutschland einige wirtschaftliche Impulse, ebenso wie die Ost-Westverbindung.

Auch das Netz der Städte, dessen Entwicklung im 13. Jahrhundert im Wesentlichen abgeschlossen schien, entsprach an Umfang und Dichte europäischen Verhältnissen. Das gilt gleichfalls für die rechtlichen Gegebenheiten – vom Gerichtswesen bis zu den städtischen Privilegien. Freilich scheint sich die urbane Autonomie relativ spät und schwächer entwickelt zu haben als in anderen europäischen Gebieten. Regionale Zentren, wie etwa die oberdeutschen Reichsstädte, existierten in Österreich eben nicht. Ähnliches lässt sich vom Bürgertum sagen. Auch dieses entwickelte sich grundsätzlich im europäischen Rahmen, ohne jedoch den Reichtum und die Autonomie der führenden Agglomerationen zu erreichen.

Im späten Mittelalter litt die österreichische Wirtschaft zwar unter zahlreichen exogenen Beeinträchtigungen, tendenziell setzte sich aber die günstige Entwicklung fort. Die Produktpalette der Landwirtschaft erweiterte sich beträchtlich, im Bergbau erreichte die Förderung von Silber ihren Höhepunkt und die Eisenerzeugung sowie -verarbeitung expandierte kräftig. Staatliche Interventionen weiteten die Absatzmärkte für Salz aus. Auch in Österreich entwickelte sich der Bergbau zu einem Zentrum des technischen Fortschritts, was umso bedeutsamer war, als das zweite europäische – Schiffsbau und Schifffahrt – fast zur Gänze fehlte. Der Eisenverarbeitung bis hin zur Rüstungsproduktion stand nur beschränkt solche der Edelmetalle gegenüber.

Die Zahl der Städte expandierte nur mehr geringfügig, doch nahm die Einwohnerzahl kräftig zu. Ihre gewerbliche Produktion diente nach wie vor in erster Linie zur eigenen und des Umlandes Versorgung. Exportgüter hielten sich auch in dieser Phase – mit Ausnahme der Eisenverarbeitung und des Weines – in Grenzen. Nur beschränkt gelang es den Kaufleuten, sich auch in den Fernhandel einzuschalten, der von den oberdeutschen Handelsunternehmern dominiert wurde. Insgesamt scheint sich in jener Phase die urbane Wirtschaft jedoch zufriedenstellend entwickelt zu haben.

In der Politik erreichte während des späten Mittelalters auch in Österreich der städtische Einfluss seinen Höhepunkt. In den dynastischen Auseinandersetzungen spielte insbesondere Wien eine zentrale Rolle. Landesfürsten wie auch der Kaiser suchten die militärische Unterstützung der Stadt. Das städtische Geistesleben erreichte zu Ende des 15. Jahrhunderts einen Höhepunkt. Auf der Universität gewannen die Naturwissenschaften internationalen Rang und der Humanismus blühte. Seine Vorherrschaft blieb nicht auf das Bürgertum beschränkt, sondern betraf den Hof ebenso wie viele Kleriker. Pickl spricht in diesem Zusammenhang deshalb folgerichtig vom „bürgerlichen Zeitalter" (Pickl, 1967, S. 16).

Als kritische Phase der österreichischen Wirtschafts- und Sozialentwicklung wird man dagegen die frühe Neuzeit betrachten müssen. Sie brachte wirtschaftliche Rückschläge, vor allem aber eine tiefgreifende Veränderung der Institutionenstruktur. Da waren zunächst Missernten, Pest und Kriege, vor allem aber belasteten die politischen und sozialen Veränderungen die Produktion. Der Zusammenbruch traditioneller feudaler Beziehungen und der permanent steigende Abgabendruck führten zu Bauernaufständen, die letztlich blutig unterdrückt wurden. Die konstitutionellen Ambitionen insbesondere der Wiener Bürger wurden durch das Blutgericht von Wiener Neustadt gebrochen. Die Bürger verloren ihre politische Machtposition. Während der Adel sein Privileg auf private Ausübung der protestantischen Konfession noch behielt, wurde die Rekatholisierung der Städte energisch vorangetrieben – was gleichfalls einen Verlust an Autonomie mit sich brachte. Diese gewaltsame Politik führte überdies zum Verlust von Human- und Finanzkapital durch Vertreibung oder Emigration der gesellschaftlichen Eliten.

Doch darüber hinaus bewirkte die Rekatholisierung eine neue „governance structure". Der Humanismus wurde durch eine Ideologie abgelöst, die wieder auf strikte gesellschaftliche Hierarchie abgestellt war und dem fürstlichen Absolutismus die geistige Basis lieferte. Diese konnte umso erfolgreicher durchgesetzt werden, als das Erziehungssystem weitgehend von der katholischen Kirche kontrolliert wurde.

Die bedrohliche adelige Fronde konnte trotz ihrer anfänglichen Erfolge durch die Schlacht am Weißen Berg endgültig niedergeworfen werden. Der Weg zur Staatswerdung auf absolutistischer Basis war frei. Relativ rasch arrangierten sich Landesfürst und Adel zu einer neuen Koalition, die Letzterem alle Führungspositionen im Staat sicherte und damit den Einfluss des Bürgertums zusätzlich reduzierte, was umso leichter gelang, als dieses zum erheblichen Teil den Wertekodex der Oberschichten übernahm.

Das konnte natürlich nicht heißen, dass die Bürger von Verwaltung und Rechtsprechung ausgeschlossen blieben. Natürlich musste diese Arbeit in steigendem Maß von bürgerlichen Experten ausgeführt werden, aber ihr Einfluss auf die politische Struktur des Landes hielt sich vorerst in Grenzen.

Österreich integrierte sich, nach Einsetzen der Gegenreformation, immer stärker in den südeuropäisch-katholischen Kulturkreis mit einem politisch entmachteten und ideologisch resignierten Bürgertum. Damit blieben die technisch-innovatorischen, unternehmerischen Verhaltensweisen relativ schwach ausgeprägt. Daran vermochte auch der hoch entwickelte Bergbau nichts zu ändern, da von diesem auf die städtische Gesellschaft offenbar kaum Impulse zur technischen Entwicklung und einer diese fördernden Atmosphäre ausgingen.

Da die Universitäten strikt der katholisch-gegenreformatorischen Kontrolle unterlagen, konnten auch von dort her keine emanzipatorischen Anregungen ausgehen. Auch die Landbevölkerung in Ostösterreich verharrte nach ihrer Niederwerfung in den Bauernkriegen und dem Entstehen der Gutsherrschaft in Resignation.

Die Abwesenheit eines internationalen Seehandels bewirkte, dass die Regelungsdichte des Wirtschaftslebens außerordentlich hoch blieb. Das scheint dem Rechtsstaat zugute gekommen zu sein, der hohes Niveau erreichte. Willkürliches Vorgehen erfolgte im Strafrecht sowie im Verhältnis von Grundherrschaft zu den Untertanen. Im kommerziellen Bereich dürfte ein beträchtliches Maß an Rechtssicherheit bestanden zu haben.

Zusammenfassend lässt sich somit sagen, dass die Wirtschaft des heutigen Bundesgebietes im Mittelalter und in der frühen Neuzeit alle jene Elemente entwickelte, die, wie eingangs dargelegt, für das Ingangkommen der Industriellen Revolution notwendig erscheinen. Freilich oft nicht im optimalen Ausmaß. Insbesondere die frühe Neuzeit entwickelte in dieser Hinsicht restriktive Tendenzen.

Zwar verfiel die österreichische Wirtschaft nicht in eine ähnliche Stagnation, wie sie für die südeuropäischen Länder jener Zeit charakteristisch wurde. Auch das Durchschnittseinkommen in Österreich blieb offenbar nicht hinter jenem anderer Regionen des Reiches zurück – nicht zuletzt durch die Entwicklung der Reichshaupt- und Residenzstadt Wien. Sicherlich aber zählte es nicht zu den führenden Volkswirtschaften Europas und konnte weder die personellen, noch die geistigen Ressourcen entwickeln, um eine frühe Industrialisierung in Gang zu setzen.

Gewisse Charakteristika der untersuchten Periode zeigten Wirkungen, die bis fast in die jüngste Zeit merkbar waren. So spielte im 18. und 19. Jahrhundert der Mangel an unternehmerischem Potential eine große Rolle, ebenso wie die intensive Reglementierung des ökonomischen Lebens als ein Kennzeichen der österreichischen Wirtschaftspolitik betrachtet wurde.

Literaturhinweise

Baltzarek, F., Die Stadtordnung Ferdinands I und die städtische Autonomie im 16. Jahrhundert, WGBL 29, Heft 3/1974.

Blockmans, W. P., Voracious States and Obstructing Cities: An Aspect of State Formation in Preindustrial Europe, in Tilly, C., Blockmans, W. P. (Hrsg.), Cities and the Rise of States in Europe, Boulder – San Francisco – Oxford, 1994.

Broucek, P., Der Krieg und die Habsburgerresidenz, in Weigl, A. (Hrsg.), Wien im Dreißigjährigen Krieg, Wien – Köln – Weimar, 2001.

Bruckmüller, E., Sozialgeschichte Österreichs, Wien, 2001.

Butschek, F., Industrialisierung. Ursachen, Verlauf, Konsequenzen, Wien, 2006.

Cerman, M., Mittelalterliche Grundlagen. Wirtschaftlicher und gesellschaftlicher Wandel im Waldviertel bis zum frühen 16. Jahrhundert, in Knittler, H. (Hrsg.), Wirtschaftsgeschichte des Waldviertels, Waidhofen an der Thaya, 2006.

Chaloupek, G., Einleitende Überlegungen zur Stadtentwicklung, in Chaloupek, G., Eigner, P., Wagner, M., Wien. Wirtschaftsgeschichte. Teil I, Industrie, Wien, 1991.

Christaller, W., Die zentralen Orte in Süddeutschland, Jena, 1933.

Czendes, P., Opll, F., Geschichte Wiens im Mittelalter, in Czendes, P., Opll, F. (Hrsg.), Wien, Geschichte einer Stadt. Von den Anfängen bis zur Türkenbelagerung, Wien, 2001.

Finley, M. I., Die antike Wirtschaft, München, 1977.

Hayek, F. A., Der Wettbewerb als Entdeckungsverfahren, in Hayek, F. A., Freiburger Studien: Gesammelte Aufsätze, Tübingen, 1994.

Hersche, P., Muße und Verschwendung. Europäische Gesellschaft und Kultur im Barockzeitalter, 2 Bände, Freiburg i. B., 2006.

Knittler, H., Agrarraum und Stadtraum. Ländliches und städtisches Wirtschaften im Waldviertel vom 16. bis zum beginnenden 19. Jahrhundert, in Knittler, H. (Hrsg.), Wirtschaftsgeschichte des Waldviertels, Waidhofen an der Thaya, 2006.

Landes, D. S., „East is East and West is West“, in Berg, M., Bruland, K. (Hrsg.), Technological Revolutions in Europe. Historical Perspectives., Cheltenham – Northampton, 1998.

Lichtenberger, E., Sozialhistorische und sozialgeographische Monographien aus Österreich, in Helczmanovski, H. (Hrsg.), Beiträge zur Bevölkerungs- und Sozialgeschichte Österreichs, Wien, 1973.

Lösch, A., Die räumliche Ordnung der Wirtschaft, Jena, 1940.

Macek, J., Michael Gaismayer, Wien, 1988.

Mason, St. F., Geschichte der Naturwissenschaft, Bassum ,1997.

Moraw, P., Cities and Citizenry as Factors of State Formation in the Roman-German Empire of the Late Middle Ages, in Tilly, C., Blockmans, W. P. (Hrsg.), Cities and the Rise of States in Europe, Boulder – San Francisco – Oxford, 1994.

Mühlberger, K., Die Gemeinde der Lehrer und Schüler – Alma Mater Rudolphina, in Czendes, P., Opll, F. (Hrsg.), Wien, Geschichte einer Stadt. Von den Anfängen bis zur Türkenbelagerung, Wien, 2001.

Palmer, R. R., Das Zeitalter der demokratischen Revolution, Frankfurt am Main, 1970.

Perger, R., Der organisatorische und wirtschaftliche Rahmen, in Czendes, P., Opll, F. (Hrsg.), Wien, Geschichte einer Stadt. Von den Anfängen bis zur Türkenbelagerung, Wien, 2001.

Pickl, O., Das älteste Geschäftsbuch Österreichs. Die Gewölberegister der Wiener Neustädter Firma Alexius Funk (1516 bis ca. 1538) und verwandtes Material zur Geschichte des steirischen Handels im 15./16. Jahrhundert. Forschungen zur geschichtlichen Landeskunde der Steiermark, Graz, 1966.

Pickl, O., Die Ursachen der sozialen und wirtschaftlichen Umbrüche des 14./15. Jahrhunderts, Beiträge zur Sozial- und Wirtschaftsgeschichte der Steiermark und Kärntens, Zeitschrift des Historischen Vereins für die Steiermark, Sonderband 14, Graz, 1967.

Pickl, O., Die Rolle der österreichischen Städte für den Handel mit Eisen und Eisenwaren, in Opll, F. (Hrsg.), Stadt und Eisen, Wien, 1992.

Rostow, W. W., The Stages of Economic Growth, Cambridge, 1960.

Sandgruber, R., Ökonomie und Politik. Österreichische Wirtschaftsgeschichte vom Mittelalter bis zur Gegenwart, Wien, 1995.

Soly, H., The „Betrayal" of Sixteenth-Century Bourgeoisie: A Myth? Some Considerations of Behaviour Pattern of the Merchants of Antwerp in the Sixteenth Century, Acta Historiae Neerlandicae, Vol. 8, No. 1, 1975.

Sombart, W., Der Bourgeois, München – Leipzig, 1923.

Stögmann, A., Staat, Kirche und Bürgerschaft: Die katholische Konfessionalisierung und die Wiener Protestanten zwischen Widerstand und Anpassung (1580 – 1660) in Weigl, A. (Hrsg.), Wien im Dreißigjährigen Krieg, Wien – Köln – Weimar, 2001.

Tilly, C., Entanglements of European Cities and States, in Tilly, C., Blockmans, W. P. (Hrsg.), Cities and the Rise of States in Europe, Boulder – San Francisco – Oxford, 1994.

Tremel, F., Wirtschafts- und Sozialgeschichte Österreichs, Wien, 1969.

Weigl, A., Residenz, Bastion und Konsumptionsstadt: Stadtwachstum und demographische Entwicklung einer werdenden Metropole, in Weigl, A. (Hrsg.), Wien im Dreißigjährigen Krieg, Wien – Köln – Weimar, 2001.

Eine versäumte Chance. Der gescheiterte Plan einer Landeskreditkasse im Erzstift Salzburg im späten 18. Jahrhundert

Christian Dirninger

Modernisierung in der Defensive

Schon längst hat die finanzhistorische Forschung vielfach nachgewiesen, dass Modernisierung im Finanzsystem einen Kernfaktor der Herausbildung moderner Staatlichkeit und der Entfaltung eines modernen Wirtschaftsystems in der Frühen Neuzeit darstellte.[1] Nicht zuletzt deshalb, weil, wie dies Joseph A. Schumpeter formulierte „alles, was geschieht, sich in der Finanzwirtschaft abdrückt."[2] Insofern ist davon auszugehen, dass sich dort auch hinsichtlich der staatlichen und wirtschaftlichen Modernisierung retardierende Elemente und Phasen abbilden.

Die in dieser Weise ausgerichtete finanzhistorische Forschung hat auch gezeigt, dass das späte 18. Jahrhundert eine Phase besonders ausgeprägter Veränderungen und Neuerungen im staatlichen und gesellschaftlichen Finanzierungssystem gewesen ist. Ebenso deutlich erkennbar wird dabei die Unterschiedlichkeit und Vielfalt in der konkreten Ausformung dieses institutionellen Wandels in der damaligen europäischen Staatenwelt. Dabei kann grundsätzlich davon ausgegangen werden, dass es – jedenfalls ab der Mitte des 18. Jahrhunderts – einen wachsenden wirtschafts- und finanzpolitischen Modernisierungsdruck auf die absolutistisch-merkantilistischen Regime gegeben hat, dem auszuweichen, zunehmend eine Existenzgefährdung dieses Regimes bedeutete. Im finanzpolitischen Ursachenkomplex der Französischen Revolution wird dies in exemplarischer Weise ebenso deutlich wie in den wirtschafts- und finanzpolitischen Reformen Friedrich II. in Preußen oder Maria Theresias und Josephs II. in Österreich sowie vieler Fürstentümer des deutschen Reiches.[3] Dabei war der Umgang mit diesem

1 Sylla, Richard/ Tilly, Richard / Tortella, Gabriel (Hrg.): The State, the Financial System and Economic Modernization, Cambridge 1999. Tilly, Richard: Geld und Kredit in der Wirtschaftsgeschichte, Stuttgart 2003. Ullmann, Hans-Peter: Der deutsche Steuerstaat. Geschichte der öffentlichen Finanzen vom 18. Jahrhundert bis heute, München 2005. Berding, Helmut (Hrg.): Staatsfinanzen und Gesellschaft (Geschichte und Gesellschaft 8.Jg. 1982 H.3), Göttingen 1982

2 Schumpeter, Joseph A.: Die Krise des Steuerstaats, in: Goldscheid, Rudolf / Schumpeter, Joseph A.: Die Finanzkrise des Steuerstaats. Beiträge zur politischen Ökonomie der Staatsfinanzen, hrg. Von Rudolf Hickel, Frankfurt a. M. 1976 S 332.

3 Dirninger, Christian: Zur politischen Dimension staatlicher Finanzwirtschaft. Das Beispiel der Französischen Revolution, in: Vierteljahrschrift für Sozial- und Wirt-

wirtschafts- und finanzpolitischen Modernisierungsdruck in den absolutistisch-merkantilistischen Regimen des 18. Jahrhunderts durchaus unterschiedlich. Eine umfassende systematische Vergleichsanalyse steht trotz zahlreicher finanzgeschichtlicher Forschungsarbeiten noch aus.[4]

Im Rahmen dieses wirtschafts- und finanzpolitischen Reformszenarios erscheint der geistliche Klein- bzw. Mittelstaat als spezieller Entwicklungstypus einer „Modernisierung in der Defensive". Diese ergibt sich letztendlich daraus, dass diese Staatsform in einem Spannungsfeld zwischen einer latenten politischen Existenzgefährdung (Säkularisation) einerseits und der Notwendigkeit, sich den institutionellen Modernisierungsvorgängen in vielen Bereichen der Staatlichkeit, so auch in der Finanzwirtschaft und Finanzpolitik, anzupassen, befand.[5] Letzteres jedoch nur insoweit bzw. nur dergestalt, als die Prinzipien der geistlichen Wahlmonarchie generell sowie die vermögenswirtschaftlichen Prinzipien des stiftischen Staatswesens nicht grundsätzlich in Frage gestellt wurden.

Im Erzstift Salzburg kam dieses Phänomen der wirtschafts- und finanzpolitischen „Modernisierung in der Defensive" in zweifacher Weise konkret zum Ausdruck.[6] Zum einen darin, dass umgesetzte Reformprojekte einen dezidiert auf Konsolidierung und Stabilisierung des bestehenden Herrschafts- und Gesell-

---

schaftsgeschichte 79.Bd. H.1 (1992) S. 3-55. Ullmann, Hans-Peter: Staatsschulden und Reformpolitik. Die Entstehung moderner öffentlicher Schulden in Bayern und Baden 1780-1820, Göttingen 1986; Vogel, Barbara: Staatsfinanzen und Gesellschaftsreform in Preußen, in: Berding, Helmut (Hrg.): Privatkapital, Staatsfinanzen und Reformpolitik im Deutschland der napoleonischen Zeit, Ostfildern 1981 S. 37-57. Dickson, Peter George: Finance and government under Maria Theresia 1740-1780 2 Vol., Oxford 1987

4 Ansätze dazu bei Sylla/ Tilly/ Tortella (Hrg.): The State, the Financial System and Economic Modernization (wie Anm. 1). Braun, Rudolf: Steuern und Staatsfinanzierung als Modernisierungsfaktoren. Ein deutsch-englischer Vergleich, in: Koselleck, Reinhard (Hrg.): Studien zum Beginn der modernen Welt (Industrielle Welt 20), Stuttgart 1977 S. 241-262.

5 Hersche, Peter: Intendierte Rückständigkeit. Zur Charakteristik des geistlichen Staates im Alten Reich, in: Schmidt, Georg (Hrg.): Stände und Gesellschaft im Alten Reich (Veröffentlichungen des Instituts für Europäische Geschichte in Mainz, Beiheft 29), Stuttgart 1989 S. 133-149. Weis, Eberhard: Der aufgeklärte Absolutismus in den mittleren und kleineren deutschen Staaten, in: Zeitschrift für bayerische Landesgeschichte 42 (1979) S. 31-46. Wende, Peter: Die geistlichen Staaten und ihre Auflösung im Urteil der zeitgenössischen Publizistik, Lübeck Hamburg 1966. Cremer, Joseph: Die Kurmainzer Finanzen im 18. Jahrhundert. Diss. Frankfurt a.M. 1935. Zachold, Christian M.: Die Staatsfinanzen des Hochstifts Hildesheim vom Ende des Siebenjährigen Krieges bis zur Säkularisation (1763-1802/03), Stuttgart 2007

6 Dirninger, Christian: Staatliche Finanzwirtschaft im Erzstift Salzburg im 18. Jahrhundert, in: Dopsch, Heinz/ Spatzenegger, Hans (Hrg.) Geschichte Salzburgs Bd II/1, Salzburg 1988 S. 537-576

schaftssystems und dessen finanzieller Grundlage ausgerichteten Zuschnitt hatten. Zum anderen darin, dass Projekte bzw. Konzepte, die gewisse innovative Risiken in Bezug auf das vermögenswirtschaftliche Prinzip beinhalteten, letztendlich geringe Realisierungschancen hatten.

In den erstgenannten Bereich gehört im Falle des Erzstiftes Salzburg eine im Jahr 1778 umgesetzte Steuerreform. Diese bestand im Kern in der Umstellung einer seit dem frühen 17. Jahrhundert bestandenen, in ihrer fiskalischen Ertragskraft, vor allem wegen völlig unzureichender Bemessungs- und Erhebungsformen fiskalisch zunehmend prekär gewordenen Vermögenssteuer in eine katastermäßige Grundsteuer.[7] Dadurch, dass das Steueraufkommen damit in der Tat spürbar gesteigert werden konnte, wurde ohne Zweifel ein wesentlicher Erfolg in der fiskalischen Stabilisierung und Konsolidierung des bestehenden Herrschaftssystems erzielt.

Es wurde aber zugleich auch das Ziel der Stabilisierung und Konsolidierung des tradierten ständischen Gesellschaftssystems erreicht, indem durch die reformierte Steuerbemessung zwar sehr wohl eine den tatsächlichen Vermögensverhältnissen und Steuerleistungsfähigkeiten entsprechende Belastungsverteilung innerhalb der tradierten ständischen Zensitengruppen zustande gebracht wurde, aber in keiner Weise eine Umverteilung in der Abgabenbelastung zwischen diesen in Gang gekommen ist. So wurde etwa die seit dem frühen 17. Jahrhundert bestandene, im Wege der Selbstveranlagung im Prinzip freiwillige Steuerleistung der Grundherrn in Höhe eines Zehntels der Feudalrente, die so genannte „*Dezimation*" beibehalten, dabei aber die Bemessungskriterien, analog zu jenen der Untertanensteuer („*Rustikalsteuer*") realistischer gestaltet.

Keineswegs aber wurde eine direkte Verbindung zwischen den Feudalabgaben und der Steuerleistung der grundherrlichen Untertanen hergestellt, wie dies etwa in der Steuer- und Urbarialreform Josephs II. der Fall gewesen war. Dort war ja versucht worden, die auf die Grundholden zukommende Abgabenbelastung gleichsam zu „deckeln" und diese zwischen Feudalabgabe und staatlicher Steuerleistung zu teilen. Die damit gegebene Beschneidung der Abgabenhoheit der Feudalherren hatte deren Widerstand gegen das Projekt entfacht und damit letztendlich auch dessen Scheitern bewirkt.[8] Eine solche, an eine Wurzel des tra-

7 Katschthaler, Johann R.: Die Steuerreform des Erzbischofs Hieronymus Colloredo (1772 bis 1803) im Erzstift Salzburg (mit besonderer Berücksichtigung des Pfleggerichtes Taxenbach).Diss. Innbruck 1958. Dirninger, Christian: Das Steuer- und Abgabensystem im Erzstift Salzburg im 18. Jahrhundert, in: Schremmer, Eckart (Hrg.): Steuer, Abgaben und Dienste vom Mittelalter bis zur Gegenwart (Vierteljahrschrift für Sozial- und Wirtschaftsgeschichte, Beiheft 114), Stuttgart 1994 S. 65-100.

8 Rozdolski, Roman: Die große Steuer- und Agrarreform Josephs II. Ein Kapitel zur österreichischen Wirtschaftsgeschichte, Warschau 1961. Mikoletzky, Lorenz: Der

dierten ständischen Herrschafts- und Gesellschaftssystem gehende Vorgangsweise war bei der Salzburger Steuerreform von vorne herein vermieden worden. Ebenso wurde die indirekte Steuer („*Umgeld*“ und „*Akzisen*“) nicht in die Steuerreform einbezogen und damit ein weiterer, gesellschaftspolitisch heikler Bereich außen vor gelassen.

Die in der Steuerreform enthaltene distributive Intention war eine proportionale, leistungsfähigkeitsorientierte Belastungsverteilung innerhalb der einzelnen ständischen Gruppen, also der bestehenden ständischen Gesellschaftsordnung unter Berücksichtigung und Erhaltung der tradierten Privilegien. Eine Veränderung der Gesellschaftsordnung war in keiner Weise intendiert. So ließ Erzbischof Hieronymus Colloredo im Zuge der Vorbereitungen der Steuerreform, die sich im Wesentlichen an den von der jüngeren Kameralistik formulierten Steuergrundsätzen orientierte[9], verlauten: „*Uns beleben bey dem ganzen Steuerverbesserungswesen nichts anderes, als die allerreinste landesväterliche Absichten: Wir wollen und verlangen nichts anderes, als dass unter ungestörter Beybehaltung der Landes-Grundverfassung, Gleichheit und Ordnung in der Steuer hergestellet, alle auch nur mögliche Bedrückungen entfernet, Gunst und Willkühr, und Eigennutz ausgeschlossen und minder Begünstigte, der arme und der reiche Unterthan in ein Gleichverhältniß gesetzet, und die Steuer so deutlich, so einfach hergestellet werde, dass der Besitzer, wenn er sein Gut, damit auch gleichsam schon seine Steuergabe kennet.*“[10] Ein Projekt, das im Zuge der wirtschafts- und finanzpolitischen „Modernisierung in der Defensive“ scheiterte, war das einer „Landes-Kreditkasse“.

Das Projekt einer Landeskreditkasse

Dieses Projekt entstand in den 1780er Jahren, einer Zeit, in der die von dem 1772 angetretenen Erzbischof Hieronymus Colloredo mit Nachdruck und Konsequenz und auch mit Erfolg umgesetzte Politik des Schuldenabbaus und der Haushaltskonsolidierung in beiden Teilen des damaligen Staatshaushaltssystems, der landesfürstlichen „Hofkammerkasse“ und der ständischen „Landschaftskasse“,

---

Versuch einer Steuer- und Urbarialregulierung unter Joseph II., in: Miteilungen des österreichischen Staatsarchivs Bd.24 (1972) S. 310-346.

9 Justi, Johann Heinrich Gottlob von: Ausführliche Abhandlung von denen Steuern und Abgaben nach ächten, aus dem Endzweck der bürgerlichen Gesellschaften abfließenden Grundsätzen und zur Wohlfahrt der Völker dienlichen Massregeln, Königsberg Leipzig 1762 (Gablers ökonomische Klassiker, Wiesbanden 1977)

10 SLA (Salzburger Landesarchiv): GA (Geheimes Archiv) XVI/31: *Ausschreiben* des Erzbischofs vom 6.5.1777

Früchte trug. Dies im Wesentlichen durch die Einrichtung von Schuldentilgungsfonds für den kameralen und den landschaftlichen Teil der Staatsfinanzen. Der für den kameralen Teil (Hofkammerkasse) zuständige Fonds wurde aus einer befristeten außerordentlichen Akzise dotiert (Akzisefonds 1775).[11] Jener für den landschaftlichen Teil (Landschaftskasse) aus dem Ertrag einer auf Basis einer vertraglichen Einigung mit dem bayerischen Herzog erfolgten Abtragung von nicht unbeträchtlichen Rückständen in der Bezahlung des zum größten Teil dorthin gehenden Halleiner Salzexportes (Hieronymusfonds 1781).[12]

Es ergab sich nunmehr innerhalb des gesamten erzstiftischen Finanzierungssystems eine tendenzielle Überliquidität. Dabei war ein Faktor von ganz besonderem Gewicht die große Anzahl von landesfürstlichen und privaten Stiftungen, in denen, ebenso wie bei den Kirchen und Klöstern, ein beträchtliches Kapitalvolumen lagerte und für das entsprechender Veranlagungsbedarf bestand. Die beengte Möglichkeit der Veranlagung war ein latentes Problem des Finanzwesens im Erzstift, das der Erzbischof im Rahmen seiner Reformpolitik auch aufgriff.

Dabei war es nun so, dass ein nicht geringer Teil der Stiftungskapitalien wie auch der Kirchen- und Klosterkapitalien sowie sonstiger „privater“ Kapitalien traditionellerweise bei der ständischen „Landschaftskasse“ veranlagt waren. Diese hatte diesbezüglich geradezu eine Art Monopolstellung am heimischen Kapitalmarkt. Für die vermögenswirtschaftliche Grundausrichtung der erzstiftischen Finanzpolitik ergab sich insofern ein gewisses Dilemma, als einerseits aus staatsfinanziellen Gründen die Verzinsung dieser Kapitalien möglichst niedrig zu halten war, andererseits aber im Hinblick auf die finanziellen Ertragslage der Stiftungen, Kirchen und Klöster und auch privaten Fonde, die ja vielfach auch „öffentliche“ Aufgaben, etwa im Sozialwesen, im Gesundheitswesen oder im Bildungswesen wahrnahmen, eine höhere Verzinsung wünschenswert gewesen wäre. Im Hinblick darauf bot sich mit der Veranlagung bei der Wiener Stadtbank, eine Möglichkeit, die auch in nicht geringem Maße wahrgenommen wurde. Jedoch mit der Konsequenz, dass nach deren Bankrott ein großer Teil der Vermögenswerte vernichtet war.[13]

Andererseits war diese Veranlagung gerade ein Ausfluss des vermögenswirtschaftlichen Grundsatzes der erzstiftischen Finanzpolitik gewesen, bei dem der vermögenswirtschaftliche Ertrag des dem jeweiligen Erzbischof übertragenen Stiftungsvermögens – als solches wurde der erzstiftische Staat ja im Grunde auf-

11 SLA: GA XXVI/35, 37, 38

12 SLA: GA XVI/32

13 Bidermann, Ignaz: Die Wiener Stadtbank. Ihre Entstehung, ihre Eintheilung und Wirksamkeit, ihre Schicksale, in: Archiv für Kunde österreichischer Geschichts-Quellen 20 (1858) S. 341-445. König, Wilhelm: Der Staatsbankrott vom Jahre 1811, Wien 1919

gefasst – das primäre Ziel war. Eine Alternative wäre die Umlenkung der Kapitalliquidität in den binnenstaatlichen, also den volkswirtschaftlichen Wirtschafts- und Finanzierungskreislauf gewesen. In diese Richtung ging denn auch das Konzept und Projekt der Landes-Kredit-Kasse. Dessen Realisierung scheiterte jedoch letztlich an den Risiken, die sich aus der dafür notwendigen Haftung des „Staatshaushaltes" ergab. Diese Risiken erschienen für den Erzbischof und die Verantwortungsträger in der Landschaft nicht verantwortbar. Im Folgenden soll auf Basis einer im Salzburger Landesarchiv befindlichen Quelle[14] dieses Konzept einer Landeskreditkasse etwas näher dargestellt und auf die Gründe für dessen Scheitern im Rahmen der „Modernisierung in der Defensive" eingegangen werden.

Zielsetzungen und institutionelle Positionierung

Das Projekt der Einrichtung einer derartigen, auf den produktiven und konsumtiven Kredit ausgerichteten bankähnlichen Institution war keineswegs eine spezifisch salzburgische Angelegenheit, sondern stand im Rahmen einer Reihe von derartigen Ansätzen, die vielfach auch realisiert wurden.[15] Salzburgspezifisch erscheint aber das Scheitern dieses Projektes in einer Zeit, in der nach Überwindung der Auswirkungen der europaweiten Getreidekrise Anfang der 1770er Jahre an sich eine stabile wirtschaftliche Situation gegeben war, im Zuge derer es auch allenthalben zum Aufbau von Kassenüberschüssen gekommen war. Dies warf in den 1780er Jahren die Frage nach deren finanzpolitischer Behandlung auf. Dabei bestanden als prinzipielle Alternativen einerseits die zinsbringende Veranlagung auf ausländischen Kapitalmärkten und andererseits die Mobilisierung dieser Mittel für den produktiv-investiven Einsatz im binnenländischen ökonomischen Kreislauf. Bei letzterem wäre aber ein aktives Engagement seitens des Staates bzw. der Staatsfinanzen in Form einer Risiko- bzw. Haftungsübernahme notwendig gewesen. Einer solchen stand aber, wie gesagt, letztlich die vermögenswirtschaftlich-fiskalische Grundorientierung entgegen. Dieser entsprechend wurde der Veranlagung von Kassenüberschüssen der Hofkammer, der Landschaft und vor allem der Stiftungen im Ausland, hauptsächlich bei der Wiener Stadtbank, al-

---

14 SLA: GA XVI/34 : *Entwurf einer landschaftlichen Staats-Credit-Cassa für das Erzstift Salzburg (1788)*; *Erinnerungen und Bedenken ueber den Entwurf einer landschaftlichen Staats-Credit-Cassa für das hohe Erzstift Salzburg (1788)*

15 „Braunschweiger Leihekasse", „Schlesische Landschaft"; Schremmer, Eckart: Die Wirtschaft Bayerns. Vom hohen Mittelalter bis zum beginn der Industrialisierung. Bergbau, Gewerbe, Handel, München 1970 S. 582 ff

so beim österreichischen Staatskredit, in größerem Umfang der Vorzug gegeben.[16]

Der seitens der Landschaft vorgebrachten Argumentation, dass die Ausleihe von landschaftlichen Geldern im Inland zweckmäßiger wäre, hielt Erzbischof Colloredo 1787 entgegen, die Veranlagung bei der Wiener Stadtbank wäre sicherer und würde durch die Verzinsung Geld ins Land bringen. Überdies wäre es ein großer Fehler, nicht dem Beispiel der Schweizer, Holländer und Genueser zu folgen, die größere Beträge in Wien mit guten Zinserträgen angelegt hätten.[17]

Symptomatisch für die „Modernisierung in der Defensive" bei dem Projekt der Landes-Kreditkasse ist die offenbare Diskrepanz zwischen einer hinsichtlich der wirtschaftpolitischen Funktionalität durchaus fortschrittlich klingenden Programmatik einerseits und einer vom Vermögenssicherungsdenken bestimmten Praxis andererseits. Soweit aus den Quellen feststellbar ist, kam die Anregung zur Ausarbeitung eines derartigen Projektes vom Erzbischof selbst. Die Intention dabei war eine zweifache. Einerseits sollte das in beträchtlichem Umfange im Land, vor allem bei Stiftungen, brachliegende Kapital einer zinsbringenden Veranlagung zugeführt werden. Dies stand in Zusammenhang mit anderen Maßnahmen zur Mobilisierung von Stiftungskapitalien, so etwa einer Zwangsanleihe 1784/85. Andererseits sollte damit dem privaten Kapitalbedarf im Land ein entsprechendes Angebot gegenübergestellt werden. Auf diesem Weg sollte das verfügbare Kapital auch der Förderung wirtschaftlicher Aktivität, speziell im Bereich der landwirtschaftlichen Bodengewinnung und -verbesserung dienen.

Die Organisation und auch die finanzpolitische Verantwortung dafür sollte nach Ansicht des Erzbischofs im Bereich der ständischen „Landschaft" liegen, der ja im Rahmen des bestehenden staatsfinanziellen Trägersystems in institutioneller Hinsicht vor allem die Bereiche Staatskredit und Förderung der Landeskultur zugeordnet waren.[18] In diesem Sinne forderte der Erzbischof eine Konstruktion der Landes-Kreditkasse, in der der kamerale Teil der Staatsfinanzen nicht involviert war und der landschaftlich-ständische Teil, also die Landschaftskasse nur insofern, als eine direkte Kreditvergabe seitens der Landschaft, also im wesentlichen aus den laufenden oder außerordentlichen Steuereinnahmen zur

16 Zur Veranlagung von Stiftungsgeldern gibt es im Salzburger Konsistorialarchiv (KA 1/70 – 1/75) einen umfangreichen Bestand, der noch nicht systematisch ausgewertet ist.

17 Koch-Sternfeld, Joseph Ernst Ritter von: Die letzten dreißig Jahre des Hochstifts und Erzbisthums Salzburg. Ein Beytrag zur teuschten Staats-, Kirchen- und Landesgeschichte, Nürnberg 1816 S. 281.

18 Zur Systematik des Regierungssystems: Hübner, Lorenz: Beschreibung der hochfürstlich-erzbischöflichen Haupt- und Residenzstadt Salzburg und ihrer Gegenden verbunden mit ihrer ältesten Geschichte 2 Bde., Salzburg 1792,1793 (Neudruck 1982)

Deckung des Kapitalbedarfes der heimischen Wirtschaft für den Erzbischof nicht in Frage gekommen ist, da, wie der Erzbischof feststellte, die Landschaftskasse keine „*Credit- und Assecuranzcasse*" sei.[19]

Andererseits aber sollte der landschaftliche Etat die institutionelle Basis für eine derartige Einrichtung, eben die intendierte Landes-Kreditkasse, bilden. Über diese sollte eine Kapitalmobilisierung im Land unter der Garantie und Verwaltung der Landschaft bewerkstelligt werden, indem die, insbesondere im Bereich der Stiftungen durchaus reichlich vorhandenen Kapitalien an Kapitalsuchende vermittelt und in den heimischen Geldkreislauf eingespeist werden sollten.

Colloredo stellte sich diese Kasse nach ausländischen Vorbildern, speziell eine solche im preußischen Schlesien bestehende Institution, als eine auf hypothekarischer Basis funktionierende bankähnliche Einrichtung vor, „*in die alle entbehrlichen Gelder eingelegt, und zu höheren Zinsen ausgeliehen werden könnten, wobey dem Inländer Credit nach Maaßgabe seiner Besitzungen eröffnet werden sollte.*"[20] Das vom Erzbischof geforderte Konzept wurde, wie schon jenes für die Steuerreform, von Johann Nepomuk Frhr. von Rehlingen, ausgearbeitet und 1788 vorgelegt.[21] Rehlingen war als hochfürstlicher Kämmerer und Hofkammer- und Bergwerksdeputationsrat an bedeutender Stelle der wirtschafts- und finanzpolitischen Administration positioniert und ohne Zweifel ein ausgewiesener Fachmann in finanz- und geldwirtschaftlichen Frage. Er war auch als Landschafts-Verordneter Mitglied der Ständevertretung und als solcher in der so genannten Steuer-Peräquationskommission tätig.

Entsprechend der erzbischöflichen Vorgabe, dass diese Landes-Kreditkasse institutionell auf der Landschaftskasse basieren sollte, wurde sie nicht als Bankinstitut im eigentlichen Sinn, sondern als eine Sonderkasse im Bereich der Landschaft für den Zweck der inländischen Kapitalveranlagung und -ausleihung und eine daraus folgende volkswirtschaftliche Kapital- und Geldmobilisierung mit entsprechender Staatsgarantie konzipiert. Daraus sollten, sowohl die Landschaftskasse, durch die Möglichkeit, bei ihr eingelegte Kapitalien weiter zu veranlagen ebenso Nutzen ziehen, wie die institutionellen und individuellen Kapitalanleger und -nachfrager. Somit wäre „*nach dem würdigen Beyspiel so vieler anderer Staaten, Herrschaften und Abteyen eine eigene sogenannte Credits-Kasse zu errichten, von welcher aber auch jedem in dem Land, der es bedürfen sollte, wieder der verhältnißmässige Credit, und Geld Vorschuß gegeben würde. Die Erste könnte Landschaft durch Anlegung und Umkehr in höherer Weise, als die-*

19 Koch-Sternfeld, Die letzten dreißig Jahre (wie Anm. 17) S 281.
20 Ebenda S 284 f
21 SLA: GA XVI/34 *Entwurf Einer Landschaftlichen Staats-Credit-Kasse für das Erzstift Salzburg*". Die folgenden Zitate stammen aus dieser Quelle.

selbe Zinse leisten würde, benüzen, und die Zweyte würde nach Maaß der von derselben abzureichenden Zinsung der Landschafts Kasse abermalen nuzbar werden, sohin bey der Aufnahme sowohl, als bey der Hindanleihung zwar allemal der Vortheil für die gemeine Kasse, für den Innländer aber das Gute daraus entstehe, daß derselbe, oder seine Gelder gleich unterbringen, oder seine Geld Bedürfniße nach dem bestimten Maaß seiner Besizungen gleich bedecken könnte."[22]

Waren derartige Kreditkassen oft als Instrument zur Stabilisierung des Staatskredits eingerichtet worden, so spielte dieses Motiv in der aktuellen Situation Salzburgs am Ende der 1780er Jahre keine vorrangige Rolle. Es gab zu dieser Zeit keinerlei Schwäche des staatlichen oder des privaten Kredites. Das primäre Problem war, wie bereits erwähnt, vielmehr das große Kapitalangebotspotenzial, das im Land brach lag bzw. mangels inländischer Anlagemöglichkeiten ins Ausland wanderte. „*Bey der gegenwärtigen Lage des Erzstifts, ist es nicht zu thuen um dem Credit der Privaten oder des Staates aufzuhelfen: Jeder einzelne Unterthan kann ohne Schwierigkeit Geld auf Versicherung erhalten, und wenn die Landschaft 300/m fl bedärfte, so würde diese beträchtliche Sume in wenig Zeit in baaren vorgeschossen seyn.*" In der Hauptsache ging es dabei um die Möglichkeit entsprechender vermögenswirtschaftlicher Erträge der Stiftungen im Inland mit einer entsprechenden staatlichen Garantie. „*Zu Errichtung einer Staats Credit Kasse gabe vielmehr die Veranlassung, daß vorzüglich die geistliche Stiftungen und mehrere Capitalisten imer ihre Gelder unbenuzt lassen, oder ausser Land leihen mußten. Diesen also einen sicheren, und leichteren Ausleihungs Weeg zu bahnen, solle eine Landschaftliche Staats Credit Kasse errichtet werden, womit das ganze Land unter der Garantie des Landesherrn vor die richtige Capital und Zins Zahlung der aufgenohmenen Sumen sich verbürgt.*"[23]

Als eine dafür zuständige Vermittlungsinstanz zwischen inländischem Kapitalangebot und Kapitalnachfrage sollte die Landes-Kreditkasse im landschaftlichen Verwaltungssystem angesiedelt sein, wobei die anfallenden Regiekosten vom Gläubiger bzw. Schuldner an die Landschaft refundiert werden sollten. Damit fehlte diesem Projekt ein zentrales bankmäßiges Wesensmerkmal, nämlich eine eigenständige Ertragsorientierung. In diesem Sinne war auch eine Bindung an den landesüblichen Ausleihezins vorgesehen.

Rehlingen nennt drei „*Haupt-Grundsätze*" des geplanten Instituts: „*Erstens. Hat es demjenigen, so überflüssigen baaren Geld Vorrath besizt, den Weeg zu zeigen, wie er gegen unwandlbare Versicherung dasselbe um billige Zinse ausleihen kann. Zweytens. Hat derjenige, so Geld bedarf, gegen Versicherung ohne*

22 Einleitung
23 Ebenda

Anstand das Nothwendige um billige Zinse zu überkomen. Drittens. Endlichen werden die Ausleihungs Zinse im Lande denen Anlehen-Verzinsungen gleichgehalten, mithin bey dem Unterthan gegen innländischen Capitalisten nichts gewonnen, sondern die Landschaft als Zwischenhand betrachtet, nebenfällig aber nur solche Ausweeg aufgesuchet, daß die so weitschichtige, und nicht unbedeutende Regie-Kösten ohne Kränckung der einzelnen Gläubiger oder Schuldner der Landschaft gutgemacht werden."[24]

Konzeption als Pfandbriefanstalt

In ihrer Funktionsweise wurde die Landes-Kreditkasse als Pfandbriefanstalt konzipiert. Als Vorbild diente die der „*Salzburgischen Verfassung*" am besten entsprechende „*Pfandbrief Kasse Einrichtung, so Friedrich der Grosse, König in Preussen nach dem Entwurf des Staatsministers von Karmer in Schlesien eingeführt, und untern 15ten Julius 1770 bestättiget hat.*"[25]

Als Finanzierungsinstrument wurden so genannte „*Landschaftliche Pfandbriefe*" vorgesehen. Diese sollten von der Landschaft auf den Urbarialbesitz des Kapitalnehmers (Schuldner) ausgestellt und dem Kapitalgeber (Gläubiger) ausgehändigt werden. Das wesentliche dabei war nun, im Unterschied zu den bisher üblichen Schuldtiteln, die der Schuldner selbst ausstellte, dass hier die Landschaft und dahinter stehend letztlich der Landesfürst – also der Staat – gegenüber dem Gläubiger eine Garantiefunktion übernehmen sollte.

Das heißt es sollte nicht nur der einzelne Schuldner ad personam mit seinem Grundvermögen haften, sondern außerdem – gleichsam im Sinne einer Gewährträgerschaft – die Landschaft als Körperschaft. „*Der Vorzug, welchen diese Pfandbriefe vor denen bishero üblich grundherrlichen Unterpfand Briefen haben, besteht hauptsächlich in der ihnen beygelegt Landschaftlichen Gutstehung, vermög welcher denen Innhabern derselben ausser dem darinnen ausdrücklich verschriebenen Urbarial Unterthanen oder Rustical Item auch das ganze Landes Vermögen dergestalt verpfändet wird, daß alle sich auch durch ausserordentliche Unglücksfälle an dem besonders verpfändeten Eigenthum ereignende Zufälle, dem Gläubiger zu keinen Nachtheil gereichen, sondern von der Landschaft bis auf den lezten schuldigen Heller ohne Weitläufigkeit und Kösten an der Hauptsache sowohl als Zinsen die bare Bezahlung geleistet werden muß.*"[26] Jede Realität sollte bis zur Hälfte ihres Wertes hypothekarisch belastet werden dürfen.

---

24 Ebenda
25 Ebenda
26 1. Absatz § 2

Der Zinssatz sollte 3,3% per Halbjahr betragen. Damit könne der Schuldner zufrieden sein, da dies um ca. 0,2%-Punkte unter dem landesüblichen Leihzins liege. Der Gläubiger würde durch die landschaftliche Garantie für den etwas geringeren Zinssatz durch den Wegfall der Verlustgefahr bei Zahlungsunwilligkeit bzw. -unfähigkeit des Schuldners entschädigt. [27]

Die Verzinsung sollte über die Vermittlung der Landes-Kreditkasse, ohne dass für diese selbst (mit einer Ausnahme, auf die weiter unten eingegangen wird) eine Zinsspanne anfallen würde, erfolgen. „*Die Schuldner hätten die Zinse von diesen auf ihr Eigenthum ausgefertigten Pfandbriefen in die Landschaftl. Staats Credit Kasse zu entrichten, und diese ist schuldig, solche in denen bestimmten Terminen an die Gläubiger ohne den geringsten Aufenthalt und Kosten gegen bloße Vorlage ihrer Pfandbriefe auszuzahlen.*“[28]

Um eine Vermischung mit den eigentlichen Landschaftsfinanzen zu vermeiden, sollte diese Landes-Kreditkasse verwaltungsmäßig von der ständischen Kasse separiert sein und, entsprechend den faktischen Herrschaftsverhältnissen der letztlichen Entscheidungsgewalt und Kontrolle des Erzbischofs unterliegen.[29] Sie sollte in diesem Sinne nicht bevollmächtigt sein, sondern die Entscheidungen über die zu tätigenden Kapitaloperationen wären bei der Landschaft unter Vorbehalt der Bestätigung durch den Erzbischof, also faktisch bei diesem, gelegen. Sie sollte der Landschaft gegenüber verantwortlich sein, indem sie dieser Rechnung zu legen hätte und die damit praktisch die Revisionsinstanz darstellte. Die Landschaft wiederum bzw. deren Ausschuss sollte dem Erzbischof berichten, dem dann die letztliche Entscheidung über das weitere Vorgehen obliegen sollte: „*Diese Direction hätte alle von der Landschaft, und Landesherrn gutgeheissenen Capital Geschäfte selbst zu besorgen, die Gelder in eigene Verwahr zu nehmen und hindan zu geben, über den Kassa Zustand in jeder Landschaftl.en Monat Session den Extract vorzulegen, alle Quartal den Vermögens Billanz aufzuweisen, und dieselbe mit denen anwendbaren Vorschlägen zu begleiten: Endlichen alle Jahr solche ausgeschiedene Rechnung zu legen, daß bey Versammlung des grösseren Landtags das Ganze von dem anwesend grösseren Ausschuß umständlich untersuchet, und die weitern Maßnehmungen an Sr. Hochfürstl. Gnaden zur Höchsten Bestimung gebracht werden mögen.*“[30]

Daraus folgend wurde die Ausgabe der Pfandbriefe an die landesherrliche Zustimmung gebunden. „*Ist die Sache also von der Beschaffenheit, daß dem Kasse Director wegen Ertheilung des gebettenen Pfandbriefes ein Bedencken nimer-*

27 1. Absatz § 3
28 1. Absatz § 4
29 3. Absatz § 1 – 4
30 3. Absatz § 1

mehr obwaltet, so komt es bey nächster monatlichen Landschaft Sizung in schriftlichen Vortrag, in das landschaftliche Protokoll, nach dem Landschafts Schluß zu Vorlage an dem Höchsten Landesfürsten, nach welcher Bestätigung die Verwilligung zur Pfandbriefs Ausfertigung in nächst bestimter Zeit durch Landschaftliches Decret an die Pfand Kasse vor sich gehet."[31]

Die damit verbundene staatliche Haftung bzw. „Gewährträgerschaft" sollte auf den Pfandbriefen durch Siegel und Unterschrift des Erzbischofs und der ständischen Generalsteuereinnehmer dokumentiert werden. „*Der Pfandbrief solle auf einer Seite von dem gnädigsten Landesfürsten, auf der anderen von denen drey Landschaftl. Herren General Steuer Einnehmern, und unten her zwischen denen 2 Siegeln von dem Pfand Kasse Director unterzeichnet werden, zudem würde das Landesherrliche und Landschaft Siegl mit Buchdrucker Farb beygedruckt.*"[32]

Strikt zu vermeiden war eine direkte Vermischung dieser privaten Einlage-, Kredit- und Zinsvolumina mit den in der Landschaftskasse befindlichen Staatsfinanzen. „*Obschon die ganze Credit Kasse nur als eine unter Landesherrlichen Schutz bestehend Landschaftliche Kasse anzusehen ist, und nichts ohne Landschaftl. Gutheissung, und Landesherrliche Bestätigung unternohmen werden darf, so müßte diese Kasse doch imer sorgfältig von der Haupt Landschaft Kasse getrennt und so abgesondert behandelt werden, daß weder das baare Geld, noch der Schuldner herein oder hinaus in die mindeste Vermischung gerathen.*"[33]

Beschränkte Erweiterung der Kreditfunktion auf Gewerbe und Handel

Hinsichtlich des Teilnehmerkreises war das Pfandbriefsystem auf Realitäteninhaber und damit auf Dezimanten (Grundherrn) und Rustikal-Steueranten (steuerpflichtige Grunduntertanen) beschränkt. Sie waren es ja auch, die mit ihren Steuern über die Landschaftskasse korporativ für die Pfandbriefe haften sollten. „*Landschaftliche Pfandbriefe seynd nur zu ertheilen A. Jenen Decimanten oder Steueranten, so vermög Urbarial-Genuß eine Decimation oder Steuer zur Landschaft zu entrichten haben. B. Jenen Rustical Steuer Besizern, dessen Innhaben vermög lezter Steuer Einrichtung in das Protocoll N. 1 catastrirt worden. Eben so fließt es schon aus der Natur der Sache, daß nur solche Personen, welche denen Rechten nach Schulden contrahieren können, und nur in so fern, als sie*

31 4. Absatz § 6
32 4. Absatz § 9
33 3. Absatz § 5

hierzu beeigenschaftet sind, auf die Befugniß landschaftliche Schuldbriefe auszustellen einen Anspruch machen dürfen.“[34]

Ausgeschlossen von der aktiv- und passivseitigen Teilnahme war das Hofurbar, denn hier wäre es ja zu einer Verquickung mit dem kameralen Teil der Staatsfinanzen gekommen. Ebenso ausgeschlossen vom Pfandbriefsystem waren wegen mangelnder hypothekarischer Besicherungsmöglichkeit die Gewerbe und der Handel, also „*alle Real- und Personal Gewerbe,... da die ersten zu schwer in Anschlag zu bringen, weilen es vielfältig nur wegen Personal-Industrie in hohen Werth anzuschlagen ist, bey rückgängiger Wirthschaft aber in eine Kleinigkeit zurückfällt, und öfters bey verlohrenen Credit und Gewerb schwer hält einem Käufer zu überkomen.*“[35]

Die Einbeziehung von Gewerbe und Handel erfolgte gewissermaßen nur im Residualverfahren bzw. in einer limitierten Erweiterung der Kreditfunktion. Erst wenn der Fall eintreten sollte, dass mehr Kapital angeboten als nachgefragt würde, also ein Liquiditätsstau in der Landeskreditkasse bestünde, sollte ein Teil dieses Kapitalüberangebotes als Kredite in den Bereich von Gewerbe und Handel ,aber außerhalb des staatlich garantierten Pfandbriefsystems im Wege der bisher üblichen privaten Verpfändung, gelenkt werden. Dabei wurde aber als zusätzliche Sicherheit eine Bürgschaft verlangt. Insofern galten hier Kriterien des Personalkredits. „*Sollten aber mehr Capitalien zur Hinterlegung auf die Landschaft vorgemerket seyn, als baares Geld gegen Versicherung von Pfandbriefen anverlanget worden, so hat der zweyte Ausleihungs Weeg statt. Es können nemlich die der Landschaft übergebenen Capitalien auf alle Gattungen Gewerbe und Handlungen gegen grundobrigkeitlich bisher gewöhnlicher Verbriefung jedoch mit deme ausgeliehen werden, daß die ausgeliehenen Gelder für alle Unglücksfälle und Verlustgefahr mit einer Nebenborgschaft bestärcket und also vor allen möglichen Zufällen Sicherheit geleistet werde.*“[36]

Zusätzlich sollten diese Kredite für den Schuldner mit 4%, für den Gläubiger – entsprechend der Überangebotslage – nur mit 3% (bei einem landesüblichen Zins von 3 fl 20 kr = 3,3%) verzinst werden, sodass in diesem Fall für die Landes-Kreditkasse bzw. im Endeffekt für die Landschaftskasse eine Zinsspanne von 1 % entstanden wäre. „*Gleichwie zu Aufrechterhaltung des innländischen Credits der mässige Zins von 3fl 20kr pro Cento festgesezet worden, womit aber auch der Capitalist nach dermaligen Zeitläuffen und vielfältiger Capital Angebot Concurrenz wohl bestehen kann, eben so wird sich der Capitalist begnügen müssen, auf den Fall nur 3 pro Cento von der Landschaft zu beziehen, wenn sein an-*

34 2. Absatz §§ 1 u. 2
35 2. Absatz § 7
36 12.Absatz § 2

getragenes Geld auf Pfandbrief zu verwenden keine Gelegenheit vorhanden. Dieser mit Vorsaz veranlaßte Zins-Bezug-Unterschied wird denen Pfandbriefen einen ausgeschiedenen Vorzug geben, jeder, so baares Geld in Vorrath hat wird aller Orten Pfandbriefe zu überkomen aufsuchen, und also jene Leichtigkeit, Geld auf Pfandbriefe zu überkomen, dadurch erwirket werden.“[37]

Die Nachrangigkeit von Ausleihungen an Gewerbe und Handel wurde im Konzept Rehlingens explizit festgehalten. „*Die gemeine Hypotheque Verschreibung auf doppelte Borgschaft bey Gewerben und Handlungen § 2 stehen imer der Sicherheit auf Grund und Boden, oder denen Pfandbriefen nach, mithin müssen sich jene Schuldner gefallen lassen, der Pfand Kasse das Capital zu 4 pro Cento zu verzinsen, um der Landschaft den Weeg zu öffnen auf dieser Seite einen Überschuß zu erhalten, ohne dem ganzen Pfand-Kasse-Credit den mindesten Nachtheil zu verursachen.*“[38]

Aus dieser Regelung wird ersichtlich, dass das geplante Kreditsystem kein vorrangiges Förderungsinstrument für Handel und Gewerbe sein sollte. Ganz anders war das für den Fall, dass diese Kapitalien für Projekte der agrarischen Bodenverbesserung bzw. -gewinnung nachgefragt wurden. Hier sollten, entsprechend einer wirtschaftspolitischen Priorität, Kredite zinsgünstig bzw. in besonderen Fällen sogar zinsfrei vergeben werden, womit sich ein Subventionseffekt ergeben hätte. „*Wenn sich aber ein Privat oder eine ganze Gesellschaft anbietet, eine aus denen viellen unfruchtbaren Gegenden des Erzstifts Urbar zu machen, mit Abzäpfung derselben den Grund zu legen, mit Torf Eroberung sich zu entschädigen, und mit Zurichtung des Grunds denselben dem Staat sowohl, als dem Innhaber selbst sozusagen durch besondere Industrie schenket, so wären vorzüglich solche Capitalien a 3 pro Cento ohne mindesten Aufschlag zur Aufmunterung hinzuleihen, grosse Unternehmungen dieser Art verdienten nach Landschaftlichen Kräften Landschaftliche Unterstützung, auch mit zinsfreyen Capitalien auf gewisse Jahre, und wenn bey dieser Gelegenheit milde Cameral Principien die Oberhand gewinnen, folglich der Anspruch auf Grund und Boden, die Eilfertigkeit zu frühe Stift, Anlaiten* [Abgaben, die bei Übergabe anfielen] *und Urbarial-Benüzung daraus zu ziehen, wie billig gemässiget wird, so können seiner Zeit ganze Gegenden zum Getreidebau erobert werden, so dermalen als Mööser der Nachbarschaft mit ihren schädlichen Ausdünstungen nur beschwerlich fallen.*“[39]

---

37 Ebenda

38 12.Absatz § 4

39 12.Absatz § 5

Liquiditätssicherung

Um ein Schlagendwerden der Haftung und damit eine direkte finanzielle Inanspruchnahme der Landschaftskasse hintan zu halten, sollte innerhalb der Landeskreditkasse durch Rücklagen für den Fall vorgesorgt werden, dass wegen stockender Zinseingänge seitens der Schuldner die Zinszahlungen an die Pfandbriefinhaber (Gläubiger) in Verzug kämen, dass also Liquiditätsprobleme auftreten würden und damit letztlich ein Zuschussbedarf aus der Landschaftskasse, also aus staatlichen Steuermitteln, entstünde oder zusätzliche Kapitalaufnahmen für die Bestreitung der Verzinsung der Pfandbriefe getätigt werden müssten. „*Es ist also bey Errichtung dieser Pfand Kasse ein Fond oder andere Zuflüsse nothwendig, um bey ausserordentlichen Fällen, und nicht allgemein flüssigen Zinsen herein die Schuldigkeiten hinaus ununterbrochen abzuführen, ohne die Substanz selbst anzugreifen, oder zum Zinszahlen neue Capitalien aufzunehmen.*“[40]

Ein derartiger Rücklagenfonds sollte aus dem bei der Landschaftskasse bestehenden Schuldentilgungsfonds („Hieronymusfonds“), aus Gebühren, aus Zinsraten der so genannten „Realisierungsbriefe“ (das waren Pfandbriefe mit Nominalbeiträgen bis maximal 1000 fl., die jederzeit eingelöst, also realisiert werden konnten. Dazu weiter unten) und der Zinsspanne bei Krediten an Gewerbe und Handel sein, die aus aufgelaufenen Überschüssen der Landes-Kreditkasse gewährt werden konnten, dotiert werden.[41]

Inhaberpapier und Papiergeldfunktion

Die von der Landeskreditkasse ausgegebenen Pfandbriefe sollten den Charakter von Inhaberpapieren haben. Sie sollten also hinsichtlich ihrer Eigenschaft als Wertpapier und damit hinsichtlich ihrer verzinslichen Einlösung übertragbar sein. Dies in zweifacher Weise. Zunächst dadurch, dass die Landeskreditkasse die Möglichkeit hatte, einen zur Einlösung anstehenden Pfandbrief an einen neuen Gläubiger weiter zu geben. Durch diese „*Unterstellung des nemlichen Pfandbriefes an einen anderen Gläubiger, der den Pfandbrief an sich lösen will*“[42], entstand bei der Landeskreditkasse kein unmittelbarer Auszahlungsbedarf. Vorgesehen war eine direkte Ablöse des alten durch den neuen Gläubiger. „*Der neue Gläubiger wird also mit dem Alten, der seinen Pfandbrief in Baaren bezahlt ha-*

40 9. Absatz § 2
41 13.Absatz § 3
42 11.Absatz § 3

ben will, auf einen gewissen Tag beschieden, und von Director die Auswechslung des Geldes gegen den Pfandbrief ordnungsmässig vollbracht.“[43]

Eine derartige Vorgangsweise setzte voraus, dass immer ausreichend neue Gläubiger zur Verfügung stehen würden. Daraus wiederum resultierte die Notwendigkeit einer möglichst umfassenden Erfassung des anlagebereiten inländischen Kapitals. „*So muß die Landschaft sich darzu die im Land befindliche Gelder zu Nuzen machen, und jedes innländische Capital Anbott...willig aufnehmen.*“[44] In diesem Zusammenhang sollte der Landesfürst verfügen, „*daß alle zum Ausleihen bestimte geistliche, und milde Stiftungs Gelder so dem hochwürdigen Consistorio unterstehen, nur allein der Landschaft anzubieten, und zu übergeben wären. Die Vorsteher, so baares Geld zum Ausleihen in Bereitschaft liegen haben, hätten also die Sum dem Director anzuzeigen, worüber ein besonderes Anzeigebuch zu führen und jedem ohne Verzug die Zeit zu bestimmen ist, wenn die angetragenen Gelder angenohmen werden. Aus dieser Vormerkung ist so gut als aus der anderen, wo die Ansuchen der zu nothleidenden Pfandbriefe aufgezeichnet sind, ein Auszug zu machen, bey nächster Landschaft Sizung vorzulegen, damit der Geldbedarf und desselben Bedeckung leichter übersehen und bey entstehenden Abstand in Zeiten Rath geschaffet werden kan.*“[45]

In Konsequenz bedeutete ein derartiges Verfahren, was im Übrigen auch mögliche Liquiditätsprobleme der Landeskreditkasse weiter reduziert hätte, das Modell eines umfassend staatlich kontrollierten Kapitalmarktes, was durchaus im Interesse des Erzbischofs lag.

Die Übertragbarkeit und der damit gegebene Charakter der Pfandbriefe als Inhaberpapiere betraf aber nicht nur die Einlösung bei der Landeskreditkasse, sondern auch deren Weitergabe im privaten Zahlungsverkehr. Damit erhielten diese faktisch eine Zahlungsmittelfunktion. Derartige Vorstufen zum Papiergeld in Form von in Metallwährung einlösbaren „Banknoten“ waren in jener Zeit durchaus nicht unüblich. Ein prominentes Beispiel dafür sind die von der Wiener Stadtbank ausgegebenen „Bankozettel“.[46] Ohne Zweifel aber wäre eine derartige Innovation von sehr weitreichender Bedeutung für das gesamte Geld- und Finanzsystem im Erzstift gewesen, indem hier ein Geldschöpfungsmechanismus entstanden wäre, der, wie gerade auch die Wiener „Bankozettel“ gezeigt haben, eine veritable Inflationsgefahr in sich barg.

Der im Rehlingen-Konzept vorgesehene Vorschlag war: „*Die landschaftlichen Pfandbriefe müßten alle mit ganz gleichen Vorrechten angesehen werden,*

43 11.Absatz § 5
44 11.Absatz § 4
45 11.Absatz § 4
46 Raudnitz, Josef: Das österreichische Staatspapiergeld und die Privilegierte Nationalbank, Wien 1917

die Ausstellung derselben gienge nicht auf den Nahmen dieses oder jenes besonderen Gläubigers oder Schuldners sondern nur auf das bestimmte Eigenthum vor. Sie können dahero ohngehindert im Land aus einer Hand in die andere übergehen, ohne daß es hierzu eine Cession, Giro, oder andere Formalitaet oder Contrasinirung bedarf, daß also der blosse Vorweis hinlänglich ist, jeden Innhaber eines solchen Pfandbriefes als den Eigenthümer desselben sowohl in Ansehung der Hauptsume, als der Zinsen bey der Landschaft zu rechtfertigen."[47] Dies inkludierte auch, „*daß die Zinse an keinen anderen, als den Präsentant des Original Pfandbriefs bezahlt werden sollen, und daß der blosse Besitz desselben hinlänglich seye, den Präsentant zum Empfang der Zinsen zu beeigenschaften.*"[48]

Der beabsichtigten Eigenschaft als Zahlungsmittel entsprach, dass eine dafür nötige kleinteilige Stückelung vorgesehen war. So sollte es neben den „*großen, oder Capital Pfandbriefen*", so genannte „*Realisations Briefe*" in der Stückelung von 20, 40, 60, 80, 100fl., maximal 1000 fl. geben.[49] Diese explizit für den „*Umlauf*" vorgesehenen Papiere dürften aber 10 % des gesamten Pfandbriefvolumens nicht überschreiten. Das heißt, es war hier gewissermaßen eine, der angesprochenen Inflationsgefahr vorbeugende relative Geldmengenbegrenzung vorgesehen.[50]

Die somit explizit intendierte Geldfunktion wird weiters dadurch besonders deutlich, dass es bei diesen Realisationsbriefen keine Einlösefrist geben sollte und dass vorgesehen war, eingelöste Realisationsbriefe sofort wieder unter das Publikum zu bringen. „*Nachdem aber die kleinen Pfandbriefe hauptsächlicher dem gemeinen Umlauf statt des baaren Geldes bestimt sind, so muß die Pfand Kasse keine dem privat Vortheil zu Schaden entziehen, sondern bey erster Gelegenheit oder Nachfrage dieselbe wieder ohne Aggio jedoch gegen Rückhaltung des betreffenden Zins-Rati in das Publicum vertheilen.*"[51]

Von Bedeutung erscheint in diesem Zusammenhang weiters die vorgesehene Möglichkeit, sich Pfandbriefe auf Vorrat anfertigen zu lassen, die bei Bedarf in die Zirkulation kommen sollten. „*Endlichen stehet auch noch einem jeden frey, sich auf seine Güter ohngeachtet er darauf wirklich keine Schulden hat, Pfandbriefe in Vorrath ausfertigen zu lassen, die er entweder auf einen künftigen Nothfall bey sich behalten – oder in das Publicum in Lauf bringen, oder der Landschaft selbst aufkünden kann, welche dieselbe eben so gut als die ihr von anderen Gläubigern aufgesaget worden, durch baare Bezahlung abzulösen schuldig ist.*"[52]

---

47 SLA: GA XVI/34 (wie Anm. 21) 1.Absatz § 6
48 6.Absatz § 7
49 1.Absatz §7
50 1.Absatz § 8
51 10.Absatz § 4
52 4.Absatz § 15

Um dieses Geldmengenpotenzial unter Kontrolle halten zu können, müssten diese Pfandbriefe auf Vorrat von deren Inhaber „*so lange er dieselbe nicht in Umlauf zu bringen gedencket in Gegenwart des Kasse-Directors unter seinem Siegel einschliessen und solche gegen einen von dem Director auszustellenden Revers ad Depositum geben.... Wenn ein dergleichen Pfandbrief aus dem Deposito in Umlauf komen solle, ist wegen in dieser Zwischenzeit nicht vorgemerkten Zins-Zahlung einzusetzen, daß derselbe solang in Deposito hinterleget ware.*“[53]

Mit einer derartig flexiblen bzw. mobilen Konstruktion der Pfandbriefe sollte deren Einlösung bei der Landschaftskreditkasse eher die Ausnahme und im Sinne einer prinzipiellen Einlöseverpflichtung gleichsam die Fundierung bzw. „Deckung“ des damit geschaffenen „Papiergeldes“ sein.

Der dem gesamten Projekt zugrunde liegenden Intention der volkswirtschaftlichen Kapital- und Geldmobilisierung entsprechend, sollten diese Papiere möglichst in der Zirkulation und dort kaufkraft- und zahlungswirksam bleiben. Sie würden dabei sogar, so die Erwartung, im Laufe der Zeit ein Aggio, also einen steigenden Kurswert gegenüber dem Münzgeld bekommen. „*Die Realisation, oder Bezahlung der Pfandbriefe von beyden Gattungen haben auf Verlangen des Gläubigers durch die Landschaft zu geschehen, welches aber bey ordentlicher Anstalt und Beweis der guten Wirthschaft, dann Aufrechthaltung des Credits selten zu besorgen seyn wird, da bey Nothwendigkeit der Umsetzung des Pfandbriefes in baares Geld der Gläubiger seinen Pfandbrief mit Aggio wird noch verkaufen können. Sollte aber dieser Fall doch zu weillen eintretten, so seyend die grösseren, oder Capital Briefe nach vorgängiger halbjährigen Aufkündung mit klingender Münze abzulösen: die kleinern oder Realisations Briefe aber auf jedesmaliges Anbegehren zu realisiren, so daß es dabey keine Aufkündungbedarf, sondern es einem jeden frey stehet, sich seine besizende kleine Pfandbriefe, wenn und sobald er will von der Landschaft in baares Geld umsezen zu lassen.*“[54]

In der Landeskreditkasse selbst würde sich infolge der nur geringen effektiven Einlösung ein Kapitalpolster bilden, der gewissermaßen als Deckung der zirkulierenden Papiere fungieren würde. In dieser Hinsicht könnte man sogar von einer notenbankähnlichen Funktion dieser Kasse sprechen. Ausgeschlossen war aber eine „Staatsbankfunktion“, wie dies die Wiener Stadtbank ja primär war, indem es untersagt sein sollte, über die Landeskreditkasse Darlehen zur Finanzierung der Landschaftskasse aufzunehmen. Ebensowenig sollte ein Pfandbrief der Landschaftskasse zur Verzinsung übertragen werden dürfen. Dies würde die Bonität der Papiere und damit die Stabilität des gesamten Systems gefährden. „*Der*

---

53 6.Absatz § 6

54 1.Absatz § 9

Abschluß über den neuen Credit Kasse Ausweis hat vorzüglich zu zeigen, daß man die angelegte Gelder wieder ausgeliehen habe. Die Schulden hinaus sollen also in keinen Betracht die Schulden herein übersteigen, und wenn auch ausserordentliche Unglücksfälle ein landschaftliches Anlehen nothwendig machten, so ist es niemalen auf Nahmen der Pfand-Kasse zu schreiben vielweniger aber noch die Einleitung erlaubt, bey rückeinzulösenden Pfandbriefe des Privaten den Pfandbrief auf Zinsung der Landschaft noch stehen zu lassen, weillen durch solche Weege das Zutrauen auf die Pfandbriefe gehemet und das ganze Credit Systeme in Umsturz gelangen könnte."[55]

Gleichermaßen sollte es der Landeskreditkasse nicht gestattet sein, mit eventuell bestehenden Kassenüberschüssen mit Aggio, also mit steigendem Kurswert zirkulierende Pfandbriefe zum Nominalwert aufzukaufen und damit von der Kurssteigerung zu profitieren. Falls derartige Papiere angekauft würden, müssten sie zum Nennwert wieder ausgegeben werden. Damit fiel die Möglichkeit des Aggio-Gewinnes und damit eine weitere bankmäßige Aktivität für die Landeskreditkasse weg. „*In entgegegesezten Fall aber, wenn die Credit Kasse durch verschiedene Nebeneinrichtungen Überschuß erzeigte, solle es derselben nicht zugestanden seyn, Pfandbriefe in der Absicht einzulösen, um dieselbe ausser Cours zu setzen: diese auch eingelöste Pfandbriefe müssen bey erster Gelegenheit dem inländischen Capitalisten angetragen und ohne Aggio (wenn sie auch sonst insgemein erkauffet werden) nach der wahren Grundbestimung überlassen werden.*"[56]

Verbindung von Kapitalmobilisierung und Vermögenspolitik

Im Grunde verband das Konzept zwei Hauptziele der erzstiftischen Finanzpolitik. Erstens die Mobilisierung der inländischen Kapitalhorte für den monetären Binnenkreislauf und damit – im Sinne der jüngeren Kameralistik – für die Belebung des Geldkreislaufes im Staatsgebiet.[57] Und zweitens die Gewährleistung einer möglichst umfangreichen sicheren und einträglichen Veranlagung von Kapitalvermögen auf hypothekarischer Basis im Inland und damit die Vermeidung von Kapitalabfluss ins Ausland. Dem zufolge sollte die Veranlagung von Überschüssen der Landeskreditkasse bzw. von inländischem Kapitalüberangebot bei der Wiener Stadtbank nur dann und nur so lange erfolgen, als keine andere Verwen-

55 3.Absatz §5
56 3.Absatz § 6
57 Justi, Johann Heinrich Gottlob von: Gesammelte Politische und Finanzschriften über wichtige Gegenstände der Staatskunst, der Kriegswissenschaften und des Cameral- und Finanzwesens Bd 1, Leipzig 1761 S. 78 f.

dungsmöglichkeit im Inland im Rahmen der festgelegten Sicherheitsbestimmungen gegeben wäre. „*Hätten die angetragenen inländischen Capitalien mit diesen inländischen Ausleih-Weegen noch kein Ende, so wären dieselbe zur lezten Aushilf auf den Wiener Stadt-Banque aber nur so lang zu legen, bis ein von denen drey beschriebenen Ausleih-Gegenständen sich hervorthuet, indeme das Erzstift noch lange nicht in dem Fall ist, daß es ihre klingende Münze in dem Lande nicht wirksam anwenden kann. Es erfordert vielmehr einen stärkeren Umlauf aber es muß zuvor auf fruchtbaren eigenen Grund gesäet und die Zeit zum Wachstum abgewartet werden, um einärnten zu können.*“[58]

Basierend auf diesen vermögenswirtschaftlichen Grundsätzen sollten die vom Erzbischof vorgegebenen Ziele der binnenländischen Fruktifizierung der, vor allem in den Stiftungen brach liegenden Kapitalien und die Institutionalisierung eines kontrollierten inländischen Kapitalmarktes umgesetzt werden. In diesem Sinne schließt Rehlingen seinen Plan durchaus hoffnungsvoll ab: „*In diesen bestehet der Entwurf einer Staats Credit Kasse für das Erzstift Salzburg, womit nach meiner Beurtheilung die Höchste Gesinnung unseres allerseits gnädigsten Landesfürsten Hochfürstl. Gnaden erreichet werden könnte. Ich bin denen in der Einleitung aufgestellten Grundsätzen getreu verblieben, und habe nach dem Vorgang der schlesischen Pfand-Kasse das ganze Systeme meines Erachtens in die gemeinnüzlichste Verfassung eingeleitet um jeden Capitalisten Sicherheit der Hauptsume und Zinse, und jeden Geldbedürftigen Urbarial und Rustical Besizer auf die Helfte des wahren Werths baares Anlehen zu verschaffen: hierdurch wird der Landes Credit ausnehmend befördert, und ein billiges Ebenmaß zwischen Grundwerth und Geldbenüzung auf Zinse zwischen nährend und zehrenden Stand festgesezet.*“[59]

Es wurden dabei aber, ebenfalls den erzbischöflichen Vorgaben gemäß, die in dem System prinzipiell durchaus möglichen (staats)bankmäßigen Funktionen und damit Staatsfinanzierungsfunktionen ausgeschlossen. „*Die Landschaft solle sich auf Kösten der Privaten nicht bereichern, sondern zufrieden seyn, wenn es durch die angezeigte Hilfsquellen die Regie Kösten bestreitet, und etwas weniges zum Vorschuß der Rückstände übrig behält. Das Systeme habe ich also nicht kaufmännisch sondern blos statistisch bearbeitet, alle Aggio und Provisionen so dem Wechsler billig zustehen, aber hier nur den Privaten in Contribution sezeten, mit Vorbedacht sorgfältig vermieden.*“[60] Trotz all dieser Bedachtnahmen wurden die Hoffnungen auf Realisierung des Projektes jedoch enttäuscht.

---

58 SLA: GA XVI/34 (wie Anm. 21) 12.Absatz § 6
59 SLA: GA XVI/34 (wie Anm. 21) *Beschluß*
60 Ebenda

Fehlender innovativer Mut

Das zweifellos ambitionierte und in mehrfacher Hinsicht Elemente einer Modernisierung des territorialwirtschaftlichen Finanzierungssystems beinhaltende Projekt hatte letztendlich keine wirkliche Chance auf Realisierung. Es fehlte der innovative Mut. Und so blieb es zwischen modernisierender Programmatik und bewahrender vermögenswirtschaftlicher Praxis der erzstiftischen Finanzpolitik stecken. Es war für die von einem fiskalisch-vermögenswirtschaftlichen Denken bestimmten Entscheidungsträger offensichtlich zu riskant. Die Landschaft, die die Haftung zu übernehmen gehabt hätte, sah diese als zu großes Risiko und lehnte daher das Projekt ab. Das Hauptargument war, dass ohnedies genügend Geld im Lande sei und es für potenzielle Schuldner auch ohne eine derartige Kasse leicht möglich wäre, genügend Kapital zu finden, dass aber andererseits ein derartiges Projekt für die Staatskassen, speziell für die Landschaftskasse, ein erhebliches Risiko berge. Überdies würde eine solche Institution nicht mehr aufgelöst werden können, ohne den Staatskredit zu schädigen. Im Sinne des Erzbischofs wurde demgegenüber die Veranlagung bei der Wiener Stadtbank präferiert.[61]

So formulierten die drei Generalsteuer-Einnehmer der Landschaft in ihrer Stellungnahme vier Haupteinwände[62]: Der erste Einwand betraf die Haftung der Landschaft. Aufgrund der Situation, dass das Garantiesystem eine sichere Anlage biete, würde für die Kapitalbesitzer ein entsprechender Vorteil entstehen, während das Haftungsrisiko der Landschaft wegen unsicherer Bonität der Schuldner und auch wegen der beengten Lage des erzstiftischen Territoriums zwischen den beiden merkantilistischen Großmächten Bayern und Österreich hoch und damit letztlich ein Risiko für den landschaftlichen Teil des Staatskredits verbunden wäre. *„Der ganze Nuzen betreffete also mehr die Capitalisten als Schuldner, die Hauptlast oder Bürde aber die Landschaft. Da aller Aussicht nach jeder Capitalist sein Geld viel ehe der Landschaft auch um geringen Zins überlassen und anvertrauen würde als einen Privat Innhaber, der mit der Zinszahlung nicht allzeit richtig zuhaltet, und bey entstehenden Unglück auch um gänzliche Nachsicht desselben auf ein oder mehrere Jahre anlanget, und aus Mitleyden erhaltet. Ist also vorauszusehen, daß dieser Geldumlauf vorzüglich in den ersten Jahren mehrere Millionen betragen und je grösser der Umsaz desto mehr Aufsicht, Genauigkeit und Gefahr der Landschaft bey diesem Geschäft bevorstehen würde.... Der Credit ist eine so heikliche Sache, die nicht die mindeste Belastung lei-*

61 Koch-Sternfeld, Die letzten dreißig Jahre (wie Anm. 7) S 281 f

62 SLA: GA XVI/34 *Erinnerungen und Bedenken über den Entwurf einer landschaftlichen Staats Credit Cassa für das hohe Erzstift Salzburg* (9.4.1788)

det, man siehet in grossen Staaten, mit welcher Vorsicht und Strenge derselbe ohne mindester Rücksicht oder Erbarmen behandelt wird; und dieses müßte hier ebenfalls eintretten..." Eine mit der Wiener Stadtbank vergleichbare Institution könne im Erzstift Salzburg, wo völlig andere Bedingungen gegeben seien, nicht mit Erfolg errichtet werden. „*Wird viel vorausgesetzet, wenn man dieser neuen Banque soviel Credit als der Wienerischen beymessen will. a. diese bestehet schon seit 100 Jahren. b. hat noch niemalen das erste System abgeändert. c. die Gelder können daselbst stündlich erhoben werden, hier erst gegen halbjährige Aufkündung. d. dort ist ein Erb- hier ein Wahlreich. e. dort ist ein grosser Staat Bürge, deme eine kleine Erschitterung oder Landesverlust noch nicht schadet, hier aber ein sehr kleiner, deme auch leichte Anfälle grosse Unruhe erwecken mögen. f. dort kann jeder Anfall durch Macht abgewendet werden, hier ist man mit mächtigen Nachbarn umgeben.*"

Der zweite Einwand bezog sich speziell auf die mit der im Konzept Rehlingens, wenn auch nur nachrangig vorgesehenen, Kreditvergabe an Gewerbe und Handel. Diesem wurde die Veranlagung bei der Wiener Stadtbank eindeutig vorgezogen. „*Es ist problematisch, ob es sicherer ist, das Geld ausser Land, auf sichere Hypothek oder zu einem öffentlichen Fond zu leihen, oder auf die Realgewerber und Häuser anzulegen. Unseres Orts wollten wir lieber das erste wählen, damit das Hauptsystem unwandelbar bleibe.*"

Der dritte von der Landschaft erhobene Einwand betraf, wohl nicht ganz zu unrecht, die Gefahr des Geldabflusses durch Kauf von Pfandbriefen durch Ausländer und deren Verzinsung an diese. „*Wenn diese Pfandbriefe auch Ausländern könnten verkaufet werden, so möchte wohl manche Geld Sume in der Still aus dem Lande ohne Abzug gezohen werden.*"[63]

Und viertens gab es viele administrative und juristische Einwände, mit denen die Durchführbarkeit des Systems in Frage gestellt wurde, auf die hier aber im Einzelnen nicht weiter eingegangen zu werden braucht.

Generell konnte man sich aus Sorge vor den vermeintlichen finanz- und geldwirtschaftlichen Risiken nicht zu einer Befürwortung des Konzeptes entschließen und es wurde auch keine entsprechende wirtschafts- und finanzpolitische Notwendigkeit gesehen. Gleichermaßen wurde in Zweifel gestellt, ob die Lukrierung einer Zinsspanne, wie dies bei der Kreditvergabe an Gewerbe und Handel vorgesehen war, statthaft sei. „*Bey vorstehender Betrachtung muß sich der Geldumlauf im Lande niemalen auf ungewiße, und wankende Aussichten verbreiten, sondern ehevor sichere fundamental Gesäze eintretten lassen, ehe man sich einer gewißen Verlustgefahr aussetzet. Endlich kömt es auch darauf an, ob es wenn Pfandbriefe untereinander verkauft werden, erlaubt seye ein pro*

63 Gemeint ist das als Kapitalausfuhrsteuer vorgeschriebene *Abzuggeld*

Cent wie es bey Banko geschiehet darauf zu schlagen und zu nehmen. So patriotisch der Entwurf der Staats Kreditskasse verfasset, von allen Eigennuz entfernt, lediglich zu Gunsten der innländischen Gläubiger und Schuldner theils frey ausgedacht, theils trefflich angewendet und der Erzstiftlichen Landesverfassung angemessen worden, wofür die Landschaft dem Einsichtsvollen Verfasser jederzeit den gebührenden Dank abstatten wird, so schüchtern sind Unterzeichnete [Generalsteuer-Einnehmer] *andererseits diesem Entwurfe bevor die gemachten Bedenken berichtiget seyn werden durchaus beyzutretten.*"[64]

In seinem Dekret vom 25. April 1788 zu dem Rehlingen-Entwurf bestätigte der Erzbischof die Bedenken der Generalsteuer-Einnehmer weitgehend und ließ dabei einen deutlichen Mangel an innovativem Mut erkennen[65]: „*An die Landschaft mit deme, daß so schön, so ausgebreitet und zu gleichen in allen seinen Theilen zusamenhangend auch der Vorschlag seye, welche der Freyherr von Rehlingen an die Landschaft gebracht hat, so finden jedoch Se. Hochfürstl. Gnaden in Vereinigung mit ihren Landständen desselben Ausführung nicht unbedenklich zu seyn, es werde durch solchen nicht nur allein aufeinmal über Credit und Debitoweesen ein neues Grund System in dem Land festgesetzet, sondern es greife eben dieser Vorschlag in seiner Ausdehnung auch so weit daß die Regirung und das ganze Land theilnehmend in dieses Weesen mit eingeflochten und gleichsam Verantwortlich gemacht werde, es erfordere derselbe eine so geschickte Einleithung und Sachen kundige Fortführung, daß so wenig auch an der dermaligen Einrichtung gezweifelt wurde man jedoch an derselben bestimten Fortsetzung zweiflen müsse, weilen eben diese Fortsetzung in einer Ununterbrochenen Reihe so Vielen geschickte, redliche und kluge Hände erfordere, welche nicht allemal zugleich und in thätiger Vereinbarung ihrer Kräfte aufzufinden sind: dann aber wäre dieses Werk, sobald es einmal angefangen ist, in sich unauflösbar, und könne keiner Zeit mehr ohne das Landes Vermögen in dem ganzen oder in den Theillen auf die Spitze zu setzen, nicht getrennet werden.*" Der Erzbischof blieb deutlich im vermögenswirtschaftlichen und fiskalischen Denken verhaftet. Zur Verwendung für wirtschaftsfördernde Ausgaben durften demnach nur die Zinseinnahmen aus einer sicheren ertragreichen Veranlagung von Kapitalien kommen mit dem Endzweck, daraus fiskalischen Nutzen für die Staatskasse (verstanden als das erzstiftische Staatsvermögen) zu ziehen. Die erzbischöfliche Argumentation lautete: „*Es mangle Gott zu Dank in den hiesig Hochfürstl. Landen an baaren Gelde nicht, wenn von Gemeinden, Privaten oder Unterthanen, welche die landesübliche Sicherheit und Verbürgung leisten können, Geld gesuchet werde aber daran hatte es bis auf die letzten Jahre geman-*

64 SLA: GA XVI/34 *Erinnerungen und Bedenken* (wie Anm. 62)
65 SLA: GA XVI/34 Dekret des Erzbischofs vom 25.4.1788

gelt und mangle zum Theil noch, daß dodte oder in Vorrath liegende Gelder nicht allemal nutzbar gemacht und zu einem Activ-Gewerb erhoben werden können."[66] Mit „*Activ-Gewerb*" ist die gewerbliche Investition, sondern der monetäre Vermögensertrag gemeint.

Diese Kapitalmobilisierung müsse letztlich zu einem maximalen Zinsertrag führen und dieses Ziel schien dem Erzbischof nur über die mehrheitliche Anlage im Ausland, speziell bei der Wiener Stadtbank, erreichbar. „*Von dem ersten Antritt ihrer Regierung haben demnach Sr. Hochfürstl. Gnaden gearbeitet, daß derley Geld in Umlauf gesetzet, also activ gemacht und ihre Benutzung, wenn der Unterthan derselben bedürftig gewesen aus dem Innland, sonsten aber zum sicheren Vortheil der circulirenden Species aus dem Land gezohen worden und auf diese Weise wäre es Höchst denselben zum sichtbaren Vortheil der Landschaft Cassa und anderer auch gelungen, schon mehrere 100/m fl in dem Ausland sicher unterzubringen, und die nutzentragende Gelder zu mehreren Tausend Gulden dafür dem Land in einem jährlichen Zuschuß zu gewiesen.*"[67]

Das damit beschriebene Verfahren, das schon seit einiger Zeit praktiziert wurde und nun nach dem Willen des Erzbischofs ausgebaut werden sollte, bestand also im Prinzip darin, dass die Landschaftskasse Anlage suchendes Kapital im Inland zu relativ niedrigen Zinsen sammelte, einen großen Teil davon zu höheren Zinsen im Ausland anlegen sollte und damit in Form einer positiven Zinsspanne eine Einnahmequelle für die Staatskasse (Landschaftskasse) erschloss. „*In dieser Voraussetzung erachten also Höchst dieselbe*, [Erzbischöfliche Gnaden] *daß nach dieser ganz einfachen Weise von ihrer Landschaft fortgearbeitet werden solle, alle müssigen Gelder, welche in dem Land liegen, welche der Gläubiger der Landschaft anvertrauen will, und welche eben ein solcher Gläubiger, er seye Gemeinheit, oder Privat, in dem Aus- oder Innland, in kleinen Posten schwährer unterbringet, sollten zu jeder Stund und Zeit jederzeit, oder doch wenigstens in Jahr festzusetzenden 3 od. 4 Terminen in die Landschafts Cassa gegen einer niedrigen Verzinsung eingelegt werden können, die Landschaft aber solle selbe in klein oder grösseren Posten nachdem in dem inn- oder Ausland üblichen Zins, zu höherer Nutzung anlegen und dadurch in obengezeigter Weise da ohnehin das mehrere in das Ausland gehen därfte, einen jährlich circulirenden Geld-Vorschuß für das Land erringen.*"[68] Dies würde der Landschaftskasse sowie den inländischen Kapitalanlegern im fiskalisch-vermögenswirtschaftlichem Sinn wesentliche Vorteile bringen. Es würde der Landschaftskasse „*ihr Weesen und ihre Fortdauer verschaffen, und sich, wie schon*

66 Ebenda
67 Ebenda
68 Ebenda

gesagt, für die hochfürstl. Lande ein erspriessliches Activ-Gewerb für die Gemeinden, Privaten, Puppilen, Depositarien pp. aber die günstigste Benutzungs-Aussicht ihres Vermögens eröffnen."[69]

Der mit dieser Auslandsveranlagung verbundene und der Geldwirtschaftslehre der jüngeren Kameralistik letztlich entgegenstehende Effekt einer Einschränkung der binnenländischen Geldzirkulation spielte in der erzbischöflichen Argumentation offensichtlich keine Rolle. Das Projekt Rehlingens hätte aber eine solche wirtschaftsbelebende Ankurbelung der binnenländischen Geldzirkulation intendiert.

In der Ablehnung des Projektes durch den Landesfürsten und die ihm politisch untergebenen maßgeblichen Vertreter der Landschaft kommt somit in besonderem Maße die defensive Haltung hinsichtlich finanzwirtschaftlicher Modernisierung im geistlichen Staatswesen in dessen Endphase deutlich zum Ausdruck. Joseph Ernst Ritter von Koch-Sternfeld sah im Rahmen seiner, kurz nach dem Ende des Erzstiftischen Staates am Beginn des 19. Jahrhundert vorgenommenen kritischen Beurteilung der unter Erzbischof Hieronymus Colloredo betriebenen Wirtschafts- und Finanzpolitik das Projekt als Opfer der Priorität eines auf monetären Zinsertrag orientierten Fiskalismus. Unter diesem Gesichtspunkt sah er auch keine Chance einer wirtschaftsfördernden Effektivität einer derartigen Kreditkasse. Sie wäre, so meinte er, letztenendes vielmehr ein weiteres Instrument der Abschöpfung und Thesaurierung geworden. Andererseits hätte die in dem Konzept vorgesehene Papiergeldschöpfung ohne eine entsprechende Ausweitung des volkswirtschaftlichen Produktionsvolumens unweigerlich zu einer raschen und starken Inflation führen müssen. In diesem Sinne stellte Koch-Sternfeld fest: „*Salzburg darf es nicht bedauern, daß die Creditcasse nicht zu Stande kam; sie hätte unter jenem Systeme selbst den Sparpfenning des Taglöhners verschlungen.*"[70]

---

69 Ebenda

70 Koch-Sternfeld, Die letzten dreißig Jahre (wie Anm. 7) S. 285.

Probleme des Gesundheitswesens in Bulgarien während der Zeit des Sozialismus und Ansätze der Umgestaltung während der Transformationsphase*

Rainer Gömmel

1. Die soziale Sicherung im Sozialismus

Als 1944 die so genannte Vaterländische Front in Bulgarien die Macht übernahm, wurde der Staatsaufbau sofort im sowjetischen Sinne umgestaltet. Dazu gehörte nicht nur die Enteignung der Grundbesitzer, die Zwangsumsiedlung der Bevölkerung und der Aufbau einer sozialistischen Industrie, sondern auch der Übergang von der Monarchie zum Ein-Parteien-Staat. Im Zuge dieses Übergangs wurden die von Prinz Ferdinand von Sachsen-Coburg-Koháry, dem früheren Herrscher über Bulgarien, eingeführten sozialen Errungenschaften rückgängig gemacht, zu welchen auch die Ansätze zur Sozialversicherung zählten.[1]

Grundsätzlich besagte die Ideologie des Sozialismus, dass „die Sozialpolitik in einem wesensmäßig sozialen Staat überflüssig“[2] sei. Der sozialistische Staat befand sich deshalb in einem Zwiespalt, denn einerseits musste keine Sozialpolitik betrieben werden, andererseits sollte verhindert werden, dass einzelne in Armut lebten, da eine klassenlose Gesellschaft angestrebt wurde. Aus diesem Grund

* Für wertvolle Vorarbeiten bedanke ich mich herzlich bei Diplom-Volkswirtin Birgit Pechtl.

1 Prinz Ferdinand von Sachsen-Coburg-Koháry, der 1887 zum Fürst von Bulgarien gewählt wurde, setzte 1908 die formelle Unabhängigkeit durch. vgl. Stöckel, Frens, Geschichte, Bulgarien, 2006, www.bpb.de/themen/IZJWBY,0,0,Geschichte.html. In dieser Zeit wurden die ersten gesetzlichen Grundlagen zur Gesundheitsversorgung erlassen und entsprechende Einrichtungen gebaut. 1901 wurden medizinische und zahnmedizinische Organisationen gegründet. 1924 wurde eine dem deutschen ähnliche gesetzliche Krankenversicherung gebildet. Damit waren alle Angestellten des öffentlichen Dienstes unfall-, kranken- und rentenversichert. vgl. Koulaksazov, Stayko, Todorova, Svetia et al., Health Care Systems in Transition, 2003,S. 8-9, http//www.euro.who.int/document/e8760.pdf. Vgl. auch Härtel, Hans-Joachim, Schönfeld, Roland, Bulgarien – Vom Mittelalter bis zur Gegenwart, 1998, S. 192 und Koulaksazov, Stayko, Todorova, Svetia et al., Health Care Systems in Transition, 2003, S. 9, http//www.euro.who.int/document/e8760.pdf.

2 von Beyme, Klaus, Sozialismus oder Wohlfahrtsstaat?, 1977, S 25.

wurde die soziale Absicherung als Gabe des Staates angesehen.[3] Die Grundlage zur Sozialpolitik im Sinne des sozialistischen Staates legte Lenin bereits 1910 fest, als er die „die Einbeziehung aller Lohnarbeiter und ihrer Familien in der Stadt und auf dem Land, Einkunftshilfen im Falle aller Risiken der Arbeitsunfähigkeit und in der Höhe des bisherigen Lohnes, sowie eine Verwaltung der Versicherungseinrichtungen durch die Versicherten, bei gleichzeitiger alleiniger Finanzierung der Leistungen durch Unternehmen und Staat"[4] forderte. Dieser Rechtsanspruch auf soziale Leistungen wurde verknüpft mit der Pflicht zur Arbeit. Da in den sozialistischen Verfassungen aber nicht nur die Pflicht zur Arbeit, sondern auch das Recht auf Arbeit festgeschrieben war, herrschte Vollbeschäftigung und es gab, zumindest offiziell, keine Arbeitslosen. Aus diesem Grund entfiel im Gegensatz zu kapitalistischen Ländern die Notwendigkeit einer Arbeitslosenversicherung.[5] Die Bevölkerung musste deshalb nur noch bei Krankheit, Alter und anderen nicht verschuldeten Notlagen abgesichert werden.

1.1 Die Gesundheitsversorgung im Sozialismus

Um jedem eine medizinische Versorgung auf hohem Niveau zu ermöglichen und die auch in Bulgarien unter dem Sozialismus verfassungsmäßige, kostenlose Garantie auf Gesundheitsversorgung anbieten zu können, wurde das Gesundheitswesen verstaatlicht und wie alles andere planwirtschaftlich organisiert.[6] Dazu wurden die Krankenhäuser, die in Bulgarien schon im ganzen Land verteilt waren, verstaatlicht, die bestehende Krankenversicherung wurde abgeschafft, bereits vorhandene Organisationen für medizinische Mitarbeiter wurden verboten und das ganze medizinische Personal wurde unter einer Organisation zusammengefasst, die Ausbildung des Personals zentralisiert.[7] Die Krankenhäuser wurden zu Polikliniken umgestaltet. Die Bevölkerung, eingeteilt in Distrikte, musste dann zu

3 vgl. Globokar, Tatjana, Der Übergang der Arbeitnehmer in den Ruhestand in Osteuropa, in: Mitteilungen aus der Arbeitsmarkt- und Berufsforschung, 16. Jg./1983, S. 57, www.doku.iab.de/mittab/1983/1983_1_MittAB_Globokar.pdf.

4 Lenin, sinngemäß zitiert nach Kaufmann, Franz-Xaver, Varianten des Wohlfahrtsstaats, Der deutsche Sozialstaat im internationalen Vergleich, 2003, S. 69.

5 vgl. von Beyme, Klaus, Sozialismus oder Wohlfahrtsstaat?, 1977, S.52.

6 vgl. Révész, László, Die Legende vom Sozialstaat in Osteuropa, 1978, S. 7 und Beek, Kornelia, Systemtransformation des Gesundheitswesens in den Ländern Mittel- und Osteuropas, 2002, S. 35.

7 vgl. Beek, Kornelia, Systemtransformation des Gesundheitswesens in den Ländern Mittel- und Osteuropas, 2002, S. 37 und Koulaksazov, Stayko, Todorova, Svetia et al., Health Care Systems in Transition, 2003, S. 9, http//www.euro.who.int/document/e8760.pdf.

der Klinik gehen, welche ihnen zugeteilt war. Die Menschen hatten nicht mehr die Möglichkeit zum Hausarzt zu gehen, denn diese mussten in den Polikliniken praktizieren. Die freie Arztwahl wurde somit unterbunden[8]. Im ganzen Land wurden jedoch Spezialkliniken aufgebaut, die vor allem für Krankheiten wie Malaria und Tuberkulose zuständig waren. Damit konnte die Verbreitung dieser Krankheiten eingedämmt werden. Ebenso wurden die Medikamentenproduktion, der Vertrieb der Medikamente und der Import zentralisiert und von der State Pharmaceutical Company durchgeführt. Hierfür wurde ein staatliches Apothekennetzwerk aufgebaut.[9]

Die Gesundheitsversorgung wurde vollständig aus dem Staatshaushalt finanziert. Das planmäßig zur Verfügung stehende Budget wurde vom Gesundheits- und Sozialminister aufgrund historischer Daten an die einzelnen Stellen verteilt. Diese wiederum hatten genaue Vorschriften, wofür das Geld verwendet werden sollte, zum Beispiel für Gehälter, Medikamente und Essen. Ebenso wurden die Medikamente von zentraler Stelle auf die einzelnen Apotheken verteilt.[10] Doch dadurch hatten die Leiter der Gesundheitszentren und Krankenhäuser nicht die Möglichkeit, Geld bedarfsgerecht zu investieren und eine eigene Kostenkontrolle durchzuführen. In Bulgarien wurde zwar „plangerecht" während des Krankenhausbaubooms in den 1970er Jahren eine überdurchschnittlich hohe Bettendichte aufgebaut, die jedoch nicht in dem Umfang gebraucht wurde und deshalb nicht effizient war und hohe Verwaltungskosten nach sich zog. Es konnten jedoch kaum Investitionen in die technische Forschung, Entwicklung und Ausrüstung der Gesundheitszentren und Krankenhäuser getätigt werden. Sie waren deshalb schnell in einem maroden Zustand, weshalb die Versorgung letztlich immer schlechter wurde.[11] Ein weiteres Problem bestand in der schlechten Bezahlung der Ärzte. Diese waren im nicht-produzierenden Gewerbe tätig und damit nach der sozialistischen Ideologie volkswirtschaftlich nicht produktiv. Aus diesem Grund verdienten sie weniger als Industriearbeiter und hatten damit keinen Anreiz qualitativ hochwertige medizinische Versorgung zur Verfügung zu stellen. Später war es Ärzten erlaubt, nach ihrem Dienst in der Poliklinik privatärztlich

8 vgl. Koulaksazov, Stayko, Todorova, Svetia et al., Health Care Systems in Transition, 2003, S. 41, http//www.euro.who.int/document/e8760.pdf.

9 vgl. Koulaksazov, Stayko, Todorova, Svetia et al., Health Care Systems in Transition, 2003, S. 65, http//www.euro.who.int/document/e8760.pdf.

10 vgl. Beek, Kornelia, Systemtransformation des Gesundheitswesens in den Ländern Mittel- und Osteuropas, 2002, S. 46.

11 vgl. Koulaksazov, Stayko, Todorova, Svetia et al., Health Care Systems in Transition, 2003, S. 41, S. 50, S. 69, http//www.euro.who.int/document/e8760.pdf und Beek, Kornelia, Systemtransformation des Gesundheitswesens in den Ländern Mittel- und Osteuropas, 2002, S. 41.

tätig zu sein. Hier war es üblich, dass die Patienten aus eigener Tasche bezahlten. Da die staatliche Versorgung sehr schlecht war und die Patienten lange Wartezeiten für die Behandlung in Kauf nehmen mussten, wurde dieses Procedere bald zu einer üblichen Form der Bezahlung, nicht nur in den Privatpraxen der Ärzte, sondern auch in den staatlichen Einrichtungen.[12] Um eine bessere medizinische Versorgung zu erhalten, wurde nun bald auch in den Kliniken aus eigener Tasche bezahlt, bzw. Zuzahlungen teilweise in Form von „Spenden" geleistet. Auch die Lebensmittelversorgung in den Krankenhäusern war unzureichend. Die Patienten waren entweder auf Selbstversorgung angewiesen und erhielten ihr Essen somit von der Familie, oder sie leisteten erneut Extrazahlungen an das Krankenhaus. Dies galt auch für die Medikamentenversorgung, denn die Apotheken waren nicht ausreichend mit guten Medikamenten ausgestattet, weshalb die benötigten Medikamente auf dem Schwarzmarkt erworben werden mussten[13].

In der sozialistischen Ideologie war die Krankenbehandlung vor allem darauf konzentriert, die Arbeitskraft zu erhalten und den Menschen im Krankheitsfall so schnell wie möglich arbeitsfähig zu machen.[14] Für Gesundheitsvorsorge waren im Budget deshalb keine Mittel vorgesehen und Aufklärungen über gesunde Ernährung oder einen gesunden Lebensstil beziehungsweise prophylaktische Vorsorgemaßnahmen wurden nicht betrieben.[15]

Aus den genannten Gründen war die Gesundheitsversorgung im Sozialismus, nicht allein in Bulgarien, ineffektiv, ohne Anreize zur qualitativen Verbesserung und trotz großflächiger Abdeckung nicht ausreichend.

1.2 Die Sozialversicherung im Sozialismus

Im Sozialismus wurden alle Einnahmen und Ausgaben der Sozialversicherung staatlich geregelt. Der größte Teil der Einnahmen für die Sozialversicherung wurde von den Unternehmen getragen. Sie mussten einen bestimmten Prozentsatz für jeden Mitarbeiter aus ihren Lohnfonds in die Sozialversicherung einzahlen. Die Defizite zwischen Einnahmen und Ausgaben wurden vom Staatshaushalt fi-

---

12 vgl. Beek, Kornelia, Systemtransformation des Gesundheitswesens in den Ländern Mittel- und Osteuropas, 2002, S. 44-45.

13 vgl. Koulaksazov, Stayko, Todorova, Svetia et al., Health Care Systems in Transition, 2003, S. 29, http//www.euro.who.int/document/e8760.pdf.

14 vgl. von Beyme, Klaus, Sozialismus oder Wohlfahrtsstaat?, 1977, S. 47.

15 vgl. Koulaksazov, Stayko, Todorova, Svetia et al., Health Care Systems in Transition, 2003, S. 41, S. 50, http//www.euro.who.int/document/e8760.pdf.

nanziert.[16] Tatsächlich wurden die Ausgaben aber vollständig vom Staat gezahlt, da auch die Betriebe Staatsunternehmen waren und der Gewinn dem Staatshaushalt zufiel, von welchem wiederum die Lohnfonds zugeteilt wurden.[17]

Auch die Gesundheitsfürsorge wurde daher vollständig staatlich finanziert. Zur Versorgung im Krankheitsfall zählte auch das Krankengeld. Allerdings wurde es, anders als in den westlichen Sozialversicherungen, „nicht gezahlt (...) an Personen, die ihrer Gesundheit bewusst Schaden zufügen, um sich den Arbeitsaufgaben und anderen Verpflichtungen zu entziehen, oder Krankheit simulieren...“[18]. Damit bestand die Möglichkeit zum Leistungsentzug, wenn der verordneten Arbeitspflicht, aus welchen ideologisch nicht akzeptierten Gründen auch immer, nicht Genüge geleistet wurde.

2. Das Gesundheitssystem nach dem Zusammenbruch des Sozialismus

2.1. Allgemeine Erwartungen an die anstehende Systemtransformation

Der Zusammenbruch des sozialistischen Systems wurde nicht nur wirtschaftlich begründet, sondern ebenso von der Bevölkerung gewollt. Dies wurde durch Demonstrationen kundgetan. Das Ende des Systems bedeutete somit auch einen Zusammenbruch der sozialistischen Werte.[19] Welche Hoffnungen verbanden also die Menschen mit der Wende? Eine der Wichtigsten war die Verbesserung des Lebensstandards. Dies bezog sich nicht nur auf eine wirtschaftliche Verbesserung, wie besseres Einkommen, die Möglichkeit auf mehr Konsum und Eigentum. Dazu gehören auch allgemeine Rahmenbedingungen des Lebens, beispielsweise die persönliche Freiheit, ohne staatliche Kontrolle des ganzen Lebens innerhalb einer Terrorherrschaft, politische Mitbestimmung, Reisefreiheit, die Freiheit dort zu leben und zu arbeiten, wo der einzelne möchte und auch die Freiheit, den Beruf zu erlernen, welcher jedem Individuum liegt, also Bildungs-

---

16 vgl. Stiller, Pavel, Altersrentensysteme und Sozialhaushalte in Osteuropa, 1988, S. 58 und Fichter, Michael, Hennek, Regina et al., Die wirtschaftliche Transformation Bulgariens unter bes. Berücksichtigung der Arbeitsbedingungen in der Bekleidungsindustrie, 2004, S. 29, http://www.polwiss.fu-berlin.de/tu/download/Studienbericht-Bulgarien-2005.pdf.

17 vgl. Kaufmann, Franz-Xaver, Varianten des Wohlfahrtsstaats, Der deutsche Sozialstaat im internationalen Vergleich, 2003, S. 76.

18 von Beyme, Klaus, Sozialismus oder Wohlfahrtsstaat?, 1977, S. 54.

19 vgl. Berend, Ivan T., The Role of Non-Economic and External Factors in East Central European Economic Transformation, in: Transformation der Wirtschaftssysteme in Ostmitteleuropa, S. 185.

freiheit[20]. Die Hoffnungen der Menschen wurden bis dato jedoch nur teilweise erfüllt. 1991 wurde bereits eine Verfassung verabschiedet, welche die Menschenrechte garantierte, eine parlamentarische Demokratie als Staatssystem begründete und Gewaltenteilung festschrieb. Damit wurde zumindest die Terrorherrschaft unterbunden und auch die politische Mitbestimmung grundsätzlich ermöglicht.

Um erfolgreich einen wirtschaftlichen Wandel vollziehen zu können, muss nicht nur ein neues Wirtschaftssystem installiert werden, es muss auch ein psychologischer Wandel des „public spirit" erfolgen[21]. Dies war jedoch nicht einfach zu erreichen. In über 40 Jahren Sozialismus hat sich das gewünschte Gedankengut gefestigt. Dies hatte zur Folge, dass Frustration und Misstrauen gegenüber dem Staat herrschten, welcher eine klassenlose Gesellschaft mit vollständiger Versorgung in allen Lebenslagen versprach, aber nicht halten konnte. Wollte die Bevölkerung eine gute Versorgung, musste diese auf dem Schwarzmarkt oder durch Bestechung erworben werden. Diese Frustration setzt sich bis heute fort. Auch nach 1989 versprach die Regierung eine deutliche Verbesserung des Lebensstandards, konnte dies jedoch nicht erfüllen. Wenngleich die Wirtschaftsdaten jetzt wesentlich besser als noch Anfang der 90iger Jahre sind, lebt ein Großteil der Bevölkerung nach wie vor in ärmlichen Verhältnissen. Doch auch die Korruption unter den Beamten trägt dazu bei, dass das neue Wirtschaftssystem schlecht beurteilt wird[22]. Andererseits wurde vom Staat immer erwartet, dass dieser das ganze Leben regelt und für die Menschen sorgt, also eine Art Mutterrolle übernimmt[23].

2.2. Reformbedarf und Erfahrungen bezüglich der Krankenversicherung

Nach dem Sturz des sozialistischen Systems wurde ersichtlich, dass das Gesundheitssystem erhebliche Mängel aufwies und nicht mehr aufrechterhalten werden

20 vgl. Delhey, Jan, Tobsch, Verena, Freiheit und Wohlstand, in: Sozialstruktur und Sozialberichterstattung, WZB-Mitteilungen 89, 2000, S. 11, http://www.wz-berlin.de/publikation/pdf/mit89/wzbmit89-11-14.pdf.

21 vgl. Berend, Ivan T., The Role of Non-Economic and External Factors in East Central European Economic Transformation, in: Transformation der Wirtschaftssysteme in Ostmitteleuropa, S. 185.

22 vgl. Schaller, Susanne, Der Einfluss von Korruption auf die Einschätzung des politischen Regimes am Beispiel Estlands und Litauens, in: Arbeitspapiere des Osteuropa-Instituts der Freien Universität Berlin, 58/2005, S. 7, S. 29, http://userpage.fu-berlin.de/~segbers/downloads/working_papers/AP58.pdf.

23 vgl. Gumpel, Werner, The Mentality Problem in the Transition Process from Centrally Planned Economy to Market Economy, in: Transformation der Wirtschaftssysteme in Ostmitteleuropa, 1993, S. 194.

konnte. Aus diesem Grund wurde die Umstrukturierung der Krankenversicherung, vor allem die Punkte Finanzierung, Grundversorgung und Rationalisierung, früh in die politischen Diskussionen aufgenommen.

1991 wurde der Artikel „All Bulgarian citizens shall be entitled to access to medical service and to health insurance“(Artikel 2.1)[24] in die Verfassung aufgenommen und damit das Recht auf Gesundheitsversorgung unabhängig von Rasse, Geschlecht und Alter auf hohem Niveau sowie das Recht auf Zahlung von Krankengeld festgeschrieben. Weiterhin haben Patienten jetzt die Möglichkeit der freien Arztwahl.

1998 bildete der Health Insurance Act die Grundlage für die gesetzliche und private Krankenversicherung. Es wurde die Institution National Health Insurance Fund (NHIF) geschaffen und die Möglichkeit eingeräumt, als Nachfrager nach Gesundheitsgütern mit den Anbietern, zum Beispiel Ärzten und Krankenhäusern, Verträge zu schließen.[25]

1999 wurde das paritätische Beitragssystem eingeführt, bei welchem die Arbeitgeber und Arbeitnehmer Beiträge zur Krankenversicherung abführen müssen. Es wurden noch verschiedene andere Gesetze verabschiedet, um die Kompetenzen der Pharmaindustrie, Ärzte usw. zu regeln. Ebenso wurde die (Teil-) Privatisierung von bisher staatlichen Einrichtungen vorgenommen und die Dezentralisierung weg vom Staat zu lokalen Verwaltungen vorgenommen. Diese sind vor allem für die stationäre Behandlung zuständig und finanzieren sich aus eigenen Einnahmen sowie staatlichen Zuschüssen.[26]

Die Kompetenzen der Beteiligten wurden aufgegliedert. Das Parlament ist für die Gesetzgebung das Gesundheitssystem betreffend zuständig und stellt zusätzliche Finanzmittel für den NHIF zur Verfügung. Das Gesundheitsministerium, welches in 28 regionale Gesundheitszentren aufgegliedert ist, setzt unter anderem die Ziele und Prioritäten fest, erstellt Programme zur Gesundheitsverbesserung und überwacht die Harmonisierung der bulgarischen Gesetzgebung mit den EU-Normen.[27]

---

24 Koulaksazov, Stayko, Todorova, Svetia et al., Health Care Systems in Transition, 2003, S. 26, http//www.euro.who.int/document/e8760.pdf.

25 vgl. Salchev, Georgieva, Dimitrova, S., et al., Bulgaria: Health system review. Health Systems in Transition, 2007; 9 (1), S. 26, http://www.euro.who.int/Document/E90023.pdf.

26 vgl. Salchev, Georgieva, Dimitrova, S., et al., Bulgaria: Health system review. Health Systems in Transition, 2007; 9 (1), S. 16-17, http://www.euro.who.int/Document/E90023.pdf.

27 vgl. Koulaksazov, Stayko, Todorova, Svetia et al., Health Care Systems in Transition, 2003, S. 11, http//www.euro.who.int/document/e8760.pdf.

Die wichtigsten Aufgaben des NHIF sind die Verwaltung des Budgets und die Gewährleistung des Zugangs zur Gesundheitsversorgung für alle Kranken. Dieser Organisation obliegt die gesamte ambulante Versorgung und 20% der stationären Versorgung. Sie schließt Verträge mit den Krankenhäusern und Ärzten, in denen die Höhe der Honorare für die einzelnen Behandlungen festgeschrieben wird.[28]

Ein weiterer wichtiger Teil des Gesundheitssystems wurde schnell der private Sektor. Grundsätzlich können Praxen, Labore usw. nicht nur staatlich sein und sich über Verträge mit der NHIF finanzieren, sondern auch privat praktizieren; ca. 2% der Krankenhäuser sind Privatkrankenhäuser. Die Bezahlung für diese Privatbehandlungen erfolgt entweder über eine freiwillige Krankenversicherung, die Zusatzversicherungen ergänzend zu den Leistungen der NHIF anbietet und ebenfalls Verträge mit den Ärzten schließt, oder aus eigener Tasche. Die privaten Versicherungen können aber auch eigene private Einrichtungen betreiben. Teilweise haben auch Arbeitgeber Verträge mit Praxen, um Vorsorgeuntersuchungen und medizinische Behandlungen für ihre Arbeitnehmer und deren Familien zu ermöglichen. Die Praxen arbeiten oft nicht nur auf privater Basis, da sich viele Patienten die Behandlungen aus eigener Tasche nicht leisten können, sondern schließen zusätzlich Verträge mit der NHIF.[29]

Die gesetzliche Pflichtversicherung ist sozial orientiert und sollte die wichtigste Stütze des sozialen Schutzes für freie und gleiche Gesundheitsversorgung bieten. Sie ist zugänglich für alle Bulgaren und Personen, welche sich länger im Land aufhalten. Die Beiträge für die gesetzliche Krankenversicherung sind einkommensabhängig. Der Beitragssatz beträgt derzeit 6%, wovon die Arbeitgeber 70% und die Arbeitnehmer 30% tragen müssen.[30]

Aus der Tabelle wird ersichtlich, dass die Beitragsteilung bis 2009 auf 50:50 geändert werden soll. Selbstständige und Freiberufliche zahlen 6% des Einkommens vom Steuerbescheid. Der Staat trägt die Beiträge unter anderem für Rentner, Studenten und Arbeitslose. Somit werden 92% der Einwohner abgedeckt. Dies impliziert jedoch, dass immer noch ca. 1 Mio. Menschen nicht an der ge-

---

28 vgl. Daskalova, Nadezhda, Tomev, Lyuben et al., Health Care Reforms and Privatisation – Social and Economic Consequences Case of Bulgaria, in: Global Policy Network, S. 15, http://www.gpn.org/research/privatization/priv_bulgaria_engl.pdf52/418.

29 vgl. Salchev, Georgieva, Dimitrova, S., et al., Bulgaria: Health system review. Health Systems in Transition, 2007; 9 (1), S. 22, http://www.euro.who.int/Document/E90023.pdf.

30 vgl. Botschaft betreffend das Abkommen zwischen der Schweiz und Bulgarien über Soziale Sicherheit, 22. November 2006, S. 157, http://www.admin.ch/ch/d/ff/2007/153.pdf.

Abb. 1: Aufteilung der Beitragslasten zur Krankenversicherung

	2000	2001	2002	2003	2004	2005	2006	2007	2008	2009
Arbeitnehmer: Arbeitgeber Beiträge	80:20	80:20	75:25	75:25	75:25	70:30	65:35	65:35	55:45	50:50

Salchev, Georgieva, Dimitrova, S., et al., Bulgaria: Health system review. Health Systems in Transition, 2007; 9 (1), S. 72, www.euro.who.int/Document/E90023.pdf.

setzlichen Gesundheitsvorsorge teilnehmen, meist, weil sie es sich nicht leisten können oder nicht vom System erfasst werden.[31]

Die gesetzliche Versicherung bietet aber lediglich ein Basispaket an: Dazu gehört Behandlung von chronischen Krankheiten, medizinische und zahnärztliche Vorsorge, Versorgung im Notfall und Krankenhausbehandlung. Außerdem werden die Medikamente inklusive Diagnose festgeschrieben, die mit Rezept von der NHIF bezahlt werden. Die Behandlungen, welche nicht im Paket enthalten sind, müssen selbst bezahlt werden, entweder durch eine Zusatzversicherung oder aus eigener Tasche. Zu diesen Leistungen gehört zum Beispiel der Besuch eines Spezialisten ohne eine Überweisung vom Hausarzt. Weiterhin müssen für bestimmte Medikamente oder Essen im Krankenhaus zusätzliche Abgaben entrichtet werden. Dies ist jedoch für viele nicht bezahlbar.[32]

Die ambulante Versorgung kann in Einzel- und Gemeinschaftspraxen erfolgen, die stationäre Behandlung wird in Krankenhäusern durchgeführt. Obwohl der Bettenüberschuss aus dem Sozialismus teilweise abgebaut wurde, sind nach wie vor zu viele Betten vorhanden. Die Krankenhäuser erhalten eine Fallpauschale für bestimmte Diagnosen und Ärzte werden nach ihren Patientenlisten vergütet.[33]

Die Finanzierung aller Gesundheitsleistungen erfolgt also durch staatliche und private Mittel:

31 vgl. Salchev, Georgieva, Dimitrova, S., et al., Bulgaria: Health system review. Health Systems in Transition, 2007; 9 (1), S. 47, http://www.euro.who.int/Document/E90023.pdf.

32 vgl. Koulaksazov, Stayko, Todorova, Svetia et al., Health Care Systems in Transition, 2003, S. 27, http//www.euro.who.int/document/e8760.pdf.

33 vgl. http://ec.europa.eu/employment_social/missceec/table2_en.pdf, S. 70.

Abb. 2: Finanzierung der Gesundheitsleistungen

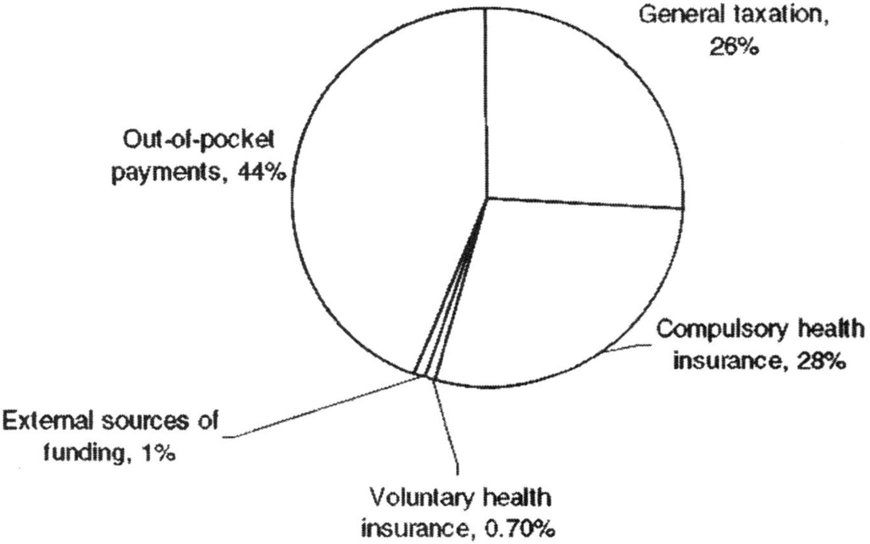

Quelle: Salchev, Georgieva, Dimitrova, S., et al., Bulgaria: Health system review. Health Systems in Transition, 2007; 9 (1), S.70, www.euro.who.int/Document/E90023.pdf.

Die (offizielle) private Bezahlung hat mit 45,7% also einen markanten Anteil an den Gesundheitsausgaben, wovon der geringste Teil mit 0,7 % durch private Versicherung getragen wird, aus staatlichen Mitteln stammen immerhin 45%. Die Gesamtausgaben für die Gesundheit in Bulgarien betragen 7,7% des BIP, wovon 4,3% aus staatlichen Mitteln stammen. Ein Grund für die hohen privaten Zahlungen ist die Zulassung von privaten Einrichtungen und die vorgeschriebenen Zuzahlungen zu medizinischen Leistungen.

Die Einnahmen des staatlichen Sektors gliedern sich zum einen auf in Beitragseinnahmen, welche aber lediglich 28% der Ausgaben abdecken[34]. Das Problem hierbei besteht nun darin, dass 6% als Beitragssatz zuwenig sind, um das Gesundheitssystem zu finanzieren. Zudem werden die abzuführenden Beiträge

34 vgl. Salchev, Georgieva, Dimitrova, S., et al., Bulgaria: Health system review. Health Systems in Transition, 2007; 9 (1), S. 51-55, http://www.euro.who.int/Document/E90023.pdf.

nicht in voller Höhe bezahlt, da ein bewusst geringerer Anteil der offiziell gezahlten Löhne durch die Arbeitgeber erfolgt, aber die Beitragszahlung eben in Abhängigkeit dieser Lohnhöhe erfolgt. Bedeutende Lohnbestandteile werden „schwarz" an die Arbeiter ausbezahlt, da durch die damit umgangenen Sozialbeiträge (kurzfristig) beide Seiten, also Arbeitnehmer und Arbeitgeber, an frei verfügbare Geldmittel gelangen. Eigentlich müssten deshalb 12% als Beitragssatz erhoben werden. Dies ist jedoch aufgrund der immer noch angespannten wirtschaftlichen Lage politisch nicht durchsetzbar.[35] Die staatliche Gesundheitsvorsorge erhält aber auch Mittel aus Steuern, vor allem aus der Einkommens- und Mehrwertsteuer sowie aus Lokalsteuern wie zum Beispiel Müllgebühren für den Gemeindeanteil. Dieser staatliche Anteil wird dann zur Deckung des Budgets an das NHIF weitergeleitet.[36] Das NHIF hat in diesem Sinne eine „weiche Budgetrestriktion", welche trotz der Versorgungsmängel nicht einen effizienten Umgang mit den Ressourcen erzwingt – genau dies war aber schon der zentrale Mangel des sozialistisch organisierten Gesundheitssystems.

Da die Zahlungen des öffentlichen Sektors dennoch bei weitem nicht ausreichen, die Kosten für die Gesundheitsvorsorge abzudecken, fließen auch private Zahlungen in das System. Diese teilen sich auf in Zahlungen aus der freiwilligen Versicherung, in legale und illegale Zahlungen aus eigener Tasche.[37]

Freiwillige Versicherungen sind Versicherungs-Aktiengesellschaften, welche hauptsächlich Zusatzversicherungen zur gesetzlichen Versicherung anbieten. Eine Zusatzversicherung darf von jedem abgeschlossen werden. Jedoch kann dies nur bei hohem Einkommen finanziert werden oder wenn der Arbeitgeber die Beiträge hierfür bezahlt. Die Beiträge werden nach Risiko berechnet, das heißt, in die Berechnung fließt Alter, Geschlecht und der Gesundheitsstatus ein. Bei hohem Risiko, beispielsweise bei chronischer Vorerkrankung kann ein Antrag im Gegensatz zur gesetzlichen Versicherung abgelehnt werden.[38]

Außerdem müssen weitere Zahlungen aus eigener Tasche geleistet werden. Zu den legalen zählen direkte Zahlungen für Leistungen, welche nicht von der

---

35 vgl. Koulaksazov, Stayko, Todorova, Svetia et al., Health Care Systems in Transition, 2003, S. 26, http//www.euro.who.int/document/e8760.pdf.

36 vgl. Salchev, Georgieva, Dimitrova, S., et al., Bulgaria: Health system review. Health Systems in Transition, 2007; 9 (1), S. 52, http://www.euro.who.int/Document/E90023.pdf.

37 vgl. Daskalova, Nadezhda, Tomev, Lyuben et al., Health Care Reforms and Privatisation – Social and Economic Consequences Case of Bulgaria, in: Global Policy Network, S. 15-16, http://www.gpn.org/research/privatization/priv_bulgaria_engl.pdf52/418.

38 vgl. Salchev, Georgieva, Dimitrova, S., et al., Bulgaria: Health system review. Health Systems in Transition, 2007; 9 (1), S. 53. http://www.euro.who.int/Document/E90023.pdf.

Versicherung abgedeckt werden, wie besseres Essen im Krankenhaus oder besondere Medikamente und Zuzahlungen beispielsweise für ambulante Behandlungen oder Krankenhausaufenthalte. Diese Zahlungen werden jedoch als Last von den Versicherten angesehen, die nur zusätzliches Geld in das System pumpen sollen. Sie sind vor allem negativ für Personen mit niedrigem Einkommen wie Rentner, welche oft häufiger zum Arzt müssen, sich aber den eigentlich kostenlosen Besuch kaum leisten können.[39]

Weiterhin erfolgen illegale Zahlungen für Leistungen, die eigentlich frei zugänglich sein sollten. Diese Zahlungen waren bereits im Sozialismus üblich. Sie sollen vor allem Wartezeiten verkürzen und eine bessere Versorgung gewährleisten. Auch Check-ups in Krankenhäusern mussten nach Angaben von befragten Personen aus eigener Tasche bezahlt werden.[40]

Insgesamt ist die Gesundheitsversorgung für die durchschnittlich nach wie vor relativ arme Bevölkerung, immerhin leben 13,4% unter der relativen Armutsgrenze und 7,9% unter der absoluten Armutsgrenze, sehr teuer Die Ausgaben haben sich seit 1997 mehr als verdoppelt, wobei bei dieser Angabe die informellen Zahlungen nicht enthalten sind.[41].Außerdem bietet das System nach wie vor, auch noch nach dem Sozialismus, Anreize zur Korruption und Schattenwirtschaft. An dieser Stelle wird nun kurz erläutert, weshalb die Schattenwirtschaft im Gesundheitssystem aber nicht nur Nachteile hat: Die Gesundheitsgüter haben nicht den Charakter eines öffentlichen Gutes. Die Intransparenz durch Korruption fällt nicht so sehr ins Gewicht, da auch das öffentliche System im Allgemeinen nicht sehr viel Transparenz bei der Abrechnung bietet. Weiterhin wird auch durch „illegale" private Zahlungen die Allokation von Gesundheitsgütern durch den Markt gesteuert, weshalb dies effizienter ist als durch die staatliche Steuerung. Außerdem differenzieren Ärzte bei den informellen Gehältern. Sie verlangen von Ärmeren weniger als von Reichen, wodurch ein sozialer Ausgleich geschaffen wird.[42] Daraus wird ersichtlich, dass Bestechung im Gesundheitssystem bis zu

---

39 vgl. Koulaksazov, Stayko, Todorova, Svetia et al., Health Care Systems in Transition, 2003, S. 29, http//www.euro.who.int/document/e8760.pdf.

40 vgl. Salchev, Georgieva, Dimitrova, S., et al., Bulgaria: Health system review. Health Systems in Transition, 2007; 9 (1), S. 57. http://www.euro.who.int/Document/E90023.pdf.

vgl. Daskalova, Nadezhda, Tomev, Lyuben et al., Health Care Reforms and Privatisation – Social and Economic Consequences Case of Bulgaria, in: Global Policy Network, S. 20, http://www.gpn.org/research/privatization/priv_bulgaria_engl.pdf52/418.

42 vgl. Schönfelder, Bruno, Ökonomische Aspekte der Sozialpolitik im postsozialistischen Südosteuropa, in: Sozialstruktureller Wandel, soziale Probleme und soziale Sicherung in Südosteuropa, 2000, S. 168.

einem gewissen Grad durchaus sinnvoll sein kann, dennoch sollte Korruption im Allgemeinen eingedämmt werden, da sie Wirtschaftswachstum verhindert[43].

3. Die Beurteilung der Gesundheitsreform nach der Transformation durch die Bevölkerung

Eine Umfrage, welche 2005, also fünf Jahre nach der ohnehin sehr späten Reform des Gesundheitswesens, durchgeführt wurde, hat ergeben, dass 82,6% der Patienten und 87,9% der medizinischen Angestellten die Versorgungssituation nach der Reform als schlechter empfinden als vorher. Sie fordern vom Staat eine bessere Qualität der Leistungen, mehr Vorbeugung und eine Verbesserung der Umwelt. Dabei wird außerdem bemängelt, dass die Bevölkerung nicht ausführlich über die Inhalte der Gesundheitsreform informiert wurde und wird, das Leistungsangebot der NHIF nicht ausreichend ist und die Preise für Medikamente, welche größtenteils selbst bezahlt werden müssen, zu hoch sind. Ebenso wird die niedrige Bezahlung des Personals kritisiert und dass die Meinung des medizinischen Personals nicht in die Reform einfloss. Als positiv wird die freie Arztwahl, die Einführung eines Hausarztes, das etwas gestiegene Einkommen und die Möglichkeit, neben der Arbeit in den NHIF-Einrichtungen zusätzlich privat tätig zu werden angesehen. Allerdings muss gesagt werden, dass 50% der Patienten und 40% des medizinischen Personals der Reform nichts Positives abgewinnen konnten. Negativ bewertet werden die gestiegene Bürokratie, die niedrige Qualität der Behandlung, die hohen Kosten für die Behandlung und die Korruption. Nur 13,3% der Befragten gaben an, noch nie Bestechungsgelder gezahlt zu haben und auch niemanden zu kennen, der bereits Bestechungsgelder gezahlt hat. Die Korruption wird von 76% der Patienten und 54% des Personals höher eingestuft als vor der Reform. Ebenso wird die Privatisierung als nicht notwendig betrachtet, sie führt nach Meinung der Bevölkerung zu einer schlechteren Versorgung und sollte deshalb gestoppt werden. 47,7% der Patienten denken, dass ihr Gesundheitszustand schlechter sei als in den Jahren vor der Reform. Sie würden sich lieber privat behandeln lassen, können sich dies aber nicht leisten, ebenso wenig wie einen Spezialisten.[44]

---

43 vgl. Gray, Cheryl, Kaufmann, Daniel, Korruption und Entwicklung, in: Finanzierung & Entwicklung, März 1998, http://siteresources.worldbank.org/INTWBIGOVANTCOR/Resources/gray_german.pdf.

44 vgl. Daskalova, Nadezhda, Tomev, Lyuben et al., Health Care Reforms and Privatisation – Social and Economic Consequences Case of Bulgaria, in: Global Policy Network, S. 24-36, http://www.gpn.org/research/privatization/priv_bulgaria_engl.pdf 52/418.

Die Akzeptanz der Reform in der Bevölkerung ist zum einen aus oben genannten Punkten sehr gering und zum anderen, weil es eine Reform von Außen war: Sie wurde von der IWF und der Weltbank gefordert, damit notwendige Kredite gewährt wurden. Es fand keine öffentliche Diskussion über das Wann und Wie statt, weshalb sich die Bevölkerung übergangen fühlte. Die Erwartungen in die Reform waren dennoch sehr hoch. Sie konnten aber für 75% der Bevölkerung nicht erfüllt werden.[45]

Bei der ambulanten Behandlung führte das Hausarztkonzept zu Problemen. Diese werden von der NHIF nach den Patientenlisten bezahlt. Allerdings wurde keine Höchstgrenze dafür festgesetzt. So haben manche Hausärzte bis zu 7000 Patienten auf ihrer Liste, welche konsequenterweise nicht ausreichend betreut werden können. Außerdem dürfen Hausärzte nur eine bestimmte Anzahl Patienten, welche aufgrund der Patientenliste bestimmt wird, an Spezialisten überweisen. Wird diese Anzahl überschritten, so wird keine Überweisung vorgenommen oder eine für den Patienten zu späte Überweisung. Eine direkte Konsultation eines Spezialisten muss aus eigener Tasche bezahlt werden, was wie bereits erwähnt, für viele zu teuer ist.[46] Weiterhin sind viele Krankenhäuser verschuldet, da die NHIF über die Honorierung nach Fallpauschalen nicht den für die Leistung angebrachten Preis bezahlt. Dadurch werden die Schulden der Krankenhäuser, welche gut und viel arbeiten, höher, während diejenigen, welche schlechte Qualität liefern, „ausreichend" bezahlt werden.[47] Die Medikamentenversorgung ist teuer und schlecht, da die Lieferung lebenswichtiger Medikamente spät oder gar nicht erfolgt. Die Verträge der NHIF mit den Lieferanten sind häufig nicht transparent und durch Korruption beeinflusst. Durch die erheblichen Zahlungen des Einzelnen, Steuern, Zuzahlungen, Beiträge und Bestechungsgelder, stiegen die Ausgaben für Gesundheit pro Haushalt von 1999 ca. 2% auf 5,5% in 2005.[48]

Trotz der aufgeführten Probleme, ist das grundsätzliche Konzept der Reform, das heißt die Grundsicherung staatlich abzusichern und die weitere Versorgung in private Hand zu geben, marktkonform. Sie gewährleistet das Minimum an Ge-

---

45 vgl. Koulaksazov, Stayko, Todorova, Svetia et al., Health Care Systems in Transition, 2003, S. 87, http//www.euro.who.int/document/e8760.pdf.

46 vgl. Daskalova, Nadezhda, Tomev, Lyuben et al., Health Care Reforms and Privatisation – Social and Economic Consequences Case of Bulgaria, in: Global Policy Network, S. 48, http://www.gpn.org/research/privatization/priv_bulgaria_engl.pdf52/418.

47 vgl. Salchev, Georgieva, Dimitrova, S., et al., Bulgaria: Health system review. Health Systems in Transition, 2007; 9 (1), S. 129, http://www.euro.who.int/Document/E90023.pdf.

48 vgl. Daskalova, Nadezhda, Tomev, Lyuben et al., Health Care Reforms and Privatisation – Social and Economic Consequences Case of Bulgaria, in: Global Policy Network, S. 51, http://www.gpn.org/research/privatization/priv_bulgaria_engl.pdf52/418.

sundheitsversorgung für den Großteil der Bevölkerung sowie die Möglichkeit sich privat weiter abzusichern. Hierbei gibt es jedoch Schwierigkeiten. Zum einen ist das Gesundheitsgut aufgrund der unbefriedigenden makroökonomischen Lage Bulgariens ein Luxusgut insbesondere, wenn der Großteil der Bevölkerung ein geringes Einkommen hat. Da vor allem Jüngere nicht direkt damit konfrontiert sind, ärztliche Betreuung in Anspruch nehmen zu müssen, wird in erster Linie daran gespart, also keine Vorsorge durch den Abschluss einer privaten (Zusatz-) Krankenversicherung vorgenommen. Bei der staatlichen Pflichtversicherung besteht außerdem kein Zusammenhang zwischen der Höhe der Beiträge und der Leistung. Selbst bei einem Beitrag aus dem Mindestlohn kann der ganze Leistungskatalog in Anspruch genommen werden.[49] Es existieren keine Zusatzleistungen bei höheren Beiträgen oder andere Leistungsanreize, zum Beispiel das Zurückzahlen von Beiträgen bei Inanspruchnahme von Präventivmaßnahmen. Allerdings ist dies im Moment kaum finanzierbar. Die staatlichen Beiträge in Höhe von 6% des Bruttoeinkommens decken den Haushalt des Gesundheitswesens kaum: Der Staat muss zum Budget der NHIF regelmäßig zuzahlen.[50]. Weiterhin wird der demographische Wandel hin zu einer überalternden Gesellschaft nicht nur in der Rentenversicherung zum Tragen kommen, sondern auch bei der Krankenversicherung; denn ältere Menschen müssen öfter ärztliche Behandlung in Anspruch nehmen und auch die Pflegebedürftigkeit wird steigen. Sobald die Familie, wie es bisher immer Tradition in Bulgarien war, die Pflege nicht mehr leisten kann, wird eine „kommerzielle" Heimpflege oder ambulante Pflege benötigt.[51] Diese Entwicklung zeigt, dass die Kosten weiter steigen werden. Die Einnahmen dagegen werden sinken. Der Staat zahlt die Beiträge für Rentner, wobei die Rentnerzahl und damit auch die Ausgaben des Staates steigen, die Zahl der Berufstätigen jedoch zurückgehen wird.[52] Die Folge daraus ist die Notwendigkeit einer Erhöhung der privaten Sicherung. Dies ist nicht nur aufgrund der Lage des Systems notwendig, sondern hat auch den Vorteil, dass die private Absicherung eine bessere Allokation der Gesundheitsgüter ermöglicht. Private Versicherungen haben bessere Möglichkeiten, Verträge mit den Anbie-

49 vgl. Schönfelder, Bruno, Ökonomische Aspekte der Sozialpolitik im postsozialistischen Südosteuropa, in: Sozialstruktureller Wandel, soziale Probleme und soziale Sicherung in Südosteuropa, 2000, S. 161-164.

50 vgl. Koulaksazov, Stayko, Todorova, Svetia et al., Health Care Systems in Transition, 2003, S. 26, http//www.euro.who.int/document/e8760.pdf.

51 vgl. Beek, Kornelia, Systemtransformation des Gesundheitswesens in den Ländern Mittel- und Osteuropas, 2002, S. 27.

52 vgl. Salchev, Georgieva, Dimitrova, S., et al., Bulgaria: Health system review. Health Systems in Transition, 2007; 9 (1), S. 36, http://www.euro.who.int/Document/E90023.pdf.

tern abzuschließen. Aufgrund der höheren Bezahlung der privaten Versicherung kann dadurch eine bessere Qualität der Versorgung gewährleistet werden. Sie erhalten ihre Beiträge aufgrund des Risikos, welches ein Versicherter für die Versicherung darstellt und haben somit eine bessere Einnahmensituation, weshalb sie den Preis für eine Leistung zahlen können, welcher tatsächlich gerechtfertigt ist. Aufgrund der besseren Bezahlung ist es den Privatärzten und Privatkrankenhäusern möglich, besseres Personal und bessere medizinische Ausstattung zu bezahlen, wodurch hier im Gegensatz zu rein staatlichen Krankenhäusern Notfälle nicht abgewiesen werden müssen. Dennoch besteht hier das Problem der bulgarischen Bevölkerung, dass diese sich die Beiträge zur privaten Vorsorge eben nicht leisten kann.[53] Eine „Zwei-Klassen-Medizin", welche aber auch beim Sozialismus schon für die Parteikader vorhanden war, wird nun evident – mit potentiell die Demokratie gefährdenden Folgen.

Als Fazit lässt sich also feststellen, dass das staatliche Monopol für die Gesundheitsversorgung durch die Garantie für freie und gleiche Gesundheitsversorgung mit hoher Qualität nur teilweise aufgegeben wurde. Doch genau dieses Monopol führt zu Fehlallokationen und der nach wie vor bestehenden Instabilität des Krankenversicherungssystems. Besser wäre eine wettbewerbliche, aber auch sozialpolitisch „faire" Leistungserstellung in der gesetzlichen Krankenversicherung.[54]

---

53 vgl. Schattenwirtschaft und Deregulierung, in: Deregulierung – eine Herausforderung an die Wirtschafts- und Sozialpolitik in der Marktwirtschaft, 1989, S. 79 und vgl. Daskalova, Nadezhda, Tomev, Lyuben et al., Health Care Reforms and Privatisation – Social and Economic Consequences Case of Bulgaria, in: Global Policy Network, S. 50, http://www.gpn.org/research/privatization/priv_bulgaria_engl.pdf52/418.

54 vgl. Cassel, Dieter, Welfens, Paul, Die Soziale Marktwirtschaft als Ordnungsmodell für Transformationsländer in Mittel- und Osteuropa?, in: Soziale Marktwirtschaft, Ein Modell für Europa, 1994, S. 278.

„Nicht hungern, nicht dürsten, nicht frieren“ Zum Lebensstandard der Athener zu Zeiten Epikurs

Karl Hardach

Gliederung: § 1 Epikurs Empfehlung – Mahlzeiten und Tischgenossen – Köche und Kostkünste – Festkultur und Fleischkonsum – Schweine, Rinder, Schafe, Ziegen – Jagen und Fischen – Brot und Mehl, Bäckerei und Müllerei – Gemüse und Gärten – Obst und Ölbaum. – § 2 Getränke – Milch, Met und Bier – Wasser und Wein – Vorräte. – § 3 Bekleidung – Waschen, Baden, Salben – Wohnen – Hausrat, Haushalt, Hausbau. – § 4 Eine Vielzahl an Verbrauchern: Bevölkerung, Bürger und Bewohner – die Vermögenden und die Vielen. – § 5 Epikur als Konsument – Ephebenzeit: Exerzieren statt Studieren – Keposjahre: Gärten und Gelehrte – Vergnüglinge und Verdächtigungen – Frugalität, nicht Askese – Nahrung für Körper und Geist.

Es urteilt die Fachwelt:[1] „Wie sah das Essen der Armen, aber nicht Hungernden, in der antiken griechischen Welt aus? Eine Antwort auf diese Frage kann sich für keine Zeit und keinen Ort auf aussagekräftige Zeugnisse stützen.“ Da die Gesellschaft Athens indessen die am besten bezeugte des antiken Griechenlands ist, soll versucht werden, einiges zusammenzusuchen:[2] was aßen, tranken, trugen und bewohnten Epikurs minderbemittelte Mitbürger?[3]

---

1 Andrew Dalby, Essen und Trinken im alten Griechenland, Stuttgart 1998 (S.47), hat vor allem „die feine Küche“ im Blick (S.9).

2 Wo wurde gesucht? Vor allem im NEUEN PAULY (mit lateinischer Umschrift), Enzyklopädie der Antike, Teil I(Altertum), 12 Bände, Stuttgart 1996-2002[=DNP]; sowie rückgreifend im GROSSEN PAULY, d.h. Paulys Real-Encyclopädie der classischen Altertumswissenschaft, Neue Bearbeitung, 83 Bände, 1893-1980[=RE] und im KLEINEN PAULY, d.h. Lexikon der Antike, 5 Bände, 1964-1975 [=DKP]. Das „Lehrbuch der Griechischen Privatalterthümer“ von Karl Friedrich Hermann und Hugo Blümner, 3. Aufl., Freiburg 1882 „citirt“ (S.168) viele Einzelheiten mit altsprachlichen Textbelegen; ebenfalls erhellend der Band „Die Griechischen Privat- und Kriegsaltertümer“ von Iwan von Müller und Adolf Bauer im „Handbuch der Klassischen Altertums-Wissenschaft“, 2. Aufl., München 1893.

3 Aus weit über hundert Artikeln in den „PAULY“ – wenn man will von A (wie agoranómos, Marktaufseher) bis Z (wie zeugítes, Kleinbauer) ohne diese platzvergeudend aufzulisten – wurden Inhalt und nicht selten auch Ausdruck herausgeschrieben. Das nennt man Kompilation, was im Deutschen recht freundlich mit Sammeln oder Zusammentragen übersetzt wird, obwohl compilare ursprünglich ausbeuten, berauben, plündern bedeutet. Mit dem Speer zu erwerben, galt den Griechen gemeinhin als anerkannte Aneignung, so daß hier lediglich die mit dem Schreibstift erworbene Aus-

§ 1 Eine Versorgung ohne Hunger, Durst und Frieren erklärte der Athener Epikur[4] (342/1–271/0) als hinreichend für das leibliche Wohlergehen seiner Landsleute. Die Lehre für ein erfülltes Leben dieses ersten großen hedonistischen, entschieden antispiritualistischen und wichtigsten individualistischen Philosophen ist zeitlos und für jedermann: Das seelische und körperliche Wohlbefinden des Einzelnen – ein Leib ohne Leiden (Aponie) und eine Seele ohne Sorgen (Ataraxie) – ist das wirkliche Ziel seines Daseins. Dabei kommt es wesentlich auf seine innere Verfassung, auf sein eigenes Bewußtsein an, sobald das Notwendige an Speise und Trank, an Bekleidung und Behausung gegeben ist. Kraft der Vernunft und ihrer Verwalterin, der Philosophie, sofern diese antimetaphysisch ist und eine diesseitige Ethik vertritt, kann der Mensch seine richtigen und wichtigen Lebensziele erkennen und erreichen. Die Vernunft lehrt den Menschen, worin seine Chance zur Lebenszufriedenheit besteht und wie diese jederzeit von jedermann und unter allen Umständen verwirklicht werden kann: die Freiheit von Angst und Furcht vor den Göttern, vor Schmerzen und vor dem Tod, das Freisein von Besorgnissen und Beunruhigungen, von aller Betrübnis. Inneren Frieden, heitere Ruhe sowie Gelassenheit des Gemüts bringt Epikurs philosophische Reiseapotheke mit ihren vier Heilmitteln: Die Götter braucht man nicht zu fürchten; über den Tod braucht man sich keine Sorgen zu machen; das Gute ist leicht zu erlangen; das Schlimme ist leicht zu ertragen.

Das, was Küchenchefs und Kanzelherren unserer Tage von Epikur wissen, stellt eine völlige Verkennung seiner Ansichten und Absichten dar. Den Prassern und Schlemmern einerseits und den Leichtgläubigen und Einfältigen andererseits entgehen Epikurs einsichtige Empfehlungen für ein gelingendes Leben. Sein maßvoller Hedonismus einfacher Selbstgenügsamkeit und schlichten Lebenswandels führt zu Wohlgefühl und Daseinszufriedenheit, zur Eudaimonie. Dies waren aufmunternde Gedanken im Wirrwarr des diadochenzeitlichen Athen[5], in

---

beute vorgezeigt und nur bei Mengenangaben der Fundort belegt wird. Der Plünderer – wiewohl weiland wirtschaftshistorisch werkelnd – will in dieser Darstellung nur eine Aussage seines bevorzugten Lehrers der Lebenskunst („Man kann sogar mit Zeus an Glückseligkeit wetteifern, wenn man Gerstenbrot und Wasser hat.") für sich erhellen und nach Wirklichkeitsgehalt und Lebensnähe befragen.

4 Den zügigsten Zugang zum Werk Epikurs ermöglicht Diogenes Laertius, Leben und Meinungen berühmter Philosophen, 10. Buch (1921 übersetzt von Otto Apelt), Hamburg 1990; neuerdings: Diogenes Laertios, Leben und Lehre der Philosophen, übersetzt von Fritz Jürss, Stuttgart 1998.Den umfassendsten wissenschaftlichen Einstieg ermöglicht Michael Erler, Epikur – Die Schule Epikurs – Lukrez, in: Hellmut Flashar (Hrsg.), Philosophie der Antike, Bd.4/1, Basel 1994, S.29-490.

5 Standardwerk: Christian Habicht, Athen, Die Geschichte der Stadt in hellenistischer Zeit, München 1995; außerdem: Boris Dreyer, Untersuchungen zur Geschichte des

einer Zeit großer politischer, gesellschaftlicher, religiöser und kultureller Veränderungen sowie ungünstiger wirtschaftlicher und demographischer Entwicklungen, denn den Massen blieb meist gar nichts anderes übrig als fröhliche Armut, waren ihre Mahlzeiten doch karg und selten.

Mahlzeiten, also regelmäßig zu bestimmten Stunden eingenommene Speisen und Getränke, standen im Mittelpunkt der griechischen Essenskultur, und zwar schon in den homerischen Epen (spätes 8. Jh.) – was immer die Wirklichkeit sein mag, die hinter ihnen liegt.[6] Vor allem an der natürlichen Umwelt, insbesondere am Aufgang und Untergang der Sonne orientiert, sodann auch den Zwängen der Arbeitswelt unterworfen, gab es drei Verköstigungen am Tag: Frühstück, Mittag- und Abendessen. Auch in klassischer und hellenistischer Zeit (5./4. Jh. bzw. traditionell seit Alexanders Tod im Jahre 323) aßen die Griechen nach Möglichkeit dreimal täglich: ein leichtes Frühstück (akrátisma), ein bescheidenes, zumeist warmes Mittagessen (áriston) und ein mehrgängiges Essen am Abend (deípnon), die wichtigste und für viele die einzige Mahlzeit. Die meisten Mahlzeiten fanden alltäglich im kleinen Kreis der Familie statt, und zu dieser Tischgemeinschaft mochten sich gelegentlich bei familiären Anlässen auch ein paar Nachbarn gesellen, ebenso wie Berufskollegen oder Kultgenossen manchmal miteinander speisten. Da sie einfach und leicht einzurichten waren, haben diese Mahlzeiten privater Natur wenig Spuren in den Quellen hinterlassen, zumal häusliches Leben von Unterschichten die Zeitgenossen und die Historiker ohnehin nicht sonderlich zu interessieren pflegt. Dies steht im Gegensatz zu den besser bezeugten, da genau gestalteten Banketten (aufeinanderfolgend sýndeipnon und sympósion) privater Gastgeber, die ihre Gäste beim Eintreffen mit Blumengirlanden bekränzten, mit Duftwasser parfümierten und ihnen Appetitanreger (propómata) anboten. Dieses aufwendige und ausgiebige Essen und Trinken im Männerraum (andrón) – mit förmlicher Einladung, fester Sitzordnung und einem vorsitzenden Symposiarchen sowie bestimmten Gesprächsthemen, aber ohne Trinkzwang, Flötenspielerinnen beziehungsweise Servierknaben – zeigt eine idealisierte Herrengeselligkeit, wie sie die in der ersten Hälfte des 4. Jh. entstandene Symposion-Literatur schilderte. Die tatsächlichen Symposien, die oft in Streit und Übermut ausarteten, waren vielmehr die feuchtfröhlichen Feste wohlsituierter Athener Lebemänner samt „Adabeis" (parásitoi) und willfährigem Stamm- oder Mietpersonal. Solches

spätklassischen Athen (322 – ca. 230 v. Chr.), Stuttgart 1999; DNP-Art. Athenai, Sp.193.

6 Bei allen nachfolgenden Aussagen ist der Leser gut beraten, die gängigen ab- und rückversichernden Worte (wahrscheinlich, vermutlich, möglicherweise, vorstellbar, wohl) der vorsichtigen Fachleute hinzuzudenken, bei allen Zahlenangaben die einschränkenden Zusätze (ungefähr, zirka, etwa, schätzungsweise, annähernd) anzunehmen.

Schmausen und Pokulieren, bereits in der gegen Ende des 5. Jh. geschriebenen gastronomischen Dichtung verspottet, war nur einem Angehörigen der – hier soweit wie möglich in den Hintergrund verwiesenen – attischen Oberschicht möglich.[7]

Dieser galten Muscheln, Fisch, Wild und Geflügel als ausgesprochene Delikatessen, während für alle Athener der Verzehr von Fleisch (kréas) schon ein Festessen bedeutete. So benannte das griechische Wort mágeiros ursprünglich den Opferpriester, der das Opfertier tötet, aber auch den Metzger, der es zerteilt, und ebenso den Koch, der daraus eine Mahlzeit macht. In klassischer Zeit bezeichnete mágeiros meist nur noch einen Spezialisten der Kochkunst, der zwar weiterhin bei öffentlichen Opferfeiern das Fleisch in großen Kesseln zubereitete, der darüberhinaus jedoch seit dem 4. Jh. auch in Privathäusern Athens kochte. In der Regel wurde er auf dem Markt für eine einzige Mahlzeit angemietet und bei dieser kurzen Tätigkeit als eingebildeter, geschwätziger und neugieriger Typ von den Komödiendichtern vorgeführt. Als volkstümliches Possenspiel hatte die attische Komödie – insbesondere bei Menander, ihrem wichtigsten Vertreter und Wehrdienstkameraden Epikurs – ausgiebig die politische, kulturelle und religiöse Wirklichkeit Athens und den bürgerlichen Alltag samt seinen Üblichkeiten zum Hintergrund. So verkörperte ein Opferkoch auf der Bühne, der mit seiner heiligen Kunst prahlte, nicht nur die Bedeutung des Fleischessens, sondern die Wichtigkeit von Essen schlechthin – ein Thema, das die meisten Theaterbesucher stets bewegte und begeisterte. Schließlich ist zu allen Zeiten das Gleichnis von der Erfüllung (plérosis) im Leben eine Anspielung darauf, daß die alltäglichste Art, ein erfülltes Leben zu führen, der sich mit Nahrung füllende beziehungsweise gefüllte Magen ist. Dort, wo Sattsein und Sattwerden kein Thema war, bei den reichen Familien, kochte ein vermutlich disziplinierterer und diskreterer Sklave, sozusagen in Dauerstellung. Diese Köche konnten auf Rezeptsammlungen in Kochbüchern zurückgreifen, die seit der zweiten Hälfte des 5. Jh. entstanden waren, aber nicht überliefert sind. Später, in der Zeit der ausgehenden Klassik und des frühen Hellenismus, erlebte die Oberschicht der gesamten griechischen Welt eine wahre „food revolution“, das Aufkommen einer neuen Feinküche. Auch deren gastronomische Glanzstücke, Gaumenkitzeleien und kulinarische Kostbarkeiten sind im einzelnen unbekannt und auch die kleinen Leute (óchlos) Athens kannten sie nicht.

Die breite Masse (pléthos) der Athener kam eigentlich zu einer wirklichen Mahlzeit – das heißt mit Fleisch – nur bei einem öffentlichen Festessen (hestíasis) der Polis. Es war ein bezeichnendes Merkmal griechischer Städte, nach ge-

7 Hierzu mit bezeichnendem Titel: James N. Davidson, Kurtisanen und Meeresfrüchte, Die verzehrenden Leidenschaften im klassischen Athen, Berlin 1999.

nauen Regeln und von Staats wegen Opfermahle durchzuführen, vor allem um den Göttern für ihre Gaben kultisch Dank zu sagen, aber auch um nach innen den Zusammenhalt der Polisbürger als Kultgemeinschaft zu bekräftigen oder außenpolitisch befreundete Mächte zu ehren, beziehungsweise ganz allgemein, um Gastfreundschaft als einen wichtigen Wert der griechischen Welt auszudrücken. Der Kultkalender im klassischen Athen kannte etwa achtzig Festtage, oft drei Tage hintereinander, deren volkswirtschaftliche Belastung indessen als nicht zu bedeutend angesehen wird. Die Teilnahme wurde nicht strikt gefordert, die Arbeitsruhe wurde nicht erzwungen und war lokal begrenzt, zumal solche Feste mit Tanz und Gesang, mit Prozessionen und Wettbewerben ohnehin eher in Zeiten geringeren Arbeitsanfalls gefeiert wurden. Ihr bedeutendster sachlicher Punkt war das Töten von Tieren und der anschließende Verzehr ihres Fleisches in der Opfermahlzeit (thysía). Haustiere (Schwein, Ziege, Schaf und Rind) hielt man offenbar auch in klassischer Zeit für so wertvoll, daß sie eigentlich nur im kultischen Rahmen verzehrt werden konnten, und das nur zum Genuß getötete Schlachtvieh hieß weiterhin respektvoll hiereíon. Das blutige Schlachten und Verbrennen (hólokaust) des teuren Opfertiers, diese erstrangige Handlung im griechischen Götterkult, hatte freilich Grenzen. In der Regel wurde die Gottheit mit den minderwertigen Teilen des Tieres „abgespeist", indem völlig entfleischte Knochen in eine Fettschicht eingewickelt und mit kleinen Stücken von allen Gliedern des Opfertiers obenauf belegt wurden. Homer hatte schon beruhigend erklärt, die Götter erfreuten sich am Fettdampf, aber dem etwas späteren Hesiod „roch" es doch eher nach Opferbetrug. Jedenfalls erhielten die Götter gemeinhin den wertlosen Teil des Opfertiers, die Menschen aber das nahrhafte Fleisch, jährlich etwa zwei Kilogramm je Athener.[8] Wenn er Glück hatte: denn nachdem Götter und Priester ihren kleinen Anteil am Opfertier erhalten hatten, wurden mengenmäßig gleiche Portionen an die ausschließlich männlichen Festteilnehmer vergeben. Für den Augenschein gerecht, entsprach dieses Verfahren der Isonomía (Gleichheitsordnung), brachte dem einen reichlich Knorpel und Innereien sowie fette oder knochige Teile, dem anderen hingegen viel Filet- und Rumpfstücke.

Auch während der klassischen Zeit blieb die Ernährung der Griechen weiterhin und weitgehend pflanzlich und bestand aus Getreide, Hülsenfrüchten, Gemüse und Obst. Oliven, eingelegt oder in Form von Öl, sowie Käse, Fisch und Fleisch ergänzten lediglich die Nahrung und lieferten tierische und pflanzliche Fette. Für die meisten Athener bestand nur ein ganz kleiner Teil ihrer Nahrung aus Fleisch und die unteren Schichten kannten Fleisch – wenn überhaupt – nur als Beilage zu den Hauptspeisen: Brot und Brei. Bei ihnen kamen selten mehr als Speck oder billige Innereien wie Kaldaunen auf den Tisch. Die literarischen

8 DNP-Art. Ernährung, Sp.86.

Zeugnisse führen hier leicht in die Irre: denn die Komödiendichter Athens, die die Zubereitung einzelner Teile von Tieren bei privaten Festessen beschreiben, bezeugen nicht deren häufiges Vorkommen, sondern deren Seltenheit. Der Athener war sitophágos (kornessend) und verzehrte Fleisch eigentlich nur als Tischgenosse der Götter beim Opfer.

Die wichtigsten Opfertiere waren am häufigsten Schafe und Ziegen, sodann das Rind, da kultisch am wertvollsten, wenn auch am kostspieligsten, schließlich das fleischreiche und daher besonders beliebte Schwein, in der klassischen Epoche vor allem als Ferkel. Das Schwein wurde als einziges Haustier ausschließlich zum Schlachten gehalten und erbrachte, obwohl es das griechische Klima nicht sonderlich vertrug, seit der griechischen Klassik das meiste und beste Fleisch. Allgemein war das in der Küche verwendete Fleisch, das zu einem ganz kleinen Teil auch von Vögeln und Wild stammen konnte, mit Ausnahme des Schweinefleischs, meist zäh und mager. Es mußte weichgekocht werden, bevor es geröstet oder im Ofen beziehungsweise in der Pfanne gebraten wurde. Zu Zeiten des Sokrates (gest. 399) sollen in der Stadt Athen große Schweineherden, die auch Abfälle fraßen, gehalten worden sein; Aristoteles (gest. 322) erwähnt die Schweinemast mit Gerste, Feigen und Eicheln; für arme Frauen war die Aufzucht von Ferkeln ein kleines Geschäft. Unsinnige Speiseverbote gab es bei den vernünftigen Griechen nicht, denn törichte Tierverteufelung entsprach nicht dem griechischen Geist, und was eßbar war, sagte ihnen die Erfahrung und nicht irgendeine Gottheit.

Es gibt ebenfalls Hinweise auf den – wenn auch seltenen – Verzehr von verwurstetem Esel-, Pferde- und Hundefleisch wie auf den – gleichfalls geringen – Verzehr von Rind- und Schaffleisch, denn in erster Linie dienten in der griechischen Wirtschaft Rinder als Arbeitstiere und Schafe als Wolllieferanten. Deshalb spielte die Fleischerzeugung bei der Rinderhaltung nur eine untergeordnete Rolle, da Kühe mehr als achtmal soviel kosteten wie Mutterschafe, obwohl sie nur ungefähr fünfmal soviel Fleisch lieferten. Für größere Rinderherden hatten in klassischer Zeit die dicht bevölkerten Regionen, insbesondere Attika, ein Gebiet von der Größe Luxemburgs, keine ausreichenden Weideflächen. Da der attische Hauptort Athen wegen seiner häufigen Feste viele Opfertiere benötigte, mußten im 4. Jh. vor allem Rinder aus anderen Teilen Griechenlands eingeführt werden, zumeist aus Boiotien und Euboia. Es fehlen zwar Importzahlen, doch es werden Größenordnungen sichtbar, wenn offizielle Ochsenkäufer, die die athenische Polis versorgten, oft für ein einziges Fest bis zu dreihundert Rinder anlieferten oder wenn im Jahre 334/3 zwischen 1400 und 1700 Rinder geopfert wurden.[9] Nach

9 DNP-Art. Rind, Sp.1016f.; Peter Garnsey, Food and Society in Classical Antiquity, Cambridge 1999, S.132.

dem Opferritual wurden deren Häute von der Polis als wertvolles Material für Riemen, Behälter, Kleidung und Rüstungen an Handwerker und Haushalte verkauft. Trotz der großen Anzahl von Tieropfern importierte Athen im 4. Jh. zusätzlich erhebliche Mengen an Häuten, wie der attische Politiker Demosthenes (gest. 322) bezeugt.

Als sehr bedeutende Rohstoffquelle, als sehr bedingter Fleischlieferant, als im Kult wichtigstes Opfertier der griechischen Welt wurde das Rind dennoch im Wirtschaftsleben in erster Linie als Arbeitstier eingesetzt. Als Zugkraft stiftete es den größten Nutzen, denn Ochsen wurden vorrangig für den Transport von Lasten und in der Landwirtschaft zum Pflügen verwendet. Das Pferd der Antike war für den Pflug ungeeignet, glich es doch eher einem modernen Pony und besaß ein schwieriges Temperament. Allein das nicht fortpflanzungsfähige Maultier bot eine – allerdings deutlich unwirtschaftlichere – Wahl zum Ochsen, da der spätere Verzehr altersschwacher und verbrauchter Rinder als nicht anstößig galt. Für die Rinderhaltung war im antiken Griechenland die Erzeugung von Milch kein wesentliches Ziel. Das verhielt sich anders bei Schafen und Ziegen. Seit frühester Zeit wurde deren leicht verderbliche Milch (gála) zu Käse (tyrós) weiterverarbeitet, wobei man als Lab üblicherweise den Saft des Feigenbaums verwendete. In klassischer Zeit wurden Weich- beziehungsweise Frischkäse, die zum sofortigen Verzehr gedacht waren, kurz getrocknet, gesalzen und von stadtnahen Höfen auf den Markt gebracht. Die Herstellung von Hartkäse, der gelagert werden konnte, erforderte stärkeres Salzen und längeres Trocknen, und mancher Hartkäse erfreute sich überregionaler Wertschätzung, wie der von der Kykladen-Insel Kythnos, den Epikur besonders mochte.

Frisch- und Trockenkäse aus dem Umland waren recht preiswert, billiger als das durch trockene Gemüseblätter ersetzte Brot, und somit, auch aufgrund ihres Wohlgeschmacks, ein in allen Kreisen der Bevölkerung beliebtes Nahrungsmittel. Auf den Tisch kam Käse meist zum Frühstück und Mittagessen zusammen mit Brot oder Gemüse; er wurde auch seit homerischer Zeit mit Wein und Mehl in einem breiartigen Mischgetränk (kykeón) verzehrt. Überreichlich vorhanden war indes im 4. Jh. auch Käse nicht, denn die Haltung von Schafen und Ziegen verlangte große Landflächen, die es in Attika in klassischer Zeit nicht mehr gab. Tierfutter war in ausreichender Menge jahreszeitlich begrenzt vorhanden; die Vorratsmenge war abhängig von den Niederschlägen im Winter und Frühjahr. Große Kleinviehherden konnten daher im Sommer nur in den höheren Bergregionen und im Winter in den wärmeren Tiefebenen gehalten werden. Eine solche Wanderweidewirtschaft (Transhumanz) größeren Ausmaßes hatte die freie Bewegung der Herden über lange Entfernungen zur Voraussetzung, die in der Welt der griechischen Poleis nicht durchgängig gegeben war. Allenfalls bewegten sich die Herden – zumeist von Schafen und Ziegen – in klassischer Zeit zwischen lokalen Weidegebieten Attikas, wobei Grenzkonflikte zwischen den 139 territorial fest umrissenen attischen Verwaltungseinheiten (démoi) entstanden. So sind denn für Attika Herden mit mehr als einhundert Schafen oder Ziegen nicht bezeugt. Wichtigstes Erzeugnis der Schafe war auch nicht deren Milch, sondern ihre hochwertige feine Wolle für den städtischen Markt. Weit genügsamer als das Schaf war die Ziege, das am wenigsten gezähmte Haustier, hinsichtlich Futter und Wasser, und trotzdem lieferte sie nahrhaftere Milch für die Verkäsung. Ihre Haare wurden zu Filz, groben Decken, Tauen und Ausspreßbeuteln für die Ölherstellung verarbeitet; aus ihrem Leder entstanden Schläuche für Flüssigkeiten, Kleidungsstücke für einfache Leute sowie Sitz- und Schlafunterlagen. Jedes Jahr opferten und verspeisten die Athener allein fünfhundert Ziegen im Gedenken an den Sieg bei Marathon.[10]

Die Bedeutung anderer Haus- beziehungsweise Wildtiere für die Ernährung war in klassischer Zeit gering, wenn auch nicht völlig bedeutungslos, denn ihr Fleisch konnte ebenfalls als ziemlich haltbarer Nahrungsvorrat für Zeiten einer Mißernte dienen. Es gab götterspezifische Opfertiere – beispielsweise Hähne für Asklepios –, während Tauben, Wachteln, Gänse, Enten, Fasane und Hühner gezüchtet wurden, auch zum Teil der Eier wegen, welche diese Vögel legen. Doch spielten diese Haustiere als Fleischlieferanten eigentlich keine Rolle, was auch allgemein für Jagdtiere galt. Der Agrarschriftsteller Xenophon (gest. nach 355) berichtete zwar ausführlich über die Jagd, wenngleich nur noch der Hase der einzige wildlebende Vierbeiner in der Gegend von Athen war. So sah Xenophon den Wert der Jagd vornehmlich darin, dem Jäger einen gesunden Körper, gute Augen und Gehör zu verschaffen und ihn körperlich für alle Aufgaben des Kriegsdienstes vorzubereiten. Im demokratischen Athen gehörte die Jagd – wie schon Aristophanes (gest.385) betont hatte – zu einem aristokratischen Lebensstil und paßte – wie Xenophon meinte – mehr zur Lebensweise der Spartaner. Der Athener Aristokrat Platon (gest. 347) wiederum hielt im frühen 4. Jh. nur die Jagd mit Pferden und Hunden auf Landtiere für ehrenvoll, was er dem Erbeuten von Fischen und Vögeln absprach, da Fisch- und Vogelfang weder Anstrengung noch Tapferkeit erforderten. Solchen Wolkenkuckucksheimer Weisheiten[11] mochte das Küstenvolk der Griechen nicht folgen und fischte fleißig.

---

10 DNP-Art. Ziege, Sp.798.

11 Eine wirklich widerwillig wohlwollende Wortwahl angesichts der Beurteilung dieses berühmten Befürworters der Bücherverbrennung durch Karl Jaspers, Die großen Philosophen, München 1957, S.303: „Plato verleugnet, was schon im Altertum Philanthropia und Humanitas hieß." Nicht minder vornehm formuliert Franz Schupp, Geschichte der Philosophie im Überblick, Bd.1, Hamburg 2003, S.203: „Gerade Platons Denken kann schließlich als Versuch gewertet werden, der Last der Rationalität wie-

Der Fischfang, diese Nutzung von Naturgaben durch eine in Meeresnähe lebende Bevölkerung, ermöglichte den Griechen seit langem, ihre im wesentlichen pflanzliche Grundnahrung zu ergänzen. Doch bot das vergleichsweise fischarme Mittelmeer eher wenig wohlschmeckende Fische genügender Größe, gaben die Griechen doch solchen Seetieren den Vorzug, deren Gewebe sich dem des Fleisches näherte. Außerdem waren die bevorzugten Fische – bis auf den nur saisonal erhältlichen Thunfisch – und die kleineren Sorten – wie Sprotten, Sardinen und Sardellen – Einzelfische, die es gemeinhin nicht in großen Schwärmen gab. Dies nötigte die griechischen Fischer, deren Armut sprichwörtlich war, ihren Lebensunterhalt durch den Fang einzelner Fische in den Küstengewässern zu verdienen. Ein kleines Angebot und eine große Nachfrage, denn die Athener waren auf Fisch versessen, führten zu hohen Preisen und niedrigem Ansehen der angeblich besonders geldgierigen athenischen Fischhändler.

Da sich Fisch ohne Kühlung nicht lange hält, – schließlich war Athen eine Landstadt – war getrockneter, geräucherter oder gepökelter Fisch weit verbreitet, wenn auch nicht sonderlich geschätzt, und galt eher als Nahrung für einfache Bauern, arme Freigelassene und völlig Mittellose. Dieses unterste Niveau des Fischverzehrs überschritten manche Stadtbewohner, die sich die etwas kostspieligeren frischen Klein- und Jungfische leisten konnten, um diese ihren Mahlzeiten als Geschmacksbereicherung und zur Abwechslung beizugeben. Die größeren Meeresdelikatessen, darunter Thunfisch, Seebarsch, Aal, Zitterrochen, Panzerkrebs und Languste, oder gar ein Gastmahl mit mehreren Fischgerichten blieben freilich der Oberschicht vorbehalten. Eine ganz kleine Portion dieser Leckerbissen lag nicht gänzlich jenseits des Einkommens eines athenischen Tagelöhners, wenn er denn ein gutes Stück seines gesamten Wochenlohns aufwenden wollte. War er, wie die meisten Athener, erpicht auf Fisch, konnte er sich an den anderen Tagen und zum finanziellen Ausgleich mit etwas fermentierter Fischsoße (gáros) behelfen. Diese stammte von monatelang in der Sonne gegärten, in Salz eingelegten Kleinfischen und diente zum Würzen der Hauptspeisen: dem Brei von Hülsenfrüchten oder dem Brot aus Gerstenmehl.

Ohne Brot konnten die Griechen eigentlich überhaupt nicht essen, was vornehmlich an ihren Eßsitten lag. Zwar hatten sie größere Löffel, doch in der Regel keine einzelnen Gedecke, sondern nur gemeinsame Schüsseln. Deren breiiger oder dickflüssiger Inhalt wurde mit Brot aufgetunkt oder mit den Fingern aufgenommen. Dünnflüssige Suppen kannte die einfache wie die gehobene griechische Küche weder als eigenständige Speise noch als Begriff. Weizenbrot, seit homerischer Zeit bezeugt, galt in Athen bis ins 5. Jh. eher als besonderer Luxus und

---

der zu entkommen.“ Deutlich deftiger: Karl R. Popper, Die offene Gesellschaft und ihre Feinde, Der Zauber Platons, Tübingen 1992.

wurde vorwiegend von der Oberschicht verzehrt. Auch noch um 300 war Weizen die Kost der Geltungssüchtigen und der Genießer, während der gewöhnliche Athener insbesondere den südrussischen Hochqualitätsweizen durchweg nur bei staatlichen Austeilungen erhielt.[12] Die breite Masse kannte – als eine Vorstufe von Brot – vor allem den Gerstenfladen (máza), ein gekneteter und in einer Form getrockneter Teig, der dann mit Wasser angefeuchtet gegessen wurde. Um diese beiden in der griechischen Welt vorherrschenden Getreide eßbar zu machen, mußten vor ihrem Vermahlen die äußeren Hüllen durch Rösten entfernt werden. Dadurch verlor die Gerste (krithé), nicht aber der Weizen (zeiaí), völlig den Kleber, so daß aus ihr kein Sauerteigbrot, sondern nur ein fester Fladen entstand. Lange Zeit blieb – was die tägliche Hauptnahrung des einfachen Volkes anbelangt – die Gerste das wichtigste Ausgangsprodukt und frisch gemahlenes Gerstenmehl wurde in Athen auf dem Markt gekauft oder selbst im Hause hergestellt, als Grütze verzehrt oder zu Fladen verbacken. Am einfachsten war es, den Teig in heiße Asche oder unter einem vorgewärmten Terracottadeckel auf den heißen Herd zu legen. Flachbrot ließ sich auch auf einer eisernen Platte oder in einer Bratpfanne über offenem Feuer backen.

Seit klassischer Zeit wurde im städtischen Athen für viele Haushalte die eigene Herstellung von Brot und Backwaren wegen zunehmend beengender Bevölkerungsdichte ständig schwieriger. So wurde während des 4. Jh. das selbstversorgerische häusliche Backen immer stärker durch die gewerbliche beziehungsweise nebenerwerbliche Bäckerei abgelöst. Außer geschäftstüchtigen Frauen, die Brot verkauften, gab es vermehrt hauptberufliche, selbst mahlende Bäcker, von denen manche recht begütert und durch die Komödiendichter sogar namentlich bekannt wurden. Freilich achtete der Staat – unter Androhung der Todesstrafe – auf ein angemessenes Verhältnis zwischen den Preisen für Brot, Mehl und Getreide. Im klassischen Athen überwachten bis zu fünfunddreißig durch Los bestimmte Beamte (sitophýlakes) das Angebot und die Preise auf dem Getreidemarkt, während zusätzlich zehn agoranómoi die Märkte allgemein beaufsichtigten, unterstützt von zehn metronómoi, die Maße und Gewichte überprüften, und weiteren zehn Aufsichtsbeamten, die für den Außenhandel zuständig waren (epimeletaí emporía). Import und Export bestimmten beide den Außenhandel der Konsumenten- und Produzentenstadt Athen, wobei hier ausschließlich die Getreideeinfuhren – im geschätzten Umfang von fünfzigtausend Tonnen jährlich – angesprochen werden sollen. Die Forschung[13] nimmt an, daß Attikas Bevölkerung im späten 4. Jh. über einhunderttausend Menschen betrug, deren täglicher Kalorienbedarf zu drei Viertel durch Getreide gedeckt wurde, und daß eine normale Getreideernte le-

12 Garnsey, S.119ff. mit gelungener Formulierung: prestige food for the epicure.
13 DNP-Art. Ernährung , Sp.84f.

diglich den vierfachen Ertrag des Saatguts erbrachte sowie ein anschließendes Brachjahr erforderte; weiterhin, daß im niederschlagsarmen Attika eine größere Fläche mit genügsamer Gerste als mit anspruchsvollem, wenn auch kalorienreicherem Weizen angebaut wurde und daß im gebirgigen Attika nur etwa ein Viertel der Gesamtfläche zum Getreideanbau nutzbar war, und folgert, daß die überlieferte attische Erntemenge im Normaljahr 329/8 lediglich etwa zwei Fünftel der Bevölkerung ernährte. Diese strukturelle Versorgungslücke, Athens Achillesferse, ließ sich im 4. Jh. nach dauerndem Verlust der Hegemonialstellung häufig schwer schließen, so daß es auch zu Versorgungskrisen kam. Erhebliche administrative Anstrengungen waren nötig, um die Getreidezufuhren zu sichern und besonders den minderbemittelten Verbraucher vor untragbaren Preisen für Brot und Mehl zu schützen.

Mehl wurde entsprechend der jeweiligen Qualität unterschieden, doch verdarb es stets schnell, weil das stärkehaltige Innere des Korns nicht ganz von den ölreichen Randschichten getrennt werden konnte. Selbst Mehl von großer Feinheit und Reinheit hatte einen eher hohen Kleieanteil, war von recht dunkler Farbe und außerdem immer mit leichtem Abrieb von den Steinmühlen verunreinigt. Diese Mängel lagen an der wenig entwickelten griechischen Mahl- und Siebetechnik, denn vor allem die Siebe, die nach der Vermahlung Kleie und grobe Rückstände entfernen sollten, blieben lange Zeit besonders unzulänglich. Einigen technischen Fortschritt gab es jedoch: mit der allmählichen Veränderung der Brotherstellung verband sich eine Veränderung der Vermahlung. Anfänglich wurde im antiken Griechenland eine einfache Schiebe- oder Reibemühle zur Mehlherstellung verwendet. Diese Mühle (mýle) bestand aus einem festen länglichen Unterstein und einem darauf mit beiden Händen hin und her bewegten kleineren Oberstein. Während des 5. Jh. wurde diese Mahlweise erheblich verbessert, indem der Oberstein einen Einfülltrichter für die stetige Zufuhr des Mahlguts erhielt. Gegen Ende des 5. Jh. brachte die wesentlich leistungsfähigere, wenn auch weiterhin händisch betriebene Hebelmühle eine bedeutsame technische Entwicklung: die ursprüngliche Schiebebewegung wurde durch eine Drehbewegung abgelöst, was von manchen Technikhistorikern als Beginn der Mechanisierung der Müllerei angesehen wird.[14]

Neben Brot waren Hülsenfrüchte das Hauptnahrungsmittel (sítos) der Unterschichten, so daß die Anpflanzung von Leguminosen (Bohnen, Erbsen, Kicher-

---

14 Diese Abschweifung gestattete der Herausgeber dem Autor bei dessen Gedenken an Vater und Großväter, die sich zeitlebens als Müller verstanden, wenngleich ihre Ehefrauen den Ausdruck Mühlenbesitzer vorzogen und verwendeten.Weit seriöser und auch skeptischer die Ausführungen von Ludwig A. Moritz, Grainmills and Flour in Classical Antiquity, Oxford 1958, S.53-61 (Greek Rotary Mills), S.159-163 (Sieves and Sifted Flour in Classical Greece).

erbsen, Linsen, Lupinen) von der neueren Forschung dem Anbau von Getreide, Wein und Oliven, der sogenannten mediterranen Trias, als vierter wesentlicher Bereich hinzugefügt wird. Diese nahrhaften Hülsenfrüchte spielten bei den Minderbemittelten als hohe Eiweiß- und Kalorienträger die Rolle des Fleischersatzes: als typisches Arme-Leute-Essen, aber auch als Wunschkost der zu freiwilliger Armut verpflichteten kynischen Philosophen, galt den Athenern die Linsensuppe (phaké). Zu den Zuspeisen (ópson) zählten zumeist vitamin- und ballaststoffreiche Blattgemüse, Knollengewächse und Salatarten, daneben als Gewürzkräuter Dill, Fenchel, Kümmel, Petersilie und Senf. Wenngleich auch auf Feldern sowie zwischen den Weinstöcken angepflanzt, wurde solches Gemüse gegebenenfalls im nahe zum Wohnhaus, aber jenseits der Stadtmauer gelegenen, manchmal nur gepachteten Garten gezogen. Freilich erzwang städtische Enge oft ein Beschränken auf wenige Gartengemüsesorten, vor allem neben den genannten Leguminosen auf Knoblauch, Kohl und Zwiebeln. War solche Selbstversorgung (autárkeia) nicht möglich, konnten die Athener Männer – dem Brauch entsprechend – Gemüse auf der Agora einkaufen. Familien aus der Unterschicht hatten sich häufig von wildwachsenden, unkrautartigen Gewächsen zu ernähren, und bestimmte Pflanzen (Distel, Eichel, Wicke, Kerbel, Malve u.v.a.) galten als Nahrung nur für die Armen, die sie – aufgelesen oder am Straßenrand erworben – als Gemüse oder Küchenkräuter verwendeten. Gemüse frisch zu halten, war kaum möglich, doch ließ es sich in Salz- oder Essiglauge einlegen und so bis zum nächsten Frühjahr aufbewahren. Auch Trocknen war eine Konservierungsmethode, zum Beispiel bei Hülsenfrüchten, aus denen – überwiegend zu Mehl zerstampft – ein Brei oder Schleim gekocht wurden. Grünes Gemüse verzehrte der Athener überwiegend kalt als Rohkost, angemacht mit Essig und oft auch mit Öl, und vor allem der Minderbemittelte sparte so Brennholz. Zwar gab es verschiedene Arten, Gemüse warm zuzubereiten, doch stand bei den unteren Schichten das einfache Kochen in Wasser notgedrungen im Vordergrund. Viele Gemüsesorten behielten dabei ihren meist bitteren Geschmack, war doch diesen Verbrauchern ein Veredeln – mit Honig, stets der wichtigste Süßstoff, oder Wein wie in der feinen Küche der höheren Schichten – finanziell versagt. Wohl nicht zufällig wurde von Platon, der als Mann der Muße (scholé) stets wußte, was anderen, insbesondere den Arbeitenden und Armen, frommt und zukommt, solch karger Kost, dem Verzehr von rohem oder gekochtem Gemüse, eine moralische Dimension beigemessen.

Platon, der eine gewisse Sympathie für den Vegetarismus erkennen ließ, war von der Seelenwanderungslehre (die menschliche Seele – psyché – als bleibendes, leibfremdes Element sei unsterblich und könne in andere Lebewesen eingehen) des Philosophen Pythagoras (gest. ca. 480) nachhaltig beeinflußt. Die Lebensvorschriften dieses „Ahnherrn der Schwindler“ – wie der Philosoph Herakleitos (gest. 480) ihn nannte – verlangten, den Fleischgenuß einzuschränken beziehungsweise völlig einzustellen. Da Fleisch ohnehin nur einen ganz kleinen Teil der Nahrung ausmachte, kam dieser Forderung des Pythagoras im Alltag der Athener kaum tatsächliche Bedeutung zu. Dies war freilich anders bei dem ihm nachgesagten berühmt-berüchtigten Verbot der Bohnen, die ihm als beseelt galten.[15] Den lebenspraktischen Epikur kümmerten solche Phantastereien nicht. Während einer Hungersnot im Jahre 295, wie Athen sie vermutlich noch nie erlebt hatte, teilte er täglich sich und den Seinen abgezählte Bohnen zu. Der Meinung seiner Quasi-Zeitgenossen in Athen – des bekanntesten Vertreters der kynischen Bewegung, Diogenes von Sinope (gest. in den 320er Jahren) und des von diesem stark beeinflußten Stoa-Stifters, Zenon von Kition (gest. 262/1) – Rohkost sei Philosophenkost, hätte er entgegengehalten, er philosophiere mit dem Kopf, nicht mit dem Magen. Auch von Seiten der Dichter gab es gelegentlich Seltsames zu hören. So kritisierte Aristophanes, der gern in der Öffentlichkeit den Moralapostel spielte, den Gartenbau grundsätzlich, da dieser die natürliche Ordnung des Jahres mißachte und Athen in Ägypten verwandelt habe. Die Verfügbarkeit vieler Produkte zur Unzeit („mitten im Winter") verleite zu Begehrlichkeit und luxuriösem Aufwand.

Während im Ackerbau die Felder mindestens jedes zweite Jahr unbestellt blieben, jedoch durch Brachpflügen weiter bearbeitet werden mußten, ermöglichte der beschwerliche Gartenbau mit dem Spaten das Aufbringen von rarem Dünger und den Fruchtwechsel innerhalb des Jahres, vor allem aber die Bewässerung als wichtigste Gartenbautechnik. Bewässerung bedeutete die künstliche Zufuhr von Wasser auf Feldflächen, um den Pflanzenwuchs zu ermöglichen beziehungsweise zu verbessern, doch wurde diese Agrartechnik in den halbtrockenen Gebieten Griechenlands nur gelegentlich angewendet. Da das künstliche Bewässern von Wiesen und Äckern zu arbeits- und kostenaufwendig war, blieb es im kleinbäuerlichen Attika vornehmlich auf Obst- und Gemüsegärten beschränkt. Solche Techniken gestatteten bei Obst frühe und späte Sorten, beim Gemüse Zweitsaaten neben der Aussaat zu den üblichen Zeiten. In Athen ließ die hohe Bebauungsdichte im 5.-4. Jh. nur in vorstädtischen Gebieten solche Gärten mit ihrer gemischten Anbauform aus Obstbäumen und Gemüsebeeten zu. Reine Schmuck- oder Lustgärten, d.h. Anlagen mit Zierpflanzen, die nicht als Nahrungsmittel oder technischen Zwecken dienten, sind nicht bezeugt. Für Kult, Fest und Beerdigung benötigte Blumen für Kränze und Girlanden kamen aus wildem Wuchs oder von Anpflanzungen des Hinterlandes zum Markt.

---

15 Habicht, S.93.

Der umzäunte Garten (képos)[16] war ein Ort des Experimentierens der Arbeitsamen mit neuen Methoden, mit neuen Arten, mit neuen Sorten, und das geschah verstärkt seit der Erweiterung der botanischen Welt der Griechen durch Alexanders Asienfeldzüge. Kundige Gärtner kannte schon Homer, wenngleich die Berufsbezeichnung kepurós im 5./4. Jh.nur vereinzelt auftrat. Gartenbücher des 4. Jh., darunter die Schriften des Theophrastos (gest. 287) über die Pflanzen, verbreiteten die neuen botanischen Erkenntnisse[17], und auch das Wissen über die Konservierung von Gartenprodukten und deren Vorratshaltung nahm zu. Eingelegtes Gemüse und getrocknetes oder eingemachtes Obst sicherten zusätzlich die Ernährung – gerade auch der Armen – im Winter. Ganzjährig wurde manches Gemüse, zum Beispiel Lattich, Karotten, Rettich, weiße Rüben und Rauke (verwendet für eine Art Spinat) angebaut. An Obst und Nüssen gab es nach dem Zeugnis der Komödie im Athen des 4. Jh. ein großes Angebot verschiedener Sorten, wobei Birne, Apfel, Quitte, Granatapfel und insbesondere die Feige – da wie konzentrierter Most ein wichtiger Süßstoff – im Vordergrund standen. Weil Obst wegen seines oft hohen Wassergehalts rasch verdirbt, eigneten sich frische Früchte fast nur für den lokalen Markt, doch ließen sie sich durch Trocknen länger haltbar machen und waren so für Reisende, für Arbeiter auf dem Feld und für die Armen als Hauptmahlzeit ein ideales Nahrungsmittel und den bereits satten Symposiasten als tragémata ein leichter Nachtisch. In frischer und in konservierter Form als Zukost zu Brot und Breien spielten kultivierte wie auch wildwachsende Früchte somit eine wichtige Rolle. Obstbäume wurden oft als Zwischenkulturen im Weinbau gepflanzt, doch gab es daneben eigene, abgeschlossene Obstbaumpflanzungen. Somit war der Neuerungen einführende gärtnerische Anbau von Obst und Gemüse in der griechischen Antike ein wichtiger Agrarzweig und leistete einen erheblichen Beitrag zur menschlichen Ernährung, indem er zusätzlich weitere pflanzliche Produkte zu den Grundnahrungsmitteln Getreide, Wein und Öl lieferte.

Die wichtigste Pflanze für die Athener war der Ölbaum (eláa). Sie sahen in ihm ein Geschenk der Göttin Athena an die Stadt, verehrten auf der Akropolis einen heiligen Ölbaum, und ein Ölzweig galt ihnen als Symbol des Friedens. Diese große Bedeutung im Mythos wurde noch durch den vielfältigen wirtschaftlichen

16 Häufig Neuland betretend: Maureen Carroll-Spillecke, Kepos, Der antike griechische Garten, München 1989 bzw. Dies., Der Garten von der Antike bis zum Mittelalter, Mainz 1992, S.153-175 (Griechische Gärten); Alison Burford, Land and Labor in the Greek World, Baltimore 1993, S.137.

17 Das botanische Interesse Theophrasts mag Carroll-Spillecke, 1989, S.30 veranlaßt haben, seinen Garten teilweise als der Ernährung dienenden Nutzgarten und teilweise als Garten mit Blumen und Rasenflächen zu deuten und diese Kombination auch bei anderen Philosophengärten als sicherlich gegeben anzusprechen.

Nutzen des Ölbaums übertroffen: sein Holz eignete sich für verschiedene Zwecke, seine Frucht, die Olive (elaía), ließ sich als Zukost unmittelbar verzehren, das aus ihr gewonnene Öl (élaion) war zur Körperpflege nach dem Bad sowie als Brennstoff für Lampen zu verwenden und – da reichlich vorhanden – zu exportieren. Vor allem aber besaß das Olivenöl angesichts der mangelnden Verfügbarkeit tierischer Fette (Butter, Schmalz und Talg) völligen Vorrang in der menschlichen Ernährung als Energielieferant und Geschmacksträger, wenngleich für die Allerärmsten oft nur als ausgepreßte Olivenschalen. Als Gleitmittel für den Schlund konnte Olivenöl an trockene Nahrungsmittel wie Salat und rohes Gemüse, an Soßen, Süßspeisen und Kuchen beigegeben werden und zum Braten sowie zur Lebensmittelkonservierung dienen.

Der Ölbaum war die ideale Pflanze für das fast zur Hälfte gebirgige Attika mit seinen trockenen, warmen Sommern und feuchten, meist milden Wintern. Der Baum benötigte im Jahresverlauf lediglich um zweihundert Millimeter Niederschlag (Attika bot fast die doppelte Menge) und schützte sich in den Sommermonaten durch seine schmalen, ledrigen Blätter vor zu starker Verdunstung. Allerdings vertrug er keinen länger andauernden Frost, so daß sein Anbau in größeren Höhen unmöglich war. Dieser Nachteil ließ sich durch großflächige Hangterrassierungen beheben, die neben dem attischen Straßenbau zu den eindrucksvollsten Zeugnissen der hochentwickelten Infrastruktur des klassischen Attika zählten. Dort hatte bereits um 600 ein Solonisches Gesetz angesichts ausreichender Versorgung der eigenen Bevölkerung den Export von Olivenöl freigegeben. Die Peisistratiden (546 – 510) förderten das Anpflanzen weiterer Ölbäume, um für den Getreideanbau wenig geeignete Flächen besser zu nutzen. Im 5. Jh. rühmte der Dichter Sophokles (gest. 406/5) die Ölbäume Attikas, das bis zum frühen 4. Jh. einzelne Anpflanzungen mit mehr als eintausend Bäumen besaß. Zeitweilige Rückschläge brachte der Peloponnesische Krieg, als zahlreiche Ölbaumpflanzungen von den Spartanern zerstört wurden, was auch vielen Weingärten widerfuhr. Wenn traditionell Öl und Wein als zwei Teile in der pflanzlichen Trias griechischer Ernährung benannt werden, so mag das den Eindruck vermitteln, Wein wäre das wichtigste Getränk der Griechen gewesen. Das wäre ein Irrtum.

§ 2 Die Getränke der Athener lassen sich nach ihren Grundbestandteilen in drei Gruppen gliedern: solche aus Wasser (wie Wasser selbst, aber auch Met und Bier), solche aus Milch (zumeist von Schaf und Ziege, weniger von der Kuh) und solche aus Fruchtsaft (vor allem aus dessen Gärungsprodukt, dem Fruchtwein). Met (hydrómeli), ein Gebräu aus Wasser und Honig, war lange Zeit das einzig verfügbare alkoholische Getränk im Mittelmeerraum gewesen. In dieser Funktion war der Met um 700 in Griechenland vom Bier (zýthos), einem Erzeugnis aus Wasser, Gerste oder Weizen, ergänzt worden. Da Hopfen unbekannt war, verdarb Bier schnell und das säuerlich schmeckende Getränk, das sich zwar mit Honig und Gewürz veredeln ließ, fand eigentlich bei den Griechen nie rechten Anklang und nur bei den unteren Schichten bedingten Zuspruch. Milch, die in der gesamten antiken Welt getrunken wurde, war in frischer Form nur kurz haltbar und war überwiegend ein Trank auf dem Land und von Kindern. Somit verblieb nur der Wein (oínos) als Alltagsgetränk für alle Athener: im Sommer gern kalt getrunken, im Winter eher mit warmem Wasser gemischt. Reichlich Wasser beizugeben, war eine alte griechische Sitte, wie auch vorneweg einige Tropfen unvermischten Weines als Trankopfer für die Götter auszugießen. Als üblich galt eine Vermischung (krásis) von einem Teil Wein mit zwei oder drei Teilen Wasser, zumal Qualitätsweine einen Alkoholgehalt von bis zu sechzehn Prozent erreichen konnten. Somit kann man sagen, daß das Alltags- und Hauptgetränk der Athener aller Schichten, Altersstufen und Geschlechter zweifellos Wasser war. Reine Wassertrinker galten indessen als übellaunig und mürrisch, enthaltsame Politiker gar als möglicherweise unsozial und mitgefühllos.

Besonderen Beamten unterstand im klassischen Athen das Herleiten, Speichern und Verteilen von Trinkwasser, was im mediterranen Klima mit ausgeprägter Sommertrockenheit von besonderer Bedeutung war, wie der gegenüber seinem Lehrer weit realistischere und empirisch orientierte Aristoteles im „Staat der Athener" berichtete. Die schon für das mykenische Athenai durch aufwendige Bauten archäologisch bezeugte örtliche Grund- und Quellwasserversorgung der Siedlung reichte spätestens seit dem frühen 6. Jh. nicht länger aus. Außerstädtische Leitungen aus ineinandergefügten Tonrohren, sicherheitshalber unterirdisch und unsichtbar verlegt, sowie Stollen und gedeckte Kanäle versorgten die gewachsene Stadt mit zusätzlichem Trinkwasser. Derart herangeführtes Fernwasser und Regenwasser ließ sich in Zisternen eine Zeit lang bevorraten, hatte aber oft als Trinkwasser hygienische Nachteile. Im Krug auf dem Kopf holten die Frauen das kostenlose Trink- und Brauchwasser von einem an bedeutsamer Stelle – auf der Akropolis oder der Agora – gelegenen größeren Brunnenhaus oder von einem kleineren, über innerstädtische unterirdische Leitungen gespeisten Laufbrunnen in einem entlegeneren Stadtteil.

Ihr Trinkwasser veredelten die unteren Schichten, insbesondere in der Stadt, nach Möglichkeit mit billigem Tafelwein, doch mußte nicht selten auch ein aus den Trebern gewonnener, dem Essig nicht unähnlicher Nachwein genügen. Ein billiger Trunk gehörte zum einfachen Mahl, da ohne Anfeuchtung des Gaumens die oft stark gewürzten oder gesalzenen Speisen schwerlich zu schlucken waren. Vergoren in Tontonnen – gelegentlich von solcher Größe, daß sie den völlig Mittellosen als Obdach dienen konnten – und in Amphoren angeliefert, stammten die meisten der am Athener Markt angebotenen Tafelweine aus Attika, waren innerhalb eines Jahres zu trinken und ließen sich nur über kurze Strecken verschicken. Weine aus begünstigteren Anbaugebieten, wie Chios, Lesbos oder

Thasos, genügten als reines Genußmittel auch den gehobenen Ansprüchen der Wohlhabenden. Sie waren meist süß und wegen der vielen Trauben- und Rebenreste von dunkler Farbe, rochen allerdings oft nach den Transport- und Lagerbehältnissen, sei es nach Pech und Harz vom Versiegeln der Amphoren oder nach Schaf und Ziege, dem Rohmaterial für die Weinschläuche.

Wein war im klassischen Griechenland nicht nur Grundnahrungsmittel, sondern als Alltagsdroge auch das wichtigste Mittel zur Berauschung. Die enthemmende und meist in Hochstimmung versetzende Wirkung des Weins war seit langem bekannt, und die positive Wirkung eines maßvollen Genusses vielfach beschrieben worden. Die gängige Art des Weinkonsums war das bereits kurz erwähnte, dem eigentlichen Essen (deípnon) folgende Trinkgelage (sympósion) durchweg aristokratischer und reicher Männer, üblicherweise in eine zünftige Zecherei (pótos) oder wilde Sauferei (kómos) ausartend. Da sich Epikur nicht sonderlich für das wüste Wohlleben dieser Schlemmer und Prasser interessierte, seien diese hier auch nicht näher angesprochen.

Der gelegentliche Rausch wurde gesellschaftlich hingenommen, nicht aber die Trunksucht und das gewohnheitsmäßige Trinken mit seinen zerstörerischen psychophysischen und sozialen Folgeerscheinungen. Das Verhalten nach maßlosem Weingenuß wurde ausgiebig in der attischen Komödie karikiert (als frühvergreiste Elendsgestalt, trunkener, gebrechlicher Greis oder ungemischten Wein saufende Hausfrau), und Aristoteles hatte die verschiedene Wirkung von Wein- und Bierrausch beschrieben. Auch begegnet die Verbindung von Trunksucht und Streitlust in der griechischen Literatur häufig, und man wußte, daß Alexander der Große seinen Freund Kleistos im Rausch ermordet hatte. In den nächtlichen Straßen Athens konnten die Pöbeleien Betrunkener ebensowenig ausbleiben wie die Schlägereien in den Wirtshäusern. In einer Kneipe (kapeleíon), die überall in Athen zu finden war, befriedigten die ihr Bedürfnis nach geselligem Trinken, die zu einem Symposion der Aristokraten und ihrer Nacheiferer keinen Zutritt hatten: Frauen, insbesondere verwitwete und geschiedene, aus allen Schichten der Gesellschaft, Sklaven und Fremde, vor allem aber die Masse der einfachen Bürger. Die Schankstätte ums Eck war als Ort der tiefen Becher das unfeine Gegenstück zum Symposion mit seinen flachen Trinkschalen. In der einfachsten Form des Ausschanks verkaufte ein Sklavenmädchen von einem Karren nahe am Wasser ihre Mischung, während im besten Lokal am Platze der weinkennende Wirt (kápelos) am Tresen seinen Edelverschnitt sowie Kleinigkeiten zum Essen anbot. Auch hatte er eine größere Auswahl an Weinen – obwohl die Athener keine Jahrgänge, sondern nur Herkunftsgebiete kannten –, versagte sich das gängige Gaunern beim Einschenken und Wasserbeigeben, gewährte seinen Stammkunden das Trinken auf Anschreiben und achtete auf Manteldiebe. So unterschiedlich die Lokale und ihr Leumund, so verschieden war ihr Weinpreis für eine Kotyle (Becher von gut ein Viertelliter) oder für einen Chus (Krug von gut drei Liter), wobei dieser ebenso eine wie drei Obolen kosten konnte.[18] Fürsorgliche Wirte verkauften nach fröhlichem Feiern Fackeln zum Ausleuchten des Heimwegs. In den eigenen vier Wänden groß zu feiern, mußten sich die Unterschichten aus Raummangel meist ebenso versagen, wie darin eine Vorratshaltung zu betreiben.

Das Anlegen von Vorräten war besonders für den Athener auf dem Lande in seinem bäuerlichen Anwesen wichtig für die Versorgung mit Nahrungsmitteln. Da Getreide nur während eines eher kurzen Zeitraumes gegen Ende des Frühjahrs zu ernten war, mußten Vorräte für mindestens zwölf Monate gehalten werden, von der Lagerung des Saatgetreides für die nächste Aussaat – oft ein Sechstel der Ernte – einmal ganz abgesehen. Ähnliches galt für die beiden anderen Grundnahrungsmittel, Wein und Olivenöl, die in Tongefäßen gelagert wurden. Da Mißernten häufig waren – in sieben Jahren traten in der Regel zwei Mißernten auf[19] – und die Bauern infolge ihrer häufigen Streusiedlung von Getreidespenden in der Polis abgeschnitten waren, war zusätzliche Vorratshaltung eine unerläßliche Existenzsicherungsstrategie, vorrangig für die sich selbst versorgenden und kaum marktverflochtenen kleinbäuerlichen Familien Attikas. Diese Bauern, georgoí genannt, und Herzstück des Hoplitenheeres, bewirtschafteten gängigerweise Höfe von drei bis fünf Hektar, die einen Wert von 20 bis 25 Minen darstellten, durchweg selbst und mit ihren Familienangehörigen. Die große Mehrzahl von ihnen hatte keine Sklaven, so daß in Kriegszeiten der eingezogene Bauer als die wichtigste Arbeitskraft ausfiel, während seinem ungeschützten Hof die Zerstörung durch eindringende Feinde drohte – zwei Punkte, die die Bauernschaft in der Volksversammlung, anders als die stadtathenischen Unterschichten, oft für eine eher friedliche Außenpolitik eintreten ließ. Ähnlich dachte auch häufig die Oberschicht, die als Großgrundbesitzer – das oberste Zwanzigstel der reichen Athener Bürger besaß ein Viertel bis ein Drittel der gesamten Anbaufläche – ihre Ländereien eher kleinbetrieblich von einheimischen und fremden Pächtern bewirtschaften ließ, wobei auch diese kaum Sklaven besaßen. Bei größerem Arbeitsanfall zur Erntezeit halfen Tagelöhner oder arme Bürgersfrauen aus der Stadt sowie seltener ein angemieteter Trupp von Sklaven. In der attischen Agrargesellschaft beruhte der Unterhalt bei der großen Mehrzahl der Bürger – wohl achtzig Prozent – in erheblichem Umfang auf ihrem Eigentum an Boden, wie bescheiden dieses infolge Erbteilung und Verkauf auch sein mochte. Unabhängig von seiner wirtschaftlichen Lage besaß der Bauer als eigenbestimmt arbeitender Mann (auturgós) gegenüber dem gleichfalls selbständigen Handwerker oder Händler ein hö-

18 Davidson, S.78, 81.

19 DNP-Art. Ernährung, Sp.85. Die nachfolgenden Zahlen bei Arnold H.M. Jones, Athenian Democracy, Oxford 1957, 13f., 77ff., 135, 139; DNP-Art. Preis, Sp.292.

heres gesellschaftliches Ansehen, selbst wenn er im Winter notgedrungen auf Vogelfang und Kleintierjagd gehen mußte und häufig in der Komödie als Tölpel verspottet wurde. In seinem „Oikonomikos" behauptete der leicht schönrednerische Xenophon indessen, daß Landwirtschaft Reichtum, Gesundheit und Freude in Aussicht stelle und daher die bestmögliche Tätigkeit für einen freien Mann sei, mahnte aber auch zur besonders sorgfältigen Haushaltung. Der Rat, nur sparsam mit den Vorräten umzugehen, richtete sich vor allem an die Frauen. Die athenische Frau – infolge des großen Altersunterschieds zu ihrem Ehemann und ihrer minderen Rechtsstellung – war eigentlich eine Art Inventar des Hauses, das sie eher selten, oft nur zum Besuch der Stadtfeste, verließ. Dieser gesellschaftlichen Apartheid zwischen Mann und Frau entsprach eine – freilich nur wunschbildhafte – Arbeitsteilung: er arbeitet außerhalb des Hauses, sie ist im Hause tätig – wo ihr die Vorratshaltung obliegt. Diese Tätigkeit der Frauen galt ausdrücklich als gleichwertig zur Arbeit der Männer, denn ohne eine sorgfältige Vorratswirtschaft wurde die Beschaffung von Gütern für den Haushalt schnell sinnlos. Entsprechendes hatte für den städtischen Haushalt zu gelten und verstand sich eigentlich von selbst. Doch hatte im beengten städtischen Milieu der Haushalt, insbesondere in den Unterschichten, meist unzureichend Platz für größere Vorräte und mußte so seine Lebensmittel und Konsumgüter gewöhnlich jeden Tag einkaufen.

Hierfür hatte Athen seinen täglichen Markt im Sinne eines Ortes, an dem Waren erworben werden können, wie auch im Sinne eines Austauschsystems, in dem Angebot und Nachfrage aufeinandertreffen. Die athenische Agora war nicht nur der öffentliche Versammlungsort der Polis, sondern seit dem späten 6./frühen 5. Jh., wie Material- und Münzfunde bezeugen, auch der Platz wirtschaftlicher Tätigkeiten mit Buden, Läden und Werkstätten. Hier hatten Gemüse-, Fleisch-, Fisch- und andere Händler jeweils ihre festgelegten Bereiche, und hier bildeten sich die Preise für die Bedarfsgüter des Haushalts, da diese, abgesehen von Getreide und dessen Produkten, nicht staatlich begrenzt wurden. Deren im Verlauf des Agrarjahres saisonbedingtes Schwanken durch geschickte Vorratshaltung auszunutzen, war den Von-der-Hand-in-den-Mund-Lebenden praktisch versagt, was eine zusätzliche Erschwernis bedeutete. Ohne geeignete Räumlichkeiten war keine Vorratswirtschaft möglich, und ohne entsprechende Behausung und Bekleidung war es unmöglich, nicht zu frieren.

§ 3 Der Athener ging im Alltag barhäuptig, es sei denn, schlechtes Wetter zwang ihn dazu, sich mit einem Teil des umhangartigen Mantels (himátion) beziehungsweise mit einer Kapuze vor Regen zu schützen. Als Handwerker, Hirte, Schiffer, Tagelöhner oder einfacher Mann schlechthin trug er eine runde, randlose Filzkappe (pílos) als Kopfbedeckung. Auf Reisen nahmen Männer und Frauen gegen Sonne und Regen einen breitkrempigen Filzhut (pétasos) und gegen den Staub und Schmutz der Straße neben derberer Kleidung ein capeartiges, kurzes

Mäntelchen (chlamýs), wie es auch die Reiter umhängten. Außerhalb des Hauses zeigte sich auch die einfache Athenerin nie ohne Kopfbedeckung, wobei es genügen konnte, sich mit einem Schleiertuch (krédemnon) oder mit dem Überschlag ihres Kleides (péplos) zu bedecken. Dieses war ein auf den Schultern befestigtes langes Gewand mit Überfall, zu dem seit Anfang des 5. Jh. ein Untergewand (chitón) zu tragen war. Aus zwei an den Längsseiten zusammengenähten Stoffbahnen bestehend, so daß sich eine Stoffröhre bildete, wurde dieses Gewand in seiner knöchellangen Form mit dem beginnenden 4. Jh. die bevorzugte Kleidung der Frauen. Zumeist nur bis zum Unterleib reichend, war der Chiton auch das Hauptgewand der Männer, so daß die Kleidung der Geschlechter sehr ähnlich und sehr einfach war und klimabedingt normalerweise nur aus zwei Stücken bestand: dem hemdartigen Chiton und dem umhangartigen Oberkleid (himátion). Trug jemand lediglich einen solchen Umhang, ließ dies auf große Armut schließen (so beim barfüßigen Sokrates); war dieser besonders kurz und knapp und diente nachts als Decke, hieß er tríbon und deutete auf Askese (so bei Diogenes in der Tonne). All diese Gewänder bestanden aus Leinen- oder Wolltuch, waren als Männerkleidung in den natürlichen Farben von Wolle und Flachs vorwiegend weiß mit einigen Grau- und Brauntönen. Gefärbt wurden in den gehobenen Familien Festgewänder und vor allem Frauenkleider, die gelegentlich auch aus Seide und durch Web- oder Stickmuster verziert sein konnten. Eine weit größere Vielfalt von Formen, Farben, Materialien und Bezeichnungen (über achtzig Namen) gab es bei der Fußbekleidung, doch sollen hier nur Pantoffeln, Sandalen, (Halb-) Schuhe und Stiefel genannt werden. Einen weichen Filzstiefel (embás) gab es für Frauen, Arme und Greise, während die geschnürte Sandale (sandálion), mit Leder, Holz oder Kork besohlt, bei weitem am häufigsten getragen wurde. Abnehmer besonders angepaßten Schuhwerks kamen durchweg aus der Oberschicht, doch auch bestimmte Berufsgruppen, wie Soldaten, Fuhrleute und Bauern, benötigten während der schlechten Jahreszeit und auf grobem Untergrund feste Fußbekleidung.

Seit dem 5. Jh. kannten die Athener runde, zusammenklappbare Schirme, die sich vornehme und behütete Damen aufgespannt von einer Dienerin nachtragen ließen, während bei Männern das Benutzen von Schirmen als Zeichen der Verweichlichung galt. Wohlhabende Männer und Frauen traten in der Öffentlichkeit stets vollständig bekleidet mit sorgfältig drapiertem Gewand auf. Die einfachen Stadtathener, also Handwerker und Tagelöhner, Diener und Sklaven – deren Kleidung sich ohnehin nicht unterschied – waren hiervon ausgenommen. Eine Sonderrolle nahmen ebenfalls wegen ihrer lockend-leichten Bekleidung die Frauen ein, die als Unterschichtenprostituierte (pórne) der Bordelle und Straßen ein eher erbärmliches Dasein führten und für die der ungeschönte Volksmund eine Fülle von Ausdrücken, wie Brückensteherin, Straßenfegerin, Flötenmädchen oder – dem Wirtschaftshistoriker wichtiger – Zwei-Obolen-Frau, kannte. Die Oberschichtenprostituierte, zumeist hetaíra (Gefährtin, Begleiterin, Freundin) genannt und aus der Fremde – da andere Gesellschaften Frauen in größerem Maß erzogen und ausbildeten sowie am öffentlichen Leben teilnehmen ließen – lebten bequemer in der Welt des Symposions und erfreuten Gastgeber und Gäste durch geistreich-witziges Gespräch und gefällige, gut sichtbare Gestalt.[20] All dies hatte seine männlichen Gegenstücke und hat miesepetrige Moralisten und selbsternannte Sittenrichter späterer Zeiten ebenso verstört wie das Zeigen menschlicher Nacktheit in der griechischen Kunst seit der Archaik – eine Darstellungsweise, die nicht der gelebten Wirklichkeit entsprach.

Saubere und regelmäßig gewechselte Kleidung gehörte in der griechischen Antike zum körperlichen Wohlbefinden. Zum Waschen von Textilien dienten in erster Linie Wasser sowie Seifenkraut, Soda, Pottasche und der in Kübeln gesammelte Urin, der durch Lagerung reinigendes Ammoniak entwickelte. Die Wäsche wurde dabei in Bottiche gelegt, und man trat sie mit den Füßen oder knetete sie mit den Händen. Zur Ableitung von Schmutzwasser beziehungsweise überschüssigem Regenwasser hatte die Stadt nicht lange nach dem Bau des spätarchaischen Wasserleitungsnetzes ergänzend ein Entsorgungssystem geschaffen. Dessen Tonrohre und Tonrinnen mündeten in eine Kanalisation mit gemauerten Hauptkanälen und einem Sammelkanal von gut vier Meter Breite, der ins erste Viertel des 5. Jh. datiert wird. Trotz dieser Meisterleistung antiker Wasserbaukunst neigte der Stadtathener dazu, organischen Abfall, darunter auch tierische und menschliche Fäkalien, zumeist nachts aus dem Fenster zu werfen beziehungsweise zu gießen, wie Demosthenes, der bedeutendste Verfasser von Gerichtsreden, der zweiten wichtigen schriftlichen Quelle dieser Zeit, beklagte. Was im ländlichen Raum Attikas auf Misthaufen gesammelt und als Düngemittel auf die Felder verbracht wurde, landete im städtischen Athen oft auf den Straßen. Für deren Reinigung und Unterhalt zuständige Beamte beauftragten private Unternehmer im Athen des 5. und 4. Jh., diesen Unrat wie auch den gesamten Abfall einzusammeln und mindestens zehn Stadien (etwa 2 km) außerhalb der Stadt zu verbringen, wie Aristoteles erwähnt. Dadurch entstanden keine sonderlich großen Deponien, denn Müllberge kannte das klassische Athen dank einer hohen Recyclingquote nicht. Angesichts der wenigen Habseligkeiten der Unterschichten war deren Bereitschaft, von den Bessergestellten als entbehrlich erachtete Gegenstände weiterzuverwenden, sehr ausgeprägt, ja oft eine zwingende Notwendig-

20 Carola Reinsberg, Ehe, Hetärentum und Knabenliebe im antiken Griechenland, München 1989, S.84, mit der ebenso zeitlosen wie ortsungebundenen Erkenntnis: „Schöne, vielbegehrte Frauen schmücken einen Mann eben nicht weniger als sie es heute tun, selbst wenn sie käuflich sind."

keit. Dies traf für Hausrat im allgemeinen und für Kleidung im besonderen zu. Saubere Kleidung galt den Griechen als Gegenstück zu einem sauberen Körper.

Reinigungsbäder mit warmem und kaltem Wasser bestanden als private Hausbäder normalerweise aus einem Raum mit einer Badewanne beziehungsweise aus Platzmangel häufiger mit einem Sitzbad. Zur Reinigung des Körpers verwendete man Bimsstein, Kleie, Öl, Soda, Tonerde und Wasser. Nach dem Baden kam die Salbung, überwiegend mit Oliven- und Rosenöl, die sich auf den Kopf und den ganzen Körper erstreckte und oft mehrmals am Tag wiederholt werden konnte, falls es finanziell möglich war; denn ungesalbt galt man als schmutzig. Diese Reinigungsmittel und Kosmetika wurden von zu Hause mitgebracht, oder es gab sie vom Bademeister beim Besuch von öffentlichen Bädern. Solche kamen schon in Athen im 5. Jh. auf und bestanden üblicherweise aus einem runden Raum (thólos) mit strahlenförmig angeordneten Sitzwannen für heißes Wasser und Nischen für die Badeutensilien. Wenngleich das unbekleidete Baden in öffentlichen Badeanstalten gängig war, auch dann, wenn beide Geschlechter dort badeten, blieb solche Entblößung im griechischen Alltag die Ausnahme und war nur auf wenige Situationen beschränkt, etwa beim Duschen am Brunnenhaus. Nackt zeigte man sich – vom Aktionsphilosophen und Bürgerschreck Diogenes und den frauenfreien Gymnasien einmal abgesehen – weder öffentlich noch vor den eigenen Familienmitgliedern im Hause.

Das athenische Haus (oikía) – auch der Oberschicht – war spartanisch möbliert beziehungsweise – politisch korrekter gesprochen – enthielt nur wenige Möbelarten. Zum Aufbewahren von Kleidung und Schuhwerk, von Schmuck und Gerätschaften gab es Truhen, Kisten, Kästen aus Holz oder Körbe aus Weidenzweigen, indessen waren Geschirr- oder Kleiderschränke der griechischen Antike unbekannt. Als Sitz- und Liegemöbel war die Kline am wichtigsten, diente sie doch mit ihren Matratzen, Kissen und Decken als Bett zur Nachtruhe, wie auch durch ihr erhöhtes Kopfende dem liegend Speisenden beim Mahl, was nach orientalischem Vorbild im 6. Jh. in Griechenland üblich geworden war. Das Essen am Tisch war damit keineswegs aufgegeben, denn in den Gasthäusern wurde weiterhin aufgetischt wie auch den Frauen und Kindern zu Hause. Dort diente der meist dreibeinige Tisch zum Abstellen von Geschirr, Gefäßen und Geräten, eine Funktion, die auch Regalen, treppenartigen Gestellen und Wandborden zukam. Wandmalerei, bereits aus dem 5. Jh. bekannt, war kein Zeugnis für besondere Wohnqualität, eher für sinnlos erachteten Luxus. An Sitzmöbeln standen der lehnenlose Schemel oder Hocker, der auch besonders in Handwerkerstuben anzutreffen war, ein Klappstuhl und ein bequemer großer Lehnstuhl mit Rückenlehne aber ohne Armlehnen den Sterblichen zur Verfügung; mit Armlehnen versehen, war er als thrónos den Göttern und Herrschern vorbehalten. Zur beweglichen Ausstattung des Hauses, zum Hausrat allgemein, kamen die wichtigen Webstühle samt Zubehör hinzu, denn ein großer Teil des textilen Eigenbedarfs der Familien wurde von Frauen ohne Ansehen ihrer sozialen Stellung allein oder mit Hilfe anderer weiblicher Personen hergestellt, was sowohl in Homers „Odyssee" wie im „Oikonomikos" des Xenophon zu lesen ist. Freilich gab es im Athen des 5. Jh. und später manche Werkstätte (ergastérion), die auf die Herstellung von bestimmten Kleiderformen spezialisiert war. Diese fertigte auch für die ärmeren Bevölkerungsschichten, denen eine textile Selbstversorgung weniger oder gar nicht möglich war und die nichts Abgelegtes ergattern konnten, doch galt Kleidung im Vergleich zu den Grundnahrungsmitteln in Athen als teuer. Neben den Webstühlen zeigte sich das Ausmaß der Autarkeia des griechischen Haushalts (oíkos) gegebenenfalls im Bestand an Handpressen und Handmühlen, Mörsern und Mörserkeulen für Öl und Getreide sowie allerlei Feld- und Gartengeräten und nicht zuletzt auch in der vorhandenen Sklaven- und Dienerschaft, wie sie die reichen Häuser hatten. Dort verfügte man für die Gestaltung eines Festmahls über Koch- und Küchengeschirr, Auftrags- und Eßgeschirr, Trink- und Waschgeschirr, alle von verschiedenster Art und aus Ton oder Metall, zumal das griechische Festmahl bekanntlich den Zeitpunkt des Verzehrs von Speisen von dem der Getränke trennte. Weniger geregelt waren die Tischsitten bei den unteren Schichten und deren Geschirre bescheidener und dürftiger, wenn nicht gar gemietet. Der gehobene Athener Haushalt hingegen kannte an Küchenutensilien Kochtöpfe und Käsereiben, Bratroste und Bratpfannen, Rührlöffel und Schöpfkellen. Es gab Vorratsgefäße für Mehl und Honig, Amphoren für Wein, Öl, Milch und eingelegte Stücke Delphin, Siebegeräte zum Filtern von Öl, Wein und Wasser, Körbe und Säcke zum Transportieren von Nahrungsmitteln oder Kleidern. Für die Beleuchtung der Räume wurden Öllämpchen aus Ton verwendet, für draußen gab es Standleuchter und Fackelhalter. Der für das Wohlbefinden in den Wohnungen besonders wichtigen Heizung, denn auch der mediterrane Winter kennt Frosttemperaturen, dienten gängigerweise tragbare Becken aus Metall oder Ton, die mit Holz oder der wirksameren, wenn auch teureren Holzkohle befeuert wurden. Nur vereinzelt gab es als Heizung festinstallierte, bisweilen kaminähnliche Feuerstellen, obwohl seit langem der Küchenherd mit ewiger Flamme – gemauert oder im hartgestampften Lehmboden – seinen festen Platz hatte. Hier lag das Herzstück des Hauses – Herd, Heim und Haus standen füreinander und besaßen bedeutungsähnliche Inhalte: Sitz und Kultort der Hausgötter, Treffpunkt der Familie zum Essen, Licht- und Wärmequelle für alle – nicht nur physikalisch. Vom Herd stammte auch das warme Wasser aus Metallbehältern für die tägliche Körperpflege in Sitz-, Fuß- und Handwaschbecken und zum Säubern der Nachttöpfe oder der tragbaren, nach Geschlechtern getrennten Aborte, denn festinstallierte waren noch im 4. Jh. selten. Zur Reinigung des Hauses beziehungsweise des Hausrats und der Möbel gab es Besen, Staubwedel und Schwämme, während der

Bequemlichkeit Kopfkissen und Polster, die mit Federn, Stroh, Heu, Schilf oder Seegras gefüllt waren, und eine Vielzahl an Textilien aus Leinen oder Wolle dienten. Decken nützten als Wandbehang und Vorhang, als Läufer vor Klinen und Sitzmöbeln und als Belag des Lehmfußbodens. Teppiche gab es gleichfalls, doch galten sie in Griechenland als eher fremdländisch und mehr den Göttern zukommend, und ihr Auflegen wurde nicht nur als ein Symbol für Luxus, sondern auch von Verweichlichung angesehen. Für ein Mückennetz während der Nacht galt das nicht. Mit den Kultgeräten und Musikinstrumenten, mit dem Spielzeug der Kinder und den Griffeln, Schreibtafeln und Buchrollen der zu etwa zehn Prozent literaten Erwachsenen mag diese lediglich überblicksartige Zusammenstellung von Hausrat enden. Listen aus Erbschaftsprozessen, von Eheverträgen und öffentlichen Versteigerungen bezeugen diese Unzahl von Gegenständen in der geringen Anzahl reicher Athener Häuser, die man dort und nur dort zum täglichen Leben für nötig hielt. Infolgedessen zeigte sich der Wert des Hausrates häufig als das Dreifache des Hauswertes.[21]

Sich zu behausen, zu wohnen, bedeutet – im Gegensatz zum Verweilen – einen dauerhaften oder längeren Aufenthalt in Räumlichkeiten, die vornehmlich Schutz vor Witterung und ein gewisses Maß an Privatheit bieten. Im klassischen Athen war die Trennung zwischen privat und öffentlich unscharf und scharf zugleich: der Mann handelte als Bürger der Polis nahezu bei allen seinen Tätigkeiten mehr oder minder öffentlich, und bis in sein häusliches Leben hinein wurde sein Tun und Lassen von den Mitbürgern aufmerksam wahrgenommen und an den Normen der Bürgerschaft gemessen. Abgeschirmt von der Öffentlichkeit dieser Männerwelt vollzog sich das Leben im Oikos, jedoch nur, soweit es Frauen und Kinder betraf. Neben dieser familiären Trennung gab es eine räumliche Trennung innerhalb des Hauses nach sozialen Gruppen, zwischen Herrschaft und Dienerschaft. Die Architektur des griechischen Wohnhauses spiegelte diese Gegebenheiten in aller dinglichen Deutlichkeit.

In stark vereinfachter Darstellung kann das griechische Rechteckhaus als aus drei Bereichen bestehend skizziert werden: Hinter einem offenen Innenhof, der sich nicht zum Pflanzenanbau eignete, lag ein meist zweigeschossiger Wohntrakt, der unten Wohnraum und Schlafzimmer, einen Raum für Wertsachen, Küche und Bäder enthielt, und darüber das durch eine schmale, oft eher leiterartige Treppe zu erreichende Frauengemach (gynaikonítis). Vor dem Hof lag nicht nur ein nach außen gerichteter, meist einstöckig erbauter Wirtschaftstrakt mit Speichern, Vorratsräumen, Werkstätten und straßenseitigen Läden, sondern auch der Trakt für die förmlich-amtlichen und gesellschaftlichen Belange des Hausherrn: der Empfangs-, Speise- und Repräsentationsraum (andrón), die Zimmer für übernachtende

21 DNP-Art. Hausrat, Sp.213. Zum Analphabetentum: DNP-Art. Erziehung, Sp.111.

Hausgäste (xénoi), insbesondere anreisende Mitbürger der eigenen Bürgerschaftsabteilung (phylé). Wohnraum in unmittelbarer Verbindung zur Straße eignete sich auch zum Vermieten, doch kannte Athen ebenfalls Wohnhäuser (synoikíai) unterschiedlichster Beschaffenheit für Mieter und Untermieter. Während im 5. Jh. nahezu alle Lebensbereiche des Athener Bürgers von Öffentlichkeit durchdrungen waren, wird seit dem frühen 4. Jh. ein Zurückweichen in die Privatsphäre vermerkt, was im teilweisen Umbau des Innenhofes zu einer Säulenhalle seine gleichzeitige bauliche Entsprechung hatte und damit dem Wunsch nach mehr Privatheit und den gestiegenen Wohnansprüchen, vor allem der Oberschicht, nachkam.

Ihre Wohnhäuser wünschten die bestimmten Berufen angehörenden Personen möglichst dicht beieinander zu haben, ohne daß dadurch ein besonderes, den Reichen vorbehaltenes Viertel entstand. Aber ausgesprochene Armenquartiere gab es schon, nicht zuletzt in den Hausruinen wüster Teile des Stadtgebiets infolge der Zerstörungen von 296/94 und 289/87. Die Wohnstraßen des verwinkelten Athen waren wenig attraktiv, was vor allem an den zur Straße hin hohen Hausmauern sowie am allgemein gleichen, bescheidenen Baustil lag. Diese Wohnbauten errichteten die Athener in unterschiedlicher Größe nach der Holz-Lehm-Bruchsteintechnik, und selbst ein flüchtiger Gedanke an ihre monumentalen Sakral- und profanen Repräsentationsbauten aus Steinquadern würde in die Irre führen. Aus Holz waren vor allem die Dachkonstruktionen, Zwischendecken und Pfosten für die Wände aus lehmverschmiertem Flechtwerk oder luftgetrockneten, häckselvermischten Lehmziegeln, die trotz geringer Haltbarkeit aus Kostengründen verwendet wurden. Gebrannte Mauerziegel kamen vermehrt erst seit dem späten 4. Jh. auf, während gebrannte Dachziegel seit etwa 700 der griechischen Bautechnik geläufig waren. Wegen des hohen Brennstoffverbrauchs bei ihrer Herstellung waren gebrannte Dachziegel teuer; kostspielig waren auch die als besonders wichtig erachteten – stets versperrten – hölzernen Haustürflügel (thýrai), deren Qualität die Bedeutung des Hauseigentümers zuverlässig anzeigte. Diese Wohnhäuser waren häufig nur mit einer einfachen Bruchsteinpackung fundamentiert, die des öfteren Material von Vorgängerbauten enthielt und die hölzernen Pfosten, die Flechtwerk- oder Lehmziegelwände vor Staunässe schützen sollte. Vorschriften für den privaten Hausbau in der Stadt gab es kaum, und auf dem Lande waren diese erst recht unnötig. Dort, wie in vielen ländlichen Regionen, so auch in Attika, waren Wehrturmgehöfte mit hölzernen Innentreppen weit verbreitet, die eine räumliche Trennung der verschiedenen Wohnfunktionen wie Kochen, Heizen, Schlafen, Hygiene, Arbeit, Muße, Gastlichkeit und Repräsentation nur ebenso begrenzt gestatteten wie manche überkommene Einraumhäuser. Wer trotz Platzmangels Gastgeber sein wollte, nahm Decken und Kissen mit in ein Heiligtum und verköstigte die Eingeladenen dort. War er knausrig oder besonders arm, ließ er die Gäste ihr Essen und Trinken selbst mitbringen beziehungsweise erhoffte ihr Nichterscheinen. Bei der weitgehend öffentlichen Feier einer Hochzeit – oft die einzige wichtige Selbstdarstellung eines Athener Haushalts in der Gemeinde – wurde übriggebliebenes Fleisch am Markt verkauft, zumal ein größeres Opfertier nicht zu Hause, sondern am Heiligtum geschlachtet und gegessen wurde. In solchen Heiligtümern konnten Obdachlose im Sommer auch nächtigen und im Winter in den Badeanstalten oder beim Schmied unterschlüpfen. Der Kontrast zwischen den Wohnverhältnissen der athenischen Unterschichten und denen der Oberschicht war somit äußerst groß. Dennoch fand selbst in gehobenen Häusern Athens Erwerbstätigkeit statt, zumeist im der Straße zugewandten Wirtschaftstrakt. Die Zeugnisse aus klassischer und hellenistischer Zeit lassen nicht erkennen, daß ein Garten als Erhöhung der Wohnqualität eines Hauses gegolten hätte, das in Athen einen gängigen Kaufwert von zwanzig Minen hatte.[22]

§ 4 Der Versuch aufzuzeigen, was zur Verfügung stand, also was gegessen und getrunken, getragen und bewohnt werden konnte, versagte sich, die Verbraucher näher zu benennen, so daß eigentlich nur zweiteilend von Ober- und Unterschicht und bedeutungsähnlichen Begriffen die Rede war. Das ist keine unsinnige oder übertriebene Verallgemeinerung, denn einmal lassen die Quellen vieles im dunkeln, was den Lebensstandard anbelangt, während es andererseits ein Übermaß an Einteilungsmöglichkeiten der attischen Wohnbevölkerung gibt. Diese bestand am Ende des 4. Jh. aus 25.000 – 30.000 Staatsbürgern (mit Frauen und Kindern 80.000 – 100.000), 4.000 – 5.000 Nichtbürgern, das heißt freien Fremden (mit Familie 9.000 – 12.000) und 30.000 – 40.000 Sklaven, insgesamt 120.000 – 150.000 Personen.[23]

Die Bürger (polítai) gliederten sich seit Solons Zeiten in vier Zensusklassen (pentakosio-médimnoi, Fünfhundertscheffler; hippeís, Ritterschaft; zeugítai, Kleinbauern; thétes, Tagelöhner), was im 4.Jh. nur noch in schwachen Resten von rechtlicher Bedeutung war. Obwohl die beiden mittleren Klassen bereits während der ersten Hälfte des 5. Jh. zu den höchsten Staatsämtern zugelassen worden waren, stammten im 4. Jh. Archonten und Strategen weiterhin aus den reichen Familien. Diese gehörten zur – von der Fachwelt so bezeichneten – leiturgischen Klasse aus Bürgern und Nichtbürgern, die besondere Staatsdienste (leiturgíai) zu erbringen hatten und um vier Prozent der freien männlichen Bevölkerung ausmachten. Unter ihnen gab es gegen dreihundert Steinreiche mit ei-

---

22 Jones, S.151f.; DNP-Art. Garten, Sp.788.

23 Ingomar Weiler, Griechische Geschichte, Einführung, Quellenkunde, Bibliographie, Darmstadt 1976, S.92; Raphael Sealey, The Athenian Republic, University Park, Pa. 1987, S.6f.

nem Besitz von mindestens drei oder vier Talenten, denen die besonders kostspieligen Militärliturgien oblagen, während die eher erschwinglichen Festspielliturgien aufgrund deren geringen Vermögens (euporía) gut eintausend weniger Wohlhabenden auferlegt waren.

Dieser kleinen Gruppe an Reichen (plúsioi) stand auch anderthalb Jahrhunderte nach Einführung der radikalen Demokratie 462/1 die große Masse, ob nun die Menge (pléthos), die Vielen (hoi polloí), der Pöbel (óchlos) oder das Volk (démos) genannt, aus Minderbemittelten (áporoi) und Mittellosen (ptochoí) gegenüber. Erstere bildeten die um einiges kleinere Hälfte und verfügten über einen bescheidenen Besitz an Boden und landwirtschaftlichem Gerät oder an Werkzeug und Werkstatt, mit dem sich ein Einkommen erarbeiten (ponein) und ein gewisses Maß an wirtschaftlicher Eigenständigkeit erzielen ließ. Da sie auch – entsprechend den jeweiligen militärischen Anforderungen – die zu ihrer Ausrüstung als Schwerbewaffnete nötigen Waffen sich besorgen konnten, kam ihnen beträchtliches politisches Gewicht zu. Gelang es oligarchischen Tendenzen sich durchzusetzen, konnte die Vollbürgerschaft der Minderbemittelten an ein Mindestvermögen von 2000 Drachmen (322) beziehungsweise 1000 Drachmen (317) gebunden sein. Den völlig Mittellosen, der guten Mehrheit der freien Bürger, hingegen gehörte überhaupt nichts, weder Waffen noch Produktionsmittel, so daß sie von der Hand in den Mund lebten, durchweg als Tagelöhner oder Ruderer eines privaten oder öffentlichen Brotherrn.[24]

Diese beiden Gruppen an Armen (pénetes) zeigten zwar nennenswerte Besitzunterschiede, doch war ihnen gemeinsam eine Bedürftigkeit, die sich während des 4. Jh. nach allgemeinem Fachurteil noch verstärkte und in diesem wie auch im nächsten Jahrhundert nur wenig über einer völligen Mittellosigkeit lag und die man als „eigentlich athenischen Lebensstil" bezeichnete.[25] Bei den einen war die wirtschaftliche Bedrängnis eine gelegentliche und teilweise, bei den anderen eine gänzliche und dauerhafte, und der Sprachgebrauch des Alltags unterschied eben zwischen armen Eigentümern und völlig Besitzlosen. Für beide Gruppen genügten in der agrarisch geprägten Gesellschaft des antiken Athen bereits wenige Mißernten, erst recht aber Naturkatastrophen, Seuchen oder Kriege, um Notsituationen und Hungerkrisen auszulösen. Ein erheblicher, wenn nicht der überwiegende Teil der Athener Bürger lebte somit ständig am Rand oder unterhalb einer ausreichenden Grundversorgung.

---

24 Diese Klassenkluft zwischen Arm und Reich soll sich während des 4. Jh. vertieft und besonders in der Ernährung gezeigt haben: Gerste versus Weizen, heimischer Hartweizen v. importierter Weichweizen, Brei und Fladen v. Brot, Schwarzbrot v. Weißbrot, Klein- und Trockenfisch v. Groß- und Frischfisch, Landwein v. Edelwein (Garnsey, S.113ff.).

25 Jones, S.79; Dalby, S.50.

Zur örtlich wie zeitlich auftretenden Unterernährung, die insbesondere die unteren Schichten betraf, kam eine schichtenübergreifende Fehlernährung infolge ungenügender Nährstoffe, Vitamine oder Spurenelemente sowie durch eine eher wenig abwechselnde Kost. Dies führte zu Mißbildungen und ausgesprochenen Mangelerkrankungen, wie beispielsweise zu Blasen- und Nierensteinen, eine Erkrankung, an der Epikur verstarb. Auch war es in einer patriarchalischen Gesellschaft, wie der Athens, üblich, Männer und männliche Jugendliche besser zu ernähren als Frauen und Kinder, wurde ihnen doch – gerade auch als Arbeitskräften – eine größere Bedeutung zugemessen. Die Benachteiligung von Schwangeren und Stillenden sowie der Kinder während der Wachstumszeit erklärt – neben den Infektionskrankheiten – die in allen Schichten hohe Sterblichkeit von Säuglingen und Kleinkindern unter fünf Jahren und – wesentlich daraus folgend – eine Lebenserwartung bei der Geburt von 20 bis 30 Jahren.[26]

Die breite Masse der Politen konnte im 4. Jh. unmöglich den herkömmlichen Bürgerpflichten der athenischen Demokratie – dieser „Regierung der Habenichtse", wie der ortsansässige Nichtbürger Aristoteles meinte – nachkommen, ohne für diese Tätigkeiten als Geschworener, Amtsträger, Ratsmitglied oder Teilnehmer an der Volksversammlung einen finanziellen Ausgleich zu erhalten.[27] Daher bekamen alle Athener – ohne Berücksichtigung ihrer persönlichen Vermögensverhältnisse – als Soldaten beziehungsweise als im zivilen oder sakralen Bereich tätige Bürger eine Besoldung (misthós). Dementsprechend galt das Soldatendasein als „Vier-Obolen-Leben" und der Demos der Athener als „Drei-Obolen-Volk", das für jeden Gerichtstag ein Quorum von sechstausend Bürgern als Geschworene benötigte und ihnen diesen Betrag als Heliastensold gewährte. Die Teilnahme an der Volksversammlung (ekklesía) wurde anfangs des 4. Jh. mit lediglich einer Obole entlohnt (ekklesiastikón), zu Zeiten des Aristoteles bereits mit sechs beziehungsweise neun bei besonders anstrengenden Sitzungen, was einerseits die fühlbare Geldentwertung im Verlauf des 4. Jh. widerspiegelt, andererseits zeigt, daß der Honig, der das Volk sich versammeln ließ – wie der Demokratieverächter Platon höhnte – nicht anziehend genug war. Einen großen Teil des Tages in der prallen Sonne auf der Pnyx zu sitzen, war ohnehin nicht jedermanns Sache und eher für Arbeitslose, Arbeitsscheue und Alte reizvoll und vorteilhaft. Feste Tagessätze gab es auch für die neun Archonten, nämlich vier

---

26 Besonders Peter Garnsey hat sich vielfältig mit dieser Frage Alt-Griechenlands beschäftigt und schreibt zusammenfassend: „The historiography of malnutrition ... is an undernourished plant" und „Accounts of the diet and health of ancient classical societies have generally been unrealistically favourable" (S.43, 60).

27 Diätensätze bei Jones, S.5f., 136; Jochen Bleicken, Die athenische Demokratie, 4. Aufl., Paderborn 1995, S.329-337. Übrigens: eine Drachme = sechs Obolen, eine Mine = 100 Drachmen, ein Talent = 60 Minen.

Obolen während ihres Regierungsjahres, und fünf Obolen für die fünfzig Mitglieder (Prytanen) des geschäftsführenden Ausschusses des Rates (bulé) während ihrer Amtszeit von einem Jahreszehntel wie auch für die ungefähr siebenhundert für ein Jahr durch das Los bestimmten Amtsträger entsprechend ihrer Amtsbürde. Um eine Priesterkaste und eine Beamtenschaft, die eine geistige beziehungsweise körperliche Kontrolle über die Menschen ausüben konnten, nicht aufkommen zu lassen, gab es in Athen nur aus dem Kreis der Willigen und Fähigen ausgeloste Amtsträger auf Zeit, wobei jeder Bürger höchstens einmal im Leben ein Amt beziehungsweise zweimal eine Ratsherrenposition innehaben durfte. Eine solche Aufgabe konnte sehr belastend sein und längere Zeit den eigenen Gelderwerb stark behindern – ein untragbarer Zustand für einen Peneten. Dessen Bedürftigkeit verdeutlicht am besten das sogenannte Schaugeld (theorikón) von zwei Obolen für den Besuch öffentlicher Festveranstaltungen, das seit Mitte des 4. Jh. an alle Bürger ausgezahlt wurde und den sehr karg bemessenen Mindestunterhalt eines Mittellosen und gegebenenfalls auch seiner engeren Familie abdecken mochte. Die Masse der Begünstigten hatte ein sehr wachsames Auge auf Politiker, die diese Gelder lieber für Rüstungszwecke ausgeben wollten und zu früh oder übertrieben vor einem Krieg samt drohendem Freiheitsverlust warnten. Wenn es in Athen – trotz dieser überwältigenden Bevölkerung in äußerster Armut[28] – zu keiner tiefergehenden sozialen Auseinandersetzung (stásis) kam, so lag dies einmal daran, daß die Bürger für die Übernahme von Ämtern und Funktionen von der Polis Geld erhielten, und zum anderen daran, daß es gelungen war, in der politischen Ordnung eine ausgewogene Mischung zwischen den Wenigen und den Vielen durch die Schaffung typisch demokratischer und typisch oligarchischer Verfahren zu erreichen: besagte Diätenzahlungen an die Armen; Zwang zur politischen Mitwirkung der Reichen durch Vermögensbelastungen; die Verbindung von Los und Wahl bei der Besetzung von Ämtern durch alle Bürger.

Ein freier Polisbürger (eleútheros) konnte sich sehr oft in einer schlechteren Lage befinden als ein Sklave (dúlos). Dieser – obwohl rechtlich und wirtschaftlich in der völligen Verfügungsgewalt seines Herrn (kýrios) und grundsätzlich als minderwertiger Mensch geltend – konnte sich wirtschaftlich und gesellschaftlich auf sehr unterschiedlichen Ebenen bewegen: in einem wohlhabenden Stadthaushalt als tatsächlich zur Familie zählender Haussklave (Amme, Kindermädchen, Kammerdiener, Lehrer); in einem städtischen Handwerksbetrieb zu zweit oder zu dritt als kundiger Mitarbeiter des Inhabers oder sogar als dessen Leiter (Schuster, Töpfer, Gerber, Metallwerker, Schmied, Maurer oder Bäcker); im Hafen von

28 „the enormous number of Athenians who suffered extreme poverty" (Raphael Sealey, Demosthenes and His Time, Oxford 1993, S.276).

Piräus als malochender Dockarbeiter oder in den Silberminen des Laurion unter Tausenden von schuftenden Bergleuten, doch auch als deren Grubenaufseher; auf dem Lande bei einem Kleinbauern als dessen einziger Knecht, Weingärtner oder Viehhirt mit zwangsläufigem Familienanschluß, doch auch als einfacher Feldarbeiter oder geschätzter Gutsverwalter eines – wenngleich nur gelegentlich anzutreffenden – größeren Agrarbetriebs; schließlich als öffentlicher Sklave (demósios) bei der Aktenführung und als Gehilfe bei der Abwicklung des umständlichen Gerichtsverfahrens sowie als eingearbeitete Hilfskraft eines ungeübten Kurzzeitbeamten. Sklaven gab es somit überall, doch nur jeder vierte Athener Bürger besaß einen; auch ist nirgendwo in den Quellen von einem Sklavenaufstand im Athen des 4. Jh. die Rede. Ein Sklave in Athen mochte Grieche oder zumeist Nichtgrieche (aus Thrakien, Anatolien oder Syrien) sein, aus Athen war er gemeinhin nicht. Dort war die Schuldknechtschaft unter Solon abgeschafft worden, doch Menander erwähnt um 300 zwei attische Kinder, die aufgrund der Schulden ihres Vaters tatsächlich als Sklaven arbeiteten.[29] Völlig frei hingegen waren die sog. Mitwohner (métoikoi).

So hießen in Athen die ständig ansässigen freien Fremden griechischer oder nichtgriechischer Herkunft, denen Wohnrecht (allerdings kein Erwerb von Häusern oder Grundbesitz) und Gerichtsstand (mit weitgehend gleicher Rechtsstellung) gewährt wurden. Verpflichtet zur jährlichen Zahlung eines Schutzgeldes (metoíkion: zwölf Drachmen für den Mann, sechs Drachmen für die alleinstehende erwerbstätige Frau) und zur Übernahme von Liturgien sowie zum Militärdienst als Hopliten, konnten die Metöken auch am kultischen Leben (einschließlich der Opferfleischverteilung), aber nicht an den öffentlichen Getreidevergaben teilnehmen. Von den Staatsgeschäften und den vielfältigen Bürgerpflichten eines Politen war der Metöke indessen völlig ausgeschlossen, was häufig einer Befreiung gleichkam und ihm einen gewissen wirtschaftlichen Wettbewerbsvorteil einbringen konnte. So fanden sich Metöken in allen Berufen und Erwerbszweigen, im Handel und Handwerk, im Banken- und Schifffahrtswesen als große Männer oder kleine Leute. Zu letzteren zählten die freigelassenen Sklaven, die in Athen nur in den Metökenstand, nicht aber in den Bürgerstand aufstiegen, was die erhebliche gesellschaftliche Kluft zwischen Bürgern und Fremden kennzeichnete. Dieser Vielfalt der Metöken entsprach auch die Verschiedenheit ihrer Lebensumstände, doch in einem waren sie alle gleich, nämlich als Mieter von Unterkunft – sei es von sehr aufwendigen Häusern mit Wandmalereien und Bodenmosaiken, angemessen geräumigen Wohnungen oder eines erbärmlichen Unterschlupfs – durchweg in Athen oder im Piräus, eher selten auf dem Lande.

---

29 DNP-Art. Schulden, Schuldenerlaß, Sp.259.

Auch nach ihrem Wohnort unterschied sich die Bevölkerung Attikas sehr, da es dort eine stark gestufte Siedlungsvielfalt gab. Im 4. Jh. lebte die Mehrzahl der Athener Bürger im attischen Hinterland (chóra), sei es in Hirtenhütten und Einzelhöfen, in kleinen und mittleren Weilern oder in den drei größeren Garnisons- und Kultorten (Eleusis, Rhamnus, Sunion), doch nicht in der durch Graben und Doppelmauern gesicherten Metropole oder im – durch den 167 Meter breiten Korridor der Langen Mauern mit ihr verbundenen – Piräus. Dieser kurz nach 500 planmäßig – mit rostförmigem Straßennetz und Reihenhäusern – angelegte Handelshafen und Flottenstützpunkt war die Unterstadt Athens, dessen Akropolis – 154 Meter über dem Meeresspiegel und durch vorgelagerte Hügel nicht einsehbar – etwa sieben Kilometer von der Küste entfernt lag. Der Hauptort der Polis der Athener war zwar durch ein dichtes und gut ausgebautes Straßen- und Wegenetz mit allen Teilen Attikas verbunden, doch scheiterte oft eine Teilnahme der ländlichen Bewohner am städtischen Leben an den Entfernungen.[30]

§ 5[31] So hatte Epikur als Ephebe keine Gelegenheit, während seines Athener Militärdienstes (323 – 321) Vorlesungen des Xenokrates in der Akademie zu besuchen oder am Lykeion Philosophie zu studieren oder gar sich mit den Hauptströmungen der damaligen Philosophie bekannt zu machen.[32]

Denn[33]: Das Ephebie-Reformgesetz vom Jahre 336/5 brachte die wichtigste, sehr ernsthaft betriebene Wiederaufrüstungsmaßnahme nach der 338 verlorenen Schlacht bei Chaironeia und stellte erhebliche Anforderungen während der zweijährigen militärischen Grundausbildung aller achtzehnjährigen und körperlich tauglichen Athener. Im ersten Dienstjahr wurden die Epheben zum Schutz des Piräus in den Festungen Munychia und Akte kaserniert und übten gründlich mit den Hoplitenwaffen (Lanze, Schwert, Schild, Helm, Panzer und Beinschie-

30 Geographische Angaben zumeist nach Ernst Kirsten & Wilhelm Krailer, Griechenlandkunde, Ein Führer zu Klassischen Stätten, 4. Aufl., Heidelberg 1962, insb. S.49, 77, 187, 189. Auch: Peter Connolly & Hazel Dodge, Die antike Stadt, Das Leben in Athen und Rom, Köln 1998.

31 Die Darstellung im § 5 ist nicht länger eine ausschließlich zusammentragende, sondern versucht, entdeckte Unklarheiten, Widersprüchlichkeiten oder Fehldeutungen – zumeist von ganz geringem Ausmaß – anzusprechen.

32 In dieser Reihenfolge: André Laks, Art. Epikur, in: Jacques Brunschwig & Geoffrey Lloyd (Hrsg.), Das Wissen der Griechen, München 2000, S.547; Luciano Canfora, Ach, Aristoteles!, Hamburg 2000, S.131; Malte Hossenfelder, Epikur, 3. aktualisierte Aufl., München 2006, S.15.
Anders bereits: Hans von Arnim, Art. Epikuros, in: RE, Bd.6 (1909), Sp.133 („... schwerlich ... in der Akademie ... Vorlesungen gehört."); André-Jean Festugière, Epicure et ses Dieux, Paris 1946 (engl. Ausg. Oxford 1955, S.19f.: „his military duties ... can hardly have allowed Epicurus to apply himself to philosophy ...").

33 DNP-Art. Ephebeia, Sp.1071-75.

nen), mit Bogen und Speer sowie an Wurfmaschinen (katapéltai). Im zweiten Jahr war zunächst das Erlernte dem versammelten Athener Volk im fünfzehntausend Zuschauer fassenden Theater vorzuführen. Anschließend waren die Epheben Bewacher der fünf attischen Festungen (das gut 20 km entfernte Eleusis sowie die noch entlegeneren Plätze Panakton, Phyle, Rhamnus, Sunion) und Streifengänger im ländlichen Attika. Dies erfolgte unter der Aufsicht des vom Volk gewählten Leiters des Ephebenkorps (kosmetés) und der zehn Phylen-Obmänner (sophronistaí) sowie von zwei Lehrern (paidotríbai) für das militärische beziehungsweise sportliche Training und weiteren Ausbildern mit militärischen Dienstgraden für die einzelnen Waffengattungen. Selbst wenn Epikur im ersten Dienstjahr ein echtes Energiebündel gewesen sein sollte, das einen vielstündigen Fußmarsch für Hin- und Rückweg nicht scheute, hätte die Ephebenkleidung – ein schwarzer Umhang (chlamýs) mit Kopfbedeckung (pétasos) – den Epheben auf Abwegen schnell verraten.

Diese Truppe von je Jahrgang etwa fünfhundert Mann war dem athenischen Staat jährlich mindestens vierzig Talente für ihre Versorgung wert. Jeder Phylen-Obmann erhielt zum gemeinsamen Lebensunterhalt ein tägliches Zehrgeld von sechs Obolen für sich und von vier Obolen für jeden seiner kasernierten Junggesellen mit gewiß gutem Appetit. Deren naturgemäßer und altersbedingter Wunsch nach ausgelassenem Feiern ließ sich sicher durch die drei zeitlosen Freudenspender junger Männer erschwinglich erfüllen: mit gewöhnlichem Wein (trikótylos, drei Becher für eine Obole), mit willigen Weibern vom Typ der „Zwei-Obolen-Frau“ und mit dem Gesang von Trinkliedern (skólia).[34] Zur selben Zeit (329/8 und 327/6) erhielten nach den staatlichen Abrechnungen einer Baustelle im attischen Kultort Eleusis Hilfsarbeiter neun Obolen als Tageslohn, Fachkräfte wie Zimmerleute und Steinpolierer zwölf Obolen beziehungsweise als Maurer oder Steinmetze fünfzehn Obolen, während für die tägliche Ernährung (trophé) der dort tätigen Staatssklaven drei Obolen angesetzt wurden.[35] Zu dieser Zeit unterstützte der athenische Staat einen arbeitsunfähigen kriegs- oder zivilversehrten Bürger bis zu einer Vermögensgrenze von drei Minen durch eine Fürsorgezahlung von zwei Obolen täglich, was nur rund die Hälfte des benötigten Lebensunterhalts abgedeckt haben soll.[36] All diese Angaben deuten auf recht niedrige Grundnahrungsmittelpreise in Athen: Für eine Obole gab es am Vogelmarkt ein Bündel von sieben Kleinvögeln (Drosseln, Amseln, Finken usw.), oft mit Luft aufgeblasen, damit sie fetter aussahen, und für eine halbe Obole soll es einen

34 DNP-Art. Wein, Sp.435; DNP-Art. Prostitution, Sp.452; DNP-Art. Skolion, Sp.634.

35 Jones, S.135, 144; DNP-Art. Tagelöhner, Sp.1218f.

36 Herbert Grassl, Behinderte in der Antike, in: Hans Kloft (Hrsg.), Sozialmaßnahmen und Fürsorge, Zur Eigenart antiker Sozialpolitik, Graz 1988, S.42.

kleinen Käse oder eine Handvoll Trockensprotten gegeben haben. Hingegen schätzte sich in einem frühen Stück Menanders ein Käufer glücklich, ein kleines Lamm zum Opfern für sechzig Obolen billig erworben zu haben.[37]

Solche Zahlen, wie ungenau sie auch sein mögen, liebt der Wirtschaftshistoriker – zumindest der von ökonomischer Herkunft – und er rechnet gern, wenn er etwas zum Rechnen hat. Doch es existieren für die Athener Welt lediglich fragmentarisch überlieferte und schwer interpretierbare Angaben, da die Beschäftigungsdauer nicht bekannt ist, und selbst ein einfaches Gegensatzpaar wie Elitenernährung versus Volksernährung läßt sich nur zögerlich mit Inhalt füllen. Überblickt man abschließend die bloß bündig behandelten Unterschiede der Bürger und Bewohner Attikas (nach Rechtsstellung, Wirtschaftskraft, Berufstätigkeit, Bildung und Wohnort) und bedenkt noch die Verschiedenheiten nach Alter, Geschlecht, Gesundheit, Seßhaftigkeit, Familienstand und Kinderzahl, so wird deutlich, daß es mehr als fragwürdig wäre, daraus einen Durchschnittsathener zu basteln; schließlich meint Durchschnitt den mittleren Wert von Zahlen, die über Epikurs Landsleute indessen nicht vorliegen. Über seine Lebensumstände als Schulhaupt in Athen ist einiges, wenn auch nur weniges bekannt.[38]

Dort lebte er seit Sommer 306 und für dreieinhalb Jahrzehnte – bis auf zwei oder drei Reisen nach Ionien – mit Anhängern und Freunden in einem Nutzgarten vor den – im Invasionsfall raschen und sicheren Schutz gewährenden – Stadtmauern.[39] Diesen Kepos hatte er – samt einem Haus im Stadtteil Melite, einem Hügelgebiet westlich der Akropolis, wo viele Vornehme, aber auch dichte Scharen von Freigelassenen, Handwerkern und Kleinhändlern wohnten – für achtzig Minen gekauft.[40] Das war eine beträchtliche Summe für den Sohn eines atheni-

37 DNP-Art. Preis, Sp.292; Davidson, S.36; Diogenes Laertius, VI, 36.

38 von Arnim, Sp.133-155; Wolfgang Schmid, Art. Epikur, in: Reallexikon für Antike und Christentum, Bd.5 (1961), Sp.681-819; Horst Steckel, Art. Epikuros, in: RE, Suppl.11 (1968), Sp.579-652; Peter Scholz, Der Philosoph und die Politik, Die Ausbildung der philosophischen Lebensform und die Entwicklung des Verhältnisses von Philosophie und Politik im 4. und 3. Jahrhundert v.Chr., Stuttgart 1998.

39 R.E. Wycherley, The Garden of Epicurus, in: Phoenix 13 (1959), S.74 („inside the wall“) konnte nicht überzeugen: M.L. Clarke, The Garden of Epicurus, in: Phoenix 27 (1973), S.386 („outside Athens“).Lange Zeit war die Geschichtsschreibung (Hermann & Blümner, S.106; Müller & Bauer, S.43) der „Naturalis Historia“ des älteren Plinius gefolgt, dem Epikur geradezu als Erfinder von Villenstil sowie Lust- und Ziergarten in Athen galt – für einen Erz- und Groß-Hedonisten durchaus denkbar.
Hingegen ist richtig und genau: „The garden, which was a vegetable plot, not a pleasuregarden, became the meeting place of his (i.e. Epicurus') disciples and the home of his school.“ (John Hazel, Who's Who in the Greek World, New York 2000, S.94).

40 Obwohl Athener Häuser zumeist 20 Minen kosteten, ließen sich für das Stadthaus 30 Minen vertreten, da zu diesem Betrag auch das Familienhaus des schwerreichen Vaters des Demosthenes bewertet wurde (DNP-Art. Private Vermögen, Sp.347). Die

schen Militärkolonisten aus Samos, der 322 mit den anderen Kleruchen die Insel hatte verlassen müssen, und erklärt sich durch die finanzielle Unterstützung gutsituierter Anhänger aus den ionischen Städten Mytilene und Lampsakos, die Epikur als weitgehend autodidaktisch gebildeter Lehrer für sich gewonnen hatte. Die meisten seiner ionischen Schüler waren mitübersiedelt und, obwohl sie aus den reichsten und vornehmsten Familien ihrer Heimat stammten, begnügten sich damit, in einem Nutzgarten zu wohnen. Das war in Athen etwas völlig Neues, denn herkömmlicherweise dozierten dort Philosophen in stadteigenen Parkanlagen oder überdachten Wandelhallen und nicht in der Nähe von Obstbäumen und Gemüsebeeten auf einem Privatgrundstück.[41] Bezeichnenderweise trug dieses Leben, Lehren und Lernen in einem Nutzgarten Epikurs Mitphilosophierenden den

verbleibenden 50 Minen entsprachen dem Bodenpreis von zwei attischen Gehöften gemäß der einzigen überkommenen reinen Bodenpreisangabe aus dem 4. Jh. von 25 Minen für ein Gehöft (ohne Gebäude, Mobiliar, Gerätschaften und Vieh) von knapp drei Hektar (Jones, S.30, 151f.).

Ein Vorstadt-Grundstück von gut fünf Hektar hätte – da 400 qm an intensiv bebautem Gartenland den Jahresbedarf einer Familie von 8-10 Personen gedeckt haben sollen (DNP-Art. Hortikultur, Sp.740) – um 1000 Personen ernähren können, doch sind beim geschätzten Gartenpreis Bodenbeschaffenheit, Bewässerungsmöglichkeit, Stadt- und Marktnähe sowie andere unbekannte Umstände nicht berücksichtigt.

41 Am zeitnahesten informiert das jeweilige Nachlaßschreiben, denn „das Wichtigste in den Testamenten sind die Stiftungen von Gärten und Häusern für die Philosophenschulen“ (Karl Georg Bruns, Die Testamente der griechischen Philosophen, in: Zeitschrift der Savigny-Stiftung für Rechtsgeschichte, Bd.1, 1880, S.5). Darin bezeichnete Platon seine an die Akademie angrenzende Liegenschaft als Grundstück (choríon) und nicht als Garten (képos). Der grundbesitzlose Peripatetiker Aristoteles wandelte umher, erst sein Nachfolger Theophrast erhielt eine stark kriegszerstörte, neben dem Lykeion liegende Immobilie. Diese enthielt ein Heiligtum mit Altar und Weihegeschenken, einen kleinen Portikus/Säulengang mit geographischen Tafeln, einen Garten (képos) mit Häusern, Bildsäulen, Monumenten und sein künftiges Grab. Der ihm 285 nachfolgende und 269 verstorbene Scholarch Straton hinterließ lediglich „die Schule“ (diatribé, auch Lehrplatz, Aufenthaltsort, Treffpunkt). Erheblich anders lauteten die Weisungen letzter Hand des Epikur: 1) „Sein Testament zeichnet sich vor den anderen bei mehreren Punkten durch eine größere Umsicht und Genauigkeit der juristischen Bestimmungen aus“ (Bruns, S.46), und der Rechtshistoriker wiederholt sein Lob: „mit viel mehr Umsicht abgefaßt, als die ähnlichen Bestimmungen in den anderen Testamenten“ (S.50); 2) Der Wirtschaftshistoriker darf anmerken, daß bei den anderen Testamenten bezüglich der Immobilien Gebäude völlig im Vordergrund stehen, während es bei Epikur der „Garten nebst Zubehör“ ist. Dieser wird dem nachfolgenden Schulhaupt und seinen Schülern „zum Aufenthalt und als Stätte ihrer Weisheitsstudien überlassen“ mit der Auflage „für Instandhaltung des Gartens bestens zu sorgen“. Nur gewissermaßen als Anhängsel wird das Haus in Melite erwähnt. (Die Zitate entstammen den Übersetzungen des Diogenes Laertios von Apelt, S.196f. bzw. Jürss, S.462f.).

als besonders kennzeichnend empfundenen Namen „die Gartenleute" ein. Hier, in dieser Denk- und Arbeitsgemeinschaft, wechselten Kopf- und Handarbeit einander ab und sorgten für geistige und körperliche Nahrung. Die Art des Gartens darf somit als bekannt angesehen werden,[42] nicht aber seine Größe[43] und die Zahl seiner Bewohner, doch ist letztere auf einhundert bis zweihundert geschätzt worden.[44]

Über den Konsum im Kepos berichtete ein früher Anhänger und später erbitterter Gegner, der sich schon vor dem Umzug von Epikur getrennt und die Übersiedlung nach Athen nicht mitgemacht hatte: Timokrates aus Lampsakos.[45] Er war der ältere Bruder des Metrodoros, des bedeutendsten und Lieblingsschülers Epikurs, und brach mit beiden, als er um 290 aufsehenerregend in seiner nicht überkommenen Schrift Euphrantoi („Die Vergnüglinge") über den Athener Kepos – augenscheinlich also vom Hörensagen – berichtete: Epikur übergebe sich zweimal am Tag infolge seiner Völlerei; auf seinen Tisch verwende er täglich eine Mine;[46] sein körperliches Befinden sei kläglich, so daß er sich seit vielen Jah-

42 Von den Verfassern der Artikel „Epikur" und „Kepos" im Lexikon des Hellenismus, hrsg. von Hatto H. Schmitt & Ernst Vogt, Wiesbaden 2005, ist der benannte bedeutsame hortikulturelle Unterschied nicht gewürdigt worden; sie berichten ungenau von „Garten" bzw. „Liegenschaften".

43 In der Literatur wird nach Belieben – und durchweg ohne Begründung und Begriffsbestimmung – mal von einem großen, mal von einem kleinen Garten geschrieben. So mag ein Europäer (wie Rainer Nickel, Epikur, Düsseldorf 2003, S.282, 289) für „groß" halten, was einem Nordamerikaner (wie Norman W. DeWitt, Epicurus and his Philosophy, Minneapolis 1954, S.93) als „small" erscheint. Römische Raumvorstellungen gutbetuchter Herren wiederum widerspiegeln die – übrigens ein Vierteljahrtausend später gemachten – Angaben von Cicero (domus angusta, enges Haus), von Seneca (hortulus, Gärtchen) und Juvenalis (hortus parvus, kleiner Garten).

44 Steckel, Sp.585 (Da nicht näher ausgeführt, könnten diese Zahlen aus angeblichem Aufwand für die gemeinsame Tafel von einer Mine täglich – s.u. – errechnet sein, indem pro Person 6 bzw. 3 Obolen angenommen wurden.); Erler, S.209, verweist auf Steckel und entscheidet sich ohne Begründung für „etwa 200". Da Epikur auf eine vertraute persönliche Verbundenheit besonderen Wert legte – ein Wesenszug, der in seinen Briefen an Einzelpersonen wie an Freundesgruppen deutlich erkennbar ist – dürfte es im ansehnlichen Kepos – neben Tagesgästen und längerfristig Besuchenden – eher erheblich unter Hundert an Dauerbewohnern gegeben haben, aber das ist nur so ein Gefühl!

45 Robert Philippson, Art. Timokrates, in: RE, Elfter Halbband (1936), Sp.1266-1269; Erler, S.71, 283; David Sedley, Epicurus and his professional rivals, in: Etudes sur l'Epicurisme antique. Cahiers de Philosophie 1, Lille 1976, S.127-132.

46 Diese Angabe hält Scholz, S.30, für „kaum glaubhaft"; sie sei „von der hellenistischen Biographie unter offensichtlicher Ignorierung des Zusammenhangs ... isoliert weitergegeben" worden. Rechnerisch verwertbar erscheint sie tatsächlich nicht, denn sonst hätte man jedes Jahr im Kepos fast das Fünffache seines Kaufpreises verfuttert. Der anschwärzende Abtrünnige wollte lediglich wohl sagen: eine Riesensumme.

ren nicht vom Tragsessel erheben könne; mit ihm und Metrodoros lebten ein halbes Dutzend an Hetären zusammen;[47] auch sei er in wissenschaftlichen Dingen oft sehr schlecht beschlagen, sei streitsüchtig und wiederhole sich häufig in seinen Schriften und halte in der Nacht mystische Exerzitien ab. Diesen Äußerungen eines Abtrünnigen fügten Epikurs philosophische Hauptgegner, die Stoiker, noch einiges hinzu und behaupteten, Epikur sei gar kein Athener,[48] vielmehr ein Schmeichler und Kuppler, der Sohn ganz armer Leute, die sich für ein Lumpengeld verdingt hätten, auch feiere er gern, halte von Bildung nichts, von Beziehungen zu Frauen und Knaben aber um so mehr, was sie durch fünfzig gefälschte, angeblich von Epikur stammende unzüchtige Briefe zu untermauern suchten – sind doch Beweisführungen, die auf der Persönlichkeit des Gegners beruhen, stets die wirksamsten.

Diese Behauptungen hat Diogenes Laertios rund fünfhundert Jahre später in seiner Philosophiegeschichte, einem Werk, wie die Fachwelt urteilt, – „ohne jeden philosophischen Ehrgeiz und damit ohne parteiische Verfälschung“[49] – aufgelistet und ausdrücklich hinzugefügt: „Doch sie alle sind nicht recht bei Sinnen.“ Dessen ungeachtet legten diese abwegigen Angriffe die dauerhafte Grundlage für eine Schilderung Epikurs als selbstsüchtiges Schleckermaul.[50] Dabei hatte Epikur selbst schon ahnungsvoll in einer Zusammenfassung seiner Ethik im Menoikeus-Brief geschrieben, und Diogenes Laertios hatte das ganze Schreiben angeführt: „Wenn ich sage, daß die Freude das Ziel des Lebens ist, dann meine ich damit nicht die Freuden der Verschwender und das bloße Genießen, wie einige Unwissende, Andersdenkende oder absichtlich Mißverstehende meinen. Ich

---

47 Reinsberg, S.160: „... jene Philosophinnen ... lebten in ganz üblichen Konkubinaten mit ihren philosophischen Weggefährten. In keinem Fall können diese Frauen als Hetären gelten. Wenn sie als solche bezeichnet werden, dann geschieht dies in diffamierender Absicht und aus Ignoranz.“ „In Wirklichkeit waren es Frauen, die die erniedrigende Rolle eines Lebens in Dummheit und Abhängigkeit ablehnten.“ (Canfora, S.149)

48 Angesichts der oligarchischen Verfassung von 322 könnten die gerade heimatvertriebenen Eltern Epikurs zeitweilig nicht das für die Vollbürgerschaft ihres Sohnes nötige Vermögen besessen haben.

49 Erler, S.14; allerdings Scholz, S.276: „ein überzeugter Anhänger der epikureischen Lehre“ – was selbstredend kein Widerspruch ist.

50 Es ist ein geistesgeschichtliches Glanzstück gewesen, den Freund der Einfachheit zum Philosophen der Üppigkeit zu machen. Darüber dichtend: Erich Ruckhaber, Die Philosophen, Eine epigrammatische Geschichte der Philosophie, Hirschberg in Schl. 1914, S.15: „Weil er das Glück, wo's greifbar, suchte, Und wo's allein zu finden ist, War's dass man ihm als Schlemmer fluchte – Welch Pharisäer bist du, Christ!“ Erst in unseren Tagen und mit romkirchlicher Erlaubnis Johannes Hirschberger, Geschichte der Philosophie, 12. Aufl., Freiburg 1980, S.275: „Epikur war eine feine, vornehme und anziehende Persönlichkeit.“

verstehe unter Freude das Freisein von körperlichem Schmerz und seelischer Aufregung. Nicht eine endlose Reihe von Trinkgelagen und Schmausereien, nicht der Umgang mit schönen Knaben und Frauen, auch nicht der Genuß von leckeren Fischen und anderen Köstlichkeiten einer üppigen Tafel schaffen ein freudvolles Leben".[51]

In einem Schreiben aus dem Jahre 289/88 erklärte Epikur, daß er sich täglich von weniger als einer Obole ernähre, während Metrodor eine ganze Obole brauche.[52] Da beide in einem Nutzgarten lebten, läßt sich das Ausmaß ihrer Autarkeia beziehungsweise der Umfang ihrer Zukäufe am Athener Markt nicht angeben. Besser wird der Briefempfänger Polyainos aus Lampsakos, der zwischen 301 und 292/91 im Athener Kepos gelebt hatte und als namhafter Mathematiker zu den vier bedeutenden epikurischen Lehrern (kathegemónes) gehörte, diese Aussage verstanden und als wirklichkeitsnahe, nicht willkürliche Angabe gewertet haben: nämlich, daß Epikur lediglich seine täglichen Geldausgaben am Markt meinte und nicht den – auch die zu Marktpreisen bewertete Eigenproduktion einschließenden – Gesamtaufwand. Dieser dürfte eher auf der Höhe des Schaugeldes beziehungsweise der Invalidenunterstützung von zwei Obolen gelegen haben, zumal dies fast genau dem Jahresbeitrag von 720 Obolen entsprach, die Epikur von auswärtigen Gesinnungsfreunden brieflich erbat.[53]

Vor allem die Epikuristen[54] in Lampsakos, doch auch andere wohlhabende Anhänger, unterstützten mit Geld und Naturalien den Athener Kepos wie auch

51 Als angleichender Ausdruck der bekannten Übersetzungen von Kochalsky (1914), Apelt (1921), Gigon (1949), Laskowsky (1962), Mewaldt (1973), Müller (1973), Krautz (1980), Krüger (1981), Hossenfelder (1996), Jürss (1998), Hülser (2000), Nickel (2003).

52 Dieser Brief wird vom frühkaiserzeitlichen Römer Seneca (Hermann Usener, Epicurea, Leipzig 1887, Frag.158) erwähnt, der von einem As spricht. Der As, die gebräuchlichste römische Bronzemünze, war damals die Grundwährungseinheit der Römer, wie zu Epikurs Zeiten die bronzene Obole das Grundnominal des griechischen Münzwesens war. Die nicht selten anzutreffende Gleichsetzung von As mit der griechischen Silbermünze Drachme (d.h. „Handvoll", nämlich von sechs Obolen) bei Gigon (1949), Jürss, Griechische Atomisten, Leipzig 1973 und Die Epikureische Erkenntnistheorie, Berlin 1991 und Nickel (2003) überrascht.

53 Selbst von denen, die bei den Hyperboreern, den Leuten jenseits des Nordwindes, wohnten, wie er scherzend anfügte – bekanntermaßen das Winterquartier des Apollon (Usener, Frag.184).

54 Wörterbücher übersetzen Epikureer mit „allgemein: Genußmensch", und nur ganz selten findet sich der Zusatz „fälschlich" (So zum Beispiel Ursula Hermann, Fremdwörterbuch, München 1993). Deshalb sei dieser Ausdruck in der Zeit der Reform der Rechtschreibreform zumindest hier preisgegeben und für Epikurist, Epikurismus und epikurisch geworben. Vgl. die Wortwahl des Altmeisters der Epikur-Forschung: Her-

bedürftige Mitglieder und unmündige Waisen. Ein jeder behielt – gemäß den Gedanken eines Freundschaftsbundes – sein persönliches Eigentum, denn jede Art von kommunistischem Zwang, wie bei den Pythagoreern praktiziert, lehnte Epikur als unwürdig ab. Armut und Reichtum wurden von Epikur als Übel angesehen, wobei letzterer nutzenbringend einzusetzen war:[55] Kein Bettlerleben nach der Art der Kyniker mit ungewaschenem Körper in schmutzigen Klamotten, aber auch kein Herausputzen und Herumstolzieren nach Art der Aristoteliker und Platoniker. Diese trugen modisch-elegante Kleidung aus feinen importierten Stoffen und genageltes Schuhwerk, wohnten in eigenen oder gemieteten, aber ansehnlichen Stadthäusern mit beträchtlichem Personal und unterstrichen deutlich ihre Zugehörigkeit zur Oberschicht. Was diese Herren zusätzlich und besonders gegen die schlicht gekleideten „Gartenleute" aufbrachte, war ihre demokratische Haltung den niederen Schichten gegenüber.

Denn im Gemeinwesen „derer vom Garten" lebten – gesetzestreu und sozialverträglich – Ledige beiderlei Geschlechts, Eheleute mit Kindern, Bürger und freie Fremde sowie Sklaven mitmenschlich miteinander ohne ausschließende Bildungsvoraussetzungen – nämlich Teilhabe an der Erziehung (paideía) – undenkbar für die platonische Akademie[56] oder im aristotelischen Lykeion oder bei Zenons Vorlesungen in der Stoa poikile. Der Kepos war eben – in Lehre und Leben – ein für jedermann offener Ort eigener Art, eine Einfriedung der Eintracht und Einfachheit, ein Mittelding zwischen Einsiedelei und Öffentlichkeit, zwischen ländlicher Beschaulichkeit und städtischer Betriebsamkeit.[57] Er schützte ebenso vor Vereinzelung und Vereinsamung wie vor zu naher Nachbarschaft, bewahrte vor der tristen Eintönigkeit des platten Landes und vor der schrillen Vielstimmigkeit der Metropole, ermöglichte ein Leben im Einklang mit der Natur der Chora und mit der Kultur der Polis, vermittelte als neue Familie oder zweite

---

mann Usener, Epikurische Spruchsammlung, im Band 10 der „Wiener Studien" von 1888 bzw. im Berliner Nachdruck von 1912.

55 Mit Vermögensfragen und deren philosophischer wie praktischer Beantwortung auch von Einzelheiten beschäftigte sich vor allem Metrodor – gemeinsam mit Epikur (Voula Tsouna McKirahan, Epicurean Attitudes to Management and Finance, in: Gabriela Giannantoni & Marcello Gigante (Hrsg.), Epicureismo Greco Romano, Kongreß Neapel 1993, S.705).

56 Abweisend soll eine Inschrift an der Akademie gewarnt haben, „Wer nichts von Mathematik versteht, soll draußen bleiben.", während am Eingang zu Epikurs Garten die Einladung erging, „Freund, das ist ein guter Ort; hier wird nichts mehr verehrt als das Glück." (Ludwig Marcuse, Epikur, Der erste Epikureer, in: Séverine Gindro & David Vitali, Über das Glück, Zürich 1995, S.8).

57 Beim Treiben der Polis-Politiker mitzumischen, war Epikurs Sache nicht, wohl aber betrieb er den in den politischen Wirren nicht selten erforderlichen Freikauf von Gefangenen.

Heimat Seelenruhe und Sicherheit und gestattete die Einnahme anspruchslosen, aber genügenden Essens aus eigenem Anbau wie auch den mühelosen Kauf fehlender oder feinerer Nahrungsmittel am nahen Markt. Ab und an ein fröhliches Abendfest mit besserer Verköstigung im Gedenken an verdiente oder verstorbene Mitglieder der Gartengemeinschaft, das war gute Übung und entsprach athenischem Brauchtum des Toten- und Heroenkults, wobei im Kepos Gedächtnisschriften und Erinnerungsliteratur verlesen und besprochen wurden.[58]

Im Alltag des Kepos wurde vernünftig – entsprechend der Ökonomie von Lust und Schmerz – zwischen erforderlichen und erlesenen Speisen unterschieden, aber nicht gehungert, also keinesfalls eine absichtliche Nahrungsenthaltung nach kynisch-stoischer Art befolgt.[59] Andere körperliche Kasteiungen (die Unterdrückung sinnlicher Triebe und Neigungen, auch der unschuldigsten, von den bis zu tatsächlicher Selbstpeinigung gesteigerten Verirrungen finsterster Leidverliebtheit und dumpfesten Ungeistes gar nicht zu reden) waren dem Epikurismus völlig fremd.[60] Die ganze Lebensführung der breiten Masse der Athener stand

---

58 Mit romkirchlicher Erlaubnis durfte Johann Fischl (Geschichte der Philosophie, Bd.1, Graz 1947, S.142) schreiben: „Der Umgang in der Schule war heiter, witzig, gesellig, voll gegenseitiger Anteilnahme, so daß sich alle in der Schule wie in einem Freundeskreis geborgen fühlten."

59 Ivars Avotins, Training in Frugality in Epicurus and Seneca, in: Phoenix 31, Toronto 1977, S.214-217, behauptet regelmäßige Genügsamkeitsübungen im Kepos, die – gemäß seinem stoischen Gewährsmann Seneca – die Erfahrung vermitteln sollten, daß Armut kein Übel ist und daß der Reiche sie daher nicht zu fürchten braucht. Der steinreiche Seneca vermischte hier im Brief an den reichen Lucilius – sich als Eklektikos frei bedienend – stoische und epikurische Grundgedanken ohne Rücksichtnahme auf ihre grundlegende Naturverschiedenheit – analog agiert sein Ausleger Avotins.Auch behandelt er den Begriff frugalitas (als Gegensatz zu luxuria, Üppigkeit, Überfluß, Schwelgerei) unzureichend, bedeutet dieser doch Genügsamkeit, Kargheit, Sparsamkeit, aber keinesfalls Kasteiung, also die Peinigung des Körpers, sein Martern und Quälen, z.B. durch Nachtwachen und Fasten. Die Abgrenzung ist indessen im Englischen nicht völlig eindeutig, wird doch „to live frugally" mit „genügsam leben", „to eat frugally" mit „sehr wenig essen", also wohl fast fasten, übersetzt.

60 Bernhard Lohse (Askese und Mönchtum in der Antike und in der alten Kirche, München 1969) behandelt auch „Epikur und die Epikureer" (S.54-56) und behauptet deren „teilweise asketische Anschauungen" sowie auch für Epikur „eine gewisse Bejahung der Askese". In der tatsächlichen Lebensführung Epikurs erkennt er dann freilich nur noch „seine ‚asketische' Praxis" und meint, während „seit Platon und Aristoteles die Askese fester Bestandteil der philosophischen Ethik" sei, wäre dieser Zusammenhang zwischen Philosophie und Askese „bei Epikur nur ein lockerer". Er hätte besser geschrieben: nicht gegeben. Seine Schwierigkeiten, die er selbst erkannte, entstanden durch den Definitionsmangel von Askese in Antike und Gegenwart.
Als wesentliche und kennzeichnende Eigenschaften von áskesis (Übung, Einübung, Lebensweise) gelten im heutigen Sprachgebrauch, und nur dieser gestattet eine Ver-

doch bereits zu sehr unter dem Diktat von Mangel und Mühsal, von Entsagen und Enthalten, von Verzicht und Verweigerung, als daß Epikur eine weitere Einschränkung ihrer Lebensqualität, eine zusätzliche Abhärtung für den Alltag ethisch für zumutbar gehalten hätte. Sich eine Leib-, Lebens- und Weltverneinung gar durch Drill und Dressur anzuquälen, hielt Epikur für ebenso töricht, wie die phantasiemäßige Vergegenwärtigung möglichen Unheils durch entsprechende geistige Übungen.[61] Zwar ist Epikur der erste Europäer gewesen, der die Psychagogik durch methodische Beherzigungsakte aus der Übung des Memorierens entwickelt und in seiner Gemeinde geübt hat, doch vom Vordenken von Widrigkeiten und schlimmen Wechselfällen des Lebens, wie sie die stoische Seelenleitung des Sichgefaßtmachens gebot und entsprechend ihrem Vorsehungs- und Mantikglauben zu ermitteln hoffte, wollte er nichts wissen. Denn: Durch solches Verhalten werde das Schlimme nicht leichter, wenn es tatsächlich eintrete; auch sei sein Eintreten ganz ungewiß und nicht durch Traumdeutungen, Astrologie oder Wahrsagerei zu erkunden. Er empfahl ein Nicht-Hinsehen nach den Übeln und ein Sich-Ablenken durch das Erinnern vergangener Freuden und das Erhoffen künftiger. Er riet, Annehmlichkeiten anzunehmen und Genüsse zu genießen, wenn sie da sind, aber nicht zu wehklagen, wenn sie nicht da sind.[62]

Gemäß der gutmütigen Nachgiebigkeit gegen den gewöhnlichen Götterkult, die Epikur aufbrachte, nahmen er und seine Anhänger an den Götterfesten der Stadt teil,[63] ließen sich das Opferfleisch schmecken, taten, was jedermann tat, und hatten dabei nur andere Gedanken,[64] denn von einer Lenkung der Welt- und

---

ständigung: Absichtlichkeit, Freiwilligkeit, Schmerzhaftigkeit und diesseitige Zweckfreiheit (Markus E. Fuchs, Art. Askese, in: Metzler Lexikon Religion, Stuttgart 1999).

61 Paul Rabbow, Seelenführung, Methodik der Exerzitien in der Antike, München 1954, S.130, 168f., 281f., zur Ablehnung von Übungen der vorbereitenden Fassung (praemeditatio) und zu der Befürwortung der Überwindung durch Ablenkung (avocatio) in der epikurischen Gemeinde.

62 „Epikur versprach keine Errettung in einem anderen Leben. Er lehrte, wie man sie im Diesseitigen erringt durch die Vernunft. Die Philosophenschulen und die Religionen haben ihm das nie verziehen." (Canfora, S.176)

63 Mit romkirchlicher Erlaubnis durfte ein dissertierender Theologe namens Joseph Ratzinger (Volk und Haus Gottes in Augustins Lehre von der Kirche, München 1954, S.6) schreiben, daß Epikur durchaus am Götterkult festhielt. Unter neuem Namen (Einführung in das Christentum, München 2005, S.348) wird verkündet, Epikur sei ein „philosophischer Atheist" gewesen.

64 Epikur behandelte die Götterfrage mit Achtung und Anstand: Es gibt Götter, aber wie die breite Masse sie sich vorstellt – belohnend und bestrafend – so sind sie nicht, vielmehr erfreuen sie sich – anteilnahmslos – ihres eigenen Daseins in fernen Welten (Brief an Menoikeus).

Menschengeschicke durch Götter wollte Epikur nichts wissen.[65] In vielfältiger Weise – in Lehre und Lebensgestaltung – vollzog Epikur durch seine anwendungsgerichtete, alltagsbezogene Philosophie einen radikalen Bruch mit Platon und Aristoteles, mit der attischen Ideen- und Begriffsphilosophie und versuchte, die sophistisch-sokratische Aufklärung nach dem platonisch-aristotelischen Rückfall fortzuführen. In der Athener Lebensgemeinschaft der Freundschaft und des Forschens und bei den vielen überseeischen Gleichgesinnten und Gemeinden wirkte er – durch viele Jahrhunderte – als Meister der kleinen Freuden und großen Befreiungen durch sein Wort als Wegweiser und durch sein Handeln als Vorbild im Sinne einer Vernunftethik ohne einen mythologischen oder theologischen Überbau.[66]

Epikur gab sich alltags mit einem kleinen Becher Wein, überwiegend aber mit Wasser und einfachem Brot zufrieden und erbat brieflich von einem Freund ein Töpfchen an kythnischem Käse, damit er, wenn er Lust dazu habe, einmal richtig schlemmen könne. Das war epikurisch gedacht und gehandelt, und so steht es im Menoikeus-Brief[67]: „Auch die Genügsamkeit ist ein großes Gut, nicht um sich in jedem Falle mit Wenigem zu behelfen, sondern damit man sich mit Wenigem begnügen kann, wenn es nicht viel gibt.“ Mit solchem Rat konnten Epikurs Athener etwas anfangen – und andere können es augenscheinlich auch.[68]

65 So wird denn keinem Pontifex ein Brückenschlag gelingen, ist doch die beiderseitige Abneigung alt und biblisch; in der Übersetzung des Dr. Martin Luther (pace Papa) lautet die Apostelgeschichte 17,18 (über Paulus von Tarsus in Athen): „Etliche Philosophen aber, Epikuräer und Stoiker, stritten mit ihm. Und etliche sprachen: Was will dieser Schwätzer sagen?“

66 „Sein Beharren auf der Autonomie des Menschen mußte von jeder Erlösungsphilosophie und jeder Erlösungsreligion abgelehnt und bekämpft werden, was dann auch mit Erfolg geschah.“ (Schupp, S.371)

67 Diogenes Laertios X,11 und 130.

68 Der Epikur völlig verwerfende und dennoch vortreffliche Gerhard Nebel, Griechischer Ursprung, Wuppertal 1948, S.297, bezeugt in der Nachkriegshungerzeit: „Überhaupt besteht ja seine ewige Stärke darin, daß er unser aller alltägliches Dasein beschreibt, und immer wieder fühlt man sich von diesem unpathetischen Realismus angezogen und versucht, die epikureische Philosophie doch für die Wahrheit des Menschen zu halten.“

Zum Umfang der sowjetischen Demontagen in Österreich 1945/46. Eine erste Aufstellung aus russischen Quellen

Stefan Karner

Die materiellen Schäden des Zweiten Weltkrieges[1] und der unmittelbaren Nachkriegszeit auf dem Gebiet Österreichs waren gewaltig:[2] Kriegsschäden, Requisitionen und Demontagen an Anlagen, Fabriken, Wohnungen, Gewerbebetrieben, an Bauernhöfen, Bahnstrecken, öffentlichen Gebäuden, im Tourismus oder an Rüstungsbetrieben. Betroffen waren Einzelfirmen ebenso, wie Gesellschaften oder die öffentliche Hand.

Die geldmäßige Bewertung der Kriegsschäden und Demontagen ist problematisch und schwierig. Im Jahr 1945[3] dürften die demontierten und beschlag-

---

1 em.Univ. Prof. Dr. Othmar Pickl hat sich neben seinen Schwerpunkten in der wirtschaftsgeschichtlichen Forschung unterstützend auch im Bereich der Zeitgeschichte, namentlich der dreißiger und vierziger Jahre, engagiert. Auf seine Anregung hin entstanden zahlreiche wirtschafts- und sozialgeschichtliche Projekte und Publikationen im Bereich der Zeitgeschichte. Auch der Autor hat seinem ehemaligen Lehrkanzel-Vorstand und akademischen Lehrer Othmar Pickl für seine Unterstützung bei mehreren zeitgeschichtlichen Projekten, namentlich zur NS-Zeit in der Steiermark, zu danken. Darüber hinaus begleitete er die Forschungen des Autors in sowjetischen Archiven stets mit dem größten Interesse, wovon nicht zuletzt eine gemeinsame Forschungsreise nach Riga zeugt. Der vorliegende Beitrag, der auch Bezüge zur persönlich erlebten Geschichte Othmar Pickls im Mürztal aufweist, sei daher dem Jubilar mit den besten Wünschen zu seinem 80. Geburtstag gewidmet.

2 Roman Sandgruber bezifferte den Schaden (Preisbasis 1960: 160 Milliarden Schilling) mit 61 Milliarden Euro (Preisbasis 2003). Vgl. Roman Sandgruber, Die Wirtschaft der Nachkriegszeit, in: Stefan Karner – Gottfried Stangler (Hg.), „Österreich ist frei!" Der österreichische Staatsvertrag 1955. 2. Aufl., Horn – Wien 2005 (= Karner – Stangler, „Österreich ist frei!"), S. 173; Zum Aufsatz vgl. auch ders., Das 20. Jahrhundert. Geschichte Österreichs, Bd. 6. Wien 2003, S. 100-119 und 124-136; ders., Ökonomie und Politik. Österreichische Wirtschaftsgeschichte vom Mittelalter bis zur Gegenwart. Wien 1995; Felix Butschek, Die österreichische Wirtschaft im 20. Jahrhundert. Wien 1985; Ferdinand Tremel, Wirtschafts- und Sozialgeschichte Österreichs. Von den Anfängen bis 1955. Wien 1969. – Vgl. dazu auch den Kurzbeitrag: Stefan Karner, Zu den sowjetischen Demontagen in Österreich 1945/46, in: FS Sandgruber. Linz 2007.
Auf die Angabe weiterführender Literatur wird hier verzichtet.

3 Buchwerte 1945 zuzüglich Sonderabschreibungen (Oststeuerhilfe). – Hans Seidel, Österreichs Wirtschaft und Wirtschaftspolitik nach dem Zweiten Weltkrieg. Wien 2005 (=Seidel), S. 395.

nahmten Anlagen und Vorräte einen Buchwert von insgesamt etwa 1,206 Milliarden RM repräsentiert haben. Davon gingen 1,150 Milliarden RM auf das Konto der Sowjets, der Rest von 0,055 Milliarden RM auf das Konto von US-Amerikanern, Briten und Franzosen, die von den Westalliierten die höchsten Demontierungsraten hatten.[4] Die westlichen Besatzer hatten Beschlagnahmungen in ihren besetzten Gebieten und Zonen durchgeführt, auch um Regressansprüche anderer westlicher Staaten mit Reparationsansprüchen zu vermeiden. Dazu setzten sie zunächst auch eigene Verwalter in den Betrieben ein, die ihrerseits – nicht immer friktionsfrei – auf die von der österreichischen Staatsregierung Renner ernannten Verwalter in den Betrieben gestoßen waren.[5] Ab Juli 1946 überließen die Westmächte die beschlagnahmten Betriebe ihrer Zone sukzessive der österreichischen Verwaltung.

So fassungslos vor allem die Zeitgenossen, die Belegschaften von Firmen und die öffentliche Meinung durch Jahre den Demontagen gegenüber standen, so erwiesen scheint es andererseits zu sein, dass eben die Demontagen auch als stille Reparationen (Schadenersatzleistungen) Österreichs an die Alliierten zu verstehen und zu sehen waren. Die Beschlagnahmungen und der sich daran vielfach anschließende Abbau von Anlagen, von ganzen Walzstrecken, Maschinenhäusern von Kraftwerken, die Verladung von Maschinen auf Eisenbahnwaggons, großteils mit Hilfe und unter Assistenzleistung von Besatzungssoldaten der Roten Armee und schließlich ihre Verbringung außer Landes, wurde generell auf drei Kategorien von Gütern angewandt:

- auf Geräte- und Sachinvestitionen, die während des „Dritten Reiches" angeschafft bzw. getätigt wurden,
- auf Anlagen, die zum weit und unscharf gefassten „Deutschen Vermögen" (Auslandsvermögen des Deutschen Reiches) gerechnet werden konnten sowie
- auf Geräte mit einer Herkunftsbezeichnung, die auf das Deutsche Reich oder ein von Deutschen besetztes Gebiet schließen ließ.

Alle drei Kategorien konnten durch internationale Beschlüsse abgesichert werden: die ersten beiden durch die Potsdamer Konferenz 1945, die letzte durch die Londoner Deklaration von 1943 (die eben die Vermögensübertragungen wäh-

---

4 Seidel, S. 395.

5 Vgl. auch hier: Seidel, S. 406 sowie für die Alpine Montan, Steyr-Daimler-Puch oder die Betriebe der Mur-Mürzfurche: Stefan Karner, Die Steiermark im Dritten Reich 1938-1945. 3. Aufl., Graz 1994, S. 447 und: Karner, Die Steiermark im 20. Jahrhundert. Graz 2000 (= Karner, Steiermark), S. 359.

rend der NS-Zeit nicht für ungültig erklärt hatte) sowie die hinsichtlich der Reparationen auf ihr fußende Pariser Reparationskonferenz zu Jahresende 1945.[6]

In Abweichung der bis dahin nach Kriegen geübten Praxis, Entschädigungen an den Sieger in Gold oder in konvertierbarer Währung durch den Verlierer bezahlen zu lassen und basierend auf der Kritik, vor allem von John M. Keynes, wonach die Hauptschuld für die Finanz- und Wirtschaftskrise der Dreißiger Jahre vor allem in den deutschen Reparationsleistungen in Reichsmark zu suchen wäre,[7] sowie auf den vermeintlichen Vorteilen, die die Sowjetunion für ihr planwirtschaftliches System sah, einigten sich die Siegermächte des Zweiten Weltkrieges auf Entschädigungen durch Deutschland und Japan in natura, so dass sich jede Besatzungsmacht durch Fortschaffen von Sachgütern und Anlagen aus ihrer Zone oder durch die Nutzung der beschlagnahmten Anlagen für ihre eigene Volkswirtschaft für die im Krieg durch das Deutsche Reich erlittenen Verluste schadlos halten konnte. Daher folgten den militärischen Verbänden der Westmächte und der Sowjetunion auch in Österreich Spezialisten und Rückstellungskommissionen, die einerseits nach rückstellungspflichtigen Maschinen und Anlagen suchten, andererseits aber vor allem lukrative Betriebe und Anlagen auskundschafteten, um sie für eine Demontage auszuwählen.

Vom Offert der Naturalentschädigung machte vor allem die Sowjetunion Gebrauch. Und dies mehrfach:

- durch den Abtransport von Maschinen und Anlagen als „Beutegut" namentlich in die Sowjetunion, bereits vor den Potsdamer Beschlüssen
- durch die planmäßige Demontage von Anlagen und Gütern in einer exzessiven Auslegung der alliierten Beschlüsse,
- durch den Aufbau einer Verwaltung für von ihr beanspruchte Vermögen in Österreich (USIA),[8] die über 400 industrielle Anlagen umfasste, dazu Waldbesitz oder Immobilien an Seen und in Wien,
- durch den Aufbau einer Sowjetischen Mineralölverwaltung (SMV) in Österreich[9], die vor allem die niederösterreichischen Erdölfelder, damals eine der

---

6 Dazu und zum Folgenden: Seidel, S. 390ff. – Der Text der Pariser Reparationskonferenz vom 9.11. – 21.12.1945 befindet sich in Kopieform im AdR, BMfVuW (Krauland-Ministerium), Zl. 57510_14/1946.

7 J[ohn] M. Keynes, The Balance of Payments of the United States, in: The Economic Journal, June/1946, S. 172ff.

8 Vgl. dazu vor allem die Arbeiten von Ernst Bezemek und Otto Klambauer, hier: Otto Klambauer, Staat im Staate: Sowjetisches Vermögen in Österreich 1945-1955, in: Karner –Stangler, „Österreich ist frei!", S. 182ff.

9 Vgl. u. a. Ernst Bezemek, Die Sowjetische Mineralölverwaltung (SMV), in: Karner – Stangler, „Österreich ist frei!", S.188ff. – Von Walter Iber, BIK-Graz, ist in Bälde eine umfangreiche Darstellung der SMV auf Basis von Quellen aus Russland und der OMV zu erwarten.

ergiebigsten in ganz Europa, und die sechs Raffinerien[10] für die Sowjetunion nutzte (wodurch sich die Sowjetunion vom Erdölimport aus Persien und dem Irak unabhängiger machen konnte und ihre Truppen aus dieser Region schnell abzuziehen bereit war) und ein großflächiges Tankstellennetz aufzog,

- durch die Übernahme der deutschen Anteile an der DDSG sowie schließlich
- durch den Aufbau eines dichtmaschigen Netzes von USIA-Verkaufsläden, die mit Preisdumping (erfolglos) versuchten, die österreichischen Geschäfte nieder zu konkurrenzieren
- durch den entgegen dem internationalen Völkerrecht erfolgten langjährigen Arbeitseinsatz von rund 100.000 österreichischen Kriegsgefangenen und Internierten in der Sowjetunion, großteils bis 1947/48, teilweise bis 1955/56 (als Verurteilte),[11]
- durch die zwangsweise Rekrutierung von Ingenieuren und Technikern, oft durch Verschleppungen wie Steweag-Direktor Karl Augustin, zum Wiederaufbau der schwer zerstörten sowjetischen Wirtschaft.

Österreich war durch die vor allem von der Sowjetunion geübte Praxis der Umsetzung der alliierten Beschlüsse, wie dies Hans Seidel treffend formuliert hatte, zweimal zur Kasse gebeten worden:

- Einmal als deutsches Inland (weil die Sowjetunion und in weit geringerem Ausmaß auch die anderen Besatzer inklusive der Tito-Partisanen in den militärisch besetzten Gebieten Güter beschlagnahmten und außer Landes brachten, wie dies auch im besetzten Deutschland geschehen war) und
- Einmal als deutsches Ausland, weil die Alliierten, namentlich besonders die Sowjetunion, Anspruch auf die dem Deutschen Reich zuzurechnenden Vermögenswerte in Österreich erhoben hatten, wie dies die Sowjetunion auch in den osteuropäischen Staaten getan hatte.

---

10 In einem streng geheimen Schreiben an das ZK der KPdSU benannte Innen-Volkskommissar Lavrentii Berija die sechs Raffinerien mit ihren Öl-Jahresproduktionskapazitäten: Floridsdorf (Shell) mit 100.000 t, Korneuburg (Kreditul Miner) mit 50.000 t, Kagran (Vakuum Oil & Co) mit 60.000 t, Vösendorf (Österreichische Fanto) mit 40.000 t, Schwechat (Nova Oel & Brent) mit 50.000 t sowie Lobau (Wintershall-Elberat) mit 500.000 t. Die Erdölproduktion war in Österreich während der NS-Zeit stark gesteigert worden: Von 63.000 t im Jahr 1938 auf 1,2 Millionen t im Jahr 1944. Berija betont außerdem, dass die Raffinerien 1944 nur mit der Hälfte ihrer Leistung fuhren. – RGASPI, Moskau, F. 17, op. 121, d.395, S. 1-3. Schreiben und Aufstellung des Volkskommissars für Inneres, L. P. Berija, an Georgij M. Malenkov, ZK VKP(b), v. 13.4.1945.

11 Vgl. dazu Stefan Karner, Im Archipel GUPVI. Kriegsgefangenschaft und Internierung in der Sowjetunion 1941-1955. Kriegsfolgen-Forschung, Bd. 1. Wien – München 1995. – Insgesamt wurden über 130.000 Österreicherinnen und Österreicher in sowjetischer Hand als Kriegsgefangene oder Internierte registriert.

Die Haltung der Sowjetunion in Fragen der Reparationen bzw. Entschädigungszahlungen entsprach auch der Auffassung einiger sowjetischer Spitzenrepräsentanten in Österreich, wie des stv. Militär- und Hochkommissars (1945-1950), dem Politoffizier der 3. Ukrainischen Front sowie der Zentralen Gruppe der sowjetischen Streitkräfte, Generaloberst Aleksej S. Želtov, der stets den Standpunkt vertreten hatte, Österreich wäre nicht ein „befreites“, sondern ein „unterworfenes“ Land gewesen.[12] 270.000 Rotarmisten erhielten für ihren Einsatz die Erinnerungsmedaille für die „Einnahme von Wien“, und eben nicht für die „Befreiung“ von Wien, wie dies etwa für Belgrad, Budapest oder Bukarest festgelegt worden war.[13]

Der Zugriff der sowjetischen Besatzer auf Anlagen, die während der NS-Zeit mit welchem Geld und von wem auch immer angeschafft worden war, begann sofort nach Ende der Kämpfe, im wesentlichen also zu Ostern 1945. Für die österreichische Friedensproduktion blieben noch genügend Anlagen übrig, alterierte sich Marschall Fedor I. (wan) Tolbuchin auf eine diesbezügliche Beschwerde der österreichischen Staatsregierung. Und im Alliierten Rat verlangte die Sowjetunion postwendend über eine Begrenzung der österreichischen Industriekapazität zu verhandeln, wie sich Adolf Schärf erinnerte[14] und wie dies auch Marschall Ivan S. Konev, der erste sowjetische Militärkommissar in Österreich und Oberbefehlshaber der Zentralen Gruppe der Streitkräfte, in einer Unterredung mit Staatskanzler Renner, Landeshauptmann Leopold Figl, KPÖ-Koplenig und einigen anderen sowjetischen Vertretern, am 9. Juli 1945 erklärte: „Im Großen und Ganzen glauben wir, dass der Abtransport abgeschlossen ist, offen ist noch die Menge, die mit der Regierung vereinbart wurde“.[15]

Als erstes demontierten die Sowjets Rüstungswerke wie das „Nibelungenwerk“ in St. Valentin, eine der größten Panzerproduktionsstätten des Deutschen Reiches (allerdings fertigte man die laufende Panzerproduktion vorher noch zu Ende), es folgte das größte deutsche Jägerwerk in Wiener Neustadt („Messerschmidt“), die eigens für die Luftrüstung errichteten Flugmotorenwerke „Ost-

---

12 AdR, BMaA, IIpol/1947, Kart. 42, AV 20.9.1945.

13 Vgl. Barbara Stelzl-Marx, Die sowjetische Besatzung Österreichs 1945-1955. Zur militärischen Struktur und Verwaltung, in: Karner –Stangler, „Österreich ist frei!“, S. 65.

14 Adolf Schärf, Österreichs Erneuerung 1945-1955. Wien 1955, S. 117.

15 Stefan Karner – Barbara Stelzl-Marx – Alexander Tschubarjan (Hg.), Die Rote Armee in Österreich. Sowjetische Besatzung in Österreich 1945-1955, Bd. 2: Dokumente. Veröff. d. L. Boltzmann-Instituts f. Kriegsfolgen-Forschung, Sdbd. 5. Wien – München 2005 (= Karner – Stelzl-Marx – Tschubarjan, Rote Armee, Dokumente), S. 207.

mark" in Wiener Neudorf[16], Böhler, Semperit und die Anlagen der Alpine Montan in Donawitz.[17] Es folgten hunderte kleinerer und größerer Betriebe und Anlagen. Und KPÖ-Vorsitzender Johann Koplenig beklagte sich bitter gegenüber Konev: „Es gibt Fälle, in denen die Produktion aufgenommen wird, die Arbeiter bereits an den Werkbänken arbeiten, und dann werden diese Werkbänke weggebracht, was den allgemeinen Unmut der Arbeiter erregt. Das behindert die Produktion, das beunruhigt die Arbeiter".[18]

In der Sowjetunion hatte sich nach den Potsdamer Beschlüssen vom August 1945 das Staatliche Verteidigungskomitee (GOKO), unter Stalin das höchste Leitungsgremium der Sowjetunion während des Krieges, systematisch mit den Demontagen in Deutschland (auch außerhalb der sowjetischen Zone), in Österreich sowie in den osteuropäischen Staaten, die von der Roten Armee militärisch besetzt worden waren, beschäftigt. Seine Beschlüsse, die als rechtliche Basis der organisierten Demontagen durch die Sowjetunion dienten, fußten auf den entsprechenden Vorerhebungen, die von sowjetischen Spezialisten vor Ort gepflogen wurden. Ähnlich wie 1938 durch die NS-Wehrmachts- und Rüstungsdienststellen, wurde die österreichische Industrie 1945 ein zweitesmal, nunmehr von sowjetischen Volkskommissariaten für Rüstung, Erdöl, Flugzeugindustrie, Elektroindustrie, Schiffbau, E-Werke, chemische Industrie, Metallurgie, Munition oder Kohlenindustrie abgesucht und die entsprechenden Kapazitäten, ihre Verwertungsmöglichkeiten, usw. erhoben.

Die deutschen Investitionen in die österreichische Industrie, besonders in die 807 zu Rüstungsbetrieben[19] erklärten Unternehmen, waren während der NS-Zeit hoch. So stieg etwa die Zahl an Werkzeugmaschinen in der eisenverarbeitenden Industrie 1945 gegenüber 1937 um rund die Hälfte an. Im Jänner 1946 fehlte jede fünfte Werkzeugmaschine, was vor allem auf die Demontagen, speziell im eisenverarbeitenden Sektor zurückzuführen war.[20] Ein gleiches Bild zeigt die E-Wirtschaft.[21] Durch die Demontage bedeutender Kraftwerksanlagen, ja selbst eines kompletten Kraftwerkes wie St. Dionysen, fielen gerade im Winter 1945/46 bedeutende Strommengen aus, konnte Strom – durch den Abbau von Überlandlei-

---

16 Vgl. dazu: Stefan Karner, Bemühungen zur Ausweitung der Luftrüstung im Dritten Reich 1940-1941. Die Flugmotorenwerke Ostmark und ihr Marburger Zweigwerk 1941-45, in: Zeitgeschichte, 9-10/1979, S. 318-345.

17 Vgl. Karner, Steiermark, S. 322f.

18 Karner – Stelzl-Marx – Tschubarjan, Rote Armee, Dokumente, S. 207.

19 Vgl. Stefan Karner, Österreichs Rüstungsindustrie 1944. Ansätze zu einer Strukturanalyse, in: Zeitschrift für Unternehmensgeschichte, 25. Jg., 3/1980, S. 179-206.

20 Seidel, S. 387.

21 Dazu u. a.: Norbert Schausberger, Geschichte der österreichischen Elektrizitätswirtschaft, in: ÖGL 2/1970, S. 78.

tungen nicht angeliefert werden, so dass der Stromengpass auch die Produktionsmöglichkeiten der österreichischen Wirtschaft deutlich senkte. Bei Böhler demontierten die Sowjets das modernste Stahlwerk des Deutschen Reiches, St. Marein, das erst 1944 eröffnet worden war.[22]

Besonders betroffen, obwohl die sowjetische Besatzung hier nur bis zum 24. Juli 1945 dauerte, war der Bezirk Mürzzuschlag: Vom Stahlwerk wurden mit Hilfe von 120 Rotarmisten wichtigste Motoren abtransportiert, das Südwerk von Schoeller-Bleckmann zur Gänze demontiert. Bei den ÖBB in Mürzzuschlag waren seit dem Einmarsch der Roten Armee binnen weniger Wochen von 40 Lokomotiven 16 „verschwunden", im Hammerwerk betrafen die Demontagen zahlreiche Maschinen. Bei Vogel & Noot in Wartberg, Breitenfeld und Mitterndorf, einem wichtigen Produzenten für landwirtschaftliche Maschinen, wurden alle Maschinen und selbst die Dachziegel fortgeschafft. Aus Mariazell wurden 2.000 Radioapparate der Firma Kapsch weggeführt.[23]

Die folgende Tabelle 1 zeigt den Wert der von den vier Alliierten in Österreich demontierten Anlagen und beschlagnahmten Güter in RM (Buchwerte 1945 zuzüglich Sonderabschreibungen, Oststeuerhilfe).[24]

Bislang konnten die Demontagen nur summarisch aus den Unterlagen des Ministeriums für Vermögenssicherung und Wirtschaftsplanung unter Herbert Krauland oder aus Unterlagen zu den Protokollen des österreichischen Ministerrates erhoben werden. Sowjetische Akten blieben der Forschung verschlossen. In der sowjetischen Geschichtsschreibung wurde gerade auch dieses Thema tabuisiert, die historische Forschung in Russland nach 1991 wandte sich zunächst anderen Themen zu, bis Mitte der neunziger Jahre die entsprechenden Aktenbestände des zentralen Archivs der Volkswirtschaft (heute RGAE) in Moskau für eine Benützung gesperrt wurden. Über Umwege war es möglich, an jene Befehle des GOKO heranzukommen, die die organisierten Demontagen zum Inhalt hatten.

---

22 Karner, Steiermark, S. 322.

23 Ebd. und: Stefan Karner – Othmar Pickl (Hg.), Die Rote Armee in der Steiermark. Die sowjetische Besatzung der Steiermark 1945. Veröff. d. L. Boltzmann-Instituts für Kriegsfolgen-Forschung 2007 (im Druck). Die hier vorgelegte erste Aktenedition sowjetischer Dokumente zur sowjetischen Besatzung in der Steiermark wurde wesentlich von der Historischen Landeskommission unter ihrem Geschäftsführenden Sekretär Univ. Prof. Dr. Othmar Pickl unterstützt.

24 Nach Seidel, S. 395.

Tabelle 1: Die Demontagen in Österreich

Sowjetunion		
In den (später) beschlagnahmten Betrieben	410,41	
In sonstigen Betrieben		
Wien-Ost	128,35	
Wien-West	185,94	
Niederösterreich	82,36	
Burgenland	7,65	
Steiermark (1945)	270,64	
Oberösterreich	65,42	1150,77
Westmächte		
Frankreich		33,26
USA		13,49
Großbritannien		8,83
Summe insgesamt		1206,35

Tab. nach Seidel, S. 395 in Millionen RM.

Obwohl die GOKO-Befehle, alle unterfertigt von Stalin, die höchste Aggregationsebene widerspiegeln, geben sie doch Auskunft über wesentliche Fragen:[25]

- das Datum des GOKO-Befehls, oft lange nach der tatsächlich erfolgten Demontage, wodurch eine Scheinlegitimität hergestellt werden sollte,
- die Bezeichnung und den Standort des demontierten Betriebes,
- den genauen Umfang der Demontagen (in Stück, Tonnen oder anderen Mengenangaben) und die Bezeichnung der demontierten Objekte,
- den Verlagerungsort und den Aufnahmebetrieb in der Sowjetunion,
- die mit der Aktion befasste sowjetische Stelle (etwa ein Volkskommissariat) und den für die Durchführung der Demontage Verantwortlichen,
- fallweise die konkrete Verwendung bzw. Implementierung der demontierten Anlagen und Güter,
- den Namen und die Funktion des verantwortlichen Ingenieurs,
- die Anzahl der aufgebotenen Ingenieure und Fachkräfte,

25 RGASPI, Moskau, GOKO-Befehle zur Demontage. – Ob es sich bei den in der Folge ausgewerteten GOKO-Befehlen um deren Vollständigkeit handelt, kann nicht mit Sicherheit angegeben werden. Zudem steht die Öffnung weiterer sowjetischer Bestände zu dieser Thematik noch aus.

- den Zeitpunkt des Abschlusses der jeweiligen Demontage-Aktion und schließlich
- in jedem Einzelfall die dokumentierte Assistenzleistung durch die Rote Armee.

Nur in Einzelfällen stehen Unterlagen über die tatsächliche Durchführung der Befehle bzw. eine Vollzugsmeldung zur Verfügung. Dennoch kann aus den ersten, nur rudimentär vorliegenden Unterlagen bereits angenommen werden, dass doch ein größerer Teil der demontierten Anlagen, als durch Berichte von „Zeitzeugen" angenommen werden konnte, ihre Zielorte bzw. Verlagerungsbetriebe erreicht hatte.

Auf Basis einer Auswertung der aus den russischen Aktenbeständen erhobenen GOKO-Befehle zu den Demontagen durch sowjetische Organe in Österreich konnte in Tabelle 2 erstmals eine Zusammenstellung auf sowjetischer Aktenbasis erstellt werden. Sie erhebt noch keinen Anspruch auf Vollständigkeit, vor allem referiert sie nicht die „wilden" Demontagen vor der Potsdamer Konferenz, die von Sowjets als „Kriegsbeute" (trofejnye) bezeichnet wurden, sich in Wahrheit sonst aber durch nichts von den quasi geordneten Demontagen unterschieden. Die Tabelle 2 soll daher auch ein Anstoß dazu sein, sich im Zuge der Beschäftigung mit der österreichischen Nachkriegszeit diesem Themenfeld verstärkt zuzuwenden.

Tabelle 2: Die Demontagen durch die sowjetische Besatzungsmacht 1945/46 in Österreich.

GOKO-Befehl	Datum des Befehls	demontierter Betrieb	Standort des Betriebes	Demontierte Menge	Einheit	demontierte Anlagen	Verlagerungsort	Sowjetische Behörde/Organ	Verlagerungsbetrieb	Falls angeführt: Verwendung	Durchführender	Anz. An bet. Experten	Name u. Funktion des verantwortlichen Demonteurs	Verantwortlicher der Roten Armee	Abschluß der Demontage bis:	Allfällige besondere Bemerkungen
									Betrieb			Ing				
8156ss	19.04.1945	Wiener Arsenal Artilleriefabrik	Wien	1000	St.	Metallschneidemaschinen	Kaliningrad	VK Rüstung	Fab. 88	zur Ausweitung der Prod. v. l. Flak	VK Ustinov	10	P.V.Sorokin, stv.Lt.d.Haupt-Metallfabr. 79	Vachitov,	bis 1.6.45	
8157ss	19.04.1945	Mannesmann Trautzerwk	Wien	alle		Maschinen u. Materialien	Kujbyschev	VK Erdöl		0	VK Bajbakov	20	M. M. Akischin, stv. VK Erdöl	Vachitov,	bis 1.7.45	
8158ss	19.04.1945	Radiowerk	Wien XIV	170	St.	Metallschneidemaschinen	Leningrad	VK Flugzeugind.		z. Ausweit. d. Prod. v. Funkapp.	VK Schachurin	15	N. Ja. Balakirev, Chef d. 17. HV d. VK Flugzeugind.	Vachitov Novikov	bis 1.6.45	
8159ss	19.04.1945	Wiener Radiowerk	Wien	alle		Metallbearb., Empfangsanlagen, Halbfabrik.,Materialien, Meßgeräte z. Prod. v. Radioröhren	Leningrad	VK Elektroind.	Fab. 211		VK Kabanov	25	I.T. Prigarin, Dir. d. Fab. 211	Vachitov	bis 15.5.45	
8159ss	19.04.1945	Amazone	Wien	alle		Metallbearb., Empfangsanlagen, Halbfabrik.,Materialien, Meßgeräte z. Prod. v. Radioröhren	Leningrad	VK Elektroind.	Fab. 211		VK Kabanov	25	I.T. Prigarin, Dir. d. Fab. 211	Vachitov	bis 15.5.45	
8159ss	19.04.1945	Siemens & Halske	Wien	alle		Metallbearb., Empfangsanlagen,	Moskau	VK Elektroind.	Fab. 528		VK Kabanov	25	S.N. Savin, Chefkonstrukteur d. Fab. 528	Vachitov	bis 15.5.45	

GOKO-Befehl	Datum des Befehls	demontierter Betrieb	Standort des Betriebes	Demontierte Menge	Einheit	demontierte Anlagen	Verlagerungsort	Sowjetische Behörde/Organ	Verlagerungsbetrieb	Falls angeführt: Verwendung	Durchführender	Anz. An bet. Experten	Name u. Funktion des verantwortlichen Demonteurs	Verantwortlicher der Roten Armee	Abschluß der Demontage bis:	Allfällige besondere Bemerkungen
						Halbfabrik.,Materialien, Meßgeräte zur Prod. v. Funkgerät, Funkhöhenmessern u. a. Funkappar.										
8159ss	19.04.1945	Akkumulatorenfab. Wart	Wien	alle		Metallbearb., Empfangsanlagen, Halbfabrik.,Materialien, Meßgeräte zur Akkumulatoren-Produktion	Kursk	VK Elektroind.	Fab. 111		VK Kabanov	25	V.A.Obtracht, Chefing. d. Fab. 575	Vachitov	bis 15.5.45	
8196ss	19.04.1945	Messerschmidt	Wr. Neustadt	13	St.	Me-109G-10-R	Ljubercy	VVS KA		3 St. zu GKNII VVS KA z. Kennenl. 10 St. in die Höh. Off.Schule für Luftkämpfe zur Verteilung an die Sommerschulen des VVS KA	Novikov					
						neue Motoren	an das nächstgel. Lager RA									
8269ss	26.04.1945	Sauer	Wien	880	St.	Metallschneidemaschinen	Jaroslavl	VK mittlerer Maschinenbau	Autofab.		VK Akopov	55	A.P.Varinov, stv. Dir. Autofabrik von Jaroslavl	Vachitov	bis 10.7.45	
				20	St.	Pressen										

GOKO-Befehl	Datum des Befehls	demontierter Betrieb	Standort des Betriebes	Demontierte Menge	Einheit	demontierte Anlagen	Verlagerungsort	Sowjetische Behörde/Organ	Verlagerungsbetrieb	Falls angeführt: Verwendung	Durchführender	Anz. An bet. Experten	Name u. Funktion des verantwortlichen Demonteurs	Verantwortlicher der Roten Armee	Abschluß der Demontage bis:	Allfällige besondere Bemerkungen
				93	St.	Werkbänke z. Prod. v. Kurbelwellen Werkzeug und Materialien										
8269ss	26.04.1945	Gräf & Stift	Wien	996 15	St. Einh.	Metallschneidemaschinen Ausrüstung f. Gußpressen Werkzeug und Materialien	Moskau	VK mittlerer Maschinenbau	Autofabr. "Stalin"		VK Akopov	55	P. Ja. Sofronov, Dir.Ass. der Mosk. Autofabrik "Stalin"	Vachitov	bis 10.7.45	
8269ss	26.04.1945	Austro-Fiat	Wien	alle		vorhandenen Ausrüstungen Werkzeug und Materialien	Mink	VK mittlerer Maschinenbau	Autoersatzteile F.		VK Akopov	55	N.N. Malinin, stv. Dir. Minsker Auto-Ersatzteilefabrik	Vachitov	vis 10.7.45	
8271ss	26.04.1945	Wr. Neustädter Lokomotivfabrik, "Henschel & Sohn" AG	Wr. Neustadt	140 200	St. St.	Metallbearb. Maschinen und Hilfswerkzeuge zur Produktion von Dampf-Tendern	Kujbyschev	VK Schwere Maschinenind.	MB Fab		VK Kazakov	10	S.... Semenov, Chef d. Maschinenbauwerkes "Kujbyschev" in Kolomenskoe	Vachitov	bis 15.6.45	
8273ss	26.04.1945	Enzesfelder Metallwerke AG	Enzesfeld	alle		Ausrüstung für Artillerie-Geschoße	Stalino	VK Munition	Fab. 110	z. Produktion von Artilleriegeschoßen 32,48,88 und 150 mm	VK Vannikov	10	V.S. Antonov, Chefing. Fabr. 110 des VK Munition	Vachitov	bis 1.6.45	
				600	St.	Metallschneidemaschinen Ausrüstung für Gußpressen, Förderbänder, E-Ausrüstung										

GOKO-Befehl	Datum des Befehls	demontierter Betrieb	Standort des Betriebes	Demontierte Menge	Einheit	demontierte Anlagen	Verlagerungsort	Sowjetische Behörde/Organ	Verlagerungsbetrieb	Falls angeführt: Verwendung	Durchführender	Anz. An bet. Experten	Name u. Funktion des verantwortlichen Demonteurs	Verantwortlicher der Roten Armee	Abschluß der Demontage bis:	Allfällige besondere Bemerkungen
8277ss	26.04.1945	dt. Gerätebau-Firma Pintsch	Wien	133 3 4 1 29	St. St. St. St. St.	Metallwerkbänke Balancierungswerkbänke Kompressoren Walztisch f. Gerät "Obri" andere Apparate für den Torpedobau	Leningrad	VK Schiffbau	Torpedo-Fabr. 181		VK Nosenko	10	P.B.Eidelnand, Chefing. d. wiss techn. Inst. 400 des VK Schiffb	Vachitov	bis 25.5.45	
8277ss	26.04.1945	Minen- u. Torpedobau Schauer	Wien	48 22	St. St.	Metallschneidemaschinen andere Apparate	Gorkij	VK Schiffbau	Fab. 215		VK Nosenko	10	I. M. Sluckij, Dir. d. Fab. 215	Vachitov	bis 25.5.45	
8278ss Korrektur	26.04.1945	Schuster & Co Flugzeugteilefertigung	Wien Neunkirchen	550	St.	versch. metallbearb. Appar. z. Prod. Flugmotorenkerzen	Charkov	VK Flugzeugind.	Wk 135	f. Flugzeugfertigung	VK Schachurin	30	N. G. Glatschenko, Chef d. Prod.Abt. d. 4. HV des VK	Vachitov	bis 10.6.45	
8278ss	26.04.1945	Flugzeugteilefertigung	Neunkirchen	160	St.	versch. metallbearb. Masch. f. Flugmotorenbau	Dnepropetrovsk	VK Flugzeugind.	Fab. 489		VK Schachurin	30	G. ... Sokolov, techn. Chefkontrollor d. Wk 20 d. VK Flugz.Ind.	Vachitov	bis 10.6.45	
8283ss	26.04.1945	Mech. Fabrik Scheschberg	Azgersdorf bei Wien	122	St.	Metallschneidemaschinen	Gomel	VK Werkzeugbau	Werkbankbau-Fabr.		VK Efremov	30	S.F. Borejko, Chef. 1. Sektor Militärabteilung VK SS	Vachitov	bis 20.6.45	
8286ss	26.04.1945	Wr. Lokomotivfabrik "Henschel"	Wien	720 80 60	St. St. St.	Metallschneidemaschinen Metallpress-Ausrüstung Brückenkräne	Kolomenskoe	VK Schwermaschinenbau	Fabr. "Kujbyschev		VK Kazakov	70	G.A. Borodin, stv. Dir. Für Produktion d. Fabrik "Kujbyschev" von	Vachitov	bis 30.6.45	

GOKO-Befehl	Datum des Befehls	demontierter Betrieb	Standort des Betriebes	Demontierte Menge	Einheit	demontierte Anlagen	Verlagerungsort	Sowjetische Behörde/Organ	Verlagerungsbetrieb	Falls angeführt: Verwendung	Durchführender	Anz. An bet. Experten	Name u. Funktion des verantwortlichen Demonteurs	Verantwortlicher der Roten Armee	Abschluß der Demontage bis:	Allfällige besondere Bemerkungen
						andere Ausrüstungen, Materialien, Werkzeug, Halbfabrik.							Kolomenskoe			
8286ss	26.04.1945	Maschinenbau Pauker-werke "Klöckner-Humboldt"	Wien	120 14 10 20 2	St. St. St. St. St. St.	Metallschneidemaschinen Metallpress-Ausrüstung Krane Brückenkräne E-Schweißgeräte u. Transformatoren Kompressoren Werkzeug, Halbfabrikate und Materialien	Ljudinovo	VK Schwermaschinenbau	Lokomotiv-Fabrik		VK Kazakov	70	I.A. Schachov, Chefing. HV VK Schwermaschinenbau	Vachitov	bis 30.6.45	
8286ss	26.04.1945	Wr. Maschinenfabrik	Wien	250	St.	Metallschneidemaschinen Ausrüstung f. Gießereien Hilfs- u. Transportausrüstung Werkzeug, Materialien, Halbz	Ljudinovo	VK Schwermaschinenbau	Lokomotiv-Fabrik		VK Kazakov	70	A.I. Bytschkov, Chefkonstr. Lokomotivfabrik von Ljudinovo	Vachitov	bis 30.6.45	
8286ss	26.04.1945	Schiller-Bleckmann	Wimpassing	3 13 2 16	St. St. St. St.	Martinöfen E-Stahlöfen Pressen verschied. Hämmer	Brjansk	VK Schwermaschinenbau	Maschbaufabrik		VK Kazakov	70	A. P. Arefin, Prod. Chef d.. Brjansk	Vachitov	bis 30.6.45	

GOKO-Befehl	Datum des Befehls	demontierter Betrieb	Standort des Betriebes	Demontierte Menge	Einheit	demontierte Anlagen	Verlagerungsort	Sowjetische Behörde/Organ	Verlagerungsbetrieb	Falls angeführt: Verwendung	Durchführender	Anz. An bet. Experten	Name u. Funktion des verantwortlichen Demonteurs	Verantwortlicher der Roten Armee	Abschluß der Demontage bis:	Allfällige besondere Bemerkungen
						Revers-Werkbänke "Demag" Vorräte an Walzen, u.a. Gerät										
				1	St.	hydr. Presse 250 t										
						Kompressoren, Gasgeneratoren, Turbinen										
				100	t	Rohre										
				4	St.	Wasserturbinen										
				2000	St.	Gußformstükke f. Räder										
8291ss	26.04.1945	Hiag Werke	Wien-Liesing	alle		Ausrüstung zur Erzeugung v. Formaldehyd	Kuskovo	VK Chemische Ind.	Chemiefabrik	z. Produktion von Formaldehyd	VK Pervuchin	4	M. I.Sonitschkin	Vachitov	bis 20.5.45	
8292ss	26.04.1945	Schrack & Ericson	Wien	alle		metallbearb. Masch., Appar.,	Leningrad	VK Elektroind.	Fab. Krasnaja Zarja d. VK		VK Kabanov	5	I. E. Golubcov, Chef d. techn. Abt. d. 3. HV des VK Elektroind.	Vachitov	bis 1.6.45	
				alle		transportablen Empfänger										
				alle		transportablen Empfänger (Kontroll)										
				alle		Instrumente										
				alle		Halbfabrikate, Materialien z. Prod. v. Tele-fonen u. Funkg.										
8292ss	26.04.1945	Schrack & Ericson	Wien	alle		metallbearb. Masch., Appar.,	Leningrad	VK Schiffbau	Fab. 212		VK Nosenko	25	V. A. Abaribov, Chef-Mecha-	Vachitov	bis 1.6.45	

GOKO-Befehl	Datum des Befehls	demontierter Betrieb	Standort des Betriebes	Demontierte Menge	Einheit	demontierte Anlagen	Verlagerungsort	Sowjetische Behörde/Organ	Verlagerungsbetrieb	Falls angeführt: Verwendung	Durchführender	Anz. An bet. Experten	Name u. Funktion des verantwortlichen Demonteurs	Verantwortlicher der Roten Armee	Abschluß der Demontage bis:	Allfällige besondere Bemerkungen
				alle		transportablen Empfänger							niker d. Fabr. 192 d. VK Schiffbau			
				alle		transportablen Empfänger										
				alle		(Kontroll)Instrumente										
				alle		Halbfabrikate, Materialien z. Prod. v. Funk-Ortungsgerät u. Geräten d Artillerie-Verw.										
8292ss	26.04.1945	Apparatebau Petrowitsch	Wien	alle		Apparate zur Produktion von Funk-Ortungsgeräten	Serpuchov	VK Schiffbau	Fab. 252		VK Nosenko	25	G. N. Tschernicyn, Obering. d. 4. HV des VK Schiffbau	Vachitov	bis 1.6.45	
8293ss	26.04.1945	Kunstfarbenfabrik "Würzburg-Echinger"	Wien	alle		Geräte u. Rohmaterialien z. Prod. v. Kunstfarben	Leningrad	VK Chem. Industrie	Fab. f. Kunstfarben		VK Pervuchin	4	V. V. Dmitriev, Chefing. des Leningrader Kunstfarbenwerks	Vachitov	bis 5.5.45	
8304ss	26.04.1945	Siemens-Schuckert	Wien	alle		metallbearb. Masch., Appar.,	Charkov und	VK Elektroind.	Fab. ChÄMZ Charkov		VK Kabanov	150	Ch. S. Izmozik, Dir. d. Fabrik "Elektrik"	Vachitov	bis 30.4.45	
			Wien XX	alle		transportablen Empfänger	Leningrad									
			Wien XXI	alle		transportablen Empfänger										
				alle		(Kontroll)Instrumente			Fab. "Sevkabel" in Leningrad							
				alle		Halbfabrikate, Materialien z. Prod. v. E-Motoren b.150 KW										

GOKO-Befehl	Datum des Befehls	demontierter Betrieb	Standort des Betriebes	Demontierte Menge	Einheit	demontierte Anlagen	Verlagerungsort	Sowjetische Behörde/Organ	Verlagerungsbetrieb	Falls angeführt: Verwendung	Durchführender	Anz. An bet. Experten	Name u. Funktion des verantwortlichen Demonteurs	Verantwortlicher der Roten Armee	Abschluß der Demontage bis:	Allfällige besondere Bemerkungen
						von Generatoren, versch. anderen E-Geräten u. Kabelfert.										
8304ss	26.04.1945	AEG - Wk. "Union"	Wien XXI	alle		metallbearb. Masch., Appar.,	Sverdlovsk	VK Elektroind.	Fab. 659		VK Kabanov	150	V. … Abakumov, Dir. d. Fab. 659 des VK Elektroind.	Vachitov	bis 30.4.45	
				alle		transportablen Empfänger										
				alle		transportablen Empfänger			"Ural-E-Apparat"							
				alle		(Kontroll)Instrumente										
				alle		Halbfabrikate, Materialien z. Prod. v. st. Generatoren, E-Wechselstr.-Motoren, Transformatoren u. and. E-Geräten										
8304ss	26.04.1945	Siemens-Halske	Wien III	alle		metallbearb. Masch., Appar.,	Leningrad	VK Elektroind.	Fab. Krasnaja Zarja", Röhren-Wk. "Svetlana", E-Geräte-Wk. 531		VK Kabanov	150	A. S. Fedotov, Dir. d. Werkes "Krasnaja Zarja" des VK	Vachitov	bis 30.4.45	
				alle		transportablen Empfänger										
				alle		transportablen Empfänger										
				alle		(Kontroll)Instrumente										
				alle		Halbfabrikate, Materialien z. Prod.v.Radiogeräten, Röhren,										

GOKO-Befehl	Datum des Befehls	demontierter Betrieb	Standort des Betriebes	Demontierte Menge	Einheit	demontierte Anlagen	Verlagerungsort	Sowjetische Behörde/Organ	Verlagerungsbetrieb	Falls angeführt: Verwendung	Durchführender	Anz. An bet. Experten	Name u. Funktion des verantwortlichen Demonteurs	Verantwortlicher der Roten Armee	Abschluß der Demontage bis:	Allfällige besondere Bemerkungen
						Telefonen, Telegraphen-Apparaten, elektr. Meßgeräten										
8304ss	26.04.1945	Austria-Ditmar	Wien XI	alle		metallbearb. Masch., Appar.,	Leningrad	VK Elektroind.	Fab. "Elektrik"		VK Kabanov	150	Ch. S. Izmozik, Dir. d. Fabrik "Elektrik"	Vachitov	bis 30.4.45	
				alle		transportablen Empfänger										
				alle		transportablen Empfänger										
				alle		(Kontroll)Instrumente										
				alle		Halbfabrikate, Materialien z. Prod. v. Kondensatoren, Leuchtarmaturen u. Gußeisen										
8304ss	26.04.1945	Kapsch	Wien XII	alle		metallbearb. Masch., Appar.,	Riga	VK Elektroind.	Fab. VÄF		VK Kabanov	150	A. S. Fedotov, Dir. d. Werkes "Krasnaja Zarja" des VK	Vachitov	bis 30.4.45	
				alle		transportablen Empfänger										
				alle		transportablen Empfänger										
				alle		(Kontroll)Instrumente										
				alle		Halbfabrikate, Materialien z. Herst. v. Sendeanlagen und Telefonapparaten										

GOKO-Befehl	Datum des Befehls	demontierter Betrieb	Standort des Betriebes	Demontierte Menge	Einheit	demontierte Anlagen	Verlagerungsort	Sowjetische Behörde/Organ	Verlagerungsbetrieb	Falls angeführt: Verwendung	Durchführender	Anz. An bet. Experten	Name u. Funktion des verantwortlichen Demonteurs	Verantwortlicher der Roten Armee	Abschluß der Demontage bis:	Allfällige besondere Bemerkungen
8304ss	26.04.1945	Brown-Boveri	Wien X	alle		metallbearb. Masch., Appar.,	Leningrad	VK Elektroind.	Fab. "Elektrik"		VK Kabanov	150	Ch. S. Izmozik, Dir. d. Fabrik "Elektrik"	Vachitov	bis 30.4.45	
				alle		transportablen Empfänger										
				alle		transportablen Empfänger										
				alle		(Kon-troll)Instrumente										
				alle		Halbfabrikate, Materialien z. Prod. v. E-Motoren, Elektr. Schweißgeräten, E-Apparat.										
8304ss	26.04.1945	Felten & Geulleaume	Wien X	alle		metallbearb. Masch., Appar.,	Leningrad	VK Elektroind.	Fab. Sevkabel							
		Kabelwerk		alle		transportablen Empfänger					VK Kabanov	150	A. K. Kozlovskij, Dir. d. Fabrik Sevkabel	Vachitov	bis 30.4.45	
				alle		transportablen Empfänger										
				alle		(Kon-troll)Instrumente										
				alle		Halbfabrikate, Materialien z. Prod. v. Meereskabeln, Starkstromkabeln, div. and. Kabel										
8304ss	26.04.1945	"Ariadne"	Wien XI	alle		metallbearb. Masch., Appar.,	Kiew	VK Elektroind.	Fab. "Ukrkabel"		VK Kabanov	150	L. B. Grabin, Dir. d. Fabrik "Ukrkabel"	Vachitov	bis 30.4.45	
				alle		transportablen Empfänger										
				alle		transportablen										

GOKO-Befehl	Datum des Befehls	demontierter Betrieb	Standort des Betriebes	Demontierte Menge	Einheit	demontierte Anlagen	Verlagerungsort	Sowjetische Behörde/Organ	Verlagerungsbetrieb	Falls angeführt: Verwendung	Durchführender	Anz. An bet. Experten	Name u. Funktion des verantwortlichen Demonteurs	Verantwortlicher der Roten Armee	Abschluß der Demontage bis:	Allfällige besondere Bemerkungen
				 alle alle		Empfänger (Kontroll)Instrumente Halbfabrikate, Materialien z. Prod. v. Email-Leitungen, Wickelungen, Installationsleit.										
8304ss	26.04.1945	"Kabelwerke", des Konzerns EMGI	Wien XII	alle alle alle alle alle		metallbearb. Masch., Appar., transportablen Empfänger transportablen Empfänger (Kontroll)Instrumente Halbfabrikate, Materialien z. Prod. v. Starkstromkabeln, Leitungen, Montageleitungen u. a. Kabelerzeugnissen	Moskau	VK Elektroind.	Kabelwk. Nr. 330		VK Kabanov	150	L. I. Berschadskij, Dir. d. Fabrik 198 d. VK	Vachitov	bis 30.4.45	
8314ss	26.04.1945	Rudolf Gaar Getriebe- u. Zahnradtabrik	Wien	60	St.	Metallschneidemaschinen	Uljanovsk	VK mittlerer Maschinenbau	Autofabr.		VK Akopov	3	G.A. Schirschov, Ing. VK mittlerer Maschinenbau	Vachitov	bis 30.5.45	
8325ss	26.04.1945	Semperit	Engerau	alle		Maschinen u. Materialien	Kursk	VK Gummiind.	Gummiwk		VK Mitrochin	10	A. E. Zacharov, Dir. d. im Bau	Vachitov	bis 15.6.45	

GOKO-Befehl	Datum des Befehls	demontierter Betrieb	Standort des Betriebes	Demontierte Menge	Einheit	demontierte Anlagen	Verlagerungsort	Sowjetische Behörde/Organ	Verlagerungsbetrieb	Falls angeführt: Verwendung	Durchführender	Anz. An bet. Experten	Name u. Funktion des verantwortlichen Demonteurs	Verantwortlicher der Roten Armee	Abschluß der Demontage bis:	Allfällige besondere Bemerkungen
									in Bau				befindlichen Gummiwerkes			
8380ss	04.05.1945	E-Werk	Wien-Simmering	6	St.	Turbogeneratoren,zus.77 MW	versch. TÄZ				VK Zhimerin	?	P. S. Pintschuk,	Vachitov	bis 1.7.45	
				6	St.	Dampfkessel f. 500 t/h inkl. dazugehöriger App. u. Geräte	versch. GRÄS	VK E-Werke								
8381ss	10.05.1945	Messerschmidtwerke	Wr. Neustadt	338	St.	Metallbearb. Maschinen	Charkov	VK Flugzeug-ind.	Fab. 135	z. Organisierung d. Flugzeugprod.	VK Schachurin	40		Vachitov	bis 1.6.45	
		Jägerwerk		43	St.	Pressen u. dazugeh. App.								Novikov		
				alle		Geräte und Materialien								Sudec		
8381ss	10.05.1945	Filzfabrik	Gloggnitz	63	St.	Werkbänke	Charkov	VK Flugzeug-ind.	Fab. 135	z. Organisierung d. Flugzeugprod.	VK Schachurin	40		Va., Novik.	bis 1.6.45	
		z. Erzeug. v. Flugz.Ausstatt.		4	St.	Pressen								Sudec		
8381ss	10.05.1945	Brüder Schneider	Wien	25	St.	Werkbänke	Charkov	VK Flugzeug-ind.	Fab. 135	z. Organisierung d. Flugzeugprod.	VK Schachurin	40		Va., Novik.,	bis 1.6.45	
				35	St.	Pressen				Erzeugung v. .....??				Sudec		
8381ss	10.05.1945	Steyr-Daimler-Puch	Wien	250	St.	Werkbänke	Charkov	VK Flugzeug-ind.	Fab. 135	z. Erz. V. Flzg.-Stoßdämpfern u. Flzg-Chassies	VK Schachurin	40		Va., Novik., Sudec	bis 1.6.45	
8381ss	10.05.1945	Heinkel		250	St.	Metallbearb. Maschinen samt dazugeh. Geräten	Moskau	VK Flugzeug-ind.	Fab 456 d. VK	z. Flugzeug-Produktion	VK Schachurin	40		Va., Novik., Sudec	bis 1.6.45	
				150	St.	Werkbänke				z. Erzeugung						

GOKO-Befehl	Datum des Befehls	demontierter Betrieb	Standort des Betriebes	Demontierte Menge	Einheit	demontierte Anlagen	Verlagerungsort	Sowjetische Behörde/Organ	Verlagerungsbetrieb	Falls angeführt: Verwendung	Durchführender	Anz. An bet. Experten	Name u. Funktion des verantwortlichen Demonteurs	Verantwortlicher der Roten Armee	Abschluß der Demontage bis:	Allfällige besondere Bemerkungen
			Wk Hinterbrühl							von Düsenjägern						
		Sommer-Versuchsanlage	Fischament	100	St.	Werkbänke										
				alle		Versuchsgeräte										
8381ss	10.05.1945	Flugmotorenwerke Ostmark	Wr. Neudorf	200	St.	Metallbearb. Maschinen	Rybinsk	VK Flugzeugind.	Fab. 36	z. Prod. v. Flugmotoren						
				24	St.	Versuchs-Anlagen "Famo" plus dazugeh. Geräte			VK		VK Schachurin	40		Va., Novik., Sudec	bis 1.6.45	
8381ss		Zweigwk "Karo-Werke"	Wien	170	St.	Werkbänke										
				4	St.	Pressen Gießerei-Anlagen										
8383ss	04.05.1945	Gustav Werke	Kottenbrunn	alle		Ausrüstung zur Prod. von Geschoßkörpern 13,15 u. 20 mm, u. 13 mm Hülsen, darunt:	Rostov/Don	VK Munition	Wk. 359 VK Mun.	zur Erzeugung von Geschoßkörpern	VK Vannikov	5	S. I. Rossochin, stv. Dir. Wk. 62 VK Munition	Vachitov	bis 10.6.45	
				46	St.	4er und 6er-Spindelautomat.										
				15	St.	Exzenter-Schleifapparate										
				30	St.	Reißwolf Geräte										
				21	St.	Maschinen z. Hülsenprod.										
				39	St.	Dehnungs-Halbautomaten										

GOKO-Befehl	Datum des Befehls	demontierter Betrieb	Standort des Betriebes	Demontierte Menge	Einheit	demontierte Anlagen	Verlagerungsort	Sowjetische Behörde/Organ	Verlagerungsbetrieb	Falls angeführt: Verwendung	Durchführender	Anz. An bet. Experten	Name u. Funktion des verantwortlichen Demonteurs	Verantwortlicher der Roten Armee	Abschluß der Demontage bis:	Allfällige besondere Bemerkungen
				67	St.	universelle und div. Werkb. Labor- und Elektrogeräte Transportmittel										
8385ss	04.05.1945	Exelmetallwerke	Exelfelddorf	alle		Anlagen u. Geräte zur Prod. v. Hülsen Kaliber 40 u. 80 mm	Tula	VK Munition	Fab. 187 VK Mun.		VK Vannikov	5	V. I. Popov, Dir. D. Wk 176 d. VK Munition	Vachitov	bis 1.6.45	
				120	St.	Metallbearb. Maschinen Transportmittel u. E-Geräte										
8386ss	04.05.1945	Gustav Werke Hirtenberger Patronenfabr.	Hirtenberg	350	St.	Metallschneidemaschinen	Voroschilovgrad	VK Rüstung	Wk 270 des VK Rü	zur Erzeugung von Patronen	VK Ustinov	5	K. V. Palkin, Chef. Fabr. 543 VK Rüstung	Vachitov	bis 5.6.45	
				alle		Labor- u. Techn. Einrichtung z. Patronenerzeugung										
8387ss	04.05.1945	Herz	Wien	760	St.	Metallbearb. Maschinen	Leningrad	VK Rüstung	Fab. 349 VK Rüst.	zur Ausweitung der Produktion optisch-mechanischer Geräte	VK Ustinov	6	E. P Zajcev, stv. Dir. d. Werkes 349 VK Rüstung	Vachitov	bis 5.6.45	
				300	St.	Spindeln optischer Maschin.										
				gesamte		fertige Produktion										
				alle		Halbfabrikate										
8389ss	04.05.1945	Uger & Co	Wien	alle		metallbearb. Masch., Appar.,	Ufa	VK Elektroind.	Fab. 656		VK Kabanov	30		Vachitov	bis 5.6.45	
				alle		transportablen Empfänger										
				alle		transportablen Empfänger										

GOKO-Befehl	Datum des Befehls	demontierter Betrieb	Standort des Betriebes	Demontierte Menge	Einheit	demontierte Anlagen	Verlagerungsort	Sowjetische Behörde/Organ	Verlagerungsbetrieb	Falls angeführt: Verwendung	Durchführender	Anz. An bet. Experten	Name u. Funktion des verantwortlichen Demonteurs	Verantwortlicher der Roten Armee	Abschluß der Demontage bis:	Allfällige besondere Bemerkungen
				alle		(Kontroll)Instrumente										
				alle		Halbfabrikate, Materialien z. Prod. v. Elektrogeräten										
8389ss	04.05.1945	Donauländischer Apparatebau	Wien-Krottenbach 82	alle		metallbearb. Masch., Appar.,	Leningrad	VK Elektroind.	Fab. 531		VK Kabanaov	30		Vachitov	bis 5.6.45	
				alle		transportablen Empfänger										
				alle		transportablen Empfänger										
				alle		(Kontroll)Instrumente										
				alle		Halbfabrikate, Materialien z. Prod. v. Eletrogeräten										
8389ss	04.05.1945	Wienradiowerk im Augarten		alle		metallbearb. Masch., Appar.,	Novosibirsk	VK Elektroind.	Röhrenfabrik 617		VK Kabanov	30		Vachitov	bis 5.6.45	
				alle		transportablen Empfänger										
				alle		transportablen Empfänger										
				alle		(Kontroll)Instrumente										
				alle		Halbfabrikate, Materialien z. Prod. v. Radioröhren										
8389ss	04.05.1945	Kunststoff Presswerk	Wien XV	alle		metallbearb. Masch., Appar.,	Voronezh	VK Elektroind.	Radiowerk 728		VK Kabanov	30		Vachitov	bis 5.6.45	
			Wien V	alle		transportablen Empfänger										

GOKO-Befehl	Datum des Befehls	demontierter Betrieb	Standort des Betriebes	Demontierte Menge	Einheit	demontierte Anlagen	Verlagerungsort	Sowjetische Behörde/Organ	Verlagerungsbetrieb	Falls angeführt: Verwendung	Durchführender	Anz. An bet. Experten	Name u. Funktion des verantwortlichen Demonteurs	Verantwortlicher der Roten Armee	Abschluß der Demontage bis:	Allfällige besondere Bemerkungen
				alle alle alle		transportablen Empfänger (Kontroll)Instrumente Halbfabrikate, Materialien z. Prod. v. Radio-Kunststofftei-. len u. Telefonappar.										
8389ss	04.05.1945	Metallwerke W. F. Bechmann	Inzersdorf	alle alle alle alle alle		metallbearb. Masch., Appar., transportablen Empfänger transportablen Empfänger (Kontroll)Instrumente Halbfabrikate, Materialien z. Prod. V. Wickelleitungen und Leitungen	Taschkent	VK Elektroind.	Kabelwerk 682		VK Kabanov	30		Vachitov	bis 5.6.45	
8390ss	04.05.1945	Wr. Staatliches Karthographisches Institut	Wien	5 3 1 3 1000 20	St. St. St. St. t t	Kartendruck-Offsetmaschin. Pavillon-Fotokameras Stereoplanigraph Foto-Transformatoren Karten-Papier chem. Material (?) u.	Moskau	GenStab d. RA, Verwaltung für Militärkarten		z. Ausweitung der Produktion von Militärkarten	Kudrjavcev		N. N. Aksenov, Obst.	Vachitov	bis 20.5.45	

GOKO-Befehl	Datum des Befehls	demontierter Betrieb	Standort des Betriebes	Demontierte Menge	Einheit	demontierte Anlagen	Verlagerungsort	Sowjetische Behörde/Organ	Verlagerungsbetrieb	Falls angeführt: Verwendung	Durchführender	Anz. An bet. Experten	Name u. Funktion des verantwortlichen Demonteurs	Verantwortlicher der Roten Armee	Abschluß der Demontage bis:	Allfällige besondere Bemerkungen
						Offset-farben										
8391ss	04.05.1945	Enzesfelder Metallwerke AG Aluminium-Legierungen	Enzesfeld	1	St.	Heißwalz-strecke "Demag" Walzstrecke "Trio Schle-man"	st. Setun, Geb. Moskau	VK Flugzeug-ind.	Wk. 65 des VK Flug-zeug-ind.	z. Ausweitung der Produktion	VK Schachurin Novikov, Kdt. d. Luftstreitkräf. d. Roten Armee Sudec, Kdt. Der 17. Luftarmee	80	I.S. Vyschtynec-kij, Prod.Chef Wk. 150 VK Flugzeugind.	Vachitov	bis 15.6.45	
				1	St.	Walzstrecke "Duo Schle-man"										
				6	St.	E-Öfen f. Biegefestig-keit hydraul. 4000 t-Presse										
				1	St.	hydraul. 2500 t-Presse										
				1	St.	10000 t-Presse										
				1	St.	5000 t-Presse										
				1	St.	3000 t-Presse										
				1	St.	1500 t-Presse										
				1	St.	Hämmer										
				2	St.	E-Öfen f.										
				10	St.	Biegef. "Junker"										
				110	St.	Metallschnei-demaschinen										
				div.		E-, Transport- u. Hilfsmater.										
				1	St.	Heißwalz-strecke	Lenin-grad	VK Buntmetall	Wo-roschi-low-Wk. des VK	z. Ausweitung der Produktion	VK Lomako	10	F.F. Petruchin, stv.Chef HV VK Buntmetall	Vachitov	bis 15.6.45	
				8	St.	Kaltwalzstre-cken "Duo"										
				1	St.	schmale Walzstrecke "Trio"										
				1	St.	Kaltwalz-strecke Walzstrecken f. Folien Drahtwalz-										

GOKO-Befehl	Datum des Befehls	demontierter Betrieb	Standort des Betriebes	Demontierte Menge	Einheit	demontierte Anlagen	Verlagerungsort	Sowjetische Behörde/Organ	Verlagerungsbetrieb	Falls angeführt: Verwendung	Durchführender	Anz. An bet. Experten	Name u. Funktion des verantwortlichen Demonteurs	Verantwortlicher der Roten Armee	Abschluß der Demontage bis:	Allfällige besondere Bemerkungen
				1	St.	strecken 1500 t-Presse										
8398ss	04.05.1945	Semperit	Wimpassing	alle		Maschinen u. techn. Anlagen	Jaroslavl	VK Gummiind.	Fab. 151		VK Mitrochin	10	I. A. Tkatschenko	Vachitov	bis 15.6.45	
				alle		Materialien										
8400ss	04.05.1945	Garvenswerke, Pumpen- und Maschinenfabrik "Werkseingang & Warenübernachless (?)"	Wien	200	St.	fertige Hochdruckpumpen	Groznyj	VK Erdöl	VK Wk. "Krasnyj molot"		VK Bajbakov	3	M.M. Akischin, stv. VK Erdöl	Vachitov	bis 25.5.45	
				120	Einh	universelle Ausrüstungen										
8401ss	04.05.1945	Simmering Waggonbau	Wien-Simmering	alle		Maschinen u. techn. Anlagen außerdem:									bis 30.6.45	
				328	St.	Klasse-Waggons	Leningrad	VK mittl. Maschbau	Waggonfa "Stalin"-		VK Akopov	15	P. V. Pavlov, stv. Dir. d. Waggonfab. "Egorov" in Leningrad	Vachitov	bis 30.6.45	
				170	St.	Dieselmotoren	Uljanovsk		Kirov-Wk			15				
				70	St.	Brückenbaukräne	Leningrad	VK schw. Maschind	Autofab.		VK Kazakov	3	L.E. Kazinickij, stv. Dir., Kirov-W.	Vachitov	bis 30.6.45	
8402ss	04.05.1945	Von Schamio (?) Brückenbauanstalt	Wien	166	St.	Maschinen u. Apparate fertige Produktionen	?	VK PS	Wk. 50 d. HV VK PS		VK Kobalev	20	B.P. Konstantinov, stv. Dir. HV Brückenbau VK PS	Vachitov	bis 1.6.45	
				div.		Materialien										
8408ss	04.05.1945	Margarinefabrik Georg Schicht	Wien	div.		techn., ektr., u. Hilfsapparate	Charkov	VK Nahrungsmittel-Industrie	Margarinefabrik		VK Zotov	10	Ja. M. Berkovic, Dir. Margarinefabrik d. Leningrader Fettkombinates	Vachitov	bis 20.6.45	

GOKO-Befehl	Datum des Befehls	demontierter Betrieb	Standort des Betriebes	Demontierte Menge	Einheit	demontierte Anlagen	Verlagerungsort	Sowjetische Behörde/Organ	Verlagerungsbetrieb	Falls angeführt: Verwendung	Durchführender	Anz. Anbet. Experten	Name u. Funktion des verantwortlichen Demonteurs	Verantwortlicher der Roten Armee	Abschluß der Demontage bis:	Allfällige besondere Bemerkungen
8408ss	04.05.1945	Inzersdorfer Konserven-fabrik	Wien-Inzersdf.	div.		techn., ektr., u. Hilfsapparate	Cherson	VK Nahrungs-mittel-Industrie	Konserven		VK Zotov	10	G.G. Ritov, Obering. HV Konserven des VK Nahrungsmittelindustrie	Vachitov	bis 20.6.45	
				alles		entsprechendes Material			fabrik							
				alle		fertige Produktion										
8474ss	10.05.1945	Krause & Co	Wien	65	St.	Metallbearb. Maschinen	Melitopol	VK Werkzeugma-	25.Okt.-Werkz. g.m.b.		VK Efremov	100		Vachitov	bis 15.7.45	
				alle		Aufzugs-Apparate		schinen								
8474ss	10.05.1945	"Infrank & Co"	Wien	154	St.	techn. Gerät u. Materialien	Sestroreck	VK Werkz. Masch.	Instr. Fab.		VK Efremov	100		Vachitov	bis 15.7.45	
8482ss	10.05.1945	Höh. Elektrotechn. Schule	Wien	2	Anl	Funkappaturen z. V2	Moskau	VK Flugzeug-ind.	NII-1		VK Schachurin		N. Ja. Balakirev, Chef d. 17. HV des VK Flugzeugind.			
				alle		techn. Dokumentation			VK							
8483ss	10.05.1945	Heinkel	Wien	alle		Experimental-Muster(Reihe) f. Düsenflugzeuge, Motoren	Moskau	Militärrat 3. Ukr.Fr.	CAGI VK		Chrulev		Spezialtransport, Sonderbewachung		binnen 5 Tag	
									Luftfahrt		VK Schachurin				dh. bis 15.5.45	
			Fischament	alle		Unterlagen der Konstr.Büros										
			Fischament	alle		Aggregate										
			Bad Vöslau	alle		techn. Dokumentation										
8484ss	10.05.1945	Minerva-Radio	Wien	30	St.	Metallschneidemaschinen	Leningrad	VK Schiffbau	Wiss. For-sch. Inst.	z. Prod. Elektro-akkustischer Sprengzünder f. Torpedos	VK Nosenko	5	A.K.Plakid, stv.Dir. Wiss. Forsch.Institut Nr. 400	Vachitov	bis 1.6.45	
				30	St.	versch. Werkbänke										

GOKO-Befehl	Datum des Befehls	demontierter Betrieb	Standort des Betriebes	Demontierte Menge	Einheit	demontierte Anlagen	Verlagerungsort	Sowjetische Behörde/Organ	Verlagerungsbetrieb	Falls angeführt: Verwendung	Durchführender	Anz. An bet. Experten	Name u. Funktion des verantwortlichen Demonteurs	Verantwortlicher der Roten Armee	Abschluß der Demontage bis:	Allfällige besondere Bemerkungen
						Halbfabrikate			Nr. 400							
8485ss	10.05.1945	Paukerwerke	Wien-Floridsdf.	214	St.	Ausrüstungseinheiten, dav.:	Nikolaev	VK Schiffbau	Schiffbau Wk 445		VK Nosenko	10	V.N. Andrianov, Werkshallen-Chef Wk 445 VK Schiffbau	Vachitov	bis 10.6.45	
		"Hermann Göring-Werke"		150	St.	Metallschneidemaschinen										
				18	St.	Metallpressen										
				11	St.	Brückenkräne										
				16	St.	tragbare Schweißapparate										
8486ss	10.05.1945	Maschinen- u. Dampfkessel Armaturen Fabrik "Scheffer & Budenberg"	Wien	alles		Material u. die fertige Produktion	Leningrad	VK Schiffbau	Armat. Wk 457 d, VK	z. Prod. v. Schiffsarmaturen	VK Nosenko	3	S. N. Zadoorozhnij	Vachitov	bis 20.6.45	
8487ss	10.05.1945	Funkgerätewerk Medik & Schogner	Wien XIII, XIV	alle		Apparate f. Funkgeräteerzeu. f. Flugzeuge	Moskau	VK Elektroind.	Funkfab. 695	z. Prod. von Jagdflugzeugen	VK Kabanov	20	N. A. Veselov, Prod.Chef d. Fab. 695	Vachitov	bis 10.6.45	
8487ss	10.05.1945	AFA	Wien-Floridsdf	alle		Geräte f. Batterieproduktion	Kursk	VK Elektroind.	Batteriefa b. 111		VK Kabanov	20	Avdeev, stv.Chefing. d. Fab. 58 des NKÄP	Vachitov	bis 10.6.45	
8488ss	10.05.1945	Schiffswerft "Donau" der "Gute Hoffnungshütte" AG	Wien	33	St.	Werkbänke	Tscherkassy	VK Flußflotte	Schiffsreparaturwerft		VK Schaschkov	2	N. Ja. Melnikov, Dir. Schiffsreparaturwerft Tscherkassy	Vachitov	bis 10.6.45	
				2	St.	Druckhämmer										
				5	St.	tragbare Schweißapparate										
				2	St.	Kompressoren										

GOKO-Befehl	Datum des Befehls	demontierter Betrieb	Standort des Betriebes	Demontierte Menge	Einheit	demontierte Anlagen	Verlagerungsort	Sowjetische Behörde/Organ	Verlagerungsbetrieb	Falls angeführt: Verwendung	Durchführender	Anz. An bet. Experten	Name u. Funktion des verantwortlichen Demonteurs	Verantwortlicher der Roten Armee	Abschluß der Demontage bis:	Allfällige besondere Bemerkungen
8488ss	10.05.1945	Kesselbau Albrecht Franz	Wien	18 8 div.	St. St. 	Metallschneidemaschinen Metallpressen Apparaturen	Kertsch	VK Meerflotte	Schiffsreparaturwerft		VK Schischev	2	A. B. Servetnik, Chef Mechaniker Schiffsrep.Werft d. VK Meerflotte in Mariupol	Vachitov	bis 10.6.45	
8489ss	10.05.1945	Lackfabrik Ebersberger	Wien	div.		Apparaturen und Rohstoffe	Jaroslavl	VK Chemische Ind.	Wk. Svobodnyj trud		VK Pervuchin	4	S.M. Belousov, Chefing. Wk. 36 VK Chemische Ind.	Vachitov	bis 20.6.45	
8490ss	10.05.1945	Kinostudios	Wien	alle alle		Geräte, Apparate, Filme, Studios f. Spielfilme	Moskau	Komitee f. Filmind. beim SNK UdSSR			Bolschakov	7	M. A. Belmasov	Vachitov	bis 15.6.45	
8491ss	10.05.1945	Raffinerie	Hauskirchen	alle		Anlagen	Odessa	VK Erdöl	Rep.Wk Syzranneft		VK Bajbakov		Ja.M.Kermenbaum,V. Ch. Nikolenko, Bevollm. d. VK	Vachitov	bis 10.6.45	
8491ss	10.05.1945	"Itag", Röhren- u. Ventilewk	Hauskirchen	30	St.	Spezial metallbearb. Masch.	Syzran	VK Erdöl	Rep.Wk Syzranneft		VK Bajbakov		Ja.M.Kermenbaum,V. Ch. Nikolenko, Bevollm. d. VK	Vachitov	bis 10.6.45	
8491ss	10.05.1945	Diesel-Reparaturwk	Neusiedl	25 1 4	St. St. Wgg	Spezialmetallbearb. Masch. Kran Ersatzteile	Urusy, Kyjbyschev Eisenbahn	VK Erdöl	Wk. Tujmazaneft		VK Bajbakov		Ja.M.Kermenbaum,V. Ch. Nikolenko, Bevollm. d. VK	Vachitov	bis 10.6.45	
8491ss	10.05.1945	Fabrik	Djubschajmannsdorf	35 1 2	St. St. Wgg	Spezial-Werkbänke Kran Bohr-Instrumente	Iaborg, Eisenbahnl. Ordzhonikidze	VK Erdöl	Wk. Dagneft		VK Bajbakov		Ja.M.Kermenbaum,V. Ch. Nikolenko, Bevollm. d. VK	Vachitov	bis 10.6.45	

GOKO-Befehl	Datum des Befehls	demontierter Betrieb	Standort des Betriebes	Demontierte Menge	Einheit	demontierte Anlagen	Verlagerungsort	Sowjetische Behörde/Organ	Verlagerungsbetrieb	Falls angeführt: Verwendung	Durchführender	Anz. An bet. Experten	Name u. Funktion des verantwortlichen Demonteurs	Verantwortlicher der Roten Armee	Abschluß der Demontage bis:	Allfällige besondere Bemerkungen
8491ss	10.05.1945	Erdöllager	Zistersdorf	4860	t	Rohre	Urusy, Kyjbyschev Eisenbahn	VK Erdöl	Wk. Tujmazaneft		VK Bajbakov		Ja.M.Kermenbaum,V. Ch. Nikolenko, Bevollm. d. VK	Vachitov	bis 10.6.45	
				80	t	Pumpstangen										
				200	t	Stahlseile										
				30	t	Ketten "Gallja"										
				3300	St.	Bohr-Verschlüsse										
				5	St.	Dieselmotoren										
				2	St.	Schlammpumpen										
8492ss	10.05.1945	Schmidtstahlwerke	Wien	div.		Gerät u. Maschinen, wie:	Krasnyj Sulin	VK Eisen-Stahlind.	Wk. f. Metallugie		VK Tebosjan	6	N. S. Denisov, Chefmech. d. VK Eisen-Stahlind.	Vachitov	bis 10.6.45	
				1	St.	Feinstahlwalzstrecke für 10000 t/Jahr										m. Bef.9153ss wurde die Fein-Walzstrecke an die ESSR gegeben
8492ss	10.05.1945	Stefansowitsch Elektrokränebau	Wien	div.		Gerät	Dnepropetrovsk	VK Eisen-Stahlind.	Wk. f. Metallugie		VK Tebosjan	6	N. S. Denisov, Chefmech. d. VK Eisen-Stahlind.	Vachito	bis 10.6.45	
8492ss	10.05.1945	Hagon	Wien	5	St.	Bagger	Donbas	VK Eisen-Stahlind.	Erzbau Elenovskij		VK Tebosjan	3	I. V. Kryschanevskij, Chef d. Leningrader "Metiznij" Fabrik	Vachito	bis 10.6.45	
8507ss	10.05.1945	Semperit österr. Firma	Traiskirchen	alle		Geräte u. Apprate d.Werkes	Voronezh	VK Gummiind.	Wk 511 in Bau		VK Mitrochin	6	I. A. Schverdov, Dir. d. Gummi-Wk. In Sverdlovsk	Vachitov Chef d.Hauptverw. f. Beute d.RA	bis 20.6.45	

GOKO-Befehl	Datum des Befehls	demontierter Betrieb	Standort des Betriebes	Demontierte Menge	Einheit	demontierte Anlagen	Verlagerungsort	Sowjetische Behörde/Organ	Verlagerungsbetrieb	Falls angeführt: Verwendung	Durchführender	Anz. An bet. Experten	Name u. Funktion des verantwortlichen Demonteurs	Verantwortlicher der Roten Armee	Abschluß der Demontage bis:	Allfällige besondere Bemerkungen
8532ss	10.05.1945	Tabak- und Spezialmaschinenfabrik Hofherr & Schrantz GmbH	Wien	170	St.	Spezialbearbeitungsmaschin.	Leningrad	VK Rüstung	Wk. 810	f. Produktionsaufbau f. Spezial-Tabak-Bearbeitungsmaschinen	N.Ja. Cvetov, Chefing. Wk 810 VK Rüstung	5	Parischin	Vachitov	bis 5.6.45	
8596ss	16.05.1945	Elko, Buntmetallgießerei	Wien	16	St.	Werkbänke u. Gießereiwerkz.	Rybinsk	VK Flugzeugind.	Wk 36 d. VK Flugzi.	f. Flugmotorenerzeugung	VK Schachurin Novikov, Sudec	15	N.A. Krupenin, Cheftechn. 3.HV VK Flugzeugind.	Vachitov	bis 20.6.45	
8596ss	16.05.1945	Flugmotorenwerke Ostmark	Wr. Neudorf	100	St.	Werkbänke	Rybinsk	VK Flugzeugind.	Wk 36 d. VK Flugzi.	f. Flugmotorenerzeugung	VK Schachurin Novikov, Sudec	15	N.A. Krupenin, Cheftechn. 3.HV VK Flugzeugind.	Vachitov	bis 20.6.45	
8596ss	16.05.1945	Pichlerwerke (Otto Lerker) Elektromech. Flugzeugarmaturen	Wien	250	St.	Werkbänke	Leningrad	VK Flugzeugind.	Wk 283	f. Prod. von Flgz.-Funkpeilung	VK Schachurin Novikov, Sudec	15	N. Ja. Balakirev, Chef d. 17 HV VK Flugzeugind.	Vachitov	bis 20.6.45	
8596ss	16.05.1945	Karl Zitzel	Wien	36	St.	Werkbänke	Dolgoprudnaja MO	VK Flugzeugind.	Wk 464		VK Schachurin Novikov, Sudec	15		Vachitov	bis 20.6.45	
8596ss	16.05.1945	Forstner	Wien	26	St.	Werkbänke	Dolgoprudnaja MO	VK Flugzeugind.	Wk 464		VK Schachurin Novikov, Sudec	15		Vachitov	bis 20.6.45	
8596ss	16.05.1945	Weinrank-Peckmann	Wien	30	St.	Werkbänke u. Pressen	Moskau	VK Flugzeugind.	Wk 133	f. Versuchs-Produktion	VK Schachurin Novikov, Sudec	15	N.S. Aleschin, Chef d. 11 HV VK Flugzeugind.	Vachitov	bis 20.6.45	
8611ss	16.05.1945	Lager des Wiener Hafens	Wien			dt. Erdöl-Förderausrüstung,	st. Urusy, Eisenbahn	VK Erdöl	Wk Tujmazaneft		VK Bajbakov	10	M.M. Akischin, Bevollm. VK	Vachitov	bis 15.6.45	

GOKO-Befehl	Datum des Befehls	demontierter Betrieb	Standort des Betriebes	Demontierte Menge	Einheit	demontierte Anlagen	Verlagerungsort	Sowjetische Behörde/Organ	Verlagerungsbetrieb	Falls angeführt: Verwendung	Durchführender	Anz. An bet. Experten	Name u. Funktion des verantwortlichen Demonteurs	Verantwortlicher der Roten Armee	Abschluß der Demontage bis:	Allfällige besondere Bemerkungen
						darunter:	Kujbyschev						Erdöl			
				3700	t	Rohre										
				200	t	Schmalspurschienen										
				85	St.	Wiegen "Wülfel"										
				800	St.	Pumpen-Stangen										
				350	St.	Aufzüge und div. Ausrüstung										
8781ss	26.05.1945	Semperit	Wimpassing			Kunststoffwerk	Vladimir	VK Gummiind.	Wk VK Chemie	z. Produktion von Gummi	VK Pervuchin	3	I. A. Tkatschenko V.P. Belikov	Vachitov	bis 15.6.45	
				alle		Maschinen u. techn. Anlagen										
8831ss	31.05.1945	Schoeller-Bleckmann AG	Ternitz	1	St.	Walzstrecke "Bluming" Duo 850 mm, 2300 mm plus gesamte Apparatur Schneidemaschinen, Leistung: 200000 t/Jahr			Elektrostahl							
				1	St.	Blechwalzstrecke "Quarto" mit 50000 t/Jahr										
				1	St.	Röhrenziehwerk, 30000 t/J.										
				4	St.	E-Öfen mit ges. Ausrüstung										
8838ss	31.05.1945	Maschinenbau Ganz & Co	Leobersdorf	245	St.	Maschinen u. Apparate	Krasnyj Lutsch	VK Kohlenind.	Masch-bau-Wk	f. Produktion	VK Bachruschev	6	V.A. Pulujanov, VK Kohlenind.	Vachtov	bis 25.6.45	

GOKO-Befehl	Datum des Befehls	demontierter Betrieb	Standort des Betriebes	Demontierte Menge	Einheit	demontierte Anlagen	Verlagerungsort	Sowjetische Behörde/Organ	Verlagerungsbetrieb	Falls angeführt: Verwendung	Durchführender	Anz. An bet. Experten	Name u. Funktion des verantwortlichen Demonteurs	Verantwortlicher der Roten Armee	Abschluß der Demontage bis:	Allfällige besondere Bemerkungen
				davon 175 3 2 2	 St. St. St. St.	 metallbearb. Werkbänke Hämmer Pressen Schneidegeräte	Voroschilovgrader Gebiet									
8853ss	31.05.1945	Steyr-Daimler Puch AG	Steyr	16	St.	Versuchsanlagen f. Motoren	Moskau	VK Flugzeugind.	Wk. 500	zur Komplettierung d. Motorenfabriken	VK Schachurin		N.A. Krupenin	Vachitov	bis 5.7.45	
8896ss in Abänderung v. 8481ss	31.05.1945	Steyr-Daimler-Puch AG	Wien	alle		vorhandene Apparatur	Moskau	VK mittl. Maschbau	Auto-Ersatzteil-Wk		VK Akopov			Vachitov		
8970ss	08.06.1945	Chemiefabrik	Kansdorf-Pischeldorf	alle		vorhandene Apparatur zur Produkt v. Oleum, synth. Salzsäure, Rauchgemisch, Magnesium		VK Chemische Ind.	Voskresenskij Chem. Wk		VK Pervuchin		E.G. Pastuchov, Chefing. HV VK Chemische Industrie	Vachitov	bis 15.7.45	
9151ss	20.06.1945	Bahnstationen in Ostösterr.		viele	t	gußeiserne Baumaterialien	Regierungstrassen NKVD	NLVD		zum Trassenbau			Uglovskij, Chef d. Verw. d. Truppen der Regierungstrassen d. NKVD UdSSR	Vachitov	bis 10.7.45	
9153ss	20.06.1945	Schmidtstahlwerke	Wien	1	St.	Feindraht-Strecke	Sulin Estland		Metallwk Sulin					Vachitov		

GOKO-Befehl	Datum des Befehls	demontierter Betrieb	Standort des Betriebes	Demontierte Menge	Einheit	demontierte Anlagen	Verlagerungsort	Sowjetische Behörde/Organ	Verlagerungsbetrieb	Falls angeführt: Verwendung	Durchführender	Anz. An bet. Experten	Name u. Funktion des verantwortlichen Demonteurs	Verantwortlicher der Roten Armee	Abschluß der Demontage bis:	Allfällige besondere Bemerkungen
9253ss	26.06.1945	Waldheim & Eberle, Müller & Sohn, Lithograph. Anstalt Seidengasse 11	Wien	4	St.	2-Farb-Offsetmaschinen	Moskau HV Geodäsie u. Kartografie SNK UdSSR	OGIZ SNK RSFSR	HV Geodäsie u. Kartographie	f. HV Geodäsie u. Kartographie beim Min.Rat der UdSSR	Judin	15	N. N. Binder, Chef d. Abt. OGIZ beim SNK RSFSR	Vachitov	bis 1.8.45	
				1	St.	1-Farb-Offsetmaschine "Rolland"										
				2	St.	2-Seiten-Maschinen "Planeta										
				2	St.	Holländer Druckautomaten										
				2	St.	Setzmasch. Linotype										
				1	App.	Fotoreprodukt. Apparatur										
				50	Satz	Hilfsgerät										
				25	Wg.	Kartenpapier										
9253ss	26.06.1945	Waldheim & Eberle, Müller & Sohn, Lithograph. Anstalt Seidengasse 11	Wien	21	St.	Setzmaschinen Linotype	Moskau	OGIZ SNK RSFSR	OGIZ SNK UdSSR Standort	zur Komplettierung der Druckereien in den befreiten Gebieten	Judin	15	N. N. Binder, Chef d. Abt. OGIZ beim SNK RSFSR	Vachitov	bis 1.8.45	
				4	St.	3-Rollen-Zeitungsrotationen										
				22	St.	Druckmaschinen										
				4	St.	Offsetmaschinen										
				150	Satz	Hilfsgerät										
9253ss	26.06.1945	Steyrermühl, Müller Gumpendorferstr. 42 Druckerei u. Lithographie	Wien	1	St.	2-Farb-Offsetmaschine "Planeta-Quinta"	Leningrad	VK Kriegsflotte d. UdSSR	Standort		Judin	15	N. N. Binder, Chef d. Abt. OGIZ beim SNK RSFSR	Vachitov	bis 1.8.45	
				1	St.	Mascine zur Akklimatisierung des Papiers										
				10	Satz	Hilfsgerät										

GOKO-Befehl	Datum des Befehls	demontierter Betrieb	Standort des Betriebes	Demontierte Menge	Einheit	demontierte Anlagen	Verlagerungsort	Sowjetische Behörde/Organ	Verlagerungsbetrieb	Falls angeführt: Verwendung	Durchführender	Anz. An bet. Experten	Name u. Funktion des verantwortlichen Demonteurs	Verantwortlicher der Roten Armee	Abschluß der Demontage bis:	Allfällige besondere Bemerkungen
				7	Wg.	Papier										
9259ss	26.06.1945	Viktor Adler, Fabrik von texhnischem u. Narkoznogo Efira	Wien	36	Satz	Chemisches Gerät	Kiew	VK Gesundheit	Wk "Lomonosov"		VK Mitereva	10		Vachitov	bis 15.8.45	
9357ss	28.07.1945	Schmidt & Co Eisen- u. Stahlwerk	Krems			praktisch die gesamte Anlage inkl. Walzstraßen, Kränen, etc	Novo-Moskovsk	VK Eisen-Stahlind.	Grobwalzwerk		VK Tevosjan	15	N.S. Denisov, Abt.Lt. Verw. d. Chefmech. d. VK Schwarzmet.	Vachitov	bis 30.8.45	
				1	St.	Blechwalzstrecke										
				1	St.	Feinblechwalzstr., 60 000 t/J.										nicht im Wk angekommen
				1	St.	Abrichter-Walzstraße										nicht im Wk angekommen
				1	St.	Kalt-Blechwalzstr., 20000 t/J.										nicht im Wk angekommen
				1	St.	50-t-Martinofen 1 Feinbl. Walzstr. bleibt zurück										kam nur tw zum Wk nicht verfrachtet
9357ss	28.07.1945	Alpine Eisenerz	Eisenerz	19	St.	Bagger	Donzker Geb.	VK Eisen-Stahlind.	Erzbergbau Elenovka st. Elenovka, Süd-Donezer Eisenbahn		VK Tevosjan	20	V.A. Binkevitsch, Chef des Erzbergbaus "Maximov"			
				10	St.	Kompressoren								Vachitov	bis 30.8.45	
				47	St.	Elektroloks										
				50	St.	Werkbänke										
				100	St.	Kipper										
				10	St.	Schmalspur Dampfwagen										

GOKO-Befehl	Datum des Befehls	demontierter Betrieb	Standort des Betriebes	Demontierte Menge	Einheit	demontierte Anlagen	Verlagerungsort	Sowjetische Behörde/Organ	Verlagerungsbetrieb	Falls angeführt: Verwendung	Durchführender	Anz. An bet. Experten	Name u. Funktion des verantwortlichen Demonteurs	Verantwortlicher der Roten Armee	Abschluß der Demontage bis:	Allfällige besondere Bemerkungen
9358ss	28.07.1945	Gußstahlwerke	Judenburg			Schmiede und Presswerk Kompressoranlage E-Öfen "Demag" mit den Ausrüstungen	Mariupol	VK Eisen-Stahlind.	Asovstahl		VK Tevosjan	10	G.M. Donec, Chef d. entspr. Abt. des Wk. "Petrovskij"	Vachitov	bis 30.8.45	
				1	St.	10-t-Martinofen										kam zum Wk Debal'cevskij tats. zu Debal'evskij Wk, doch fehlten die Öfen
				3	St.	E-Öfen mit kompl. Ausrüst. vom "Ostwerk"			Asovstahl							
9359ss	28.07.1945	Böhler	Kapfenberg			zahlr. Maschinen u. Gerät	Dneprodzerschinsk	VK Eisen-Stahlind.	Stahlwk. "Dzerzhinskij"		VK Tevosjan	5	A.M. Golovanenko, Chefwalzwerker d. VK Eisen-Stahlind.	Vachitov	bis 30.8.45	
				dar. 2	St.	Hochöfen										
				3	St.	E-Öfen mit allen Einrichtung.										E-Öfen an "Elektrostahl"
				1	St.	Feinblechwalzstrecke mit 20000 t/Jahr										nur tw. Im Wk angekommen
				1	St.	Blechwalzwerk 250000 t/Jahr										im Wk angekommen
				1	St.	390-kg-E-Ofen										E-Ofen an "Elektrostahl"
9164ss	08.07.1945	Hochspannungsleitung Bisamberg - Ernsthofen 220-KV		320	km	Stahl-Alu-Leitungen	Leningrad	VK E-Leitungen	GÄS Svirskaja	zum Leitungsbau	VK Schimerin	notw		Vachitov	bis 1.8.45	
				1200	St.	Isolatoren						Zahl				
						Streckenarmaturen										
				140	km	Stahl-Taue Spezial-										

GOKO-Befehl	Datum des Befehls	demontierter Betrieb	Standort des Betriebes	Demontierte Menge	Einheit	demontierte Anlagen	Verlagerungsort	Sowjetische Behörde/Organ	Verlagerungsbetrieb	Falls angeführt: Verwendung	Durchführender	Anz. An bet. Experten	Name u. Funktion des verantwortlichen Demonteurs	Verantwortlicher der Roten Armee	Abschluß der Demontage bis:	Allfällige besondere Bemerkungen
						Montage-Werkzeug Niederspannungsanlagen der Jahre 1942-44 der AEW										
9560ss	28.07.1945	Alpine	Donawitz	1	St.	Walzstrecke "Bluming" 1100 mm, Leistung 380000 t/Jahr	Dnepropetrovsk	VK Eisen-Stahlind.	Stahlwk. "Petrovsk"		VK Tevosjan	15	A.M. Golovanenko, Chefwalzwerker d. VK Eisen-Stahlind.	Vachitov	bis 30.8.45	"Bluming" kam in Dnepropetrovsk an
				1	St.	Aggregat Illgner										
				1	St.	Hochofenmotor 2600 KW										
				2	St.	25-t-E-Öfen										E-Öfen an "Elektrostahl"
				2	St.	Turbogebläse										
				2	St.	Turbogeneratoren a 4250KW										
				2	St.	Gasreiniger m. E-Einricht.										
				4	St.	Kompressoren										
				90	St.	Metallschneidemaschinen										
				2	St.	Aglo-Bänder "Dwight-Lloyd"										
				2	St.	Dampfkessel m. 22 t/h										2 St. wurden verfrachtet
				2	St.	Gasgeneratoren, 2,5m Dm m. gesamt. Apparatur										
9560ss	28.07.1945	Böhler	St. Marein	2	St.	E-Öfen "Demag" m. Ausrüst.	Zaporozhe	VK Eisen-Stahlind.	Stahlwk. Dnepropezstahl	1 E-Ofen kam zu "Elektrostahl" im Umfang von nur noch 45%!	VK Tevosjan	15	A.M. Golovanenko, Chefwalzwerker d. VK Eisen-Stahlind.	Vachitov	bis 30.8.45	
				1	St.	Walzstraße										Walzstr. war n. im Wk u.

GOKO-Befehl	Datum des Befehls	demontierter Betrieb	Standort des Betriebes	Demontierte Menge	Einheit	demontierte Anlagen	Verlagerungsort	Sowjetische Behörde/Organ	Verlagerungsbetrieb	Falls angeführt: Verwendung	Durchführender	Anz. An bet. Experten	Name u. Funktion des verantwortlichen Demonteurs	Verantwortlicher der Roten Armee	Abschluß der Demontage bis:	Allfällige besondere Bemerkungen
						gesamte Hilfs-, Elektro- und Hochofen-Apparatur										wurde nicht demontiert
9561ss	28.07.1945	Felten & Guilleaume	Bruck/Mur			ges. Drahtwalz- und Walzstrecken m. Apparaturen	Donbass	VK Eisen-Stahlind.	Stahlwk. "Konstantinovskij"		VK Tevosjan	6	N.S. Denisov, Abt.Lt. Verw. d. Chefmech. d. VK Schwarzmet.	Vachitov	bis 30.8.45	
				dar. 2	St.	Qualitäts-Walzstraßen										Die Walzstr. Waren nicht im Wk und wurden nicht demontiert
				1	St.	Drahtwalzstrecke										
				5	St.	Wicklungen										
				2	St.	E-Motoren f. Werkbänke, a 600 KW m. Spezialreduktion										
				1	Satz	Hilfsapparatur										
				1	St.	Apparatur E-Motoren f. Werkbänke, a App.f.Geschützprod.Halle, Div.	Asov	VK Rüstung	Wk. 318 d. VK Schwarzmetall		VK Vannikov	6	D.I. Djukov, Chef d. Spezial-Montageverwalt. Nr. 2, VK Rüstung	Vachitov	bis 30.8.45	
				77	St.	Metallschneidemaschinen										
				6	St.	Pressen										
9562ss	28.07.1945	Martin Miller	Traismauer	24	St.	Pressen	Dnepropetrovsk	VK Eisen-Stahlind.	Stahlwk. Dnepropetrovsk		VK Tevosjan	5	N.S. Denisov, Abt.Lt. Verw. d. Chefmech. d. VK Schwarzmet.	Vachitov	bis 30.8.45	
				37	St.	Hämmer										
						Elektro- u. Gasöfen die fertige										

GOKO-Befehl	Datum des Befehls	demontierter Betrieb	Standort des Betriebes	Demontierte Menge	Einheit	demontierte Anlagen	Verlagerungsort	Sowjetische Behörde/Organ	Verlagerungsbetrieb	Falls angeführt: Verwendung	Durchführender	Anz. An bet. Experten	Name u. Funktion des verantwortlichen Demonteurs	Verantwortlicher der Roten Armee	Abschluß der Demontage bis:	Allfällige besondere Bemerkungen
						Produktion										
				115	St.	Werkbänke z. Metallbearbeit.	Charkov	GUGVF	Flgz. Reparaturwk. v. Aeroflot		Astachov	5	N. Ch. Savtschenko	Vachitov	bis 30.8.45	
				25	St.	Prüfgeräte										
9563ss	28.07.1945	Donauhafen	Lobau			aus den Lagerbeständen:	Grosnyj	VK Erdöl	Basis d. HV Erdöl		VK Bajbakov		M.M. Akischin, stv. VK Erdölindustrie	Vachitov	bis 30.8.45	
				45	St.	Dieselaggregate f. Werkbänk										
				30	St.	Müllpumpen										
				8	St.	Transmissionen "Wülfel"										
				6	St.	Bohrwinden										
				12	St.	Wiegen "Wülfel"										
				20	St.	E-Motoren										
				1000	St.	Guß- u. Stahlriegel										
				200	t	weitere Apparturen										
9564ss	28.07.1945	Erdölfeld Zistersdorf	Zistersdorf	48	St.	kompl. Bohrapparaturen	versch.	VK Erdöl	versch.		VK Bajbakov Matveev Papanin	32	B. S. Divov, Chef f. Großbauten des VK Erdöl V. S. Kaminskij, Chef d. Mil.Abt d. HV Gasheizungsindustrie E. B. Goldberg, ObIng. d. HV Nordmeerstraßen	Vachitov	bis 30.9.45	
				10	St.	Kompressoren		HV Gasheizungsind								
				60	St.	Dieselaggregate		HV Nordmeerstraßen								
				168	St.	E-Motoren										
				74	St.	Pumpen										
				107	St.	metallbearb. Werkbänke										
				10	St.	Dampfkessel										
				14	St.	Aufzüge										
				12000	t	versch. Rohre										
				160	t	Pumpgestänge										

GOKO-Befehl	Datum des Befehls	demontierter Betrieb	Standort des Betriebes	Demontierte Menge	Einheit	demontierte Anlagen	Verlagerungsort	Sowjetische Behörde/Organ	Verlagerungsbetrieb	Falls angeführt: Verwendung	Durchführender	Anz. An bet. Experten	Name u. Funktion des verantwortlichen Demonteurs	Verantwortlicher der Roten Armee	Abschluß der Demontage bis:	Allfällige besondere Bemerkungen
				250	t	Kabeln u. E-Leitungen										
				350	t	Armaturen										
				680	t	Walz-Apparaturen										
				210	t	Stahlseile										
				85	t	Ketten "Gallia"										
				2750	St.	Schlösser f. Bohrrohre										
				1060	t	Materialien, Reserveteile, App. f. 4 Gasolinfabr. u. 4 Gasfüllstationen										
				1000	t	Mater. f. Bau neuer Gasleitg.										
9565ss	28.07.1945	Hydrierwerk	Moosbierbaum	alle		techn. Zeichnungen u. Dokumentationen	Gorlovka im Donbass	HV Gasheizungsind.		z. Prod. v. synthet. Öl u. Benzin	Matveev	15	V. S. Kaminskij, Chef d. Mil.Abt d. HV Gashei zungsindustrie	Vachitov	bis 30.9.45	
9566ss	28.07.1945	Hartschmelzerei "Boller"	Waidhofen	230	Einh	zur Werkzeughärtung	Moskau	VK Buntmetallind.	Wk für Hartschm.		VK Lomako	15	A. Z. Alejnikov, stv.Dir. Montageverwaltung VK Buntmetall	Vachitov	bis 30.9.45	
9566ss	28.07.1945	Aluminium-Elektrolysewerk "Bernard Berghaus	Berg bei Wien	500	t	Al-Minen	Erevan	VK Buntmetallind.	Al-Fab. Kanakirsk		VK Lomako	15	A. Z. Alejnikov, stv.Dir. Montageverwaltung VK Buntmetall	Vachitov	bis 30.9.45	
						montierte Wannen fertige Wannen-Mäntel Materialien										
				12	St.	Quecksilber-Gleichrichter f. 4500 Ampere	Zaporoschje		Al-Fabr.							

GOKO-Befehl	Datum des Befehls	demontierter Betrieb	Standort des Betriebes	Demontierte Menge	Einheit	demontierte Anlagen	Verlagerungsort	Sowjetische Behörde/Organ	Verlagerungsbetrieb	Falls angeführt: Verwendung	Durchführender	Anz. An bet. Experten	Name u. Funktion des verantwortlichen Demonteurs	Verantwortlicher der Roten Armee	Abschluß der Demontage bis:	Allfällige besondere Bemerkungen
						komplett mit Transformatoren u. E-Apparaturen Alle Anlagen mit gesamter Ausrüstung (Metallschneidemaschinen, Transportgerät, etc.)			Dneprovskij							
9567ss	28.07.1945	MWF Arthur Krupp	Amstetten	3 1 40 2	St. St. St. St.	horiz. Hydraul. Pressen für 700, 1000 u. 1800 Tonnen vert. Hydraul. Presse f. 520 t gezogene Ketten Kettenziehmaschinen kompl. Ersatzteile	Kamensk	VK Buntmetall	Wk. 515	z. Bearbeitung von Buntmetallen	VK Lomako	5	A. I. Pankov, stv. Dir. Buntme- tallwerk Michajlovo	Vachitov	bis 30.8.45	
9568ss	28.07.1945	MWF Arthur Krupp	Berndorf	516	St.	Apparate	Artemovsk Geb. Stalino	VK Buntmetall	Bau des neuen Walzwk. d. VK Buntm	z. Bearbeitung von Buntmetallen	VK Lomako	15	M.F. Baschenov, Dir. Werkshal- le Wk 519 des VK Buntmetalle	Vachitov	bis 30.8.45	
9569ss	28.07.1945	Voith, Fabr. Wasserturbinen und Reduktoren	St. Pölten	alle		metallbearb., Gießerei- und Schmiedeapparturen	Leningrad	VK Groß-Maschbau	Metallwk. "Stalin"	30-40 Werkbänke an VK Kazakov aus der Torpedoproduktion	VK Kazakov	5	T. A. Kulagin, stv. Dir. Lening. Metallwk "Stalin"	Vachitov	bis 30.8.45	

GOKO-Befehl	Datum des Befehls	demontierter Betrieb	Standort des Betriebes	Demontierte Menge	Einheit	demontierte Anlagen	Verlagerungsort	Sowjetische Behörde/Organ	Verlagerungsbetrieb	Falls angeführt: Verwendung	Durchführender	Anz. An bet. Experten	Name u. Funktion des verantwortlichen Demonteurs	Verantwortlicher der Roten Armee	Abschluß der Demontage bis:	Allfällige besondere Bemerkungen
				alle		Aufzüge				übergeben (Zusatzinformation)						
				10	t	spezielle und universelle App.										
				alle		techn. Dokumentation, ausg. den von der ö.Staatsreg. herausverhandelten Teil										
9572ss	28.07.1945	Funktechn. Flugzeuggeräte, Lenkapparate u. Autopiloten "Minimot"	Wien	120	St.	Metallschneidemaschinen und anderes Gerät	Moskau	VK Flugzeugind.	Wk. 122	z. Prod. von Autopiloten	VK Schachurin			Vachitov, Chef d. HV Beutegut d. Rot. Armee	bis 30.8.45	
9573ss	28.07.1945	Flugmotorenwerke Ostmark	Wr. Neudorf	60	Satz	App. zur Prod. DB 603	Rybinsk	VK Flugzeugind.	Wk. 36	z. Prod. v. Blöcken von Flugmotoren	VK Schachurin	32	V. P. Butusov, ObIng. Wk. 19	Vachitov	bis 30.8.45	
9573ss	28.07.1945	Textilfabr. Gebr. Baumann	Gmünd	50	Satz	App. f. Prod. Flgz.Bestandt.	Lvov	VK Flugzeugind.	Wk. 87							
9573ss	28.07.1945	Flugzeug- u. Autofabrik Steyr-Daimler-Puch Fahrradwerk	Graz	188	Satz	App. f. Prod. V. Gegengewichten, Kurbelwellen, Ölpumpen für Flugmotoren DB 605	Stupino, Gebiet Moskau Stupino,	VK Flugzeugind.	Wk. 150	z. Prod. Flugmotoren	VK Schachurin	32	V. P. Butusov, ObIng. Wk. 19	Vachitov	bis 30.8.45	
		Flugmotorenwerk	Graz-Thondorf	228	Satz	App. f. Prod. V. Gegenge-			Wk. 150	z. Prod. Flugmotoren	VK Schachurin	32	V. P. Butusov, ObIng. Wk. 19	Vachitov	bis 30.8.45	

GOKO-Befehl	Datum des Befehls	demontierter Betrieb	Standort des Betriebes	Demontierte Menge	Einheit	demontierte Anlagen	Verlagerungsort	Sowjetische Behörde/Organ	Verlagerungsbetrieb	Falls angeführt: Verwendung	Durchführender	Anz. An bet. Experten	Name u. Funktion des verantwortlichen Demonteurs	Verantwortlicher der Roten Armee	Abschluß der Demontage bis:	Allfällige besondere Bemerkungen
						wichten, f. Flugzeugmotoren										
		Unterird. Werk	Peggau	200	Satz	App. f. Fgz.-Reparatur	Moskau		Wk 156	f. Flugzeugreparatur	VK Schachurin	32	V. P. Butusov, ObIng. Wk. 19	Vachitov	bis 30.8.45	
9575ss	28.07.1945	Schiffsreparaturwerk DDSG	Korneuburg	89	St.	metallbearb. Maschinen	Zelenodolsk	VK Schiffsbau	Wk 340	f. Schiffsreparatur, wobei ein Teil an die DDSG zur Reparatur der Schiffe vor Ort übergeben wird	VK Nosenko	10	N.M. Zelenskij, Abt.Lt. Einrichtung, Wk. 340	Vachitov	bis 30.8.45	
				9	St.	Kräne										
				30	St.	Holzbearbeitungsmaschinen										
				65	Satz	div. Apparate										
				39	St.	Schiffsantriebe										
9575ss	28.07.1945	Radiofabrik "Wollwaren"	Neulengbach	48	Satz	Apparatur	Leningrad	VK Schiffsbau	NII-49	f. Produktion von Radioteilen	VK Nosenko	10	D.M. Tolstopjatov, Chefkonstruktur NII-49	Vachitov	bis 30.8.45	
9576ss	28.07.1945	"Nibelungenwerk", StDP Panzerfabrik	St. Pölten	alle		Ausrüstung f. Pz-Prod.,T5,T6	Stalingrad	VK Panzerindustrie	Traktoren wk.		VK Malyschew	notw	M.A. Voloschin, ObIng. Verw. f. Großbaustelle Traktorenwk. in Stalingrad	Vachitov	bis 30.8.45	
				alle		Ausrüstung f. Prod.Vorrichtung von "Ferdinand", kompl m. allen zugeh. Appar.+Aufzüg										
9677ss	28.07.1945	Böhler	Kapfenberg	alle		Ausrüstung z. Bau von Pz-Kästen u. Kurbelwellen f. Pz-Motoren, darunter: Elementar-	Leningrad	VK Panzerindustrie	Ischorskij		VK Malyschew	notw	M.G. Uchabov, Ing. Wk. Ischorskij	Vachitov	bis 30.8.45	

GOKO-Befehl	Datum des Befehls	demontierter Betrieb	Standort des Betriebes	Demontierte Menge	Einheit	demontierte Anlagen	Verlagerungsort	Sowjetische Behörde/Organ	Verlagerungsbetrieb	Falls angeführt: Verwendung	Durchführender	Anz. An bet. Experten	Name u. Funktion des verantwortlichen Demonteurs	Verantwortlicher der Roten Armee	Abschluß der Demontage bis:	Allfällige besondere Bemerkungen
						und Behelfsanlag Ausstattung f. Werkslaboratorien, E-Anlagen, techn. Dokumentation, Werkzeug, Vorrichtungen, Förderbänder										
				2	St.	E-Öfen		VK Eisen- u. Stahli.	"Elektrostahl"		VK Tevosjan	15	A.M. Golovanenko, Chefwalzwerker d. VK Eisen-Stahlind.	Vachitov	bis 30.8.45	1 E-Ofen kam zu Elektrostahl, 1 E-Ofen zu Dneprospecstahl
9578ss	28.07.1945	Panzerwerk Steyr-Daimler-Puch	Graz	alle		Ausrüstung z. Bau von Zahnrädern f. Pz-getriebe	Moskau	VK Panzerindustrie	Wk. 37	f. Prod. von Panzergetriebe	VK Malyschew	notw	V.I. Sotschnov, Chefmechan. Wk. 37	Vachitov	bis 30.8.45	
						Ausrüstung z. Bau von Zahnrädern f. Flgz-Motoren	Moskau	VK Flugzeugind.	Wk 45	f. Prod. v. Flugzeugmotoren	VK Shachurin	notw	V.P. Butusov, OberIng. Wk. 19	Vachitov	bis 30.8.45	
9579ss	28.07.1945	Elektroechn. Fabrik	Krems	tw.		techn.,metallschneide und	Leningrad	VK E-Industrie	Wk 211	f. Prod. von Radioröhren, Radio-	VK Kabanov	18	A.V. Novochatskij	Vachitov	bis 30.8.45	
		Kremserwerke				Fördereinrichtungen	Gorkij		Wk 326	lampen						
9579ss	28.07.1945	Elin & Schorchwerke	Weiz	tw.		techn.,metallschneide und Fördereinrichtungen, wobei 140 Prod. Einheiten am	Jaroslawl	VK E-Industrie	Wk 655	f. Prod. v. Generatoren, E-Motoren Transformatoren	VK Kabanov	18	A.A. Kolotov	Vachitov	bis 30.8.45	

GOKO-Befehl	Datum des Befehls	demontierter Betrieb	Standort des Betriebes	Demontierte Menge	Einheit	demontierte Anlagen	Verlagerungsort	Sowjetische Behörde/Organ	Verlagerungsbetrieb	Falls angeführt: Verwendung	Durchführender	Anz. An bet. Experten	Name u. Funktion des verantwortlichen Demonteurs	Verantwortlicher der Roten Armee	Abschluß der Demontage bis:	Allfällige besondere Bemerkungen
						Ort zu belassen sind										
9580ss	28.07.1945	Biedermann & Czarnikow	Wies b. Graz	50	Satz	Ausrüstung f. Kunstmasse	Orechovo-Zuevo, Gb.Moskau	VK Chemieind.	"Karbolit"	Prod. v. Kunstmasse	VK Pervuchin	3	R.V. Donskoj, ObIng. Fabr. Kunstmasse VK Chemieind.	Vachitov	bis 30.8.45	
9581ss	28.07.1945	Eisenbahn-Signalanlagen-bau v. Wachtmann	Wien	48	St.	metallbearb. Werkbänke	Kaluga	VK Verkehrsverb.	e-techn. Wk.		VK Kobalev	3	B.A. Konstantinov, stv.Lt. Brückenbau des VK	Vachitov	bis 30.8.45	
				1	St.	Hebe- u. Transportvorrichtg. Materialien, Werkzeug										
9582ss	28.07.1945	Wiener Brückenbau	Wien X.	52	St.	Metallschneidemaschinen	St. Filino, Jaroslaw. Eisenb				VK Kobalev		B.A. Konstantinov, stv.Lt. Brückenbau des VK	Vachitov	bis 30.8.45	
						Werkzeug, Ausrüstung										
9583ss	28.07.1945	"Deutschland", Weichenfab.	St. Pölten	80	St.	Werkbänke, App., Material.	Nisch.-Dneprovsk Lvov, Stat. Danowitz	VK PS	Weichenf.	Prod. v. Weichen	VK Kovalev	10	I. Ja. .rolov, Ass. Dir. Forschungsinst. VK PS	Vachitov	bis 30.8.45	
			St. Pölten	40	km	Schienen										
				12	km	Schienen										
				350	Satz	Stellwerke										
				80	Satz	engl. Stellwerke										
				20	Satz	geschl. Übergänge										
				450	St	übereinandergehende Balken										
				1100	t	Teile										
			Station Semmering	3	km	Schienen										

GOKO-Befehl	Datum des Befehls	demontierter Betrieb	Standort des Betriebes	Demontierte Menge	Einheit	demontierte Anlagen	Verlagerungsort	Sowjetische Behörde/Organ	Verlagerungsbetrieb	Falls angeführt: Verwendung	Durchführender	Anz. An bet. Experten	Name u. Funktion des verantwortlichen Demonteurs	Verantwortlicher der Roten Armee	Abschluß der Demontage bis:	Allfällige besondere Bemerkungen
			Stat. Marein-Zentdorintz	10000	St.	Schwellen										
9584ss	28.07.1945	Klinger	Gumpolds-kirch.	188	Satz	App. f. Prod. v. Artilleriewaff.	Leningrad	VK Rüstung	Wk 232	f. Artillerieproduktion	VK Ustinov		P. V. Egorov, stv.Lt. Werkshalle Wk 711 VK Rüstung	Vachitov	bis 30.8.45	
9584ss	28.07.1945	Böhler AG	Deuchendorf	alle		Werkshallen 1,2,3,4,5,8	Leningrad	VK Rüstung	Wk 232	f. Artillerieproduktion	VK Ustinov		V.S. Frolov, Oblng. Wk. 711, VK Rüstung	Vachitov	bis 30.8.45	
							Glazov	VK Rüstung	Wk 544	f. Artillerieproduktion	VK Ustinov					
9586ss	28.07.1945	Vogel & Noot, Bührlen, Pengg	Mitterdorf	120	Satz	Maschinen f. Prod. Geschütz hülsen, darunter:	Stalino	VK Munition	Wk 110	f. Führungsgeschützhülsen	VK Vannikov	notw	D. I. Dujkov, Lt. Montagesonderverw. Nr. 2 des VK Munition			
				50	St.	Mühlen										
				45	St.	Hydraulikpressen f.60-300 t										
				42	St.	E-Öfen										
				20	St.	Werkbänke z. Metallbearbeit										
						technische Dokumentation										
						Ausstatt. d. Werkslaborator.										
9586ss	28.07.1945	Austria Email AG	Knittelfeld	18	St.	Mühlen	Stalino	VK Munition	Wk 110	f. Führungsringe von Geschützen	VK Vannikov	notw	D. I. Dujkov, Lt. Montagesonderverw. Nr. 2 des VK Munition	Vachitov	bis 30.8.45	
				34	St.	Hydraulikpressen f. 60-300 t										
				50	St.	E-Öfen										
						Laborausstattung										

GOKO-Befehl	Datum des Befehls	demontierter Betrieb	Standort des Betriebes	Demontierte Menge	Einheit	demontierte Anlagen	Verlagerungsort	Sowjetische Behörde/Organ	Verlagerungsbetrieb	Falls angeführt: Verwendung	Durchführender	Anz. An bet. Experten	Name u. Funktion des verantwortlichen Demonteurs	Verantwortlicher der Roten Armee	Abschluß der Demontage bis:	Allfällige besondere Bemerkungen
				alle		techn. Produktion										
				alle		Halbwaren										
9586ss	28.07.1945	MF Andritz AG d. Demag	Graz-Andritz	52	St.	Metallschneidemaschinen	Stalino	VK Munition	Wk 110	f. Artilleriegeschützhülsen	VK Vannikov	notw	D. I. Dujkov, Lt. Montagesonderverw. Nr. 2 des VK Munition	Vachitov	bis 30.8.45	
				11	St.	Pressen										
				73	St.	versch. Maschineneinheiten										
						Ausrüstung f. Prod. f. Flak- und Feldgeschütze	Leningrad	VK Rüstung	Wk 232	Geschützrohrproduktion	VK Ustinov	notw	G.N. Aboimov, Oblng. Wk 540 VK Rüstung	Vachitov	bis 30.8.45	
9587ss	28.07.1945	Paltenstahlindustrie	Rottenmann	225	St.	Metallbearbeitungsmasch.	Azov	VK Munition	Wk 318		VK Vannikov	notw	D. I. Dujkov, Lt. Montagesonderverw. Nr. 2 des VK Munition	Vachitov	bis 30.8.45	
				15	St.	Dampfhämmer bzw. Pressen										
				7	St.	Hydraulikpumpen										
				69	St.	Schweißapparate										
				2	St.	Brückenkräne										
				2	St.	Diesselloks										
				alle		Ausrüstung Werkslaborator.										
				alle		Anlagen d. Nebenzechen										
9588ss	28.07.1945	Sprengstoffwerke	Blumau	alle		techn., mech., und Hilfsanlag. Förderbänder techn. Dokumentationen	Aleksin	VK Munition	Wk 100		VK Vannikov	3	D. I. Dujkov, Lt. Montagesonderverw. Nr. 2 des VK Munition	Vachitov	bis 30.8.45	

GOKO-Befehl	Datum des Befehls	demontierter Betrieb	Standort des Betriebes	Demontierte Menge	Einheit	demontierte Anlagen	Verlagerungsort	Sowjetische Behörde/Organ	Verlagerungsbetrieb	Falls angeführt: Verwendung	Durchführender	Anz. An bet. Experten	Name u. Funktion des verantwortlichen Demonteurs	Verantwortlicher der Roten Armee	Abschluß der Demontage bis:	Allfällige besondere Bemerkungen
9589ss	28.07.1945	Autoreparaturwerk Mercedes-Benz	Wien	35 19	St. St.	Reparaturanlagen, davon: metallbearb. Maschinen	Moskau	NKVD	Autorep. Wk.	f. Autoreparatur	VK Tschernischev	3		Vachitov	bis 30.8.45	
9590ss	28.07.1945	Steyrwerke, StDP	Hemberg	329	Satz	App. f. MG-Produktion	Balakleia, Gb. Charkov	RA	Arsenal 1 GAU KA	MG-Produktion	Jakovlev, HV Artillerie RA		D.A. Gridasov, Chefmechanik Arsenal 1, GAU KA	Vachitov	bis 30.8.45	
9591ss	28.07.1945	Steyr-Daimler-Puch	Leibnitz-Römer-steinbruch	609	Satz	techn. Anlagen, Werkzeug, Behelfsgerät	Balashicha	HV Sauerstoffind.	Sauerstoffwerk	f. Sauerstoffproduktion	Gamov		V.E. Lisitschkin, Oblng. HV Sauerstoffindustrie beim SNK	Vachitov	bis 30.8.45	
9593ss	28.07.1945	Wiener Holzwerke, Fabrik f. Flugzeugfurniere	Wien XII.	6	St.	Leimpressen	St. Parfino,	VK Holzindustrie	Furnier-Wk.		VK Saltikov	6	P.A. Bronov	Vachitov	bis 30.8.45	
				5	St.	Werkbänke	Kalinin									
				3	St.	Trocknungsanlagen	Eisenbahn									
				3	St.	Kantenschneidewerkbänke										
				5	St.	Kantenwerkbänke										
				2	St.	Messerschärfer										
				2	St.	Hebekräne										
				2	St.	Dampfkessel restliche Ausrüstung										
9597ss	28.07.1945	Panzer-Reparatur Meisterwerkstatt	Wien	alle		Ausrüstung	Brjansk	PzKdt der RA	Wk 133	Panzerreparatur	Fedorenko	6	B. N. Smirnov, Lt. D. Abt. für Pz-Reparaturfabriken	Vachitov	bis 30.8.45	
9598ss	28.07.1945	Siemens &Halske	Wien	alle		Laborausrüstung	Moskau	Unionskomitee f.	Institut	Laborausrüstung f. Molotov-Inst.	Kraftanov	2	Kraftanov	Vachitov	bis 30.8.45	

GOKO-Befehl	Datum des Befehls	demontierter Betrieb	Standort des Betriebes	Demontierte Menge	Einheit	demontierte Anlagen	Verlagerungsort	Sowjetische Behörde/Organ	Verlagerungsbetrieb	Falls angeführt: Verwendung	Durchführender	Anz. An bet. Experten	Name u. Funktion des verantwortlichen Demonteurs	Verantwortlicher der Roten Armee	Abschluß der Demontage bis:	Allfällige besondere Bemerkungen
								Höh.Schulen beim MR UdSSR	Molotov	für Energie						
9721ss	03.08.1945	Armeedepot der RA	Wien	500	St.	Zelte	Moskau	AN SSSR	AN SSSR	f. Expeditionen	Bruevitsch	2		Vachitov	bis 25.9.45	
				300	St.	Uniformen f. Luftlandetrupp.										
				500	Paar	Expeditionsschuhe										
				200	St.	unleserlich										
				300	St.	Regenmäntel										
				100	St.	Gewehre										
				100	St.	Moskitonetze										
				100	St.	Radios										
				200	St.	Schreibmachinen										
				23	St.	Fotoapparate										
				100	t	Papier										
				200	kg	denaturierter Spiritus										
				4000	m	Zeltbahnstoff										
				1000	m	Regenmantelstoff										
				1000	m	Uniformstoff										
9723ss	03.08.1945	Flugmotorenwerk	Wr. Neudorf	alle		Metallgestelle	Dnepropetrovsk	VK E-Werke	Basis		VK Mimerin	notw		Vachitov		
9785ss	03.08.1945	Depot d. 11. Beute-Verw.	Wien	1500	t	versch. Metall	Tula	VK Bauwesen		f. Bau des Wk in Neu-Tula	VK Ginzburg	5		Vachitov	bis 25.9.45	
				3000	Paar	Gummistiefel										
				10000	m	Wirkstoff										
				300	t	sortiertes Eisen	Moskau	HV Sauerstoffind.	Wk 28		Gamov	5		Vachitov	bis 25.9.45	
				200	t	Eisenblech										
				30	t	Dachblech										
				5	t	Kupferblech										
				4	t	Kupferdraht										
				3	t	Messingdraht										
				25	t	Messingrohre										

GOKO-Befehl	Datum des Befehls	demontierter Betrieb	Standort des Betriebes	Demontierte Menge	Einheit	demontierte Anlagen	Verlagerungsort	Sowjetische Behörde/Organ	Verlagerungsbetrieb	Falls angeführt: Verwendung	Durchführender	Anz. An bet. Experten	Name u. Funktion des verantwortlichen Demonteurs	Verantwortlicher der Roten Armee	Abschluß der Demontage bis:	Allfällige besondere Bemerkungen
				80	t	Werkzeugstahl										
				100	kg	versch. Erzeugnisse										
				1000	Paar	Gummistiefel										
				15000	m	Wirkstoff										
8831ss	31.05.1945	Schoeller-Bleckmann AG	Ternitz	1	St.	Walzstrecke "Bluming" Duo 850 mm, 2300 mm plus gesamte Apparatur Schneidemaschinen, Leistung: 200000 t/Jahr			Elektrostahl							
				1	St.	Blechwalzstrecke "Quarto" mit 50000 t/Jahr										im Wk angekommen
				1	St.	Röhrenziehwerk, 30000 t/J.										im Wk angekommen
				4	St.	E-Öfen mit ges. Ausrüstung										4 E-Öfen kamen im Wk an

Häufig verwendete Abkürzungen in der Tabelle 2:

VK = Volkskommissariat, Volkskommissar
ST. = Stück
Wk = Werk
Anz. = Anzahl
ss = streng geheim
Fab. = Fabrik
HV = Hauptverwaltung
RA = Rote Armee

E- = Elektro-
Flzg = Flugzeug
Wg = Waggon
ObIng = Oberingenieur
Anl = Anlage
VVS = Luftwaffenschule
KA = Rote Armee

Die Translitteration der russischen Bezeichnungen wurde – entgegen den entsprechenden Regeln – nach dem allgemeinen Sprachgebrauch vorgenommen.

Das Fürstentum Braunschweig-Wolfenbüttel am Ende des 18. Jahrhunderts
Wirtschaft und Gesellschaft in einem norddeutschen Kleinstaat

Karl Heinrich Kaufhold

In der Einschätzung der „politischen Landkarten" des Reiches hat sich seit einiger Zeit ein Wandel vollzogen. Wurden die zahlreichen kleinen und kleinsten Staaten, die das Bild weithin bestimmten, bisher nahezu durchgängig negativ beurteilt, hat die Geschichtswissenschaft heute an ihnen auch positive Züge entdeckt. Das gilt nicht nur für Sachsen-Weimar-Eisenach, das der Glanz der deutschen Klassik adelt, sondern auch für andere, bisher wenig beachtete Territorien.

Ein solches war das Fürstentum Braunschweig-Wolfenbüttel. Als Ergebnis mehrerer Erbteilungen im Welfenhause wies es eine eigentümliche, stark gegliederte Form auf, langgestreckt und meist schmal zwischen dem Drömling im Osten und der Mitte der Oberweser im Westen; einige Exklaven kamen hinzu, von denen Thedinghausen bis vor die Tore Bremens reichte. Einigermaßen geschlossen war nur das Kernland um die Hauptstadt Braunschweig. Das Territorium war klein: rund 57 Quadratkilometer. Die Einwohnerzahl wird für 1799 mit rund 200000 angegeben, für 1793 mit rund 192000. Diese Angaben sind allerdings, wie für diese Zeit üblich, unsicher und also als Näherungswerte anzusehen.

Etwa 70 v.H. der Bewohner lebten auf dem Lande, der Rest in den zwölf Städten. Aus ihnen hob sich die Hauptstadt mit rund 28000 Einwohnern (1793) deutlich hervor. Sie war die größte Stadt Niedersachsens und eine der bevölkerungsreichsten im damaligen Deutschland. Die anderen Städte blieben dahinter stark zurück; am bedeutendsten von ihnen war Wolfenbüttel als Sitz zahlreicher Behörden und Helmstedt als Universitätsstadt. Im übrigen zählten die Städte zwischen 2000 und 3000 Einwohnern, waren also ausgesprochen klein. Dieses Ungleichgewicht zwischen der Hauptstadt und den anderen Städten war ein hervorstechendes Merkmal des Landes, wie es in dieser ausgeprägten Form relativ selten war und bei der Beurteilung der ökonomischen und sozialen Verhältnisse beachtet werden muß.

Doch nicht nur deswegen gehörte Braunschweig-Wolfenbüttel zu den bemerkenswerteren unter den Kleinstaaten des Reiches. Aufgabe dieses Beitrages ist es, einige seiner Besonderheiten knapp zu skizzieren. Seine zahlreichen Einzelzüge umfassend darzustellen, überstiege seinen Rahmen bei weitem.

Naturräumliche Ausstattung

So klein das Land auch war – seine geographische Lage verschaffte ihm eine gute Ausstattung mit natürlichen Ressourcen. Nördlich der Hauptstadt gab es im Übergang zu den norddeutschen Geestlandschaften überwiegend Sandböden, die aber nicht unfruchtbar waren. Das Kerngebiet um die Hauptstadt war Teil der überaus ertragreichen Lößbörden, die sich vom Calenberger Land südlich Hannover über Hildesheim und Braunschweig bis zur Elbe bei Magdeburg erstreckten und die zu den landwirtschaftlich vorzüglichsten Böden Deutschlands gehörten. Die sich im Süden daran anschließende Mittelgebirgszone zeigte sich vielgestaltig: Ihre Berge dienten in der Regel der Forstwirtschaft, und die Räume zwischen ihnen boten mit Ausnahme einiger Flußtäler und Beckenlandschaften der Landwirtschaft lediglich mäßige Bedingungen. Die zum Lande gehörenden Teile des Harzes (vor allem das Fürstentum Blankenburg und das Stiftsamt Walkenried) waren agrarisch allenfalls für die Viehzucht wichtig; ihr Hauptwert lag aber in den Forsten und vor allem in den Bodenschätzen.

An solchen war das Fürstentum überall reich, und sie wurden durchgängig intensiv genutzt und bildeten damit eine wichtige Quelle für den Wohlstand des Landes. Der Harz als eine der bedeutendsten europäischen Montanregionen stand dabei voran. Bergbau auf und Verhüttung von Nichteisenmetallen, Eisenerze und Steinbrüche brachten hier reiche Erträge. Die übrigen Mittelgebirge lieferten hauptsächlich Baumaterial, Sand- und Kalksteine, Gips, Kalk, Sand, vereinzelt auch Stein- oder Braunkohlen und Eisenerze. Örtlich bedeutende Solevorkommen wurden in mehreren Salinen genutzt.

Grundzüge der Wirtschaftsstruktur

Landwirtschaft

Es klingt trivial, wird aber bei Untersuchungen nicht immer hinreichend beachtet: In der Untersuchungszeit bestimmte die naturräumliche Ausstattung die Wirtschaftsstruktur nahezu völlig. Diese Bindung der Wirtschaft an die Natur war eng, auf jeden Fall enger als heute, wo die fortgeschrittene Technik (wenn auch in Grenzen) eine Distanz zwischen beiden erlaubt. Am deutlichsten zeigte sich dies in der Landwirtschaft, die in der Wirtschaftsstruktur nicht nur in Braunschweig den ersten Platz einnahm. Das Land erfreute sich hier, wie schon angedeutet, im ganzen guter Bedingungen für den Ackerbau, dem in der Börde zwischen Braunschweig und Hildesheim ausgezeichnete, in den übrigen Landesteilen zumindest befriedigende Böden zur Verfügung standen. Die vorherrschende Bewirtschaftungsform war nahezu überall die Dreifelderwirtschaft mit Besömmerung der Brache, dies vor allem mit Hülsenfrüchten, Rüben, Kartoffeln, Futterkräutern und Flachs.

Die Erträge des Ackerbaus waren zwischen den einzelnen Teilen des Landes recht unterschiedlich. So brachte beim Getreide der Weizen das 6. bis 10. Korn, der Roggen das 5. bis 10. (Venturini, S.25), während die Unterschiede bei Gerste und Hafer nicht so ausgeprägt waren, ihr Anbau aber durchgängig als lohnend bezeichnet wurde. Eine bedeutende Rolle spielten die Ölpflanzen, vor allem aber der Flachs, der für einen wesentlichen Bestandteil der gewerblichen Wirtschaft, die Garnspinnerei, den Rohstoff lieferte. Die Zeitgenossen klagten über einen für das Land ungenügenden Gemüsebau, der allenfalls um Braunschweig und Wolfenbüttel wohl wegen der nahen Märkte verbreiteter war. Auch der Bestand an Obstbäumen galt als erheblich verbesserungsbedürftig.

Wie auch in anderen deutschen Territorien ließ die Viehzucht zu wünschen übrig, , denn sie wurde als Anhängsel des Ackerbaus, konkret als Düngerlieferant für diesen eingeschätzt. Ein Zeitgenosse (Venturini 1829, S. 27) schrieb: „Gerade in den fruchtbarsten Gegenden unseres Landes ist auch die Hornviehzucht in schlechter Verfassung: denn der Bauer sieht d o r t bei seinen Kühen ungleich mehr darauf, ob sie viel Dünger, als ob sie viel Milch geben“. Anders sah es im Harz und an der Weser aus, wo die Viehzucht im Vordergrunde der Landwirtschaft stand und bei den Kühen auf Milch und Butter geachtet wurde. Klagen hörte man auch über eine unzureichende Pferdezucht, obwohl das Pferd in den bäuerlichen Wirtschaften als Zugvieh wichtig war; Hornvieh benutzten lediglich die kleinen Leute für ihre bescheidenen Ländereien. Die Schafzucht war im ganzen Lande verbreitet und die Wollproduktion entsprechend ausgedehnt. Die Veredelung der Schafrassen durch Einzucht etwa von Merinos wird in der Literatur lobend erwähnt.

Im Ergebnis brachte der Ackerbau in normalen Jahren Erträge, die für die Ernährung des Landes ausreichten und gelegentlich Exporte ermöglichten. Mißernten führten allerdings auch hier zu Mangellagen, in denen Einfuhren nötig gewesen wären, sich aber meist nicht realisieren ließen, denn die Ungunst der Natur beeinträchtigte auch andere Anbauzonen. Ein auffallendes Beispiel dafür boten die Hungerjahre 1770 und 1771. Der Harz war ständig auf Zufuhr angewiesen, denn von wenigen kleinen Gebieten abgesehen ließen die Temperaturen Getreidebau nicht zu.

Zwar ist nach den Quellen ein sicheres Urteil nicht möglich, doch scheint die Landwirtschaft die natürlichen Ressourcen des Landes nicht voll ausgenutzt zu haben. Zwar nahm sie das kulturfähige Land nahezu vollständig in Anspruch, doch hätte eine Erhöhung der Flächenproduktivität bessere Erträge gebracht. Ansätze dazu fanden sich vor allem in den Großbetrieben (Güter, Großbauern), doch stellten diese eine Minderheit. Die „mittleren", erst recht die kleinen Bauern wirtschafteten nach traditionellen Grundsätzen und Methoden und öffneten sich nur langsam der „agrarischen Revolution" mit verbesserten Anbaumethoden, Einsatz einfacher Maschinen und Stallfütterung des Viehs, die von Großbritannien ausgehend allmählich auf das Festland übergriff. Wenn das bereits für ein für die Landwirtschaft im Prinzip günstiges Territorium wie Braunschweig galt, warnt das vor einer allzu optimistischen Einschätzung des agrarischen Fortschritts schon in dieser Zeit.

Ein wirtschaftlicher Anreiz zur Steigerung der Erträge hätte bestanden, denn als Folge der rasch zunehmenden Bevölkerung stiegen die Getreidepreise gegen Ende des 18. Jahrhunderts ebenfalls schnell und kräftig an, wie die preisgeschichtliche Forschung auch für unser Territorium belegt hat. Es scheint mir aber unbefriedigend zu sein, die Ursache für die unzureichende Ausnutzung dieser Lage – wie gelegentlich geschehen – allein im Konservativismus und in der Indolenz der Bauern zu sehen. Wahrscheinlich spielte die Agrarverfassung eine negative Rolle, da sie nicht genügend Anreize zum Ausbau der Produktion bot. Darauf wird zurückzukommen sein.

Forstwirtschaft

„In seinen Forsten besitzt das Land noch immer einen großen Schatz, obgleich die ungeheueren Holzverschwendungen der Vorzeit, die Wurmtrockniß auf dem Harze und die oft wiederholten furchtbaren Windbrüche bereits mehrere Forsten lichte gemacht haben" (Venturini, S. 29). Die Forstwirtschaft spielte also für das Fürstentum nach wie vor eine bedeutende Rolle, zumal Holz vielseitig verwendbar war und als „Zentralressource der vorindustriellen Zeit" in Mengen gebraucht wurde. Im Lande fanden sich noch bedeutende Bestände, vor allem im Harz, im Weser-Leine-Bergland (hier besonders im Solling, in Hils und Ith), von kleineren Beständen wie dem Elm(mit Lappwald) nicht zu reden.

Diese Forsten standen überwiegend im Staatsbesitz unter einer leistungsfähigen Verwaltung, die sich in ihrer Arbeit auf die Forstordnungen der Herzöge stützte. Darüber hinaus waren in ihr im 18. Jahrhundert einige bedeutende Forstmänner tätig, die wesentliche Neuerungen einführten und weit über das Fürstentum hinaus bekannt waren. Genannt sei hier lediglich der Oberjägermeister Johann Georg von Langen (1699-1776), der sich um die Einführung einer rationellen Forstwirtschaft mit planmäßiger Bewirtschaftung verdient gemacht hat. Sein Wirken im Fürstentum bildet so einen Meilenstein in der deutschen Forstgeschichte. Mitarbeiter und Schüler griffen sein Werk auf und bauten es weiter aus.

Der Zustand der Forsten war dennoch alles in allem nicht gut, wie das einleitende Zitat treffend zeigt. Denn einmal blieb die Überbeanspruchung der Wälder bestehen, zum anderen bedurften die Neuerungen längere Zeit, bis sie sich in den Erträgen bemerkbar machten, und schließlich riss nicht selten nach dem Abgang eines Pioniers der alte Schlendrian wieder ein. Das Werk der Reformer trug also seine Früchte überwiegend erst ab dem 19. Jahrhundert, in dem auch die Ansprüche an die Forsten allmählich zurückgingen.

Bergbau und Hütten

Auf die Bodenschätze des Fürstentums wurde bereits einleitend hingewiesen. In unserer Zeit waren sie Gegenstand einer intensiven Nutzung überall im Lande. An erster Stelle stand dabei der Harz. Zwar war der Anteil des Fürstentums an dessen Berg- und Hüttenwesen stark zurückgegangen, nachdem seine Anteile an der Oberharzer Kommunion 1788 Hannover übertragen worden waren. Es blieben ihm aber das Fürstentum Blankenburg mit Walkenried, in dem hauptsächlich Eisen gewonnen wurde, und sein Anteil an der Unterharzer Kommunion (Rammelsberg, Iberg, Silberhütten des Rammelsbergs, Eisenhütte Gittelde) mit drei Siebtel deren Ertrages.

Im Vorharzgebiet, im Leine- und Weserbergland gewann man an verschiedenen Stellen Eisenerz, das dort auch in meist kleinen Hütten verhüttet wurde. Das Land verfügte weiter über einige Salinen, die indes nicht ausreichten, seinen Bedarf voll zu decken. Mehr eine Randerscheinung waren die Kohlenvorkommen: Braunkohlen vor allem bei Helmstedt und Schöningen, Steinkohlen vereinzelt im Weserbergland. Alle diese ganz überwiegend kleinen Gruben waren um 1800 ohne wirtschaftliche Bedeutung. Schließlich sind noch die zahlreichen Steinbrüche zu nennen, die sich überall in den Gebirgen fanden. Einige von ihnen besaßen überörtliche Bedeutung, so die Sandsteinbrüche von Velpke und im Solling, die Kalksteine bei Königslutter (Duckstein) und der Marmor bei Rübeland.

Gewerbe

Die Gewerbe im Lande waren umfangreich und vielgestaltig. Allerdings weist ihre Erforschung zahlreiche Lücken auf; schlecht ist sie besonders für die Kleinstädte, befriedigend bis gut für die Hauptstadt und für neue gewerbliche Betriebsformen wie die Manufakturen. Die folgende Darstellung ist nach Standorten gegliedert.

Stadt Braunschweig. Diese Stadt, die einzige Großstadt Niedersachsens, wies schon aufgrund ihrer Bevölkerungszahl eine ausgeprägte Nachfrage nach gewerblichen Produkten auf. Wichtiger noch war ihre Eigenschaft als Landeshauptstadt mit zahlreichen Behörden und einer großen Garnison sowie der Hofhaltung des Herzogs. Schließlich dürfen die zweimal im Jahr stattfindenden Messen nicht vergessen werden, auf die im Abschnitt über den Handel noch eingegangen wird. Alle diese Momente führten zu einer erheblichen Nachfrage nach gewerblichen Produkten, auch und vor allem für den gehobenen Bedarf.

Hauptträger der gewerblichen Herstellung war nach wie vor das Handwerk, das in der Stadt auf eine lange und bedeutende Tradition zurückblicken konnte. Lakenmacher (Tuchhersteller), Beckenwerker und andere Metallberufe (wie vor allem die Gießer), Produzenten von Waffen aller Art („Zeughaus der Hanse"), Goldschmiede genossen aufgrund der Qualität ihrer Waren hohes überörtliches Ansehen. Ende des 18. Jahrhunderts war hier ein deutlicher Wandel eingetreten. Die genannten „Traditionsberufe" waren fast oder vollständig durch auswärtige Konkurrenz sowie auch durch Modewandel verschwunden. Das Handwerk der Stadt war dadurch „durchschnittlicher" geworden, indem es sich auf den Alltagsbedarf konzentrierte. Einige neue, am Modebedarf orientierte Berufe waren hinzugekommen, ohne die Bedeutung der „Traditionsberufe" zu erreichen.

Für die weitere gewerbliche Entwicklung der Stadt wurden die Betriebe eines neuen Typus bedeutender, für die die Zeitgenossen die Begriffe der Manufaktur und, dies noch vereinzelt, Fabrik verwendeten. Sie waren im einzelnen unterschiedlich organisiert, doch zeigte sich als ihr gemeinsames Kennzeichen die über der durchschnittlichen des Handwerks liegende Betriebsgröße. Diese ermöglichte gelegentlich sogar eine arbeitsteilige Organisation der Herstellung. Sie produzierten vorzugsweise Konsumgüter wie Textilien, Genußmittel (Tabak, Zichorienkaffee, Branntwein, Liköre), Geschirr aus Fayence und Metall, Lackwaren nicht nur für die Stadt und ihr Umland, sondern auch für den Export zum Teil über die Landesgrenzen hinaus. Um wenigstens einen Namen zu nennen: die Manufaktur von Georg Siegmund Stobwasser und seines Sohnes Johann Heinrich war wegen der Qualität ihrer Lackwaren weithin berühmt und erfreute sich großer Nachfrage. Zwischen Manufaktur und Handwerk standen einige große Tischlereien, die als „Braunschweiger Möbel" bekannt gewordene Stücke produzierten und exportierten. Eine Sonderstellung nahm schließlich die chemische Fabrik der Brüder Gravenhorst ein, deren Erzeugnisse wie Braunschweiger Grün, Alaun und Balsam „Markenartikel" waren.

Insgesamt bildete die Stadt Braunschweig auch weiterhin ein Zentrum einer leistungsfähigen gewerblichen Produktion, die sich, wie einleitend gesagt auf eine starke und differenzierte Nachfrage stützen konnte.

Die *anderen Städte* des Fürstentums waren mit der Hauptstadt auch nicht annähernd an Größe und gewerblicher Ausstattung vergleichbar. Allenfalls hoben sich Wolfenbüttel als Sitz von Behörden und Helmstedt als Universitätsstadt heraus. Ihr Gewerbe wurde aber überall vor allem und gelegentlich ausschließlich durch das Handwerk repräsentiert, das den Grundbestand der Versorgung an Nahrung, Kleidung und Wohnung in zumeist einfacher Form lieferte. In einigen Städten fand man auch spezielle Produktionen, denen indes in der Regel keine überörtliche Bedeutung zukam.

Manufakturen und „Fabriken" arbeiteten vor allem in Holzminden, Helmstedt und Wolfenbüttel. Holzminden bildete einen gewissen Schwerpunkt für das Metallgewerbe, wobei ihm seine Lage an der Weser beim Bezug von Rohstoffen und beim Versand der Produkte Kostenvorteile bot. Alles in allem bewegte sich aber die gewerbliche Produktion in den Landstädten des Fürstentums auf einem bescheidenen Niveau.

Das Gewerbe auf dem *Lande* war im Fürstentum verbreitet. Es wurde meist in Verbindung mit der Landwirtschaft als Nebengewerbe betrieben, und bei zunehmender Zahl landarmer oder landloser Dorfbewohner stiegen Umfang und Bedeutung dieser Heimgewerbe als überwiegende oder alleinige Einnahmequelle. Auch wenn ausgeprägte Notstandsgebiete wie Teile Westfalens, das schlesische Gebirge oder das Eichsfeld im Fürstentum fehlten, lebten auch dort Angehörige der „unterbäuerlichen" Schichten in dürftigen Verhältnissen und waren auf gewerbliche Tätigkeit angewiesen.

Den mit Abstand größten Produktionsbereich bildeten das Spinnen von Leinengarn und, etwas weniger verbreitet, das Weben von Leinwand. Den Rohstoff lieferte die verbreitete Kultur von Flachs, der besondere Aufmerksamkeit gewidmet wurde. Das Garn galt den Zeitgenossen als „Nationalindustrie", die von ihnen in den höchsten Tönen als Grundlage des Wohlstandes des Landes und als unentbehrliche Stütze seiner Wirtschaft gepriesen wurde. Damit verbanden sie das Loblied auf den verbreiteten Fleiß der Landleute am Spinnrad und am Webstuhl. Garn und (weniger stark) Leinwand gingen zu einem großen Teile in den Export, etwa nach Westdeutschland, und sie wurden so zu einem wesentlichen Bestandteil der (modern gesprochen) Zahlungsbilanz des Landes.

Das Landhandwerk war gut ausgebaut. Die (wahrscheinlich nicht vollständigen) Statistiken lassen in den meisten Dörfern einen relativ hohen Handwerkerbesatz erkennen, der nicht selten über den traditionellen Bestand der für den Landmann unentbehrlichen Tätigkeiten zumindest der Bauernschneider, Schuhmacher, Rademacher und Schmiede hinausreichte. Der wachsende Wohlstand in Teilen der Landwirtschaft machte sich hier positiv bemerkbar. Formal bedurfte ein Landhandwerker der behördlichen Konzession, die anscheinend großzügig erteilt wurde.

Bergbau und Hütten waren von ihrer Natur her auf das Land angewiesen, und an sie knüpften gewerbliche Tätigkeiten an. Im Weser-Leine-Gebiet gab es mehrere Glashütten, von denen die in Grünenplan weithin bekannt wurde. Ein besonderes Glanzstück stellte die in den 1740er Jahren in Betrieb gegangene Porzellanmanufaktur in Fürstenberg über der Weser dar, die es dank tüchtiger Modelleure und qualifizierter Arbeiter rasch zu europäischem Ruf brachte.

Weniger spektakulär, doch für den Alltag wichtig waren die Papiermühlen, die Sägemühlen und die Ölmühlen (Lein- und Rüböl), die sich überall auf dem Lande fanden. So waren in der Summe die gewerblichen Tätigkeiten in den Dörfern gut entwickelt und trugen auf der Grundlage der Landwirtschaft und der Ausbeutung von Bodenschätzen zum Wohlstand des Landes bei. Dabei scheint es eine strenge Trennung zwischen Stadt und Land nicht immer gegeben zu haben; Mischbereiche waren nicht selten.

Verkehr und Handel

Die Stadt Braunschweig war als Erbe aus dem Mittelalter, dank ihrer günstigen Lage, dank ausgedehnter gewerblicher Produktion und dank der Aktivität ihrer Kaufleute auch am Ende des 18. Jahrhunderts noch ein bedeutender Platz für den Fern- und Nahhandel. Ihre Positionierung im Straßennetz war hervorragend, wie sich noch heute bei einem Blick auf die Karte der überörtlichen Straßenverbindungen feststellen läßt. Da Statistiken fehlen, sind wir hinsichtlich der Frequenz der einzelnen Verbindungen auf mehr oder weniger sichere Vermutungen angewiesen. Am wichtigsten war danach wahrscheinlich die Nord-Süd-Verbindung von den Hansestädten Hamburg, Lübeck und Bremen in das Innere und den Süden des Reiches: Leipzig, Thüringen (besonders Erfurt), Nürnberg, Hessen, Frankfurt am Main. Die Ost-West-Linien traten dahinter zurück. Wichtig waren hier vor allem die Hellwege, und zwar die nördliche Linie aus dem Rheinland über Paderborn und Hildesheim nach Braunschweig und von dort nach Magdeburg oder Leipzig oder die südliche durch das Weserbergland nach Braunschweig und über Goslar-Halberstadt ebenfalls nach Leipzig. Bezeichnenderweise fehlte aber eine direkte Verbindung nach Hannover; hier mußte man über Hildesheim fahren.

Allerdings zeichneten sich Veränderungen ab, die im 19. Jahrhundert für Braunschweig nachteilig wurden. Hannover hatte es verstanden, durch den Ausbau der Leinetallinie über Alfeld-Einbeck-Göttingen nach Kassel als Chaussee den Nord-Süd-Verkehr auf sich hin abzulenken. Der beginnende Chausseebau, an dem sich das Fürstentum beteiligte, wirkte überhaupt auf die Verkehrsbeziehungen verändernd ein, doch nirgendwo mit solch weitreichenden Wirkungen.

An den für die vorindustrielle Zeit so wichtigen Wasserwegen hatte das Land nur einen bescheidenen Anteil. Auf einer kurzen Strecke bei Holzminden stieß es an die Weser und machte diese Stadt zu einem nicht unbedeutenden Hafenort. Die übrigen größeren Flüsse (Leine, Oker) spielten im Lokalverkehr (auch durch Flößerei) eine Rolle.

Die günstige Verkehrslage stärkte in Verbindung mit den anderen, oben genannten Umständen den Handel der Stadt Braunschweig, die nach wie vor zu den bedeutendsten Handelsplätzen in Norddeutschland zählte. Gegenstände des Handels waren hier Getreide, Wolle, Garn, Leinwand, ferner Genußmittel und Material- wie Kolonialwaren. Auch die Spedition war wichtig. Wesentlich für die Stellung der Stadt im Handel waren die 1681 eingerichteten Messen geworden. Sie erreichten zwar nicht die Bedeutung von Leipzig und Frankfurt am Main, hatten aber für Nordwestdeutschland und dessen kleinere Handelszentren, nicht zuletzt aber auch als Absatzort der regionalen Gewerbe erhebliches Gewicht.

In den kleineren Städten stand der Nahhandel voran; sie dienten der Nahversorgung sowie der Abnahme und dem Versand besonders der ländlichen Produkte wie Leinwand, Garn, Getreide. Die meist mehrmals im Jahr stattfindenden Kram- und Viehmärkte dürfen in ihrer Bedeutung für das Land nicht unterschätzt werden. Auch wenn in diesem Bereich der Abstand zwischen der Hauptstadt und den Kleinstädten ausgeprägt war, bestanden doch zwischen beiden enge Handelsbeziehungen und machten das Land für einige Waren zu einem relativ einheitlichen Wirtschaftsgebiet.

Im Ergebnis zeigte sich das Fürstentum in die überregionalen Handelsbeziehungen gut eingebunden, während der Lokalhandel für den Absatz der Landesprodukte und die Versorgung voll ausreichte. Zu diesem positiven Bild trug auch das sich allmählich entwickelnde Bankwesen bei. Zu nennen ist hier vor allem das 1765 in Braunschweig errichtete sog. Leihhaus, das über seine ursprüngliche Aufgabe hinaus zunehmend Bank- und Sparkassengeschäfte betrieb.

Grundzüge der Sozialstruktur

Die Sozialstruktur des Fürstentums ist deutlich weniger erforscht als seine Wirtschaftsstruktur. Sie schloß sich allerdings relativ eng an diese an, so dass Beziehungen zwischen beiden gezogen werden können.

Folgt man den großen sozialen Schichten, so war der *Adel* im Vergleich zu anderen Staaten, etwa Kurhannover oder Preußen, in Braunschweig gering vertreten und gesellschaftlich nicht sonderlich stark herausgehoben. Überwiegend bestand er aus Landadel mit meist bescheidener Ausstattung an Grund und Boden und anderem Eigentum. Politisch war seine Stellung stärker, denn er besetzte die leitenden Stellen am Hof und in Regierung, Verwaltung und Militär, ohne hier freilich eine exklusive Position zu haben. Denn zu den Besonderheiten des Landes gehörte die Aufstiegsmöglichkeit auch für Bürgerliche, die dann nicht selten nobilitiert wurden. So ergab sich eine enge Verbindung hin zum gehobenen Bürgertum, und eine soziale Absonderung des Adels unterblieb weithin. Beide Schichten trafen sich hauptsächlich im Bereich der Bildung (s.u.), wobei die Person des Fürsten eine wichtige Rolle spielte: Herzog Carl Wilhelm Ferdinand (regierte 1780-1806) war aufgeklärt, orientierte seine Maßnahmen am Wohlstand des Landes (er sah sich wie Friedrich II. von Preußen als erster Diener seines Staates), persönlich bescheiden und volkstümlich.

Die Stellung des *Bürgertums* war relativ stark. Hier hatte sich allerdings im 18. Jahrhundert ein Wandel vollzogen, indem mit dem Vordringen der landesherrlichen Verwaltung in den Städten an die Stelle der bis dahin regierenden bürgerlichen Führungsschicht neben die leitenden staatlichen Beamten ausgezeichnete Vertreter aus den Bereichen der Bildung und der Wirtschaft getreten waren. Besonders das sogenannte Bildungsbürgertum war in der Hauptstadt stark durch hervorragende Persönlichkeiten vertreten, die über das Land hinaus Aufmerksamkeit fanden. Wie schon gesagt, war die Verbindung zwischen ihnen und dem Adel eng. Man traf sich im 1780 gegründeten „Großen Club" , in dem sich die Elite des Landes versammelte.

Auch das sogenannte Wirtschaftsbürgertum, in Braunschweig hauptsächlich Großkaufleute und Manufakturunternehmer, spielte eine bedeutende Rolle. Die Mehrzahl der Bürger stellten vor allem in den Landstädten freilich Handwerker und kleine Kaufleute. Für sie bot das Land durch sein gutes Schulwesen mannigfache Aufstiegsmöglichkeiten, die auch genutzt wurden. Zu nennen ist vor allem das 1745 gegründete Collegium Carolinum, eine Art polytechnische Hochschule, aus dem später die Technische Hochschule hervorging.

Die soziale Stufung der *Bauern* bestimmte sich wie in anderen Territorien besonders nach der Größe ihres Besitzes. Aus der im Einzelnen komplizierten Gliederung hoben sich die Vollbauern, die Verfügungsrechte in der Gemeinde besaßen, und die Köter aufgrund ihrer größeren Höfe heraus. Das Besitzrecht war allgemein günstig; Leibeigenschaft, Gutsherrschaft und die Möglichkeit zum Bauernlegen gab es nicht. Es herrschte das sogenannte Meierrecht, ein der Pacht ähnliches, allerdings weithin erbliches Besitzrecht. In Verbindung mit dem Anerbenrecht war die soziale und wirtschaftliche Stellung der Bauern damit gesichert. Als Folge blieb allerdings die Zahl der Hofstellen annähernd gleich, eine wesentliche Ursache für das Anwachsen nichtbäuerlicher Bevölkerungsteile.

Die *Unterschichten* in Stadt und Land setzten sich wie auch in anderen Territorien aus verschiedenen Gruppen zusammen, die hier nicht im Einzelnen vorgestellt werden können. In der Stadt Braunschweig wurde das Armenwesen seit

1742 öffentlich organisiert, verbunden mit einem Bettelverbot. Allerdings bewährte sich diese Regelung nicht, und so gründete man 1805 eine im wesentlichen von Bürgern getragene Armenanstalt. Auf dem Lande nahmen die besitzarmen oder besitzlosen Schichten gegen Ende des 18. Jahrhunderts rasch zu, nicht zuletzt wie gesagt als Folge des Anerbenrechtes, das die weichenden Erben benachteiligte. Hier entstand eine Schicht von sogenannten Einliegern (Häuslingen), die oft bei den Bauern zur Miete wohnten und die ein wachsendes „Landproletariat" bildeten.

Fazit

Diese knappe Skizze, die auf manche Einzelzüge verzichtete, machte deutlich, welche Bedeutung auch ein auf den ersten Blick scheinbar am Rande der Wirtschaftsentwicklung liegender Kleinstaat bis über seine Grenzen hinaus haben konnte. Gewiß war Braunschweig-Wolfenbüttel kein Musterstaat, wie es die von Napoleons Gnaden Anfang des 19. Jahrhunderts errichteten Staaten wie etwa das Königreich Westphalen werden sollten, doch nicht wurden. Es war nicht wie diese ein künstliches Gebilde mit Grenzen und einer regionalen Verwaltungsgliederung, die der historischen Fundierung entbehrten und daher wenig Chancen hatten, von der Bevölkerung akzeptiert zu werden. Ungeachtet mancher Zufälligkeiten bei seiner Entstehung (die sich nicht zuletzt in seiner geographischen Gestalt spiegelten) war das Land Ergebnis eines langen geschichtlichen Prozesses, der wahrscheinlich zumindest bei Teilen seiner Bewohner eine Art Landesbewußtsein geschaffen hatte.

Wichtiger war aber am Ende des 18. Jahrhunderts das Gefühl, in einem geordneten und gut regierten Staat zu leben. Selbstverständlich ist eine solche Aussage immer zu einem guten Teile Spekulation, denn brauchbare Untersuchungen wie in der Gegenwart gab es darüber nicht. Doch sind die zeitgenössischen Stimmen zu diesem Thema auch dann eindeutig, wenn man von ihnen das unvermeidliche Herrscherlob abzieht. Der regierende Herzog Carl Wilhelm Ferdinand galt auch über die Grenzen seines Staates hinaus als aufgeklärter Menschenfreund, für den das Wohl seiner Untertanen Maxime seines Handelns war. Er konnte dabei auf den Reformen seines Vaters, Herzog Carl I. (regierte von 1735 bis 1780), sowie auf den älteren Traditionen des Landes aufbauen.

Faßt man die verschiedenen Aspekte zusammen, die in diesem kleinen Beitrag knapp angesprochen wurden, ergibt sich das Bild eines territorial zerrissenen Kleinstaates, eingeklemmt zwischen dem wesentlich größeren Kurfürstentum Hannover und der Großmacht Preußen, der seine naturräumlichen Gegebenheiten im Ergebnis befriedigend, zum Teil gut nutzte und dessen Untertanen ihn im allgemeinen akzeptierten. Verwaltung und Rechtspflege arbeiteten auf der Grundlage als gerecht angesehener und dem aufgeklärten Zeitgeist entsprechender Gesetze und einer leistungsfähigen Organisation in der Regel zur Zufriedenheit.

Ein Mangel darf nicht übersehen werden, die hohe Staatsverschuldung, unter Carl I. aufgehäuft und durch Carl Wilhelm Ferdinand deutlich vermindert. Und es tickte eine Zeitbombe, für die auch die Zeitgenossen, die sie wahrnahmen, kein Mittel wußten, nämlich das rasche Anwachsen der Unterschichten. Auch Braunschweig-Wolfenbüttel war im späten 18. und mehr noch im frühen 19. Jahrhundert keine Insel der Seligen, wie sich in der Revolution von 1830 deutlich zeigte.

Literaturhinweise

Der Beitrag stützt sich auf die breit herangezogene zeitgenössische und moderne Literatur zum Thema. Er verzichtet aber auf Anmerkungen (Fußnoten), da diese wegen ihrer Vielzahl den Text überwuchert hätten. Im Folgenden ist aber die wesentliche Literatur zusammengestellt, von der ausgehend auch Einzelfragen erschlossen werden können.

Hingewiesen sei auf eine in Arbeit befindliche dreibändige „Wirtschafts- und Sozialgeschichte des braunschweigischen Landes“, deren zweiter Band die frühe Neuzeit behandelt und voraussichtlich Ende 2007 erscheinen soll.

Achilles, Walter, Die steuerliche Belastung der braunschweigischen Landwirtschaft und ihr Beitrag zu den Staatseinnahmen im 17. und 18. Jahrhundert, Hildesheim 1972

Achterberg, Erich, Braunschweigische Staatsbank. Zwei Jahrhunderte Zeitgeschichte, Braunschweig (1965)

Albrecht, Peter, Die Förderung des Landesausbaues im Herzogtum Braunschweig-Wolfenbüttel im Spiegel der Verwaltungsakten des 18. Jahrhunderts (1671-1806), Braunschweig 1980

Baldermann, Udo, Die Entwicklung des Straßennetzes in Niedersachsen von 1768-1860, Hildesheim 1968

Biehringer, Frieda, Herzog Karl I. von Braunschweig, Wolfenbüttel 1920

Burmeister, Friedrich Karl, Der Merkantilismus im Lande Braunschweig-Wolfenbüttel im 16. bis 18. Jahrhundert, Lübeck 1929

Denzel, Markus A., Die Braunschweiger Messen als regionaler Markt im norddeutschen Raum in der zweiten Hälfte des 18. und im beginnenden 19. Jahrhundert, in: Vierteljahrschrift für Sozial- und Wirtschaftsgeschichte 85, 1998, S. 40-93

Graefe, Christa, Forstleute. Von den Anfängen einer Behörde und ihren Beamten. Braunschweig-Wolfenbüttel 1530-1607, Wiesbaden 1989

Hänselmann, Ludwig, Das erste Jahrhundert des Großen Clubs in Braunschweig, Braunschweig 1880

Hassel, Georg/Bege, Karl, Geographisch-statistische Beschreibung der Fürstenthümer Wolfenbüttel und Blankenburg, 2 Bde., Braunschweig 1802/1803

Heuvel, Christine van den/Boetticher, Manfred von (Hrsg.), Geschichte Niedersachsens, 3. Bd., Teil 1 Politik, Wirtschaft und Gesellschaft von der Reformation bis zum Beginn des 19. Jahrhunderts, Hannover 1998 (zu Wirtschaft und Gesellschaft darin die Beiträge von Walter Achilles, Karl Heinrich Kaufhold, Diedrich Saalfeld)

Jarck, Horst-Rüdiger/Schildt, Gerhard (Hrsg.), Die Braunschweigische Landesgeschichte. Jahrtausendrückblick einer Region, Braunschweig 2000

Kaufhold, Karl Heinrich (Hrsg.), Bergbau und Hüttenwesen im und am Harz, Hannover 1992

Kintzinger, Martin (Hrsg.), Handwerk in Braunschweig. Entstehung und Entwicklung vom Mittelalter bis zur Gegenwart, Braunschweig 2000 (zur frühen Neuzeit darin der Beitrag von Karl Heinrich Kaufhold)

Kretschmer, Paul, Die Weser-Solling-Stadt Holzminden. Wie sie wurde, was sie ist. Holzminden 1981

Moderhack, Richard, Braunschweigische Landesgeschichte im Überblick, 3. Aufl. Braunschweig 1979

Mohrmann, Ruth-E., Alltagswelt im Land Braunschweig, 2 Bde., Münster 1990

Müller, Theodor, Schiffahrt und Flößerei im Flußgebiet der Oker, Braunschweig 1968

Müller, Hans-Ehrhard, Helmstedt. Die Geschichte einer deutschen Stadt. Helmstedt 1998

Ribbentrop, Philip Christian, Beschreibung der Stadt Braunschweig, 2 Bde., Braunschweig 1796

Seedorf, Hans Heinrich/Meyer, Hans-Heinrich, Landeskunde Niedersachsen. Natur- und Kulturgeschichte eines Bundeslandes. 2 Bde. Neumünster 1992/1996

Steinsiek, Peter-Michael, Nachhaltigkeit auf Zeit. Waldschutz im Westharz vor 1800, Münster 1999

Stern, Selma, Karl Wilhelm Ferdinand, Herzog zu Braunschweig und Lüneburg, Hildesheim u. Leipzig 1921

Technische Universität Braunschweig. Vom Collegium Carolinum zur Technischen Universität 1745-1995, Hildesheim/Zürich/New York 1995

Thöne, Friedrich, Wolfenbüttel. Geist und Glanz einer alten Residenz, München 1963

Venturini, Carl, Das Herzogthum Braunschweig in seiner gegenwärtigen Beschaffenheit dargestellt und beschrieben. 2. Aufl. Helmstedt 1829
Wohlauf, Gabriele, Die Spiegelglasmanufaktur Grünenplan im 18. Jahrhundert. Eine Studie zu ihrer Betriebstechnologie und Arbeiterschaft, Hamburg 1981

Karl Othmar Lamberg (1898-1942)

Roman Sandgruber

Die Tragödie eines steirischen Adeligen vom nationalsozialistischen Täter zum Opfer in Auschwitz

Das steirisch-niederösterreichisch-oberösterreichische Adelsgeschlecht der Lamberg, das sich auf Wolrat Lamberger (Wolrat II. Lamberger, +1214) zurückführt und sich im Lauf der Geschichte in mehrere Linien verzweigte, zählt zu den traditionsreichsten österreichischen Adelsfamilien.[1] Die aus Kärnten und Krain stammende Adelsfamilie war in Oberösterreich, Steyrmark und Niederösterreich (Ottenstein), ferner auch in Tirol und in Böhmen reich begütert. Sie stellte mehrere Bischöfe und stand im Hof-, Staats- und Militärdienst der Habsburger. Von den verschiedenen Linien wurden einige in den Reichsfreiherren- und Reichsgrafenstand erhoben, Leopold Matthias 1707 in den Reichsfürstenstand. Die Familie hat viele berühmte Persönlichkeiten hervorgebracht, die auch immer wieder die Aufmerksamkeit der Geschichtsforschung hervorgerufen haben.[2] Das Schicksal der Lambergs im 20. Jahrhundert hingegen hat bislang keinerlei Beachtung gefunden, obwohl die Geschichte und der Verlust des riesigen Familienbesitzes und Vermögens spektakulär war und der letzte männliche Erbe, Karl Othmar (oder auch Ottmar) Lamberg, in der Führung des steirischen Heimatschutzes, hernach im Umfeld des Nationalsozialismus in Deutschland und dann im Exil in der

---

1 Eine umfassende genealogische Präsentation der verschiedenen Lambergschen Linien unter: http://genealogy.euweb.cz/lamberg/lamberg1.html; Rolleder, Anton, Genealogie der Familie Lamberg, Steyr 1912, 551 Bl. [maschinschr.] Manuskript im Oö. Landesarchiv.

2 Bartunek, Vaclav, Karl von Lamberg, Erzbischof von Prag (4.10.1606-18.9.1612) Wien 1977 (Wiener Kath. Akad.: Miscellanea 21); Bauer, Franz E[rnst]: Studien zur Herrschafts- und Familiengeschichte der Lamberg zu Ottenstein im 16. und 17. Jahrhundert, Wien, Univ. Diss. 1981; Leidl, August, Lamberg, Joseph Dominikus Reichsgraf v. (* 1680 Steyr † 1781 Passau). In: Die Bischöfe des Heiligen Römischen Reiches 1648-1803 (Berlin 1990) S. 257-259 Fürstbischof von Passau u. Kardinal; Müller, Klaus, Habsburgischer Adel um 1700: Die Familie Lamberg, Mitteilungen des Österreichischen Staatsarchivs 32, 1979, 78-108; Niedermayer, Franz, Johann Philipp von Lamberg, Fürstbischof von Passau: 1651 - 1712; Reich, Landesfürstentum und Kirche im Zeitalter des Barock, Passau 1938; Weiss, Rudolf, Das Bistum Passau unter Kardinal Joseph Dominikus von Lamberg (1723 - 1761); zugleich ein Beitrag zur Geschichte des Kryptoprotestantismus in Oberösterreich, St. Ottilien 1979.

Tschechoslowakei eine höchst eigenartige und dubiose Rolle spielte und zuletzt in Auschwitz ermordet wurde. Aber der Niedergang und das Ende finden nie die gleiche Aufmerksamkeit wie der Aufstieg und der Ruhm, und Personen, die wie Lamberg so stark zwischen Täter und Opfer changieren, laufen Gefahr, auf beiden Seiten übersehen zu werden.[3]

Karl Othmar Lambergs Vater, Vollrat Lamberg (1866 bis 1958) war verheiratet mit Maria Dorothea Prinzessin Hohenlohe-Waldenburg-Schillingfürst (1872-1954). Dorothea starb 1954, Vollrat am 22. 2. 1958 im 92. Lebensjahr. Aus dieser Ehe stammten drei Kinder, Maria (1897-1973), Karl Othmar (1898-1942) und Johanna (1901-1973). Die ältere Schwester Maria Gräfin Lamberg, verehelichte bzw. geschiedene Kunsti (nach dem RAVAG-Direktor Erich von Kunsti), starb im Jänner 1973, die andere, Johanna, die in einen geistlichen Orden eingetreten war und in Deutschland als Nonne lebte, bei einem Autounfall am 18. Juni 1973.[4] Mit Karl Othmar Lamberg, der am 11. 7. 1942 in Auschwitz ermordet worden war und aus dessen früh geschiedener Ehe mit Else Hofherr es zwei Töchter gab, war die Linie in männlicher Folge ausgestorben.

Der letzte Lamberg, Karl Othmar (Graf) Lamberg (29. 9. 1898 bis 11. 7. 1942) war allen Beschreibungen zufolge keine sympathische Person: Eine gespaltene Persönlichkeit, schwer kriegsversehrt (Schuss in die Wirbelsäule und Bruch des 5. Lendenwirbels), auf der Suche nach dem persönlichen Erfolg politisch, wirtschaftlich und auch privat gescheitert, mit dem Vater zutiefst verfeindet, sowohl wegen Geldangelegenheiten wie aus unterschiedlicher politischer Orientierung (Vollrat Lamberg war Legitimist, Karl Othmar ein Nationaler oder sogar Nationalsozialist), persönlich rastlos und nirgends beheimatet, politisch radikal und verfolgt, und vor allem in die Krisenszenarien der dreißiger Jahre immer wieder auf eine merkwürdig dubiose Weise verwickelt. Als einer der Führer des steirischen Heimatschutzes wurde er von anderen Beteiligten und Angeklagten als die treibende bzw. negative Figur im so genannten Pfrimer-Putsch hingestellt, ein Sympathisant des Nationalsozialismus, der dennoch kein Parteimitglied wurde, der 1931 nach Deutschland floh, im nationalsozialistischen Deutschland eine Karriere versuchte, nach dem Röhm-Putsch aus Deutschland fliehen musste, zuerst nach Ungarn, von dort weiter in die Tschechoslowakei, am linken Rand des Nationalsozialismus um Otto Strasser politisch aktiv und daher von Ausweisung bedroht blieb. Die Rolle im österreichischen Juli-Putsch hinsichtlich einer seiner eigenen Behauptung nach an einen österreichischen Minister (Emil Fey?)

---

3 Walterskirchen, Gudula, Blaues Blut für Österreich: Adelige im Widerstand gegen den Nationalsozialismus, Wien 2000, erwähnt Lamberg überhaupt nicht, obwohl sie sowohl auf adelige Opfer wie auf Täter und Sympathisanten eingeht.

4 Vortrag von Manfred Hofer, Irdning, Manuskript.

gegebenen Warnung ist mysteriös. Nach Österreich, wo er steckbrieflich gesucht war, konnte er nicht zurückkehren. Als er im Jänner 1938 dennoch nach Österreich einreiste, wurde er unverzüglich verhaftet, aber nach kaum einer Woche wieder freigelassen. Als er nach dem Anschluss als alter, wenn auch wenig linientreuer NSDAP-Sympathisant einen neuen Anfang beginnen wollte, landete er zwischen allen Stühlen. 1940 wurde er wieder verhaftet und 1942 schließlich im Konzentrationslager Auschwitz ermordet.

Begleitet war die politische Tragödie des Grafen Lamberg von der wirtschaftlichen Tragödie seines Vaters bzw. des Besitzes, dessen Hauptanwärter Othmar Lamberg war. Die Ortenegger, später Ortenegg-Ottensteiner Hauptlinie der Lamberg war 1929 erloschen. Das umfangreiche Vermögen, bestehend aus mehreren Fideikommissen und vielfältigem Schloss- und Hausbesitz, insbesondere dem Johann Maximilian Graf Lambergschen Fideikommiss Steyr und dem Leopold Josef Graf Lambergschen Fideikommiss, bestehend aus den Herrschaften Ottenstein und Gilgenberg in Niederösterreich, ging 1929/31 an die Linie Lamberg-Greifenfels über.[5] Vollrat Graf Lamberg aus der Linie Lamberg-Greifenfels war damit zu einem der größten, wenn nicht dem überhaupt größten privaten Wald- und Grundbesitzer im damaligen Österreich geworden, der neben dem Johann Maximilian Graf Lambergschen Fideikommiss Steyr und dem Leopold Josef Graf Lambergschen Fideikommiss Ottenstein und Gilgenberg in Niederösterreich noch seinen eigenen umfangreichen steirischen Allodbesitz in Feistritz an der Ilz und Pöllau nebst zahlreichen Realitäten in Graz und der Südsteiermark umfasste. Dieser riesige Besitzkomplex ging zwischen 1931 und 1958, dem Todesjahr von Vollrat Lamberg, der Familie Lamberg praktisch zur Gänze verloren.[6]

Karl Othmar Lamberg *und der Steirische Heimatschutz*

Karl Othmar Lamberg war nach Absolvierung der Mittelschule im Jahre 1916 zu einem Kavallerieregiment eingerückt, kehrte 1918 als blutjunger Leutnant, aber schwer kriegsverletzt, aus dem Weltkrieg heim und übernahm das obersteirische Schloss Pichlarn bei Aigen im Ennstale, das er von seiner Großmutter geerbt hatte. 1920 ehelichte er Else Hofherr, die Tochter des Hauptaktionärs der Landmaschinenfabrik Hofherr-Schranz-Clayton-Shuttleworth Richard Hofherr. Aus

5 OÖLA, Landesgericht Linz als Abhandlungsgericht nach Herrn Heinrich (Graf) Lamberg, gestorben am 17. Oktober 1929. Verlassenschaftsabhandlung. Verlassenschaftsakt A 1/29, Landesgericht Linz, 17. 1. 1930.

6 Der Autor bereitet eine umfassende Darstellung der Geschichte der Lambergschen Güter im 20. Jahrhundert vor, insbesondere der Fideikommisse Steyr und Ottenstein.

dieser Ehe gab es zwei Töchter; die Ehe verlief aber nicht glücklich und wurde bereits 1925 getrennt; der Kampf um die beiden Töchter wurde zu einer der großen Tratsch- und Illustriertengeschichten der 1920/30er Jahre.[7] Karl Othmar betätigte sich als Gutsbesitzer, kaufte einen amerikanischen Traktor, den ersten im Ennstal. Mitte der 20er Jahre eröffnete er ein Gasthaus in Pichlarn, aber mit denkbar schlechtem wirtschaftlichem Erfolg; 1926 brannte das Stallgebäude ab. Im Oktober 1928 mussten die Kunstschätze von Schloss Pichlarn versteigert werden. Es dürfte sich um sehr große Werte gehandelt haben (lt. Katalog etwa 500 Versteigerungsnummern). Auch das Schloss Pichlarn selbst wurde 1929 verkauft. Die Landmaschinenfabrik der Schwiegereltern geriet in den Trubel der Weltwirtschaftskrise. Die Schwiegereltern, das Ehepaar Hofherr, begingen 1929 angesichts der Weltwirtschaftskrise Selbstmord. Auch um das riesige Vermögen seines Vaters, auf das er die erste Anwartschaft hatte, stand es schlecht. Mitte der 1930er Jahre war der Fideikommiss Steyr, mit mehr als 30000 ha der weitaus größte Bestandteil des gesamten Vermögens, schon heillos überschuldet.

Carl Othmar durfte nach dem Verkauf seines eigenen 1919 übernommenen Besitzes vorerst noch weiter auf Schloss Pichlarn wohnen, mit seiner damaligen Lebensgefährtin, einer Baronin Guttenberg aus Wien. Auch diese Liaison endete im Skandal.[8] Infolge verschiedener Umstände war die Zahlung des Kaufpreises für Schloss Pichlarn an Othmar Lamberg nicht zur Gänze erfolgt, weshalb das gesamte Mobiliar sowie die Konzession für die zu diesem Gute gehörige Pension

---

7 Die beiden Kinder von Carl Othmar und Else Lamberg, geb. Hofherr, Dorothea und Josefine Lamberg, waren in den 20er und 30er Jahren Gegenstand wilder, in der damaligen Presse breit ausgewalzter Streitigkeiten, insbesondere die Entführung des älteren der beiden nach Deutschland etc.

8 Freifrau Margarete von Guttenberg mit ihrer kaum der Schule entwachsenen Tochter Alexandra von Guttenberg lebte vor Lambergs Flucht nach Deutschland 1931 bei Graf Lamberg. Sie verblieben damals weiter auf Schloss Pichlarn. Wie von der österreichischen Staatspolizei vertraulich in Erfahrung gebracht wurde, soll ein gewisser Johann Stenitzer, ein Forstadjunkt, mit Alexandra Guttenberg bis zu ihrer Abreise nach Deutschland ein stilles Liebesverhältnis gehabt haben. Als am 3. 8. 1935 das Mobiliar von Schloss Pichlarn versteigert wurde, waren auch Margarete von Guttenberg und ihre Tochter Alexandra einige Tage in Pichlarn und Stenitzer war ständiger Begleiter der beiden Damen… Wann es zu dem schweren Zerwürfnis mit Lamberg gekommen ist, ist unbekannt. 1937 jedenfalls weist Lamberg darauf hin, dass er von Frau Guttenberg verleumdet und denunziert werde. „Eine Baronin Guttenberg", mit welcher Lamberg eine Zeitlang in Lebensgemeinschaft gelebt habe, erscheine, schreibt Lambergs Rechtsanwalt Dr. Loew an Staatssekretär Dr. Skubl am 8. Okt. 1937, dem Grafen offensichtlich unfreundlich gesinnt, weil er die Lebensgemeinschaft mit ihr aufgegeben hat. Ihre etwaigen Mitteilungen oder solche von einer von ihr beeinflussten Seite seien daher mit größter Vorsicht aufzunehmen. Österr. Staatsarchiv, AdR, Konvolut 303.359-St.B./1938, Lamberg Othmar, Verhaftung, 83 f, 45 f.

und Gastwirtschaft bis 1935 weiter in Othmar Lambergs Besitz verblieben. Aber seit 1931 war er ohnehin auf der Flucht und im deutschen Exil, in Österreich mit der sofortigen Verhaftung bedroht.

Seit Anfang der 20er Jahre hatte sich Karl Othmar Lamberg politisch betätigt. Seit dem Jahre 1920 gehörte er dem aus dem „Selbstschutze“ entstandenen „Steirischen Heimatschutz“ an. Im Jahre 1929 wurde er zum Gauleiter des Heimatschutzes für den Bezirk Irdning und 1930 zum Kreisleiter für den Kreis „Oberes Ennstal“ ernannt und im September 1930 in die Bundesführung des Heimatschutzes übernommen.[9] Seit dem Auftreten Lambergs fanden Führerbesprechungen des Heimatschutzes auf dem Schloss des Grafen in Pichlarn bei Stainach-Irdning statt. Am 18. August 1931 wurde Lamberg von Bundesführer Dr. Walter Pfrimer zu seinem Generaladjutanten ernannt.[10] Lamberg, der dem Bundesstabsleiter Ing. Hanns Albin Rauter „als gewissenlos“ erschien, gewann größten Einfluss auf Dr. Pfrimer. Rauter beschuldigte im Pfrimer-Prozess Karl Othmar Lamberg, dass er unter den steirischen Heimatschutzführern die radikalste Richtung vertreten habe (Anklageschrift gegen Pfrimer, S. 11). Rauter habe daraufhin seine Funktion zurückgelegt, sie allerdings wieder angenommen, als Pfrimer ihm versichert habe, Lamberg habe keinerlei reale militärische oder politische Macht.[11] Lamberg habe laut Aussage Rauters Pfrimer ermutigt, seine Putschpläne zu verwirklichen.[12] Von verschiedenen Personen, die mit Lamberg zu tun hatten, wurde auf dessen Neigung zu „Intrigen“ verwiesen, etwa von Konstantin Kammerhofer, dem Landesleiter-Stellvertreter der Steiermark und späteren Führer des Juliputsches 1934 in der Steiermark, der seine Stelle als Landesleiter-Stellvertreter des Steirischen Heimatschutzes angeblich wegen Lamberg zurückgelegt hatte.[13] Lamberg habe als einzigen Weg, die Macht im Staat zu erringen, die Gewaltanwendung gesehen. In einer nach dem Erfolg des Putsches zu bildenden Regierung war Lamberg offenbar die Position des Innenministers zugedacht.[14] Die Anklage im Pfrimer-

9 Hofmann, Josef, Der Pfrimer-Putsch: der steirische Heimwehrprozess des Jahres 1931, Wien 1965 (Publikationen des österreichischen Instituts für Zeitgeschichte 4). Leider ist der umfangreiche Gerichtsakt zum Pfrimer-Putsch im Steiermärkischen Landesarchiv, den Dr. Josef Hofmann für seine Dissertation Anfang der 1960er Jahre noch benutzen konnte, inzwischen nach Mitteilung des Steiermärkischen Landesarchivs in Verlust geraten. So lassen sich spezifische Aspekte zu Karl Othmar Lamberg, die Hofmann eher am Rande behandelte, nicht mehr nachrecherchieren.

10 Hofmann, Pfrimer-Putsch, 43.

11 Pauley, Bruce F., Hahnenschwanz und Hakenkreuz. Der steirische Heimatschutz und der österreichische Nationalsozialismus 1918-1934, Wien 1972, 113.

12 Pauley, Hahnenschwanz, 113.

13 Hofmann, Pfrimer-Putsch, 44.

14 Hofmann, Pfrimer-Putsch, 56.

Putsch warf Lamberg vor: „Er erscheint verdächtig, an den Vorbereitungen zur Aufstandsbewegung tätig mitgewirkt zu haben."

Lambergs Einfluss auf Pfrimer war so entscheidend, dass manche Beobachter meinten, er sei vielleicht ein NSDAP-Agent gewesen, mit der Aufgabe, die Heimwehr zu diskreditieren, indem er sie in einen aussichtslosen Kampf gegen die Regierung hineinhetzte. Das ist im Wesentlichen auch die Auffassung, die Ernst Rüdiger Starhemberg in seinen Memoiren vertritt.[15] Starhemberg behauptete, dass der Putsch von nationalsozialistischer Seite angezettelt worden sei, um den Heimatschutz zu diskreditieren und die aktiven Mitglieder der Bewegung der NSDAP in die Arme zu treiben.[16] Die Tätigkeit Lambergs vor dem Putsch und während desselben sowie die Rolle, die er später in der NSDAP spielte, lassen diese These nach Meinung Bruce F. Pauleys einigermaßen glaubwürdig erscheinen, auch wenn man mit solchen Spekulationen sehr vorsichtig sein müsse.[17] Auch Hofmann schreibt von der begründeten Annahme, dass Graf Lamberg tatsächlich ein Agent der Nationalsozialisten gewesen sein könnte. Der Sicherheitsdirektor von Oberösterreich und Heimwehrführer Graf Peter Revertera (1893-1966), auf dessen Schloss in Helfenberg Othmar Lamberg nach dem gescheiterten Putsch geflüchtet war und von dessen Gattin Ida Revertera-Schwarzenberg er zwischen den Mühlviertler Orten Kollerschlag und Altenhof über die bayrische Grenze geschleust wurde, berichtete von Propagandamaterial, das von Lamberg und seinen Begleitern (Forstrat Seitner und Hauptmann Harter) in Helfenberg zurückgelassen worden war und das eindeutig nationalsozialistischen Inhalt gehabt habe.

Graf Revertera schrieb am 26. Mai 1962 an Dr. Josef Hofmann als Auskunftsperson zu dessen Forschungen über den Pfrimer-Putsch: „Lamberg war mir stets überaus unsympathisch & wir verstanden uns auch politisch absolut nicht, da er dem radical-national eingestellten Flügel der steirischen Haw unter Pfrimer angehörte, die schon damals den Nazis sehr nahestanden, bezw. so gut wie unter deren Kommando standen. Diese Einstellung Lambergs & seiner beiden Begleiter bestätigte sich durch bei uns vergessene Schriften ganz eindeutigen Nazi-Inhaltes, ja auch NS-Propagandamaterials, das die drei unbegreiflicherweise mit sich führten!" Und weiter: „Zusammenfassend: Lamberg war ebenso wie Pfrimer ein absolut Nazihöriger Hypernationaler & überdies persönlich in höchstem Grade unsympathisch. Pfrimer war ein ausgesprochener Säufer und ebenso wie L. nazihörig."[18] Graf Revertera sah in Lamberg den „bösen Geist des Dr. Pfrimer".

---

15 Starhemberg, Ernst Rüdiger (1899-1956), Die Erinnerungen. Mit einer Einleitung von Heinrich Drimmel, 3. Aufl., Wien 1991.

16 Hofmann, Pfrimer-Putsch, 93.

17 Pauley, Hahnenschwanz, 113.

18 Hofmann, Pfrimer-Putsch, 105-107.

Laut Egon Berger-Waldenegg[19] war Gräfin Revertera „froh, diesen üblen Gesellen (Lamberg) loszuwerden".[20]

Das sind natürlich alles nachträgliche Charakterisierungen, die auf einen Abwesenden gemünzt waren, teilweise mehrere Jahrzehnte später, sicher auch mit der Tendenz, sich damit jeweils selbst zu entlasten. Beim Pfrimer-Prozess war Lamberg, da nach Deutschland geflüchtet, nicht unter den Angeklagten. Er blieb, obwohl die anderen Beteiligten des Putsches spektakulär freigesprochen worden waren, bis 1938 auf den österreichischen Fahndungslisten.

Lamberg stand nach Aussage Dr. Pfrimers mit der NSDAP in München in enger Beziehung, obwohl ihn Dr. Pfrimer nicht als Nationalsozialisten einschätzte.[21] Hofmann befragte Dr. Walter Pfrimer am 19. Mai 1962 in Judenburg auch über Othmar Lamberg: Pfrimer meinte über Lamberg: Er sei wie er selber Mitglied des Alldeutschen Verbandes gewesen und habe eine radikale Richtung vertreten. Dr. Pfrimer kannte ihn nur als Nationalen, er hielt es für ausgeschlossen, dass er Legitimist gewesen sein könnte. Aber er sei auch kein Nationalsozialist gewesen, beteuerte Pfrimer im Jahre 1962.[22] „Er war", so Pfrimer, „ein deutscher Reichsgraf."[23]

Dass für die engen Beziehungen des Steirischen Heimatschutzes zur NSDAP, die sofort nach dem gescheiterten Putsch einsetzten, die Vermittlungstätigkeit Lambergs eine wichtige Rolle spielte, ist sehr wahrscheinlich. Ende Oktober 1931 wurde zwischen der österreichischen NSDAP und dem Steirischen Heimatschutz eine erste Kampfgemeinschaft begründet, die zwar zwei Monate später wieder zerfiel. 1932 herrschte vorübergehend eine unverhohlene Feindschaft zwischen dem Steirischen Heimatschutz und der NSDAP. Am 23. April 1932 jedoch unterstellte sich der Heimatschutz der Richtung Dr. Pfrimers der politischen Führung der NSDAP, um später in dieser völlig aufzugehen. Im Mai 1932 schloss Pfrimer in Frankfurt ein Abkommen mit Hitler, dem kurz darauf der Übertritt zur NSDAP bzw. SA folgte. Es ist klar, dass Lamberg einer der Kon-

---

19 Berger-Waldenegg, Egon, 1880 - 1960 Graz, Jurist, Politiker (Heimwehr), Gutsbesitzer, trat 1929 dem Steirischen Heimatschutz bei, wurde 1931 in den Pfrimer-Putsch hineingezogen, schloss sich dann E. R. Starhemberg an. 1934 Landeshauptmannstellvertreter der Steiermark, am 10. 7. 1934 von E. Dollfuß zum Justizminister ernannt (bis Oktober 1935), setzte am 25. 7. 1934 den Heimatschutz in ganz Österreich gegen die Nationalsozialisten in Bereitschaft; von 3. 8. 1934 bis 14. 5. 1936 Außenminister. 1936-38 österreichischer Gesandter in Rom.

20 Hofmann, Pfrimer-Putsch, 76.

21 Hofmann, Pfrimer-Putsch, 94.

22 Hofmann, Pfrimer-Putsch, 102.

23 Hofmann, Pfrimer-Putsch, 100.

taktmänner war, der dies von Deutschland aus organisierte und in die Wege leitete.[24]

Lamberg war nach dem gescheiterten Putsch nach München geflohen, wo er sich bei seiner Tante, Gräfin Wanda Sandizell-Lamberg, aufhielt. Über den Grafen Lamberg nahm Pfrimer erwiesener Maßen Fühlung mit der NSDAP auf.[25] Teilweise auch durch Graf Lamberg sei er mit der NSDAP in Kontakt gekommen, erzählte Pfrimer 1962.[26] Graf Lamberg habe ihm nach Marburg geschrieben, es wäre gut, nach München zu kommen, es sei Wichtiges zu besprechen. Anfang November 1931 kam Dr. Pfrimer auf Einladung Lambergs nach Sandizell bei München. Am 2. Mai 1932 arrangierte Lamberg in Frankfurt ein Zusammentreffen zwischen Adolf Hitler, Dr. Pfrimer und einem Hauptmann namens Karl Harrand aus Kirchberg in Oberösterreich.

Im nationalsozialistischen Fahrwasser: die Jahre in Deutschland

Während seines Aufenthaltes in Deutschland wohnte Lamberg zunächst in München im Hotel „Stadt Wien" und übersiedelte dann auf das Schloss seines Onkels Theodor Graf Sandizell etwa 80 km nordöstlich von München bei Schrobenhausen. Von hier aus scheint er die Kontakte zwischen den Nationalsozialisten und dem Steirischen Heimatschutz gefördert zu haben. Theo Habicht, 1927 bis 1931 Kreisleiter der NSDAP für Wiesbaden, ab 1931 Landesgeschäftsführer, ab August 1932 Landesinspekteur der NSDAP für Österreich, sei aber allen diesen Absichten feindlich gegenüber gestanden. Im Dezember 1932 übersiedelte Lamberg wieder nach München, ins Hotel Union, das im Eigentum der Bayrischen Volkspartei gestanden war. Im April oder Mai 1933 sei er nach eigener Aussage mit dem Führer der österreichischen Nationalsozialisten Dr. Walter Riehl[27], der ihm

24 Schafranek, Hans, Sommerfest mit Preisschießen: Die unbekannte Geschichte des NS-Putsches im Juli 1934, Wien 2006.

25 Hofmann, Pfrimer-Putsch, 83.

26 Hofmann, Pfrimer-Putsch, 102.

27 Riehl, Walter (1881 – 1955) wurde 1919 Anführer der österreichischen DNSAP. Sitz der Partei war die 1917 gegründete Anwaltskanzlei Riehls am Wiener Stephansplatz. Dem Parteiabzeichen, bis dahin bestehend aus Hammer und Eichenlaub, fügte Riehl das Hakenkreuz hinzu, womit die DNSAP die erste nationalsozialistische Partei war, die dieses Symbol verwendete. Riehl gründete nach Spaltung der DNSAP im Juni 1924 den Deutschsozialen Verein, war dann in der Frontkämpfervereinigung tätig und trat 1930 der NSDAP bei; R. Brandstötter, W. Riehl und die Geschichte der nationalsozialistischen Bewegung in Österreich, 1969. In den folgenden Jahren fand sich Riehl zunehmend im Gegensatz zum Führer der österreichischen NSDAP, Theodor Habicht. Während jener versuchte mit möglichst starkem Druck, auch mit Gewalt und

bis dahin persönlich unbekannt gewesen sei, in Verbindung getreten, lt. seiner Aussage deswegen, weil er ihm als Rechtsanwalt von Dr. Pfrimer für eine Fideikommissangelegenheit empfohlen worden sei. Die Tante habe Riehl die Kosten der Reise nach München bezahlt. Dieser eher private Kontakt sei auch der Grund gewesen, dass er im Jahre 1934 bei Riehl einige Male in der „Deutschen Arbeiterpresse" Artikel veröffentlicht habe.

Im Juni 1933 übersiedelte Lamberg von München nach Berlin. In Berlin wohnte er bis zu seiner Flucht am 7. Juli 1934 in der Pension Heidmann, Motzstr. Nr. 39.[28] Wie eng Lambergs Verwicklungen in den Nationalsozialismus während seiner Münchner und Berliner Zeit waren, ist Gegenstand heftigster journalistischer und geheimdienstlicher Recherchen und Kontroversen geworden, ist aber nicht eindeutig zu klären. Othmar Lamberg zeichnete sich jedenfalls durch eine beträchtliche verbale Radikalität aus: 1932 trat er in einem umfangreichen Elaborat, das er anlässlich der in Österreich geführten Diskussionen über die Aufhebung der Fideikommisse verfasst und am 6. 7. 1932 von München aus auch an den Lambergschen Forstdirektor in Steyr geschickt hatte[29], mit extrem antisemitisch ausgerichteter Diktion und mit persönlichen Angriffen gegen seinen Vater und dessen „verjüdetes" Umfeld hervor, was nicht nur von dem tiefen Zerwürfnis mit seinem Vater zeugte, sondern auch eine deutlich nationalsozialistisch orientierte ideologisch-rassistische Position erkennen ließ, wobei er seinem Vater eine völlige Hörigkeit Juden gegenüber vorwarf.[30]

Terror, in Österreich an die Macht zu kommen, suchte Riehl ab 1933 als Vertreter der Nationalsozialisten in Verhandlungen mit Bundeskanzler Dollfuß eine Machtbeteiligung zu erreichen. Habicht, der sich von solchen Bemühungen hintergangen sah, schloss Riehl daraufhin aus der NSDAP aus. Mit seiner nun neu gegründeten „Nationalen Aktion" nahm Riehl erneut Gespräche mit der christlichsozialen Regierung auf. Insbesondere wurden seine Bemühungen von Innen- bzw. Sicherheitsminister und Heimwehrführer Emil Fey behindert, der seinerseits Kontakte zu anderen Nationalsozialisten aufgebaut hatte. Erst später, nach dem Parteiverbot der NSDAP, deren Putschversuch im Juli 1934 und der Ermordung Engelbert Dollfuß', konnte Riehl erfolgreich engere Kontakte zu Bundeskanzler Kurt Schuschnigg aufbauen. 1938 Gestapohaft. Bemühte sich um eine Wiederaufnahme in die NSDAP, wurde aber wegen seiner Kritik und der früheren Stellungnahme gegen eine Auflösung Österreichs abgewiesen.

28 Österr. Staatsarchiv, AdR, Konvolut 303.359-St.B./1938, Lamberg Othmar, Verhaftung, 4 ff.

29 Österr. Staatsarchiv, AdR,: 1938/4629/Sig. 13, Karton 64, 2.

30 Zur Fideikommissaufhebung, II. Teil, von Carl Ottmar Graf v. Lamberg, Abschrift, AdR, Österr. Staatsarchiv, AdR, Konvolut 303.359-St.B./1938: „Die landwirtschaftlichen Grundstücke von der gräfl. Vollrat Lambergschen Verwaltung Ottenstein und Gilgenberg sind vorzüglich an Juden verpachtet durch den judenstämmigen Vermögensverwalter, der auch eine Jüdin zur Frau hat, Rechtsanwalt Dr. Stritzl-Artstatt.

Ob und wie er auf eine nationalsozialistische Machtübernahme in Österreich hinarbeitete, ist strittig. Vom Gendarmerie-Posten-Kommando Irdning wurden im Jahr 1933 zwei angeblich von Karl Othmar Lamberg an den Zwangsverwalter seines Gutes, den AgrarIng. Adolf Becker übersendete Briefe vom 7. 4. 1933 und 4. 6. 1933 beschlagnahmt, in denen Karl Othmar Lamberg mitteilte, dass er schon seit längerer Zeit in Verbindung mit ausländischen Kreisen stehe, die es sich zur Aufgabe gemacht haben, die Gleichschaltung der Republik Österreich mit dem Deutschen Reiche mit allen Mitteln herbeizuführen und dass er selbst diese Bestrebungen fördere. Karl Othmar Lamberg verantwortete sich später bei der Einvernahme durch die österreichischen Behörden im Jänner 1938 dahin, dass er sich nicht erinnern könne, die Briefe vom 7. 4. und 4. 6. 1933 geschrieben zu haben und dass er sich während seines Aufenthaltes im Auslande nie gegen die Selbständigkeit Österreichs betätigt habe.[31]

Die tatsächliche Rolle, die Lamberg während dieser nicht ganz drei Jahre seines Aufenthalts in Deutschland spielte, ist zum Gegenstand wilder Spekulationen geworden. Deutlich wird, dass Lamberg zwar in engem Kontakt zu führenden Nationalsozialisten stand, gleichzeitig aber offensichtlich in einen immer stärkeren Gegensatz zu Theo Habicht geriet, der bis zum Juli 1934 das Geschick der österreichischen NSDAP maßgeblich bestimmte, so dass sich Lamberg auf die Seite des österreichischen Nationalsozialisten Dr. Walter Riehl schlug.

Ob Lamberg jemals Mitglied der NSDAP war, ist umstritten, aber auf Grund der bislang bekannten Quellen eher auszuschließen.[32] Das Document-Center

---

Vollrat Lamberg verkaufte die Villa Graz, Beethovenstr. 17 an den jüdischen Rechtsanwalt Dr. Spiegel. Vollrat Lamberg verkaufte das Haus Graz Herrengasse 9 an die italienische Versicherungsfirma Reunione Adriatica di Sicurta. Vollrat Lamberg verkaufte den seit Jahrzehnten deutschen Weingarten Luttenberg, S.H.S. sofort nach dem Tode seines Vaters an einen Slowenen. Vollrat Lamberg verkaufte die ihm gehörigen Kunstschätze der Herrschaft Pichlarn und Mittersteinach durch den Vermögensverwalter Stritzl an den Juden Khende. Die Herrschaft Pöllau wird der Vermögensverwalter auch verkaufen. Man kann sich ein Bild machen, wie nach der Fideikommissaufhebung Herr Stritzl verkaufen würde und an wen...."

31 Österr. Staatsarchiv, AdR, Konvolut 303.359-St.B./1938, Lamberg Othmar, Verhaftung, 4 ff, 113.

32 OÖ Landesarchiv, Rk 368/56, 1559. Zu dem von der Finanzprokuratur vorgelegten Akt des Staatsarchivs über Othmar Lamberg: dieser Akt belege klar, dass Lamberg nie bei der Partei oder einer ihrer Gliederungen war, etwa S. 49 aus einem Bericht des Sicherheitsdienstes, dass es keine konkreten Beweise gebe, dass er Nationalsozialist sei oder war, S. 51 ein Bericht des österreichischen Gesandten in Berlin vom 6.11.1937, er sei nicht nur einwandfrei, sondern zweifelsfrei österreichisch gesinnt und regierungsfreundlich, S. 68, Bericht des Sicherheitsdirektors vom 22. 2. 1936, wegen der Rückkehr bestehe kein Einwand.

Berlin weist keine Mitgliedsnummer auf seinen Namen aus.[33] Lamberg war zwar für die NSDAP tätig, scheint aber kein Mitglied geworden zu sein.[34] Die österreichische Staatspolizei beschäftigte sich intensiv mit Lamberg, kam aber ebenfalls zu keinen eindeutigen Ergebnissen: Dem Strafbezirksgericht I wurde auf Anfrage vom 22. 9. 1933 Zl. X 2U 400 /33 mitgeteilt, dass Lamberg derzeit in Berlin, Wilmersdorf, Motzstr. 38 wohnt und im Außenpolitischen Amt der NSDAP in Berlin beschäftigt ist.[35] Vom 13. 1. 1934 existiert ein Dienstzettel des BKA mit einem Bericht des Leiters des österreichischen Generalkonsulats in München: Lamberg sei entweder Nationalsozialist oder stehe der Partei sehr nahe. Er gehöre aber eher zu den Nationalsozialisten Riehlscher Färbung, welche die Gewaltpolitik Habichts und der Landesleitung Österreich für verfehlt halten. Er sei wegen des Gegensatzes zu Habicht nach Berlin gegangen. „Was er in Berlin macht, ist hieramts nicht bekannt. Nur aus Briefen, die er an hiesige Freunde schreibt, scheint hervorzugehen, dass sich an seiner politischen Einstellung und seinen Zielen bisher nichts geändert hat.“[36]

Am 19. 1. 1934 berichtete die österreichische Gesandtschaft in Berlin, Karl Othmar Lamberg sei einige Zeit hindurch im österreichischen Referate, das Ministerpräsident Göring seinerzeit in seinem Amte eingerichtet hatte, tätig gewesen, hätte aber diesen Posten bald wieder verlassen. Soweit der Gesandtschaft bekannt ist, sei Lamberg bisher in keiner Weise hervorgetreten und es liege daher nach ihrem Dafürhalten kein Anlass vor, gegen ihn den Artikel I der Verordnung der Bundesregierung vom 16. 8. 1933 zur Anwendung zu bringen.[37] Ein Amtsrat Alfred Arnold, Major a.D., ein Vertrauensmann von Dr. Riehl, sende öfter Lageberichte an Othmar Lamberg nach Berlin: Lamberg stehe in direkter Verbindung mit dem Berliner Außenamt, arbeite aber nur im Interesse Österreichs.[38] Der Be-

33 Bundesarchiv Berlin, Document Center.

34 OÖ Landesarchiv, Rk 368/56, 1545: In den Rückstellungsverfahren nach 1956 wurde argumentiert, im Österreichischen Staatsarchiv lagere ein Aktenkonvolut zur politischen Vergangenheit von Othmar Lamberg, aus dem hervorgehe, Lamberg sei Angehöriger des nationalsozialistischen Flügels des Steirischen Heimatschutzes gewesen, sei in Deutschland für die NSDAP tätig gewesen und habe Deutschland wegen parteiinterner Kämpfe verlassen müssen. Das Konvolut konnte nach längerer Recherche im Österreichischen Staatsarchiv-Archiv der Republik wieder aufgefunden werden.

35 Österr. Staatsarchiv, AdR, Konvolut 303.359-St.B./1938, Lamberg Othmar, Verhaftung, 108.

36 Österr. Staatsarchiv, AdR, Konvolut 303.359-St.B./1938, Lamberg Othmar, Verhaftung, 113.

37 Österr. Staatsarchiv, AdR, Konvolut 303.359-St.B./1938, Lamberg Othmar, Verhaftung, 112.

38 Österr. Staatsarchiv, AdR, Konvolut 303.359-St.B./1938, Lamberg Othmar, Verhaftung, 105 ff.

richt, der von der österreichischen Botschaft verfasst wurde, stimmt mit einer Aussage überein, die der damalige Botschafter Stefan Tauschitz mehr als 20 Jahre später machte: Botschafter a.D. Dipl. Ing. Stefan Tauschitz, von 1933 bis 1938 Österreichischer Gesandter in Deutschland, sagte bei der Zeugeneinvernahme im Rückstellungsverfahren bezüglich der Lambergischen Fideikommissherrschaft Steyr im Jahre 1958 über Lambergs politische Tätigkeit in Deutschland während der fraglichen Zeit folgendes aus: Lamberg hatte offenbar gute Beziehungen zu NS-Kreisen. Betätigt hat er sich aber seines Wissens nicht. Es sei ihm nicht bekannt, ob er Mitglied der SS war. Nach dem Röhm-Putsch erschien er in der Botschaft und versuchte zuerst dort politisches Asyl zu erhalten. Ob und wie er sich persönlich daran beteiligt habe, sei ihm nicht bekannt.[39]

Lamberg selbst sagte im Jänner 1938, als er nach seiner Verhaftung durch die österreichischen Behörden verhört wurde, in Wien aus: „Ich habe mich auch während meines Aufenthaltes in Berlin in keiner Weise politisch betätigt und habe insbesondere niemals dem außenpolitischen Amte der NSDAP angehört. Ich stand vielmehr in ständiger Fühlung mit dem österreichischen Gesandten von Tauschitz und dem nunmehrigen deutschen Gesandten in Österreich Franz von Papen, der ein persönlicher Freund meines Onkels, des Grafen Sandizell ist... Da inzwischen der bereits erwähnte Landesinspekteur der NSDAP Österreichs Habicht nach Berlin gekommen war und mir mit der Internierung in einem Konzentrationslager drohte, reiste ich aus Deutschland aus...“[40]

Offensichtlich war er im Kabinett des Vizekanzler Papen tätig und geriet in die Auseinandersetzungen des Röhm-Putsches, im Zuge dessen mehrere prominente Mitarbeiter Papens ermordet worden waren. Ob Lamberg hier irgendwelche Personen im Umfeld von Papen gewarnt hatte und er deswegen so überhastet flüchten musste, kann nur vermutet werden.[41]

Auch seine Verwicklung in den österreichischen Juli-Pusch und in die Umstände der Ermordung von Bundeskanzler Dollfuß ist dubios. Die Bundespolizeidirektion in Wien berichtete am 29. 10. 1934 streng vertraulich: Aus einer bisher als verlässlich bekannten Quelle stamme die vertrauliche Information, dass Lamberg am 21. 10. 1934 an Dr. Riehl, der ihn mehrmals in Pressburg aufgesucht habe, ein ausführliches Schreiben gerichtet habe. Der Brief soll eine Stelle enthalten, die ungefähr folgendermaßen lautet: „Von den Christlichsozialen sei es eine politische Dummheit, dass sie ihn nicht in seine Heimat lassen. Wenn jemand die Heimwehr erledigen könne, so sei er es. Er habe den Beweis in der

39 OÖ Landesarchiv, Rk 368/56, 1591 f.
40 Österr. Staatsarchiv, AdR, Konvolut 303.359-St.B./1938, Lamberg Othmar, Verhaftung, 4 ff.
41 Gritschneder, Otto, „Der Führer hat Sie zum Tode verurteilt ...“: Hitlers „Röhm-Putsch“-Morde vor Gericht, München 1993.

Hand, dass aktive Minister, die jetzt um Dr. Dollfuß trauern, imstande gewesen wären, den Putsch und den Mord zu verhindern. Er habe bereits am 15. Juli 1934 einem Heimwehrminister die genauen Pläne des Dr. Rintelen sowie die beabsichtigte Besetzung der Ravag und des Bundeskanzleramtes brieflich mitgeteilt. Zugleich sei erwähnt worden, dass die SA-Leute in Polizei- und Militäruniform auftreten werden. Eine Abschrift dieses Briefes und der bezügliche Postaufgabeschein seien im Besitze Lambergs.“[42]

Die Staatspolizei ging damals davon aus, dass mit großer Wahrscheinlichkeit anzunehmen sei, dass Lamberg diese Behauptung nur aufstellte, um damit eine Begnadigung für seine Person zu erreichen.[43] Die Behauptung von Karl Othmar Lamberg, er habe bereits am 15. Juli 1934 einem Mitglied der Regierung (Emil Fey) die genauen Putschpläne des Dr. Rintelen sowie die beabsichtigte Besetzung der Ravag und des Bundeskanzleramtes brieflich mitgeteilt, kann h.o. nicht überprüft werden, notierte die Staatspolizei.[44]

Es dürfte aber mehr dahinter gestanden sein, als die Staatspolizei vermeinte. Gute Beziehungen der Familie Lamberg zu Emil Fey (Selbstmord am 16. März 1938) sind jedenfalls belegt. Maria Gräfin Lamberg, die Schwester Karl Othmar Lambergs, war eine enge Freundin der Familie Fey. Nach dem Selbstmord der Familie Fey im März 1938 war sie noch vor Eintreffen der Kriminalpolizei angeblich zufällig in der Wohnung der Familie erschienen und habe wichtige Dokumente, einige Uniformstücke und den Säbel Feys an sich genommen. Mehr als 20 Jahre später hatte sie die damals sichergestellten Gegenstände dem Apotheker Herbert Fey in Baden-Baden, der ein kleines Familienarchiv eingerichtet hatte, übergeben. Das Wörtchen „zufällig“ ergibt sich aus einem Leserbrief, den Maria Lamberg am 22. September 1965 an die Wochenpresse gerichtet hatte. Welche Rolle Maria Lamberg in den dramatischen Stunden vor dem Selbstmord Emil Feys tatsächlich spielte, ist ungeklärt. Sie berichtet nämlich auch, als Freundin der gesamten Familie belastende Akten von dieser bekommen zu haben, mit denen sie allerdings nichts anzufangen wusste und deren Besitz in der damaligen Zeit wenig angenehm gewesen wäre, was auf ein sehr enges Vertrauensverhältnis und nicht auf eine zufällige Anwesenheit schließen lässt. Tatsache ist, dass der

42 Österr. Staatsarchiv, AdR, Konvolut 303.359-St.B./1938, Lamberg Othmar, Verhaftung, 103.

43 Österr. Staatsarchiv, AdR, Konvolut 303.359-St.B./1938, Lamberg Othmar, Verhaftung, 102.

44 Österr. Staatsarchiv, AdR, Konvolut 303.359-St.B./1938, Lamberg Othmar, Verhaftung, 102; Mautner Markhof, Georg J. E., Major Emil Fey: Heimwehrführer zwischen Bürgerkrieg, Dollfuß-Mord und Anschluss, Graz 2004, enthält darüber keine Aussage.

Großteil des Nachlasses von Emil Fey durch Maria Lambergs Hände in das Emil Fey-Archiv in Baden-Baden gelangte.[45]

Im tschechoslowakischen Exil

Im Sommer 1934 jedenfalls war Lamberg nirgends mehr willkommen, weder in Österreich noch in Deutschland, und auch nicht in Ungarn, wohin er am 7. 7. 1934 von Deutschland geflüchtet war und sich in Györ im Hotel Lamm bis Anfang August aufhielt. Da er in Ungarn keine Aufenthaltsgenehmigung erhalten konnte, reiste er nach Pressburg, wo er bis 9. 3. 1937 im Hotel Kern & Carlton und dann privat Sokolstr. 9 wohnte. Von Pressburg aus war er jedenfalls weiter politisch aktiv, was sich in mehreren Hausdurchsuchungen durch die tschechoslowakischen Behörden und schließlich in einem Ausweisungsbescheid niederschlug. Lamberg stand in Beziehung zu Otto Strasser[46] und Walter Riehl, auch

45 Georg J. E. Mautner Markhof, Major Emil Fey. Heimwehrführer zwischen Bürgerkrieg, Dollfuß-Mord und Anschluss, Graz 2004, 166 f. Fey, Emil, * 23. 3. 1886 Wien, † 16. 3. 1938 ebenda (Selbstmord), Politiker (Christlichsoziale Partei), Offizier. 1931 Landesführer des „Wiener Heimatschutzes" (Rivale von E. R. Starhemberg), 1932-33 Staatssekretär für das Sicherheitswesen; war 1933-35 abwechselnd Vizekanzler, Sicherheits- und Innenminister der Regierungen Dollfuß und Schuschnigg; war an Auslösung und Niederwerfung der Februarkämpfe 1934 maßgeblich beteiligt. Ungeklärt ist seine Rolle beim Juliputsch 1934, bei dem er sich einige Stunden lang im Bundeskanzleramt in der Gewalt der Putschisten befand. 1935 Präsident der DDSG, im Oktober 1936 Ausschluss aus der Heimwehr.

46 Otto Strasser (1897-1974), Zusammen mit seinem Bruder Gregor Strasser gehörte der studierte Volkswirt zum „linken" Parteiflügel der NSDAP, der sich in Konkurrenz zu Adolf Hitler für eine Kombination völkisch-antisemitischer mit sozialistischen Parteiprogrammatiken stark machte. 1930 trat er aus der NSDAP aus. Zur Verfolgung seiner Ideologie eines nationalen Sozialismus auf marxistischer Basis gründet Strasser die Kampfgemeinschaft revolutionärer Kampfgenossen („Die schwarze Front"). Er versucht vergeblich, eine Spaltung der NSDAP zu erreichen. Nach der nationalsozialistischen Machtübernahme von 1933 entwickelte sich Otto Straßer zu einem der vehementesten Kritiker Hitlers, ließ aber durch sein Festhalten an völkisch-antisemitischen Positionen bis weit nach Kriegsende eine wirkliche ideologische Umkehr vermissen... Nach der Machtübernahme der Nationalsozialisten emigriert er mit Parteifreunden zunächst nach Wien. Er gibt die vierzehntägig erscheinende Zeitschrift „Die deutsche Revolution" heraus, die Hitlers Diktatur anprangert, jedoch weiterhin nationalsozialistische Ideologie verbreitet. In den „Vierzehn Thesen zur deutschen Revolution" fordert er dazu auf, eine einheitliche rassische Individualität zu entwickeln und sich der Bevormundung durch das „artfremde Judentum" zu widersetzen. In dem Buch „Die deutsche Bartholomäusnacht" behandelt er die blutigen Säuberungen der nationalsozialistischen Sturmabteilung (SA) infolge des sogenannten Röhm-Putsches, welchem auch sein Bruder zum Opfer fiel. In seiner Studie „Wohin treibt

wenn er diese Aktivitäten im Februar 1938 beim Verhör durch die österreichische Staatspolizei herunterzuspielen versuchte: „Ich bin auch nicht zur „Schwarzen Front“ bzw. zu deren Führer Otto Strasser in irgendeiner Verbindung gestanden. Ich habe lediglich die von Otto Strasser herausgegebene Zeitung „Die Schwarze Front“ mir durch einige Zeit ab und zu gekauft, da mich die in diesem Blatte von dem Genannten veröffentlichten Artikel über die Ereignisse des 30. Juni 1934 interessierten…“[47]

Lamberg führt weiter aus: „Aus mir unbekannter Ursache wurde bereits im Juni 1936 von der Polizeidirektion in Pressburg in meinem Unterstande eine Hausdurchsuchung durchgeführt.“ Im November 1936 sei ihm von der Polizei der Auftrag erteilt worden, die Tschechoslowakei zu verlassen. Er habe dagegen berufen. „Ich war inzwischen erkrankt und konnte erst im März 1937 das tschechoslowakische Staatsgebiet verlassen. Ich begab mich zunächst in die Pension Lucic Mlini etwa 19 km von Ragusa entfernt, nach 3 Monaten (6. Juni 1937) fuhr ich nach Batisofze in der Tatra, wo ich bei Bekannten, die ein Bauernhaus gemietet hatten, wohnte. Anfang September, 7. Sept. 1937 fuhr ich schließlich nach Prag, wo ich bis zum 14. Jänner 1938 blieb“, ließ er in einer Niederschrift vom 15. Jänner 1938 bei der Bundespolizeidirektion in Wien protokollieren.[48]

Von Pressburg aus schrieb er jedenfalls für die „Deutsche Arbeiterpresse“ des Karl Riehl eine Artikelserie über die Vorgänge in Deutschland und das Verhältnis der NSDAP zu Österreich, die eine Abrechnung mit Theo Habicht bedeutete.[49] Die Reichspost vom 24. Jänner 1935 schrieb dazu: „Enthüllungen werden fortgesetzt“: „Der Nationalsozialist Carl Ottmar, Reichsgraf von Lamberg, setzt in den Folgen 5 und 6 der „Deutschen Arbeiterpresse“ seinen „Der Kampf um Verständigung“ betitelten, Aufsehen erregenden Bericht über seine Erfahrungen und Erlebnisse im braunen Lager fort.“[50]

Die Zeitung „Das Echo“ berichtete 1938, als Lamberg im Jänner 1938 nach Österreich einreiste und verhaftet wurde, über seine Zeit in der Tschechoslowakei: Lamberg habe sich aktiv als Nationalsozialist betätigt und bewegte sich namentlich in Kreisen, die das Zentrum der nationalsozialistischen Agitation gegen

---

Deutschland“ greift Strasser das politische System des Dritten Reichs an und wirft den politischen Führern Verrat an nationalsozialistischen Ideen vor.

47 Österr. Staatsarchiv, AdR, Konvolut 303.359-St.B./1938, Lamberg Othmar, Verhaftung, 4 ff.

48 Österr. Staatsarchiv, AdR, Konvolut 303.359-St.B./1938, Lamberg Othmar, Verhaftung, 4 ff.

49 Carl Ottmar Reichsgraf von Lamberg, Der Kampf um Verständigung, in: Deutsche Arbeiterpresse, 27, 1935, Folge 3, 4, 5, 6, 4. Jänner, 10. Jänner 1935, S 1 f, und jeweils die nächstfolgenden Wochen; hg. v. Dr. Walter Riehl, Wien 1, Stefansplatz 5.

50 Reichspost vom 24. Jänner 1935.

das österreichische Regime bildeten. Als er sich vom Nationalsozialismus abwandte, ließ er in Dr. Walter Riehls „Deutscher Arbeiterpresse" Enthüllungen über die nationalsozialistische Bewegung gegen Österreich erscheinen, die international größtes Aufsehen erregten. Namentlich gegen Habicht und seine Mitarbeiter erhob Lamberg scharfe Beschuldigungen.[51] Von besonderer Pikanterie seien seine Ausführungen über General Bardolff[52], den Berliner Legationsrat Hüffner und über die Terrororganisation der österreichischen Legion gewesen.[53]

Die österreichische Geheimpolizei hielt über Lambergs Aktivitäten in Pressburg fest: Lt. vertraulicher Mitteilung vom 11. 10. 1934 entfaltete Lamberg in Pressburg eine rege Tätigkeit. Es kämen täglich Leute aus Deutschland und Österreich zu ihm. Lamberg unterhalte die besten Beziehungen zur tschechoslowakischen Regierung. Er hat auch Dr. Walter Riehl in Pressburg empfangen. In einem Brief an Dr. Riehl beschwört L. den Genannten endlich zu handeln, da Rauter und Dr. Wächter die radikalen Elemente unterstützen.[54]

Die österreichische Gesandtschaft in Berlin habe schon am 18. Okt. 1937 berichtet, das Verhalten Lambergs in Deutschland sei „nicht nur einwandfrei, sondern zweifellos österreich- und regierungsfreundlich" gewesen, schreibt das Bundeskanzleramt in einem Dienstzettel vom 6. 11. 37: er habe sich aber in der Tschechoslowakei eng an die Gruppe um Otto Strasser angeschlossen, und dass er sich jetzt in extrem linksgerichtetem Sinne aktiv politisch betätige.[55]

Lamberg war aus Deutschland als nationalsozialistischer Dissident geflüchtet, wurde in der Tschechoslowakei wegen seiner nationalsozialistischen Aktivitäten und Kontakte argwöhnisch beobachtet und war in Österreich immer noch zur Verhaftung ausgeschrieben. Von der Tschechoslowakei aus sondierte Lamberg mehrmals die Möglichkeiten einer straffreien Rückkehr nach Österreich. Bereits im Herbst 1934 hatte er mehrere Ansuchen um freies Geleit bzw. Gnadengesuche eingebracht, denen über ausdrücklichen Auftrag Starhembergs, des damaligen

---

51 Das Echo, 28. 1. 1938, S. 1. beigelegt: Konvolut 303.359-St.B./1938, Lamberg Othmar, Verhaftung, 25.

52 Bardolff, Carl Freiherr von, * 3. 9. 1865 Graz (Steiermark), † 17. 5. 1953 ebenda, Berufsoffizier. Feldmarschallleutnant und Generalstabschef der 2. Armee im 1. Weltkrieg; 1932-37 Vorsitzender des Deutschen Klubs in Wien; ab 1938 Mitglied des deutschen Reichstags und SA-Oberführer; wurde 1945 verhaftet und bekam Schreibverbot.

53 Das Echo, 28. 1. 1938, S. 1. beigelegt: Konvolut 303.359-St.B./1938, Lamberg Othmar, Verhaftung, 25.

54 Österr. Staatsarchiv, AdR, Konvolut 303.359-St.B./1938, Lamberg Othmar, Verhaftung, 108.

55 Österr. Staatsarchiv, AdR, Konvolut 303.359-St.B./1938, Lamberg Othmar, Verhaftung, 51.

Vizekanzlers, nicht stattgegeben wurde.[56] Der Sicherheitsdirektor für Steiermark meinte am 4. Nov. 1937, Lamberg habe sich in Deutschland den Nationalsozialisten angeschlossen und auch im Völkischen Beobachter gegen Starhemberg mehrere Artikel geschrieben.[57]

Im Jahre 1935 organisierte Lamberg eine Unterschriftenliste für seine Rückkehr: er ersuchte im November 1935 seinen ehemaligen Forstpraktikanten, den damals stellenlosen Forstadjunkten Johann Stenitzer brieflich, für sein Amnestiegesuch Unterschriften zu sammeln. Stenitzer war mit über 1500 gesammelten Unterschriften sehr erfolgreich. Eine Überprüfung durch die Staatspolizei ergab, dass über 40 Prozent der Unterzeichner bekannte Nationalsozialisten waren.[58]

Dennoch mutet es etwas eigenartig an, dass Lamberg nicht nach Österreich zurückkehren durfte. Wegen seiner Verwicklungen in den Pfrimer-Putsch hätte er eigentlich nicht mehr verfolgt werden dürfen. Denn durch die Freisprüche aller acht Angeklagten im Hochverratsprozess gegen Dr. Pfrimer durch einen einstimmigen Wahrspruch der Geschworenen zu Ende des Jahres 1931 hätte sich ja auch die Situation für Lamberg in Österreich klären müssen. Man gewinnt den Eindruck, dass einerseits alle Schuld auf ihn geschoben wurde, dass andererseits vielleicht auch prominente Persönlichkeiten in Österreich sich vor Enthüllungen fürchteten und daher seine Rückkehr zu verhindern wussten.

Auch Othmar Lambergs Vater Vollrat sprach sich in einem handschriftlichen Privatschreiben vom 21. 7. 1936 an Dr. Rüdiger (Ruffi) Seutter von Lötzen (Loetzen), Offizier und Gutsverwalter (1873-1940) gegen eine Rückkehrmöglichkeit für seinen Sohn aus: „Lieber Ruffi…Ottmar arbeitet mit Hochdruck für seine Rückkehr – du kennst die Verhältnisse, sein Tun und Lassen und weiß die Behörde noch mehr als ich. Ich habe kein Vertrauen in seine Beteuerungen, welche er mir gegenüber auch nie gehalten. Erkundige dich was los – er soll verschiedene Leute für sich beansprucht haben. Vorsicht!!! Beste Grüße, Dein alter Voli. Ich tue diese Schritte nicht gerne – doch bin ich (doppelt unterstrichen, Anm. Sandgruber) ein Österreicher!!“[59]

Ein Ansuchen um sicheres Geleit, das Lamberg am 14. 8. 1937 über seinen Rechtsanwalt Dr. Friedrich Löw an das Justizministerium wegen der besonders dringlich gewordenen Situation des Fideikommisses Steyr gestellt hatte („Durch

56 Österr. Staatsarchiv, AdR, Konvolut 303.359-St.B./1938, Lamberg Othmar, Verhaftung, 36.
57 Österr. Staatsarchiv, AdR, Konvolut 303.359-St.B./1938, Lamberg Othmar, Verhaftung, 49.
58 Österr. Staatsarchiv, AdR, Konvolut 303.359-St.B./1938, Lamberg Othmar, Verhaftung, 61 f.
59 Österr. Staatsarchiv, AdR, Konvolut 303.359-St.B./1938, Lamberg Othmar, Verhaftung, 64 f.

weitere Abwesenheit könnte ihm und seinen Angehörigen unwiederbringlicher Schaden entstehen"), wurde abgelehnt.[60] Dr. Hantschk, BKA, hielt in einer Aktennotiz am 9. 12. 37 dazu fest, dass Lamberg einen in jeder Beziehung unzuverlässigen Charakter habe, so dass keinerlei Gewähr bestehe, dass er sein Versprechen über ein loyales Verhalten auf die Dauer halten werde. Es sei vielmehr anzunehmen, dass er in Österreich über kurz oder lang zum Konzentrationspunkt unruhiger Elemente werde, weshalb es seitens der VF abgelehnt werden müsse, irgend eine Äußerung abzugeben, die seine Rückkehr nach Österreich begünstige.[61]

Jänner-März 1938: in österreichischer Haft und Überwachung

Da Lamberg in Österreich wegen des Pfrimer-Putsches noch politisch gesucht und verfolgt wurde, konnte er nach Österreich offiziell nicht einreisen. Warum er im Jänner 1938 sich entschloss, illegal nach Österreich einzureisen, kann nur vermutet werden: vielleicht war es der Druck, den die tschechoslowakischen Behörden auf ihn als vermutetem Nationalsozialisten ausübten, viel eher wohl die Verkaufsverhandlungen, die sein Vater wegen des Fideikommissgutes Steyr damals mit dem deutschen Industriellen Oskar Henschel führte und denen Karl Othmar ablehnend gegenüber stand. Am 14. 1. 1938 jedenfalls wurde er beim Versuche, die österreichische Bundesgrenze zu überschreiten, in Lundenburg von Organen der B.Pol.Dion. Wien verhaftet.[62] Er wurde an Ort und Stelle verhört und dann der Staatsanwaltschaft Graz übergeben, in das L.G.f.Strafs. Graz eingeliefert und am 22. 1. 1938 über Anordnung des O.L.G. Graz vom 21. 1. 1938 gegen Gelöbnis gemäß § 194 StOPO enthaftet.

Im Tagebuch 5 St 554/38 der Staatsanwaltschaft Graz betreffend Karl Othmar Lamberg wegen § 58 lit b und c StG anlässlich der kurzfristigen Inhaftierung von Karl Othmar Lamberg im Jänner 1938 wird die Situation klar umschrieben, wie sie sich für die Staatsanwaltschaft Graz darstellte: Dr. Walter Pfrimer und die sieben mit ihm angeklagten Führer seien am 18. 12. 1931 aufgrund des einstimmigen Wahrspruchs der Geschworenen freigesprochen worden. Das Verfahren gegen die übrigen Teilnehmer sei teils durch Einstellung gemäß § 90, 109

60 Österr. Staatsarchiv, AdR, Konvolut 303.359-St.B./1938, Lamberg Othmar, Verhaftung, 32 ff.

61 Österr. Staatsarchiv, AdR, Konvolut 303.359-St.B./1938, Lamberg Othmar, Verhaftung, 53.

62 Lamberg, Othmar, Verhaftung: 303.359-ST.B/1938: „Am 14. Jänner 1938 um 13 Uhr reiste, aus der Tschechoslowakei kommend, Othmar Lamberg bei der Grenzkontrollstelle Lundenburg ein."

StOPO, teils durch gnadenweise Einstellung beendet, so dass zur Zeit nur das Verfahren gegen K. O. Lamberg noch anhängig sei. Mit Rücksicht auf die Länge der inzwischen verflossenen Zeit, und den Umstand „dass nicht zu verkennen ist (übersehen werden darf, gestrichen), dass das innerpolitische Ziel, dessen Durchsetzung die Aufstandsbewegung erstrebte, durch die Maiverfassung 1934 zum (größten, gestrichen) Teil verwirklicht wurde", sehe die Staatsanwaltschaft wenig Grund, gegen Lamberg noch vorzugehen. Selbst wenn Karl Othmar Lamberg die Briefe vom 7. 4. und 4. 6. 1933 geschrieben habe, so ist darauf zu verweisen, dass zu jener Zeit der nationalsozialistischen Partei in Österreich die Betätigung noch gestattet war und die Stellungnahme, die Karl Othmar Lamberg in diesen Jahren zu den in den Briefen aufgeworfenen Fragen wirklich eingenommen hat, nach beinahe fünf Jahren nicht mehr mit Sicherheit feststellbar ist. Graz, am 24. 1. 1938.[63]

Das weitere Vorgehen der österreichischen Staatspolizei liest sich wie im Kabarett. Lamberg war zwar wegen des Pfrimer-Putsches und nicht als Nationalsozialist belangt worden, aber er erschien den österreichischen Behörden so verdächtig, dass er nach seiner Freilassung weiter überwacht wurde. Er begab sich von Graz nach Schloss Feistritz am Wechsel, das im Besitz des Holzhändlers Maximilian Mautner stand (nicht zu verwechseln mit dem Lambergschen Gut Feistritz, das Vollrat Lamberg gehörte). Er wurde dort durch einen Kriminal-Bezirksinspektor namens Krumbhansl beschattet, der am 29 Jänner „unauffällig" in dem in nächster Nähe des Schlosses gelegenen Burggasthof Quartier genommen hatte, von einem Baum aus die Vorgänge im Schlosshof beobachtete und von Bediensteten Einiges in Erfahrung bringen hatte können, das an Belanglosigkeit kaum zu überbieten war. Graf Othmar Lamberg habe seit ungefähr 8 Tagen hier Aufenthalt genommen, er sei am 22. Jänner eingetroffen, wusste Krumbhansl am 31. Jänner. Ungefähr acht Tage davor sei eine jüngere Dame mit 2 Kindern im Alter von 3 Monaten und ca. 4 Jahren im Schlosse eingetroffen, welche als die Gattin des Lamberg gilt, sie werde als „Frau Gräfin" angesprochen, sei ca. 30 Jahre alt, ungefähr 175 cm groß, auffallend mager und habe ein längliches, blasses, mageres Gesicht.[64]

Am 4. 2. 1938 wusste Krumbhansl zu berichten: Graf Lamberg sei am 22. 1. vom Schlossbesitzer Mautner aus Graz abgeholt worden, nachdem dessen Familie, bestehend aus Gattin und 2 Kindern im Alter von 3 Jahren und 3 Monaten und eine Nurse schon eine Woche vorher im Schloss eingetroffen seien. Mautner

63 Staatsanwaltschaft Graz, Tagebuch, Jänner 1938; Karl Othmar Lamberg, 12 Vr-231/1938 LGS Graz, 20. 1. 1938, Akt nicht mehr vorhanden..

64 Österr. Staatsarchiv, AdR, Konvolut 303.359-St.B./1938, Lamberg Othmar, Verhaftung, 10 ff.

besitze von Lamberg eine Generalvollmacht zur Liquidierung von dessen Gütern. Diesen Konferenzen wurde auch ein gewisser Forstrat Wickl aus Wien 4. Bezirk (ein Bruder des seinerzeitigen Notars Dr. Wickl in Aspang) beigezogen. Gegen Mautner selbst hat die Creditanstalt das Exekutionsverfahren auf Meierhof und sämtlichen Grundbesitz eingeleitet.[65]

Lamberg wurde weiter überwacht. Am 15. Feber 38 konnte Krumbhansl berichten: die Gräfin sei eine Amerikanern, Mautner soll sich geäußert haben, dass er durch die Verwaltung und Liquidierung der Lambergschen Güter auf Jahre hinaus mit Verdienst versorgt sei.[66] Wieder ein paar Tage später hatte Krumbhansl erfahren, die „Amerikanerin" heiße Belina Kalovsky und stamme aus Prag.[67]

Nach dem 13. März 1938, wann genau, ist nicht bekannt, hat Lamberg das Land wieder verlassen.[68] Maria Lamberg meinte dazu: „Mein Bruder ist auf einer schwarzen Liste Hitlers gestanden und deshalb ist er nach dem Einmarsch Hitlers nach Prag gegangen, weil er im Büro Papens, des damaligen Vizekanzlers tätig gewesen ist."[69] Von Prag aus (Prag XIII Sporilov Hlavna tr. 1196) betrieb er den Kampf um die Herrschaft Steyr und den Rekurs gegen die Genehmigung des Verkaufs an Henschel, bzw. die Verhandlungen mit Maklern, die einen für ihn möglichst günstigen Verkauf vermitteln sollten. In einem Brief an die Fideikommissstelle I. Instanz betonte er, er habe seit über einem Jahr, d.h. mindestens seit Anfang 1937, den ständigen Wohnsitz in Prag. Er sei vorübergehend in Österreich gewesen und bereits Anfang März 1938 nach Prag zurückgekehrt. Er leide an einer schweren Kriegsverletzung, er stehe hier seit über einem Jahr in ärztlicher Behandlung, da das Wirbelsäulen-Leiden sich infolge eines Sturzes verschlechtert habe und er Monate lang in Gips gelegen sei. Das mache ihm das Reisen derzeit, wie ärztlich nachweisbar sei, unmöglich.

Er suchte in dem Brief an die Fideikommissstelle I. Instanz nachzuweisen, dass er „niemals und nirgends gegen das deutsche Reich geschrieben habe, sich niemals in Wort und Schrift gegen das Reich vergangen habe, im Gegenteil bereits vor 20 Jahren nachweisbar für Großdeutschland geschrieben habe und wegen seines Eintretens für Großdeutschland von der Systemregierung verfolgt

---

65 Österr. Staatsarchiv, AdR, Konvolut 303.359-St.B./1938, Lamberg Othmar, Verhaftung, 21.

66 Österr. Staatsarchiv, AdR, Konvolut 303.359-St.B./1938, Lamberg Othmar, Verhaftung, 16.

67 Österr. Staatsarchiv, AdR, Konvolut 303.359-St.B./1938, Lamberg Othmar, Verhaftung, 22.

68 OÖ Landesarchiv, Rk 368/56, 1541 ff.

69 Zeugenaussage Maria Lamberg, 15.1.1959, OÖLA, Rückstellungskommission, Landesgericht Linz.

worden sei und erst durch die Amnestie des Umbruchs aus der Verfolgung frei gelassen wurde. Offensichtlich war er von einem entfernter verwandten Familienmitglied, dem Grafen Josef Lamberg, denunziert worden, NS-feindliche Schriften verfasst zu haben. Othmar Lamberg verteidigte sich dahingehend, dass Josef Lamberg mit seiner Denunziation offensichtlich jene Artikelserie meine, die in der nationalsozialistischen Zeitung „Der deutsche Arbeiter" erschienen ist, die dem Nationalsozialisten Dr. Walter Riehl, Wien I, Stefansplatz 5 gehörte und die sich nicht gegen den Führer gerichtet habe, sondern „lediglich gegen die Methoden kleiner Unterführer, die ja auch vom Führer selbst dann beseitigt wurden". Im Übrigen verwies Lamberg zu seiner Verteidigung auf den „Herrn Gesandten Exzellenz von Papen, mit dem zusammenzuarbeiten ich die Freude und die Ehre hatte, der jederzeit bezeugt, dass ich niemals gegen das Reich, sondern im Gegenteil für das Große Deutsche Reich gearbeitet habe und deswegen verfolgt wurde, ja sogar 14 Tage in Haft war, bis zur Amnestie" (gemeint waren die ca. 14 Tage in Österreich im Jänner 1938).[70] Wäre Lamberg Parteimitglied gewesen, so hätte er dies im Frühjahr 1938 in seinem Rechtfertigungsschreiben, wo er um Unterstützung durch die neue nationalsozialistische Bürokratie in seinen Wirtschaftsangelegenheiten warb, mit Sicherheit erwähnt.

Das Vertrauen der Nationalsozialisten jedenfalls scheint er nicht gehabt zu haben. Der Nationalsozialist und 1938 zum Lambergschen Sequester eingesetzte Dr. Waldemar Hummer sagte im Rückstellungsverfahren 1956 über Othmar Lamberg aus: „Othmar Lamberg war eine vom Standpunkt der Partei suspekte Persönlichkeit... keine Persona grata ... die Gauleitung habe zu dem von Othmar Lamberg gegen den von Vollrat Lamberg mit Oskar Henschel abgeschlossenen Kaufvertrag eingebrachten Rekurs, der ihr an sich sehr gelegen kam, gleichzeitig bemerkt, er „möge sich nicht spielen".[71]

Die Verfolgung und Ermordung im KZ Auschwitz

Lamberg agierte im Frühjahr 1938 von der Tschechoslowakei aus. Nach der Besetzung der Resttschechei habe er sich irgendwann dadurch zu schützen versucht, dass er sich als Teilnehmer des Ersten Weltkriegs freiwillig zum Militär meldete, als Leutnant in einem Artillerieregiment, meinten noch überlebende Verwandte. Manfred Hofer schließt aber aus dem Umstand, dass er nur Leutnant geblieben war und nicht befördert wurde, dass etwas nicht in Ordnung war: Denn alle Weltkriegsoffiziere, die zur Deutschen Wehrmacht eingezogen wurden, wurden

70 OÖLA, Fideikommissakten, 79, Schreiben von Ottmar Lamberg an Fideikommissstelle I. Instanz, eingegangen am 6.4.1938.
71 OÖ Landesarchiv, Rk 368/56, 1533.

nach kurzer Umschulung in den nächst höheren Dienstrang versetzt. Carl Othmar hätte also schon längst Oberleutnant oder Hauptmann sein müssen. Er war offensichtlich unbeliebt oder verdächtig.[72] Die Gestapo habe angeblich seine Rückversetzung in den zivilen Stand verlangt.[73] Zuletzt war er in Prag, Sporilov Clavna 1196 wohnhaft. Sein Status: etwas Vermögen, versorgungspflichtig für 2 Kinder, unbeanständet, Privater...

Maria Lamberg berichtete auch vom Plan einer Emigration nach den USA: „Sein Plan nach Amerika zu fahren, scheiterte daran, dass mein Bruder kein Geld hatte, dass auch ich wegen meines Kindes meinem Bruder kein Geld geben konnte, dass meine Mutter kein Geld hatte und dass mein Vater kein Geld hergegeben hat....“ [74]

In Prag muss er auch wieder geheiratet haben, und zwar eine Tschechin namens Zlata Wilhelmine Cerny, geborene Krofta, geb. 25. 10. 1910 in Dux, angeblich eine Striptease-Tänzerin. Die Sache ist sehr dubios. 1946 tauchte sie nämlich in Wien auf und bewarb sich um einen Opferausweis für ihren 1942 in Auschwitz umgekommenen Gatten Othmar Lamberg. Die Familie Lamberg wollte aber mit ihr nichts zu tun haben. Maria Gräfin Lamberg, Wien 8, Kochgasse 22, schrieb am 9. 1. 1947 an den KZ-Verband für politisch Verfolgte: Ihr Bruder sei seit 1925 geschieden. Sie habe die Vormundschaft eines aus dieser Ehe stammenden Mädels. 1940 habe er in Prag in Haft die Ehe mit einer gebürtigen Tschechin geb. Krofta, gesch. Cerny Zlata Wilhelmine, geschlossen. „Nach Angabe meines Bruders war diese Ehe durch die Gestapo erzwungen. Der Leiter der Prager Gestapo, Geisler, hat mir persönlich gesagt, es sei Ehrenpflicht des Lamberg, die Frau zu heiraten. Später erfuhr ich dann durch Dr. Leser, dass die Frau intime Beziehungen zu Geisler habe und diese mit ihm und mit anderen fortsetze, während mein Bruder in Haft sei.[75] Die ziemlich unlogische Geschichte wird in dieser Form nicht stimmen, doch wirft sie ein Licht auf nicht konforme Handlungen, die Lamberg so häufig setzte.

Was Lamberg letzlich die Todfeindschaft der Nationalsozialisten eintrug, ist unklar: Waren es alte Rechnungen aus dem Röhm-Putsch, war Lamberg vielleicht tatsächlich jener ominöse Informant, der 1934 die Putschpläne gegen Dollfuß „an einen prominenten Heimwehrminister“ (Fey?) verraten hatte, nahm man ihm die Verbindungen zu Walter Riehl oder Otto Strasser so übel oder war Lamberg im Protektorat 1939/40 in neue Feindschaften hineingeraten? Dies alles ist

---

72 Vortrag Manfred Hofer, freundliche Mitteilung von Volker Hänsel.

73 Österreichische Bundesforste, Archiv, Bestand Schloss Lamberg, FV Steyr, I. T., Vollrat Lamberg, 24.1.1958.

74 Zeugenaussage Maria Lamberg, 15.1.1959, OÖLA, Rückstellungskommission, Landesgericht Linz.

75 DÖW, Akt 2010/6606.

bei der momentanen Quellenkenntnis nicht zu klären. Im Haftbefehl, ausgestellt in Prag, 29. 11. 1940, gegen Othmar Lamberg, wohnhaft in Prag II, Teichgasse 4, wird er des Verbrechens gem. § 90 St.G.B. beschuldigt, es im Jahre 1934 und 1935 unternommen zu haben, sich Staatsgeheimnisse zu verschaffen und verraten zu haben, fluchtverdächtig, wobei der Fluchtverdacht keiner Begründung bedarf, da es sich um ein Verbrechen handle.[76] Die Anklage stand allerdings auf recht wackeligen Beinen. Landesverrat im Jahre 1934 oder 1935 konnte auf einen Mann, der damals gar nicht deutscher, sondern immer noch österreichischer Staatsbürger war, aus Sicht des Deutschen Reiches kaum zu begründen gewesen sein, was schließlich auch zum formellen Freispruch, aber praktischen Todesurteil führte.

Nachdem er im Herbst 1940 in Prag (Pankratz) verhaftet worden war, befand er sich bis März 1941 in Gestapo-Haft in Prag, wurde dann nach Berlin-Moabit überstellt, wo er von März 1941 bis 23. Nov. 1941 im Auftrage des Volksgerichtshofes Berlin wegen „Landesverrats"[77] inhaftiert war. Von dort wurde er an das Landesgericht Wien I (Gefangenenhausdirektion I des Landesgerichts für Strafsachen, 1080) überstellt.[78] Vom 1.- 6. 12. 1941 wurde der Prozess, kein „Volksgerichtsprozess", wie in den Aussagen immer wieder angegeben, in Wien, Landesgericht I, sondern vor einem nach Wien gereisten Berliner Kammersenat abgewickelt. Dass es ein Prozess vor einem Berliner Kammersenat war, ist auch der Grund, dass der Prozess unter den Wiener Volksgerichtsprozessen nicht vermerkt ist. Ob in Berlin noch Akten vorhanden sind, ist nicht geklärt. Was Lamberg tatsächlich vorgeworfen wurde, ist ohne diese Aktenkenntnis nicht rekonstruierbar. Es sei nach Aussage Maria Lambergs in den Akten dieses Prozesses ausdrücklich vermerkt gewesen, dass Othmar Lamberg weder der Partei noch einer ihrer Gliederungen angehörte.[79] „Mein Bruder war weder bei der SA noch bei der SS, er war ein politischer Phantast."[80]

Anlässlich der ihm gewährten Akteneinsicht hatte sein Verteidiger Dr. Josef Langer, der nach dem Krieg wegen NS-Parteizugehörigkeit suspendiert, aber 1947 in Wien wohnhaft war, auch zur Kenntnis nehmen können, dass zwei Todesurteile gegen ihn in Absentia im Jahr 1934 wegen Verrat des Röhm-Putsches gefällt wurden, wie er 1947 zu Protokoll gab.[81] Aus diesem Grund half auch

---

76 DÖW, 20000/L 26, Haftbefehl Gericht Prag vom 29.11.1940.
77 DÖW, Akt 2010/6606.
78 DÖW, Akt 2010/6606.
79 OÖ Landesarchiv, Rk 368/56, 1541 ff.
80 Zeugenaussage Maria Lamberg, 15.1.1959, OÖLA, Rückstellungskommission, Landesgericht Linz.
81 DÖW, Akt 2010/6606.

nicht der Freispruch vor dem „Volksgerichtshof" und musste er dennoch den Opfertod erleiden, meinte Maria Lamberg.[82]

Im Tagebuch der Gestapo Wien steht vermerkt: „Am 8. 12. 1941 wurde der Reichsgraf Karl Othmar von Lamberg vom Landgericht Wien der hiesigen Dienststelle zur weiteren Verfügung überstellt. Graf Lamberg wurde am 6. 12. 1941 vom Strafsenat des Kammergerichts in Berlin, welches zur Hauptverhandlung nach Wien delegiert worden war, von der Anklage wegen Landesverrats freigesprochen. Das Mitglied des Strafsenats, Kammergerichtsrat von Spoenle, und der Erste Staatsanwalt Fiedeler intervenierten am 6. 12. 1941 persönlich bei der hiesigen Dienststelle, um zu erwirken, dass gegen Graf Lamberg staatspolizeiliche Maßnahmen nicht ergriffen würden. Die in der Strafsache federführende Stapoleitstelle Prag wurde in Kenntnis gesetzt."[83]

Trotz des Freispruchs war er wieder an die Gestapo, Rossauerlände, überstellt worden. Vom 23. 11. 1941 bis 6. 12. 1941 war er im Landesgericht Wien in Haft, vom 6. 12. 1941 bis 25. 4. 1942 dann im Polizeigefangenenhaus in Wien, wurde von dort der Gestapo Prag überstellt und von dieser im Juni 1942 ins KZ Auschwitz gebracht. Die Meldebestätigungen in Wien, die Bestätigung der Rossauerlände, die Bestätigung vom LG I und die Sterbeurkunde aus Auschwitz ermöglichen eine lückenlose Dokumentation der letzten Stationen.

Das Ende hingegen lässt sich nur bruchstückhaft nachzeichnen. Im Juni 1942 wurde er in das Konzentrationslager Auschwitz mit der Häftlingsnummer 39903 eingeliefert. Nach den Feststellungen, die auf Grund der Auschwitzer Akten getroffen werden konnten, wurde die Häftlingsnummer 39903 des KL-Auschwitz um den 19. Juni 1942 herum ausgegeben.[84]

Lamberg war daher dort nur etwa zwei Wochen stationiert, bevor er am 4. Juli 1942 in den Häftlingskrankenbau des KL-Auschwitz eingeliefert wurde. Er ist dort am 11. Juli 1942 verstorben. Vollrat Lamberg behauptete in einem Schriftsatz vom 24. 1. 1958, dass er über seinen Rechtsanwalt persönlich in Berlin interveniert und die verbindliche Zusage erhalten habe, dass im Hinblick auf das freisprechende Urteil des Volksgerichts und um den politischen Verfolgungen ein Ende zu setzen, Karl Othmar Lamberg aus der Haft des Konzentrationslagers entlassen werden würde. Aber am gleichen Tage, als der Verteidiger mit dieser Nachricht aus Berlin nach Wien zurückgekehrt sei, sei Vollrat Lamberg aus Auschwitz angerufen worden, sein Sohn sei verstorben und die Urne stehe zur Verfügung. Es war für Vollrat Lamberg klar, dass Karl Othmar liquidiert

82 ÖBf, Archiv, Schloss Lamberg, FV Steyr, I. T., Vollrat Lamberg, 24.1.1958.
83 DÖW, Staatspolizeileitstelle Wien, Tagesberichte, Nr. 5, vom 10.-11.12.1941, S. 7.
84 DÖW, 20000/L 26, Haftbestätigung Suchdienst Arolsen, 25.2.64; Haftbestätigung LG Wien, 12.12.46.

worden war, da zum Zeitpunkt der Intervention im Reichssicherheits-Hauptamt von einer Krankheit nichts bekannt war.

Es bleibt nur eine dürftige Anmerkung im *Auschwitz-Totenbuch*[85]: Lamberg, Karl Othmar, (1898-09-29 ÷ 1942-07-11), Auschwitz-Birkenau, Geburtsort: Feistritz, Religion: katholisch, Angestellter, wohnhaft Wien VIII, Kochgasse 22, am 11. Juli 1942 um 13 Uhr 05 in Auschwitz, Kasernenstr. verstorben, verheiratet mit Wilhelmine Lamberg, geb. Krofta, Mutter Dorothea Lamberg, wohnhaft in Feistritz, Vater Vollrat Lamberg, Todesursache Darmkatarrh bei Körperschwäche.

Karl Othmar Lamberg (29.9.1898-11.7.1942), Häftlingsnummer 39903

Quelle: Auschwitz, Lagerarchiv; ich danke Frau Mag. Lucyna Filip für freundliche Unterstützung.

85 http://www.auschwitz.org.pl/szukaj/

Öffentliche Gesundheitsfürsorge in der Habsburger Monarchie

Eckart Schremmer

Medizinische Versorgung und Sanitätsanstalten in Galizien und der Bukowina. Ein behördlicher Bericht von 1824

Vorbemerkung

Der hier vorgelegte Text über die medizinische Versorgung und die Sanitätsanstalten in Galizien und der Bukowina samt den dazugehörenden Beilagen sind Abschnitte aus dem an die k. k. Hofkanzlei in Wien gerichteten umfangreichen Bericht des galizischen Landesguberniums „Über die administrativen Verhandlungen in Galizien und der Bukowina vom Jahre 1817 bis 1823", datiert Lemberg am 18. Hornung 1824.[1]

Der Bericht ist die Antwort auf eine „allerhöchste Willensmeinung" S. Majestät vom 23. August 1817 (Kabinettsschreiben): Das galizische Landesgubernium habe über den „Stand der administrativen Behörden" Rechenschaft abzulegen. Offenbar gab es bereits für das Jahr 1816 einen ähnlichen Bericht. Doch die vorgesehene jährliche Berichterstattung stockte, wegen, so die Landesregierung aus Lemberg, der „steigenden Menge der Geschäfte" und des unzureichenden Personalstandes. Schließlich, nach 8 Jahren – während dieser Zeit hatte der Kaiser zwei mal Galizien besucht, um sich ein Bild von den dortigen Verhältnissen zu machen – entsprach der Landesgouverneur der allerhöchsten Willensmeinung und legte am 18. Hornung 1824 einen umfangreichen Bericht für die Jahre von 1817 bis 1823 vor. Der Aufforderung aus Wien vom 23. August 1817, neben dem Bericht über Galizien einen gesonderten Bericht über die Bukowina zu er-

1 Der handschriftliche Bericht des Landesguberniums in Galizien und der Bukowina lag zunächst in Prag. Er gehört zum Bestand der „Novotny Collection of Books of Public Finance and Economics", der jetzt in der George Arents Research Library der Syracuse University in Syracuse, New York, aufbewahrt wird und der Forschung zur Verfügung steht. – Der Text über die Sanitätsanstalten in Galizien liegt im Büschel Novotny Collection I Nr. 1399, III. Abschnitt [Teil 1] Stück V mit den Beilagen 14 und 15; der Text über die Sanitätsanstalten in der Bukowina liegt ebendort, Teil 2 mit den Beilagen 1 und 2. – Angaben zum Umfang und Schicksal der Novotny Collection in: Steuern und Staatsverfassung. Zur Reform der Habsburger Landessteuern im frühen 19. Jh., vorzüglich in Galizien und der Bukowina; zeitgenössische Gutachten und Berichte von Regierungsstellen, 1808-1824, herausgegeben und eingeleitet von Eckart Schremmer, 2004, S. VIII-X.

statten, kam die Lemberger Regierung in der Weise nach, dass sie nur dasjenige, was der Bukowina „eigenthümlich“ sei, in einem gesonderten Bericht vortrug: das seinen das Unterthans- und Steuerwesen, sowie die Angelegenheiten des Kultus; für die übrigen „Gegenstände“ ließen sich „dieselben nicht wohl getrennt darstellen“.

Der 237 Großseiten umfassende Bericht besteht somit aus zwei unsymmetrischen Teilen.

1. Teil Bericht über Galizien und teilweise über die Bukowina, mit 215 Seiten und 21 statistischen Beilagen

I.	Abschnitt	Behörden der politischen Landes Verwaltung
II.	Abschnitt	Zustand des Landes und der Bewohner in politischer und wirtschaftlicher Beziehung
III.	Abschnitt	Oeffentliche Anstalten - Militär Anstalten - Anstalten für die innere Sicherheit - Kirchliche Anstalten - Erziehungs Anstalten - Sanitäts Anstalten - Einrichtungen zum Schutze und zur Beförderung der National Produktion
IV.	Abschnitt	Staatshaushalt

2. Teil Ergänzender Bericht über die Bukowina, mit 22 Seiten und 2 statistischen Beilagen

I.	Abschnitt	Allgemeine Übersicht (u.a. Fläche, Bevölkerung, Städte und Märkte, Viehstand)
II.	Abschnitt	Militärverfassung
III.	Abschnitt	Kirchen Anstalten
IV.	Abschnitt	Erziehungs Anstalten
V.	Abschnitt	Unterthanswesen
VI.	Abschnitt	Juden
VII.	Abschnitt	Steuerwesen

Die Befunde über die medizinische Versorgung in der Bukowina stehen somit überwiegend im Berichtsteil über Galizien, ohne dort gesondert hervorgehoben zu sein; in den statistischen Beilagen erscheint die Bukowina dort als eigenständiger „Kreis".[2]

Einleitung[3]

Die öffentliche Gesundheitsfürsorge war allerhöchste Willensmeinung des Kaisers. Die Willensmeinung wurde unterschiedlich begründet und formuliert, doch war letztendlich immer gemeint: eine dem *Staatszwecke* entsprechende Bevölkerungspolitik. Als Staatszweck galt die Förderung und die Sicherung des Wohlstands der Nation, die Stärkung der politischen und wirtschaftlichen Macht des Staates. Die Steigerung von Wohlstand und Macht beruhte auch und vor allem auf der Zunahme einer gesunden, arbeitenden Bevölkerung. Bevölkerungspolitik und Gesundheitspolitik gehören zusammen. Hinzu kam als Ziel die behutsame Integration der sehr unterschiedlich entwickelten österreichischen Landesteile in einen Staatsverbund, und eine behutsame Angleichung, Vermehrung und Neuausrichtung ihrer medizinischen Institutionen mit ihrer jeweils sehr unterschiedlichen Vergangenheit und Gegenwartslage.[4]

Der Bericht nimmt die Zielsetzung auf, indem er vor allem abzuhelfende Mängel, aber auch Erfolge anspricht: die Ärztedichte, die Hebammendichte, die Kindersterblichkeit, die öffentlichen Sanitätsanstalten, u.a. Pockenschutzimpfun-

---

2 Die Abschnitte Staatshaushalt und Steuerwesen sind einbezogen in die umfassende Arbeit Eckart Schremmer, Steuern und Staatsverfassung (2004), s. Anm. 1. Die Berichte über die Erziehungsanstalten sind kommentiert im Satz, erscheinend 2008.

3 Umfangreiche Literaturangaben stehen in zwei neueren Arbeiten zur wirtschaftlichen, sozialen, gesellschaftlichen und politischen Entwicklung (auch) in Galizien und der Bukowina: Franz Baltzarek, Zentralistische und föderalistische Aspekte der Wirtschaftspolitik am Beispiel Galiziens, in: Uwe Müller (Hg.), Ausgebeutet oder alimentiert? Regionale Wirtschaftspolitik und nationale Minderheiten in Ostmitteleuropa (1867-1939), Berlin 2006, S. 59-90; einige polnischsprachige Literaturangaben in ebd., Piotr Franaszek, Die wirtschaftspolitische Entwicklung Galiziens im langen 19. Jahrhundert, S. 91-99; Herman Freudenberger, Lost Momentum: Austrian Economic Development 1750_s-1830_s, Wien, Köln, Weimar 2003. Die Aussage im Titel dieser Untersuchung zeigt sich schon bei Alexander Gerschenkron, An Economic Spurt that failed. Four lectures in Austrian History, Princeton 1977.

4 Im Vertrag vom 3. Mai 1815 (Wiener Kongress Akten von 1815 über die polnischen Teilungen) versichern die Signatarmächte Preußen, Österreich und Russland: „Die Polen, jeweils Untertanen der hohen vertragsschließenden Parteien, werden Institutionen erhalten, die die Wahrung ihrer Nationalität sichern und den Formen der politischen Existenz entsprechen, die jede der Regierungen, zu denen sie gehören, ihnen zu gewähren für angebrachte halten wird", zitiert nach F. Baltzarek, Zentralistische und föderalistische Aspekte (s. o. Anm. 3), S. 70, Anm. 34.

gen, Pestkordons, Quarantänestationen, die Heilanstalten und die Krankenhäuser samt der Krankensterblichkeit. Sehr selbstverständlich wird auch die medizinische Versorgung in den Klöstern aufgezeigt, bei den barmherzigen Brüdern und Schwestern.

Der Auftragsstellung und dem Charakter eines behördlichen (Rechenschafts-) Berichts entspricht vermutlich die Hinwendung des Verfassers zur öffentlichen Gesundheitsfürsorge als einer Staatsaufgabe. Es mag deshalb bemerkenswert erscheinen, dass der Bericht zu Beginn auch eine private Gesundheitsfürsorge insofern zumindest streift, als er die Lebensweise des gemeinen Volkes anspricht, die Art der gebräuchlichen Nahrungsmittel, die Beschaffenheit der Wohnungen – eben die Dürftigkeit der Landbevölkerung. Der gedankliche Hintergrund ist deutlich: Verminderung der Armut ergibt mehr Gesundheit.

Damit schließt sich ein gedanklicher Kreis: Der Wohlstand eines Staates beruht auch auf dem Wohlstand seiner Bevölkerung. Das ist die Abkehr von der merkantilistischen Doktrin von der Nützlichkeit der Armut.[5]

Der Bericht des Galizischen Landesguberniums[6]

Sanitäts Anstalten ((99))

1. Sanitäts Individuen

Die [diesem Bericht] angeschlossene Übersicht, Beilage 14, enthält den Beweis über den auffallenden Mangel, welchen Galizien [einschließlich der Bukowina] an Sanitäts Individuen leidet. Die auf 1.569 Quadratmeilen wohnende Bevölkerung von 4.079.023 Seelen, ist auf 67 Aerzte, 195 Wundärzte, 203 Hebammen und 77 Apotheken beschränkt. Selbst mit Einschluss der *Hauptstadt*, die beinahe ein Drittheil des Gesamtstandes der Aerzte, ein Siebentheil der Wundärzte, und mehr als ein Viertel der Hebammen besitzt, entfällt auf 22 6/16 Quadratmeilen und 60.881 Menschen nur 1 Arzt, und auf 7 11/16 Quadratmeilen dann 20.918

5 Hierzu Eckart Schremmer, Die Doktrin von der Nützlichkeit der Armut, in: Zeitschrift für bayerische Sparkassengeschichte, Heft 6, 1992, S. 5-18.

6 Richtungweisend für die Edition des vorliegenden Textes sind die „Richtlinien für die äußere Textgestaltung bei der Herausgabe von Quellen zur neueren Geschichte“ von Johannes Schultze, in: Blätter für deutsche Landesgeschichte, 98. Jg., 1962, S. 10, Akt. 32. Besonderheiten im Ausdruck und in der Schreibweise blieben weitgehend erhalten. Hinzufügungen des Herausgebers sind im laufenden Text mit eckigen Klammern [ ] gekennzeichnet. Die runden Doppelklammern (( )) zeigen den Blattbeginn im Originaltext an.

Menschen nur ein Wundarzt. Eine Hebamme hingegen soll jährlich 800 Geburten auf 7 6/16 Quadratmeilen beistehen.

Allerdings bewahrt die einfache und gleichförmige Lebensweise des gemeinen Volkes, dasselbe vor vielen Krankheits Übeln. Doch erzeugt eben dieselbe Lebensart, die Gattung der Nahrungsmittel, und die Beschaffenheit der Wohnungen eine Menge Krankheiten, gegen welche der dürftige Landmann gänzlich ohne Hilfe gelassen, zu den verderblichen Rathschlägen unwissender Pfuscher und abergläubischer Weiber die Zuflucht nimmt. Würde ((100)) aber auch von dem Landvolke gänzlich abgesehen, so steht doch weder der städtischen Bevölkerung noch dem über das Land zerstreuten Adel die dem Bedürfnisse zusagende ärztliche Hilfe zu Gebothe. Ganze Kreise müssen sich in das Wirken eines oder zweier Aerzte theilen. So kommt es, daß auch die Regierung bei der Ausführung grösserer Sanitäts Maaßregeln genöthigt ist, die Wahl auf den engen Kreis von Individuen zu richten, deren Zahl weder der geforderten Aufgabe gewachsen ist, noch deren Eigenschaften für die entsprechende Vollstreckung Beruhigung gewähren. Dieser Übelstand wird vorzüglich in allen Fällen fühlbar, wo Pestgefahr, oder die Verbreitung epidemischer Krankheiten die Vereinigung mehrerer Aerzte in einer Gegend fordert, wo man daher in die Nothwendigkeit geräth, ausgedehnten Strecken des Landes ihre ohnedieß unzureichenden Hilfsmittel zu entziehen.

S. Majestät geruhten zwar, wie oben bemerkt, fünf Stipendien für *Hörer der Heilkunde* an *den Universitäten in Wien oder Prag zu stiften.* Diese allergnädigste Bewilligung vermag jedoch um so weniger einen, dem dringenden Bedarfe entsprechenden Nachwachs zu bilden, als selbst die wenigen Galizier, die im Stande sind, die Heilkunde an einer über 100 Meilen entfernten hohen Schule zu hören, nicht durchgehends wieder in diese Provinz zurückkehren. Das Mittel zur gründlichen Abhilfe könnte nur darinn gefunden werden, wenn S. Majestät es angemessen fänden, der von allerhöchst denselben gegründeten hohen Schule durch die Wiederherstellung der medizinischen Fakultät die Vollendung zu ertheilen. Es ist nicht zu zweifeln, daß bei der zunehmenden Schwierigkeit in Staatsdiensten, und andern öffentlichen Anstellungen Unterkommen zu finden, mehrere Studierende, die nun gezwungen sind, die Rechts Gelehrsamkeit zu hören, die Erlernung der Heilkunde vorziehen würden. Auch dürfte mit dem Gedeihen dieser Anstalt sich dasjenige, was von Einer Hochlöblich k. k. Hofkanzlei oft mit Recht gerügt ward, daß die mit einer, alle ihre Kräfte in Anspruch nehmenden Privat Praxis überhäuften hierländigen Aerzte äußert wenig für die Wissenschaft leisten, allmählich beleben.

Dabei aber muß den galizischen Aerzten das Lob ertheilt werden, daß sie bereit sind, mit Eifer und Selbstaufopferungen zur Erweiterung der medizinischen Lehranstalt mitzuwirken, und dieselbe nach Kräften zu erleichtern. Dieses bewiesen nicht blos die Anträge, welche einige derselben freiwillig erklärten, als es sich ((101)) um die Reorganisierung der Lemberger Universität handelte, sondern auch die Eröffnung außerordentlicher Vorlesungen, welche in Gemäßheit der allerhöchsten Gestattungen vom 24ten März 1817 und 6ten April 1819 über die Augenheilkunde, und Botanik übernommen wurden.

Zur Verbreitung der Kenntnisse in der Geburtshilfe geruhten S. Majestät, außer dem *Hebammen Institute in Czernowitz*, die Bestimmung von *Stipendien für Hebammen*, die an der Universität in Lemberg gebildet werden, am 14ten April 1818 zu genehmigen. Den Aufwand bestreitet der landständische Domestikalfond. Aus demselben Fonde wird der *ständische Augenarzt* besoldet. Derselbe hat in den letzten drei Jahren neun Kreise bereiset, und bei dieser Bereisung unter 3026 Augenkranken, 1755 vollkommen geheilt und 62 Operationen vollführt, wovon 56 von ganz guten, und 5 von zweifelhaften Erfolge waren.

2. Anstalten zur Abwendung der Krankheits Gefahr

a. Schutzpocken Impfung [Pockenschutzimpfung]

Diese wohlthätige Anstalt ward ununterbrochen in der regsten Wirksamkeit erhalten. Die Beilage 15 beweiset, daß die Zahl der mit Erfolge Geimpften sich, vorzüglich in den Jahren 1821 und 1822 hob. Insbesondere übertraf im Jahr 1821 dieselbe das Resultat aller frühern Jahre. Die Gesamtzahl der in demselben Geimpften von 145.406 läßt die Zahl der in dem nämlichen Jahre Geborenen, nach Abzug der Kinder, welche von der Geburt bis zum ersten Lebensjahre sterben (139.981) hinter sich zurück. Dasselbe ist auch in dem Jahre 1822 der Fall, wo die Zahl der Geimpften 141.964 jene der Gebornen nach Abschlag der im ersten Lebensjahre erfolgten Sterbfälle 130.557 ausmacht. Die Impfauslagen entfallen im Durchschnitte mit 12 Kreuzern M. M. [Metall Münze] auf einen Impfling. Seit dem Jahre 1803 bis einschlüssig 1822 wurden in Galizien 1.724.531 Kinder geimpft. Im Durchschnitte kommen davon auf ein Jahr 86.226. Übrigens both man Alles auf, um die Impfärzte zur Thätigkeit und zweckmäßigen Verrichtung dieses Geschäftes anzuhalten, und in den Auslagen jede nur immer anwendbare Ersparung auszuführen. Zur Bedeckung des Aufwandes warn im Jahre 1813 *Trauungstaxen* ((102)) eingeführt worden. S. Majestät geruhten jedoch dieselben am 6ten November 1820 aufzuheben, und die Impfauslagen auf den Staatsschatz allergnädigst zu übernehmen. Dieselben erhalten aus dem Letzern die erforderliche Dotation und wurden für 1824 mit 30.000 fr präliminiert.

b. Pest Anstalten

Die Nähe der Länder, welche häufig von der Pestseuche *befallen werden*, legt der Staats Verwaltung die Nothwendigkeit auf, nicht blos in Galizien bei eintretender Gefahr einen Kordon mit gewaffneter Macht aufzustellen, sondern auch fortwährend Reinigungs Anstalten zu erhalten.

Die Gefahr war vorzüglich in den Jahren 1818 und 1819 drohend. Auch gegenwärtig musste der Pest Kordon mit der dritten Kontumaz [Quarantäne] Periode aufgestellt werden.

Die zur Deckung des Aufwandes der Kontumaz Anstalten bestimmten *Reinigungstaxen* wurden nach dem Hofkammer Dekrete vom 22ten August 1818, Z. 37732, auf den dreifachen Betrag ihres ursprünglichen Ausmaßes erhöht, und in einem, auf dieser Grundlage verfassten neuen Tarif, den man mit dem Hofkammer Dekret vom 8ten Hornung 1822, Z. 5611, erhielt, gebracht. Dieselben haben durch diese namhafte Erhöhung vorzüglich in den gefahrlosen Perioden die Wesenheit einer nicht unbedeutenden Auflage auf den gegenseitigen Verkehr angenommen, die dem Letztern in dem Maaße schwerer fällt, als die Waaren Preise und der Gelderwerb zu sinken fortfahren.

In dem Berichte vom 26ten Juli 1822, Z. 30993, schildert man die Nothwendigkeit einer Milderung der auf *die Überschreitung des Pest Kordons gesetzten Strafen*. S. Majestät geruhten jedoch am 26ten November 1822 zu bestimmen, daß diese Frage bis zur Vollendung des neuen Sanitäts Regulativs auf sich zu beruhen habe. Derselbe Gegenstand kam neuerlich im Zusammenhange mit der Frage über die zur Urtheilsschöpfung gegen Übertreten des Sanitäts Kordons überhaupt berufenen Behörden zur Sprache, und es ward darüber der Bericht vom 19ten September v. J., Z. 36392, erstattet. Die Ansicht des Landes Guberniums, daß die Jurisdiktions Ausübung den Militair Behörden nur für *die gefährliche Zeit*, das ist: wo die Einführung des *Standrechtes* nothwendig ist, zukomme, erhielt mit dem Dekrete vom 22ten v. M., Z. 1088, die hohe Zustimmung.

c. Vorkehrungen gegen die Epidemien ((103))

In dem Zeitraume der letzt verflossenen sieben Jahre ward der allgemeine Gesundheitsstand durch keine ausgebreitete Menschenkrankheit gestört. Die schlechte Bauart der Hütten, in denen der hierländige Landmann großentheils zugleich mit einigem Nutzvieh den Winter zubringt, enthält den vorzüglichsten Grund zu chronischen Übeln, und zur Entwicklung des Typhus, der sich bei herannahenden Frühling zeigt. In Absicht auf die Behandlung der Epidemien, die Vertheilung der dießfälligen Auslagen und die Maaßregeln gegen die Lustseuche ward sich nach den bestehenden Vorschriften benommen.

Wenn übrigens gleich durch das hohe Dekret vom 18ten März 1819, Z. 7836, dem Landes Gubernium gestattet wurde, *Medikamenten Rechnungen* bis zu dem Betrage von 25 fr zu realisieren, so enthielten dieselben doch noch immer den Anlaß zu vielfältigen Verhandlungen mit Einer Hochlöblich k.k. Hofkanzlei und zu einer Geschäfts Vermehrung, deren Beseitigung sehr erwünscht wäre.

d. Medicinische Polizei überhaupt

In dem Gebiete derselben verdient die mit dem hohen Dekrete vom 11ten November 1819, Z. 35615, erneuerte Vorschrift, auf die allmälige Erbauung der *Todtenkammer* im ganzen Lande zu dringen, eine besondere Erwähnung. Diese Absicht wird jedoch in einem Lande noch lange nicht erreicht werden können, wo der größte Theil der Lebenden eine geräumige, den Gesundheits Rücksichten entsprechende, Wohnung entbehrt, und selbst die Gotteshäuser sich im nothdürftigsten Zustande befinden.

3. Heil Anstalten

Die Grundsätze, welche S. Majestät über die Bedeckung der Abgänge bei den Wohlthätigkeits Anstalten, nach dem Inhalte der hohen Dekrete vom 4ten Dezember 1817, 22ten Oktober 1818 und 11ten Hornung 1819, Zahlen 28919, 2675 und 22987, auszusprechen geruhten, waren, in der Anwendung für die Heil Anstalten von besonders wichtigem Erfolge. Alle unter dem allgemeinen Begriffe der Wohlthätigkeits Anstalten begriffenen Institute wurden nämlich in vier Klassen gereicht, je nachdem ihre Zwecke mit den allgemeinen Staatszwecken in unmittelbarer ((104)) und nothwendiger Verbindung stehe, oder nur auf die Vortheile einer Provinz, oder auf jene einzelnen Städte und Orts Obrigkeiten berechnet sind, oder endlich nur als Privat Institute, welche unter dem Schutze der Staats Verwaltung lediglich nach dem Willen des Stifters verwaltet werden, sich darstellen. Soweit die eigenen Hilfsquellen nicht zureichen, sollen die Anstalten der ersten Klasse *aus dem Staatsschatze*, jene der Zweiten aus den *Ertragsquellen der Provinz*, jede der dritten endlich aus Lokalquellen der *Gemeinden* unterstützt werden. Die Anstalten der vierten Klasse endlich haben auf ihre *eigenen Fonds und Stiftungen* beschränkt zu bleiben. In die *erste Klasse* geruhten S. Majestät alle Anstalten, welche *Epidemien, Volkskrankheiten, verheerenden Fortschritten der Lustseuche, in Pest Angelegenheiten, Viehseuchen*, überhaupt in allen Fällen, in welchen das Gesamtwohl des Staates durch Krankheiten zunächst gefährdet wird, getroffen werden, wie auch *Findel*, *Gebähr* und *Irren Anstalten* aufzunehmen.

Die Kranken und Versorgungs Institute sind als Lokal Anstalten, die Institute der *barmherzigen Brüder und Schwestern*, endlich als Privat Institute zu betrachten, und strenge darauf zu weisen, die Zahl der Kranken nach ihrem Einkommen zu beschränken.

Zur Vollstreckung dieser allerhöchsten Bestimmungen wurde bei dem *allgemeinen Krankenhause in Lemberg* die Scheidung der Fonds und der Auslagen, welche demselben als Lokalanstalt zu verbleiben haben, von denjenigen, die auf die Staatsanstalt des *Gebähr und Irrenhauses* übergehen, vorgenommen. Sowohl durch diese Maaßregel, als auch durch die Vorkehrungen, welche man zur Hebung des Einkommens mit der hohen Zustimmung getroffen hatte, ward die Verlegenheit, in welcher sich dieses Institut noch im Jahre 1816 befand, glücklich behoben, und man kam in den Stand, mit der allerhöchsten Gestattung vom 29ten April 1822 den Ausbau des linken Flügels vorzunehmen.

Die Institute der barmherzigen Brüder und Schwestern behaupten rühmlich die ehrwürdige Stelle, welche sie unter den öffentlichen Anstalten und namentlich unter den Klöstern einnahmen. Indes andere Orden die unangenehme Erscheinung eines fortwährenden Zurückschreitens darbiethen, erhält dieser – was in der neuern Zeit so selten ward – durch Privatstiftungen Zuwachs an Einkommen, und Vermehrung der Ordenshäuser. Einer besondern Erwähnung sind, die Errichtung des neuen Klosters in Nowosiolki, dann die bedeutenden ((105)) Nachlässe, welche die barmherzigen Schwestern nach dem Domherrn Stocki, und dem Rathe Lukiewicz erhielten, werth. Über die in den hierländigen Heil Anstalten behandelten Kranken geruhe Eine Hochlöblich k.k. Hofkanzlei die Ergebnisse ebenfalls aus der Nebenlage, Beilage 15, zu entnehmen.

Die Gesamtzahl der im allgemeinen Krankenhause und in den Häusern der Barmherzigen behandelten Kranken schwankte zwischen 4.571 und 5.335. Die Sterblichkeit im Durchschnitte zwischen 8,5 und 9,7 von Hundert. Von den ausgewiesenen Kranken fand beiläufig ein Viertheil Behandlung im allgemeinen Krankenhause. Das Letztere nahm im Jahre 1823 1.475 Kranke auf, von welchen 174 starben, daher 11,8 von Hundert.

4. Thierheil Anstalten

Die Veterinärkunde hat hier zu Lande nur zu lange jene Aufmerksamkeit entbehrt, welche dieselbe verdiente. Indessen ist das Bedürfnis diesen Theil der innern Verwaltung mit den übrigen Sanitäts Einrichtungen in nähere Verbindung zu setzen, und einer höhern Vollkommenheit zuzuführen, dem eindringenden Blicke S. Majestät nicht entgangen. In Gemäßheit der allerhöchsten Entschließung vom 10ten Juli 1819 wurde ein *Landes Thier Arzt* angestellt, der bereits *einen Theil des Landes*, der ihm erteilten Instruktion gemäß bereiset hat. Man stellte Einer Hochlöblich k. k. Hofkanzlei in dem Berichte vom 19ten Dezember v. J., Z. 28940, die Nothwendigkeit dar, für Galizien, dessen Haupt Erwerb durch einen kräftigen Viehstand bedingt wird, eine *Veterinär Anstalt* zu gründen, und machte zugleich bemerkbar, daß der damit verbundene Aufwand nicht bedeutend sein könne, und, wenn nicht vollständig doch größtentheils durch das Einkommen des Thierspitals die Bedeckung erhalten werde.

Beilagen (statistische Übersichten)

Galizien und Bukowina zusammengenommen

I. Medizinisch ausgebildete Personen [im Jahr 1823]

Ärzte [Personen mit medizinischem Studium]			67
davon	Private	31	
	vom Staat (34), bei Städten (2) angestellt	36	
Wundärzte [Personen ohne medizinisches Studium, handwerklich-praktisch ausgebildet]			195
davon	Private	100	
	vom Staat (29), bei Städten (40) und auf Staatsgütern (26) angestellt	95	
Hebammen			203
davon	Private	105	
	vom Staat (22), bei Städten (39) und auf Kommunalgütern (37) angestellt	98	

Somit entfallen

1 Arzt	auf	60.991 Menschen
1 Wundarzt	auf	20.918 Menschen
1 Hebamme	auf	20.094 Menschen

II. Kranken- und Sanitätsanstalten [im Jahr 1823]

Krankenhäuser			21
davon	christliche	18	
	jüdische	3	
Klöster [Institute] der barmherzigen			
	Brüder		1
	Schwestern		6
Siechen- und Armenhäuser			312
Armeninstitute			27
Ämter [?, nur in der Bukowina]			4
	Kontumaz [Quarantänegebiet, Quarantäne Anstalt]	2	
	Rastel [abgesonderter Raum in einem Quarantänegebiet]	2	
Apotheken			77
[Heil-] Bäder			23
davon	schwefelhaltig	11	
	eisenhaltig	12	
Gesundbrunnen			6

III. Anzahl der mit Erfolg gegen Pocken geimpften Personen

im Jahr 1817		126.931
		145.406
im Jahr 1821		
Anzahl der Geimpften insgesamt	148.613	
davon in der Bukowina	9.374	

Somit entfällt im Jahr 1821 eine Impfung auf 280 Menschen

IV. Behandlungen und Sterbefälle in den vorzüglichsten Heilanstalten

Anstalt	im Jahr 1817		im Jahr 1822	
	wurden behandelt	davon sind gestorben	wurden behandelt	davon sind gestorben
Lemberger allgemeines Krankenhaus	1.415	123	1.360	146
Das Kloster der barmherzigen Brüder	156	15	227	12
Die 6 Klöster der barmherzigen Schwestern	3.553	346	3.748	305
zusammen	5.124	484	5.335	463

V. Bevölkerung (Einheimische)

Gesamtzahl	im Jahr 1816		3.655.285
	im Jahr 1823		4.079.023
	davon		
	Galizien	3.835.354	
	Bukowina	243.669	

Der Warenverkehr auf dem Ober- und Mittellauf der Elbe zwischen Pirna und Wittenberg zu Beginn der frühen Neuzeit

Manfred Straube

Über den Handelsverkehr innerhalb der deutschen Territorien zu Beginn der frühen Neuzeit gibt es sehr kontroverse Auffassungen, wobei man den Eindruck gewinnen kann, dass auf sicherer Basis gewonnene Forschungsergebnisse jeweils nicht zur Kenntnis genommen wurden:

- 1928 bereits schrieb Josef Kulischer von bedeutenden Fortschritten im Warentransport auf dem Landwege gegenüber den mittelalterlichen Verhältnissen und von den erheblichen Schwierigkeiten bei der Flussschifffahrt[1],
- 1959 sah Fritz Rörig[2] durch Aloys Schulte[3] bereits 1923 widerlegt, „daß ein Binnenlandverkehr von Bedeutung damals an die großen Flüsse gebunden gewesen wäre“ und die ganz übertriebenen Vorstellungen, „daß die Zölle die Waren auf größere Entfernungen auf das Doppelte, ja Dreifache getrieben hätten,“ als beseitigt gelten könnten,
- 1952 hob Friedrich Lütge ein ausgedehntes Straßennetz hervor, in dem die großen Handelsstädte um die Wende vom 15. zum 16. Jahrhundert eingebunden waren,[4]
- 1971 war dagegen Miroslav Hroch noch der Ansicht, dass nur „wertvolle und leicht transportierbare Waren“ auf den Landstraßen unterwegs sein konnten, wobei ihm noch nicht einmal die Warensorten bekannt waren.[5]
- 2002 hat nun Ernst Schubert behauptet, dass „Flüsse .... das ganze Mittelalter hindurch bis tief in die frühe Neuzeit die wichtigsten Handelsstraßen“ bleiben.[6]

---

1 Allgemeine Wirtschaftsgeschichte des Mittelalters und der Neuzeit, 2. Bd., Die Neuzeit, Berlin 1954, S. 380 ff.

2 Mittelalterliche Weltwirtschaft, in: Wirtschaftskräfte im Mittelalter, Weimar 1959, S. 389.

3 Geschichte der Großen Ravensburger Handelsgesellschaft 1380 – 1530, Bd. II, Wiesbaden 1964, S. 21-72 (Unveränderter Nachdruck der 1923 erschienenen ersten Ausgabe).

4 Deutsche Sozial- und Wirtschaftsgeschichte. Ein Überblick, München 1952, S. 208 ff.

5 Die Rolle des zentraleuropäischen Handels im Ausgleich der Handelsbilanz zwischen Ost- und Westeuropa, in: Der Außenhandel Ostmitteleuropas 1450-1650, hrsg. v. Ingomar Bog, Köln-Wien 1971, S. 11.

6 Schubert, Ernst, Alltag im Mittelalter, Darmstadt 2002, S. 73. Sch. behauptet weiter, „nicht gemindert, sondern ergänzt wurde die Bedeutung der Flüsse durch die Ent-

Die Ursachen für diese unterschiedlichen und vagen Aussagen sind – neben einer gewissen Ignoranz gegenüber entsprechenden Forschungsergebnissen – zweifellos in der noch immer ungenügend erforschten Handels- und Verkehrsgeschichte zu suchen, vor allem aber in den fehlenden konkreten Vergleichen zwischen Warentransporten auf den Landstraßen und auf den Flüssen.

Schon bei nur oberflächlicher Kenntnis der Geschichte der verschiedenen Handelsstädte wird deutlich, dass die Bedenken Hrochs und die Aussage Schuberts in ihrer Absolutheit nicht zutreffen können, zumal Schubert selbst zu seiner Aussage ein erstes Gegenargument liefert, wenn er hervorhebt, dass „die Schifffahrt ... mit dem Ende des Eisgangs zwischen Ende Februar und Ende März“ beginnt und „vor Einbruch der Winterzeit ... die letzten Frachten verladen“ werden.[7] Folgt man diesen Aussagen, dann würde über lange Monate hinweg der Warenaustausch zumindest stark eingeschränkt, wenn nicht unmöglich gewesen und auf die Landstraßen angewiesen sein, die wiederum – wie oftmals in anderer Literatur – als kaum passierbar beschrieben werden. Aber auch die anderen eingangs genannten Wertungen über den Handelsverkehr auf den Straßen bzw. den Flüssen sind kritisch zu hinterfragen, weil mehr Feststellungen getroffen und weniger Begründungen gegeben werden. Warenaustausch oder Warenhandel ergeben sich aus wirtschaftlicher Notwendigkeit, nach Angebot und Nachfrage, nicht nach geographischen Bedingungen und Voraussetzungen, technische Probleme des Handelsverkehrs werden gelöst mit und aufgrund der wirtschaftlichen Entwicklung. Wenn also in umfänglichen Quellenpublikationen ein Regionen oder gar Länder übergreifender Warenhandel mit immer mehr handelstechnischen Finessen nachgewiesen wird[8], dann geht diesem Handel nicht nur ein entsprechen-

---

wicklung der Straßennetze im Verlauf des hohen und späten Mittelalters. Diese Verkehrsnetze waren auf die großen Verkehrsstränge von Rhein, Main, Donau und Elbe orientiert.... Dennoch: nicht die neuen Landstraßen, sondern die alten Wasserwege bildeten nach wie vor die Hauptstränge des Verkehrsnetzes“ (S.74 f.) Dagegen grundlegend und ausgewogen Hermann Kellenbenz, Das Verkehrswesen zwischen den deutschen Nord- und Ostseehäfen und dem Mittelmeer im 16. und in der ersten Hälfte des 17. Jahrhunderts, in: Trasporti e sviluppo economico, secoli XIII – XVIII, a cura di Anna Vannini Marx (Instituto Internazionale di Storia Economica F. Datini, Prato, Pubblicazioni-Serie II, Atti delle „Settimane di Studio“ e altri convegni 5, Firenze 1986, S. 99-121.

7 Ebd., S. 73 f.

8 Neben der erwähnten Geschichte der Großen Ravensburger Handelsgesellschaft von Aloys Schulte (Bd. 1. und Bd. 3 zur gleichen Zeit erschienen), sollen hier nur die Quellen zur Handelsgeschichte der Paumgartner von Augsburg (1480 – 1570) hrsg. von Karl Otto Müller, Wiesbaden 1955; Welthandelsbräuche (1480 – 1540), hrsg. von Karl Otto Müller, Wiesbaden 1962 und die hier zeitlich anschließend von Reinhard Hildebrandt herausgegebenen Quellen und Regesten zu den Augsburger Handelshäusern Paler und Rehlinger 1539 – 1642, Teil 1, Stuttgart 1996, Teil 2, Stuttgart

des Warenangebot voraus, sondern auch ein Bedürfnis, diese Waren zu erwerben und zu nutzen und das ist wiederum nur möglich, wenn die dazu notwendige Verteilung organisiert werden kann. Es kann nach den Quellenaussagen also nicht darum gehen, die Nutzung der jeweiligen Handelswege in Frage zu stellen, sondern sie zu erforschen.[9]

Klassische Beispiele sind der Handel mit Fisch aus der Nord- und der Ostsee in das Landesinnere[10], der natürlich über Landstraßen abgewickelt wurde, ebenso wie der Handel mit Kupfer aus der Slowakei.[11] Und die Waren aus Nürnberg konnten eben nur auf dem Landwege z.B. zu den Messen nach Frankfurt am Main gebracht werden, wie auch der Thüringer Waid nur mit Wagen und Karren in die Tuchproduktionszentren geliefert werden konnte.[12]

Auf den mitteldeutschen Raum bezogen sollte bedacht werden, warum bereits 1458 für Leipzig – ebenso weit entfernt von einem schiffbaren Fluss wie Nürnberg – zu Neujahr ein dritter Großer Markt zu den seit langem bestehenden Großen Märkten zu Ostern und zu Michaelis durch Friedrich III. privilegiert wurde, und wie es kommt, dass auf diesem Markt selbst unter den besonderen Schwierigkeiten der Straßenverhältnisse zur Winterzeit noch im 15. Jahrhundert mehrfach ein größerer Umsatz erzielt wurde als auf den beiden anderen.[13]

Da die Leipziger Großen Märkte auf den Warenaustausch und die Vermittlung von Handelsgeschäften zwischen Mittel- und Mittelosteuropa auf der via regia und der via imperii ausgerichtet waren,[14] musste auch der Zustrom aus und in

2004, genannt werden. Auf die zahlreichen Darstellungen aus älterer und neuerer Zeit kann an dieser Stelle noch nicht einmal verwiesen werden.

9 Es verwundert schon, dass Arbeiten wie die von Peter Moser, Mittel- und Nordwesteuropäischer Landtransport: Die Frammersbacher Fuhrleute und ihr Beitrag zur Transportgeschichte (15.- 19. Jahrhundert), Phil.Diss. Bamberg 1990, nicht zur Kenntnis genommen werden.

10 Vgl. z.B. Carsten Jahnke, Das Silber des Meeres. Fang und Vertrieb von Ostseehering zwischen Norwegen und Italien (12. – 16. Jahrhundert), Köln-Weimar-Wien 2000.

11 Dazu Peter Ratkoš, Das Kupferwesen in der Slowakei vor der Entstehung der Thurzo-Fuggerschen Handelsgesellschaft, in: Der Außenhandel, a.a.O., S. 584-599.

12 Als neueste Arbeit ist zu nennen Astrid Schmidt-Händel, Der Erfurter Waidhandel an der Schwelle zur Neuzeit. Europäische Hochschulschriften, Reihe III, Geschichte und ihre Hilfswissenschaften, Bd. 998, Frankfurt a. M. u.a., 2004.

13 Manfred Straube, Mitteldeutsche Städte und der Osthandel zu Beginn der frühen Neuzeit. Forschungsergebnisse, Forschungsmöglichkeiten, Forschungsnotwendigkeiten, in: Stadt und Handel, 32. Arbeitstagung in Schwäbisch Hall 1993, hrsg. von Bernhard Kirchgässner und Hans-Peter Becht. (Stadt in der Geschichte, Bd. 22), Sigmaringen 1995, S. 83-106.

14 Manfred Straube, Die Leipziger Messen zur Zeit der Privilegierungen als Mittler nach Ostmitteleuropa, in: Leipziger Messen 1497 – 1997. Gestaltwandel – Umbrüche –

alle Handelsrichtungen, d.h. aus und nach Oberdeutschland, aus und nach dem Rhein-Main-Gebiet, und aus und nach Schlesien und Polen kontinuierlich gesichert gewesen sein.[15]

Hinzu kamen die Messetermine zwischen Frankfurt am Main, Naumburg, Leipzig und Krakau[16], die beachtet werden mussten und nicht von Zufälligkeiten, wie sie die Flussschifffahrt notwendigerweise mit sich brachte, abhängig sein konnten. Es gibt nicht nur über den Umfang und die Art der Handelsgüter genügend Nachweise, sondern auch für die Pünktlichkeit der zu den Messeterminen zu liefernden Waren.[17]

Nun kann nicht bestritten werden, dass bestimmte Flüsse wie der Rhein[18] oder die Donau[19] eine wichtige Rolle im Handelsverkehr gespielt haben und es ist kein Wunder, dass immer wieder Beispiele von Köln in der Diskussion genannt werden. Die erwähnten Schwierigkeiten in der Flussschifffahrt werden dabei übergangen und die wirtschaftlichen Notwendigkeiten wie die ausschließliche Ausrichtung im Süd-Nord-Verkehr und im bestimmten Rahmen auch in Gegenrichtung werden kaum beachtet. Auf jeden Fall aber fehlen konkrete Vergleiche über den Umfang des Köln passierenden oder von hier ausgehenden Warenverkehrs auf dem Rhein und über die Landstraßen und es können die Verhältnisse um Köln nicht verallgemeinert werden.[20]

Neubeginn. Hrsg. v. Hartmut Zwahr, Thomas Topfstedt, Günter Bentele, Teilband 1: 1497-1914, Köln – Weimar – Wien 1999, S. 121-132.

15 Dazu zählt auch der Handel zwischen Oberdeutschland und Ostmitteleuropa außerhalb der Straßen über Leipzig. Beispielhaft Adelheid Simsch, Die Handelsbeziehungen zwischen Nürnberg und Posen im europäischen Wirtschaftsverkehr des 15. und 16. Jahrhunderts, Wiesbaden 1970.

16 Peter Beyer, Leipzig und Frankfurt am Main. Leipzigs Aufstieg zur ersten deutschen Messestadt. In: Jb. f. Regionalgeschichte, 2. Bd., Weimar 1967, S. 62 – 86.

17 Manfred Straube, Zum überregionalen und regionalen Warenverkehr im thüringisch-sächsischen Raum, vornehmlich in der ersten Hälfte des 16. Jahrhunderts. Habilschrift Leipzig 1981 (Msch.). Bestimmte Aspekte dieses Warenverkehrs mit tabellarischen Übersichten sind behandelt in meinem Beitrag: Die Stellung Mitteldeutschlands im europäischen Handelsverkehr zu Beginn der Neuzeit, in: Europa in der Frühen Neuzeit. Festschrift für Günter Mühlpfordt. Hrgb. v. Erich Donnert, Bd. 1. Vormoderne, Weimar 1997, S. 99-117.

18 Dominierend natürlich Köln. Vgl. Franz Irsigler, Kölner Wirtschaft im Spätmittelalter, in: Zwei Jahrtausende Kölner Wirtschaft, hrsg. v. Hermann Kellenbenz, Köln 1975, S. 217-320, dazu Hermann Kellenbenz, Wirtschaftsgeschichte Kölns im 16. und beginnenden 17. Jahrhundert, in: ebd., S. 321-428.

19 Wilhelm Rausch, Handel an der Donau I. Die Geschichte der Linzer Märkte im Mittelalter, Linz 1969.

20 Ein Blick in den Atlas Hansische Handelsstraßen, bearb. v. Hugo Weczerka, Köln-Graz 1962, lässt erkennen, dass in Köln gehandelte Waren nicht nur auf dem Rhein, sondern auch auf dem Landwege nach dort gelangten oder von dort weiter vertrieben

So wurde die thüringisch-sächsische Wirtschaftsregion mit dem sächsischen Erzgebirge, dem Mansfelder Kupferrevier mit seinen Verarbeitungszentren in Thüringen, der umfassenden Textilproduktion bis weit in das 19. Jahrhundert hinein bestimmt durch zwei große Handelsstraßen, der via regia in Ost-West-Richtung, die Krakau über Breslau, Leipzig, Erfurt mit dem Rhein/Main-Gebiet und weiter mit den Niederlanden verband und der via imperii, die von Oberdeutschland mit Nürnberg und Augsburg über Leipzig in den hansischen Nordosten führte. Da Thüringen und Sachsen über keine schiffbaren Flüsse verfügten, musste jeder Handelsverkehr durch diese Territorien notwendigerweise Landverkehr sein, der über Jahrhunderte hinweg problemlos allen Anforderungen genügte, um die Großen Märkte in Leipzig und Naumburg aufblühen zu lassen. Es gehört zu den bemerkenswertesten Leistungen des Transportwesens und aller damit verbundenen Logistik, die spätestens seit Beginn des 15. Jahrhunderts im Ergebnis eines verstärkten überregionalen Warenaustauschs immer größere Anforderungen an den Warentransport stellte, erfolgreich bewältigt zu haben.

Auch wenn es im mitteldeutschen Raum keine Ost-West- oder West-Ost-Verläufe von schiffbaren Flüssen gab, so bleibt doch die Frage, ob nicht im Nord-Süd- bzw. im Süd-Nordverkehr die Flüsse genutzt werden konnten und wie das Verhältnis zu dem Handelsverkehr auf den Landstraßen war. Eine besondere Rolle spielt dabei natürlich die Elbe, die als mögliche Handelsstraße immer wieder Interesse gefunden hat.[21] Selbstverständlich ist aber auch zunächst nach den wirtschaftlichen Notwendigkeiten und den möglichen Waren zu fragen. Untersuchungsgegenstand ist dabei vorrangig der Verkehr vom Oberlauf dieses Flusses vom sächsischen Elbsandsteingebirge bis zum Mittellauf bei Wittenberg. Dabei spielt die wirtschaftliche Struktur am Oberlauf der Elbe mit dem Zentrum Pirna am Eingang in das sächsische Elbsandsteingebirge und am Übergang nach Böhmen mit den hier produzierten Handelsgütern und die Anbindung an andere Wirtschaftszentren die entscheidende Rolle.[22]

---

wurden. Vgl. auch Ermentrude v. Ranke, Kölns binnendeutscher Verkehr im 16. und 17. Jahrhundert. In: Hansische Geschichtsblätter, 49. Jg. 1924, Bd. XXIX, S. 64-77.

21 Es werden hier nur Arbeiten genannt, die sich mit der Ober- und Mittelelbe befassen: Gerhart Heinz John, Die Elbflößerei in Sachsen. Phil. Diss. Leipzig 1934; Theodor Pusch, Flußschiffahrt und Flußzölle in Anhalt bis zum Jahre 1800, Staatswiss. Diss. Würzburg 1921; Karlheinz Blaschke, Elbschiffahrt und Elbzölle im 17. Jahrhundert, in: HGBll. 82/1964, S. 42-49; Wolfgang Buchholz, Zum Schiffs- und Güterverkehr auf der mittleren Elbe am Ende des 16. Jahrhunderts, in: Magdeburger Blätter, hrsg. vom Rat des Bezirkes, Magdeburg 1985, S. 31-41.

22 Zu Pirna siehe umfassend Historisch-Topographische Beschreibung der Amtshauptmannschaft Pirna, bearb. u. hrsg. von Alfred Meiche, Dresden 1927, Reprint Sebnitz 1991, S. 215-258.

Vor mehr als 30 Jahren hat Gerhard Schmidt in einer kleinen Studie den Versuch unternommen, vor allem „Pirnas Fernhandel bis zum 16. Jahrhundert" zu charakterisieren.[23] Dabei konnte er auf zahlreiche urkundliche Nachrichten verweisen, die die besondere Position Pirnas im mittelalterlichen Wirtschaftsleben kennzeichnen, aber seine Angaben über die Rolle der Elbe als Handelsstraße bleiben mehr oder weniger Vermutungen bzw. können nicht quantifiziert werden, auch wenn Pirna bereits um 1260 mit einer Niederlage privilegiert wurde. Schmidt bemerkt selbst, dass die Verlagerung der Handelswege im 15. Jahrhundert aufgrund „einer Veränderung der ökonomischen Grundlagen" die Position Pirnas als ein Handelszentrum entscheidend schwächte.[24] Wenn hier Waren gehandelt oder für einen größeren Markt produziert wurden (Tuche/Leinwand) und/oder ein bestimmter Importbedarf bestand, dann gewiss nicht geprägt durch den Verlauf der Elbe. Gleiches gilt von den größeren Orten elbabwärts wie Meißen oder Riesa bis hin nach Torgau und Wittenberg. Auch bei ihnen ist keine Marktproduktion bekannt, für die die Elbe als entscheidende Handelsstraße notwendig war.

So blieben eigentlich nur die im unmittelbaren Einzugsgebiet der Elbe vorhandenen Rohstoffe wie Sandstein (Mühlsteine, Werkstücke), Holz und Holzwaren, die dem unregelmäßigen und zeitlich begrenzten Verkehr auf der Elbe überlassen werden konnten, ohne dass hier bereits quantifizierbare Ergebnisse vorliegen. Der Transport von Getreide aus Sachsen nach Böhmen oder auch in der Gegenrichtung auf der Wasserstraße nahm keinen wesentlichen Einfluss, weil er jeweils abhängig war von den Ernteergebnissen und landesherrlichen Eingriffen und ein ständiger Handelsverkehr in größerem Umfange auf der Elbe zwischen Böhmen und Sachsen schon die geographischen Bedingungen unmöglich machten. Die Frage ist auch, welche Waren flussaufwärts geschifft werden konnten. Bisher ist es noch nicht einmal gelungen, eine Übersicht zusammenzustellen über die Warenarten, die tatsächlich auf der Elbe an ihrem Ober- und Mittellauf, d.h. zwischen Dresden/Pirna und Magdeburg, flussabwärts transportiert wurden. Die bisher bekannten Nachrichten ergeben nur ein diffuses Bild.

Günstige Möglichkeiten, genauere Kenntnisse zu gewinnen über die Warenarten und ihre Quantitäten, die auf der Elbe transportiert wurden, ergeben sich aus jenen Quellen, die im Zusammenhang mit dem Geleitswesen entstanden sind.

Das sich bereits am Ausgang des 14. Jahrhunderts in Mitteldeutschland entwickelnde Geleitssystem sollte vor allem die Sicherheit auf den Landstraßen gewährleisten. Nach dem anfänglichen „persönlichen Geleit" für Einzelpersonen oder Warentransporte durch Bewaffnete war es auf Grund des immer stärker zu-

23 In: Sächsische Heimatblätter, H. 3/1974, S. 117-123.
24 Ebd., S. 121.

nehmenden Warenaustauschs bald notwendig geworden, das sog. „schriftliche Geleit", verbunden mit dem „Straßenzwang" einzuführen. Dazu wurden entlang der nun vorgeschriebenen großen Handelsstraßen, in Handels- oder Produktionszentren, an wichtigen Straßenkreuzungen, Grenzübergängen Geleitshäuser mit einem Geleitsmann (und Gehilfen), eingerichtet, die den passierenden Transporten anhand einer nach Warenarten oder Fuhrwerken und Bespannungen genau differenzierten „Geleitsordnung" gegen festgelegte Gebühren auf einem „Geleitszettel" bescheinigten, die „rechten" Straßen benutzt zu haben.[25] Am nächsten „Geleitsort" mussten diese Quittungen dann vorgewiesen werden und der frühere Vorgang wiederholte sich bis zum Zielort. Wer an der nächsten Geleitsstelle eine derartige Bescheinigung nicht vorlegen konnte, hatte mit erheblichen Strafgebühren oder sogar mit der Beschlagnahme der Waren zu rechnen. In die „Geleitsrechnungen", die der Geleitsmann oder seine Schreiber zu führen hatten, mussten die Transporte mit Namen des Fuhrmanns, Art des Transports, d.h. Bespannung und Fuhrwerk, Ladung, Herkunft und Ziel und das Datum mit den errechneten Gebühren vermerkt werden. Mit immer größerer Sicherheit auf den Landstraßen – die ständig zitierten Überfälle auf Transporte sind Legende – wurde das Geleitswesen zu einer wichtigen Finanzquelle der Landesherren und hat sich bis weit in die Neuzeit erhalten. Diese Rechnungen sind für zahlreiche Geleitsorte Mitteldeutschlands, vor allem aus der ersten Hälfte des 16. Jahrhunderts, erhalten und ergeben nach ihrer Auswertung ein eindrucksvolles Bild vom Warenverkehr in jener Zeit. Vor allem ist es möglich, die Warenströme zu quantifizieren und Vergleiche über die Frequenzen auf den einzelnen Handelsstraßen anzustellen.

Obwohl sich die allgemeinen Geleitsbestimmungen nur bedingt mit dem Warentransport auf dem Wasser in Verbindung bringen lassen – ein „Umfahren" war schlechterdings nicht möglich und ein Überfall mehr als ausgeschlossen, aber die Waren konnten unvollständig angegeben werden –, finden sich in allen Geleitsordnungen der Städte, die an der Elbe lagen, entsprechende Abschnitte über das „Geleit auf dem Wasser" bzw. (richtiger) über den „Wasserzoll".

Insgesamt sind 6 Geleitsordnungen zwischen Pirna und Wittenberg überliefert, die derartige Festlegungen enthalten: 1. Pirna/Königstein, 2. Dresden, 3. Meißen, 4. Mühlberg, 5. Torgau, 6. Wittenberg, bis Magdeburg kommen noch die 4 landesherrlichen Ordnungen hinzu von Coswig, Dessau, Aken, Magdeburg, bleiben jedoch in dieser Studie ausgeklammert.[26] Neben diesen Geleits-

---

25 Eine Edition aller Geleitsordnungen in der thüringisch-sächsischen Region wird von mir für den Druck vorbereitet.

26 Das *Vorzeichnus, wie dz Geleit zue Magedenburg genommen werden solle*, befindet sich im HStA S-A Magdeburg, Rep. A 2 XXIII Nr. 1068. Nachrichten über die Zollerhebung im Erzstift 1519-1571, p. 1 – 3^{v} .Auf den folgenden Blättern (p. 5-6) findet sich die Ordnung von Aken. Die Ordnung von Dessau ist abgedruckt in: Die anhalti-

stellen gab es noch Geleits- bzw. Zollstellen, für die verschiedene Grundherren zuständig waren und von denen keine weiteren Nachrichten überliefert sind. So gab es zwischen Meißen und Torgau linkselbisch in Strehla neben einer wichtigen Furt eine Zollstelle, die den Herren von Pflugk verliehen worden war, zwischen Torgau und Wittenberg befand sich in Pretzsch noch eine Zollstelle, die den Herren von Arnim gehörte.[27]

In den Abschnitten über das „Geleit auf dem Wasser" in den Geleitsordnungen finden sich die allgemeinen und fast durchweg gleichen Festlegungen über das Geleitswesen auf den Landstraßen: Art der Waren und Gebührenleistungen, Transportmittel und Transportvorschriften, so dass Vergleiche mit den entsprechenden Angaben über den Warenverkehr auf den Landstraßen möglich sind.

Beispielhaft soll deshalb die in mehrfacher Hinsicht aufschlussreichste Ordnung über das *Glait uf dem Wasser* der Elbe vorgestellt werden: die Ordnung von 1548 aus dem Amt Pirna. Diese Ordnung ist zum einen nicht nur wegen ihrer ziemlich vollständigen Angaben über die auf der Elbe transportierten Warenarten und die Verzeichnung der Zoll- bzw. Geleitsgebühren bemerkenswert, sie ist es zum anderen auch deshalb, weil sie zwar für den Hauptgeleitsort Pirna am Eingang in das Elbsandsteingebirge galt, sich aber an dem am weitesten flussaufwärts und der Grenze zu Böhmen am nächsten liegenden Beigeleit Königstein orientiert.[28] Dazu heißt es in der Pirnaer Ordnung lapidar *Was mahn in nachvolgender Tafel nicht befindeth, hat mahn sich in der Königsteiner zu erholen.* Zum dritten gilt die Pirna-Königsteiner Ordnung auch weitgehend für die Beigeleite

---

schen Land- und Amtsregister des 16. Jahrhunderts, T. 1, hrsg. von der Landesgeschichtlichen Forschungsstelle für die Provinz Sachsen und Anhalt. Bearbeitet von Reinhold Specht, Magdeburg 1935 (Geschichtsquellen der Provinz Sachsen und des Freistaates Anhalt, Neue Reihe, S. 35 – 39, und die Ordnung von Coswig ebd., T. II, Magdeburg 1938, Bd. 19, S. 24-26.

27 Zwei Übersichten über die Elbzölle nennen 1524 (?) bzw. 1661 jeweils 48 (!) Zollstellen: SHStA Dresden, Geheimes Archiv, Loc. 10733/3, Den Zoll auf der Elbe betr. 1524, sowie StA Leipzig, XLV (F) D 3, Schiffahrt auf der Elbe, 1661.

28 Erbbuch des Amtes Pirna 1548. SHStA Dresden, Loc. 40094, Pirna 69[b], p. 1305 – 1347. Diese Geleitsordnung gliedert sich in *Glaith zu Pyrna (Glait uf dem Wasser, Glait ufm Lande), Bergstedte, Freiberg, Glait aus den Posterbergen, Konigsteiner Glaitstafel, Glaitstafel Ampts und Zolls Raden und Wehlen, Beygeleit zu Dhonau und Ploschkewitz.* Damit wurde der gesamte Warenverkehr im Großraum Pirna abgesichert. Alle Zitate aus dieser Ordnung und den anderen Quellen werden *kursiv* gedruckt. Bei dem *Glait aus den Posterbergen* handelt es um Abgaben im Bereich der beiden kleinen Siedlungen Nieder- und Oberposta, die um rechten Elbufer schräg gegenüber Pirna lagen und 1922 nach dort eingemeindet wurden. Genannt wird ein Geleitsmann Meyßner, der jährlich *ungefehr* 300 ß (= 857 fl 3 gr ?) eingenommen haben soll. 1547 gab es noch eine Frau Meißnerin mit Erbgericht, Lehen und Zinsen in Oberposta. Historisch-Topographische Beschreibung, S. 264.

Wehlen und Rathen, in deren Ordnungen wiederum einleitend vermerkt ist: *was mahn unter den nachvolgenden Capiteln nicht findeth, hat mahn sich in der konigsteinischen Glaitstafel zu erholen.* Beachtenswert ist hier, dass die „Beigeleite“, die sonst an Nebenstraßen lagen und ein weiträumiges Umfahren der Hauptgeleitsorte verhindern sollten, sich hier hintereinander an der Elbe in geringer Entfernung befanden. Danach war von den gleichen Transporten innerhalb von ca. 18 Flusskilometern zwischen Königstein und Pirna mehrmals Zoll zu zahlen. (Zugleich muss davon ausgegangen werden, dass innerhalb dieser Strecke immer neue Flussfahrzeuge hinzu gekommen sind). Und viertens enthält diese Ordnung noch zahlreiche Informationen über die näheren Umstände des Warenverkehrs auf der Elbe. Die *Pirna-Konigsteiner Glaitstafel* ist somit nicht nur bestimmend für den Warenverkehr in ihrem unmittelbaren Geltungsbereich auf diesem Teilstück der Elbe von der sächsisch-böhmischen Grenze an, sondern für den Verkehr auf der Elbe im Untersuchungsgebiet insgesamt.[29]

In der Pirnaer Ordnung heißt es einleitend, *der gemein Kasten*[30] *der Kirchen zu Pirna hat allewege die zehende Wochen Glaith uf Waßer und Lande, wirdt durch den Glaitsmahn eingenommen, ihnen vorrecht. Ist zuvorn deß Pfarrhers gewest.* In der Pirna-Königsteiner Ordnung werden diese Einnahmen allein dem Pfarrer zugesprochen: *Der Pfarrher zum Konigsstein hat die zehende Wochen vom Gleith uf der Elbe von allen, das die konigsteinische Gleitztafel in- und mithsichbringet.*[31] Die Angaben zu den Handelsgütern und den Belastungen beginnen mit:

Bauholz, Zimmer und Zigelsparren: 4 gr von einem Sechzigk Bauholze oder Zigelsparren, 1 n d von einem einzelichen Stam, der unter der Zahl funfzehen ist Inhalt eines aldten Vorzeichnus. Dermaßen heldt sich das Gleith Pirna, Raden und Wehlen.[32]

---

29 Die Pirnaer Ordnung enthält natürlich auch umfangreiche Abschnitte über Warenarten und Gebühren für den Landverkehr, z.B. für Freiberg, die „Bergstädte“ Altenberg, Gottleuba, Glashütte u.a.

30 Nach der lutherischen Reformation geschaffene städtische Einrichtung, mit den bisherigen Abgaben an die Kirche die Versorgung der evangelischen Pfarrer, das Schulwesen und die Armenpflege zu sichern.

31 Es sind nicht etwa der *Zehnt* von den Einnahmen insgesamt gemeint, sondern tatsächlich die Einnahmen in der jeweils zehnten Woche. Vgl. SHStA Dresden, Loc. 8294, Geleitsregister von Pirna, Wehlen, Rathen, Königstein 1535/36.

32 Ein Groschen (gr) zählte 12 n(eue) Pfennige (d) oder 9 a(lte) Pfennige, h = Heller. ß oder ßo ist die Abkürzung für Schock = 60 Stück. Sechzigk: *ein groß sechzig ist 60 sechszig Holz*, (also 3.600) ... *ein sechzig ist 60 Schock Scheit, ein clein sechzig ist 60 Scheit oder Holzer.* (Die anhaltischen Land- und Amtsregister des 16. Jahrhunderts, T. 1, S. 14.)

Schindelsparren: 2 gr von eim Sechzigk Schindelsparren, 6 n d von 15, 1 n h von eim einzelichen Sparren. (Ebenso in Pirna, Rathen und Wehlen)

Brettbeuhme und *Klötzer: 5 gr von eim Sechzigk Brethbeuhm und Klötzern, 1 n d von eim einzelichen* (Ebenso wie o.)[33]

Stubenholtz: 4 gr von einer geschnitten Stuben oder Polnholtz zur Stuben, 1 n d vor ein einzelich Holtzs. (Ebenso wie o.)

Schranholtzs: 6 n d von eim Schranholtzs, 3 n d von eim halben. (Ebenso wie o.)

Schockholtzs: 2 n d ein Schock Schockholtzs, Zigellatten, Kalckholtzs. (So auch in Pirna. In Rathen und Wehlen: *1 n d von 1 ßo Schockholz und auch von 1 ß Kalckholtz.*)

Stangenholtzs: 2 gr von 12 Fuder Stangenholtzs., 2 n d von 1 Fuder. (So auch in Pirna. In Rathen und Wehlen: *1 gr von 12 Fuder Stangenholz, 1 n d von einem Fuder.)*

Breth und Latten: 4 n d ein ßo Breth oder Latten. (Ebenso wie o.)

Vhaßholtz und Spanen: 4 gr von eim Sechzigk Vhaßholtzs, 1 n d von einem Schock, was unter 15 ßo ist, 2 n d von 1 ßo Spanen, bies anher den Felgen gleich genomen. (Ebenso wie o.)

Schiffbrethe: 4 n d von eim Schiffbrethe. (Ebenso wie o.)

Frangen: 2 n d von einer Frangen. (Ebenso wie o.)

Felgen: 5 gr von 1 Sechzigk, 2 n d von 1 ßo. (Ebenso wie o.)

Spechen: 1 a h von 1 ßo Spechen, 4 n d ein Fuder Speichen. (Ebenso wie o.)

Reuffe: 1 gr von 1 ßo Reufschinnen zu Pöttichen, 4 n d 1 ßo Reufstebe zu Uberscheften. (Ebenso wie o.)

Schindeln: 1 gr von 1 Sechzigk Schindeln, 2 n d von 1 Fuder uf der Elbe. (Ebenso wie o.)

Pfosten: 6 n d von 1 ßo Pfosten. (Ebenso wie o.)

Getreyde: 7 gr von hundert Scheffel Getreide, 1 n d von 1 Scheffel was unter 25 Scheffel.

[Das aldt Vorzeichnis hat 1 a d]. (Gleith zu Pirna heldt sich gleich, Rathen und Wehlen: *4 gr von eim Hundert Scheffel Getreide, 1 n d von eim Scheffel, was unter 25 Scheffel ist.)*

Maltzs: 2 gr von einem Maltzs, 1 gr von eim Malzs, das in m.gn.H. Landt bleibt. Die Undersessen des Bischofs zu Meißen wöllen des befreieth sein. (Ebenso wie o.)

Kese: 2 gr von 1 ßo gantzer Kese; eingeschlagene Kees, die nicht gantz sindt, vorglaith mahn nach dem Centner. (Im Glaith Raden und Wehlen heldt sich's

---

33 Ebenso wie o. bezieht sich auf die Übereinstimmung mit den Angaben in den Ordnungen von Pirna, Rathen und Wehlen.

auch also, Pirna*: 4 gr von 1 ß, Kese, die eingeschlagen werden, werden nach dem Centner vorgleithet.)*

Vom Centnerguth: 6 n d von 1 Centner. Hieher gehört Butter, Schmeher, Unzlet, Seyfen, Goldtschmiedts*herdt(?), Harf, Flachs, Woll etc., 3 n d von 1 Centner Beche, Weidtaschen.* (Ebenso wie o.)

Eyßen: 2 gr 1 Sechzigk Eyßen, wenn es uf Behemen hienauf gehet, 2 gr von 1 Sechzigk, wann es uf der Elbe hienab gehet als uf Dreßden, Meyßen, Lummitzsch. (Ebenso wie o.)

Saltzs: 3 n d von eim Veßlin Saltzs, 6 n d von eim gantzen Vhaß. (Ebenso in Pirna, *Rathen und Wehlen: 2 n d von eim Vheßlin Saltzs, 4 n d von eim Vhaß Saltzs.*)

Mohlsteine: 4 n d von einem Mohlsteine, 2 n d von eim Boden. (Ebenso wie o.)

Leichsteine: 1 gr von eim Leichsteine. (Ebenso wie o.)

Biehr und Wein: 2 gr von eim Vhaß Wein, 4 n d von eim Vhaß Biehr. (Ebenso in Pirna, *Rathen und Wehlen: 1 gr von eim Vhaß Wein, 4 n d von eim Vhaß Biehr.*)

Gesaltzene Vische: 1 gr von 1 Thon Visch gesaltzen, 6 n d von 1 Thon Hering. (Ebenso in Pirna, *Rathen und Wehlen: 1 gr von einer Thonn gesaltzene Vische, 4 n d von einer Thon Heringe.*)

Honigk: 1 gr von 1 Thon Honigk. (Ebenso wie o.)

Beche: 4 n d 1 Thon Beche, 1 gr von eim Vhaß Hartbech, 3 n d von eim Centner Pech und werden 4 Centner vor ein Vhaß gerechenet, 25 Kann vor 1 Thonne. (Ebenso wie o.)

Schleifsteine: 1 gr von einem großen Schliffsteine, 2 gr von einer Fuhr kleiner Schliffsteine, 4 gr von 1 ßo kleiner Schliffsteine. (Ebenso wie o.)

Sensen und Sicheln: 1 gr von 1 ßo Sensen, 3 a d 1 ß Sicheln.

Dorre Vische:4 n d von einer Kip Stockvisch, 1 gr von sunsten dorren Vischen, einer Thonn schwehr. (Ebenso wie o.)

Glas: 6 n d von 1 Sechzigk Tafelglas. (Ebenso wie o.)

Hutt: 1 ½ gr von 1 Vhaß Hutt. (Ebenso wie o.)

Kalcksteine: 16 gr von einer Ruten Kalckstein, 6 n d von 1 Zentner Schiffersteine. (In Pirna*: der Kalckstein, so unter Pirna bei Hedenau ahngefuhrt, gehort ins Glaith gen Pirna. So der aldo eingeschifft und die Elbe hienabgeführet, mus der zuvorn zu Pirna ahngesagt und vorgleithet werden. Die zu Dreßden und Meyßen zeigen ahn: von den Wergkstucken zu ihren Bauen haben sie vor aldters nichts geben.* (Ebenso wie o.)[34]

Kacheln: 1 gr von einem Kahn voll Kacheln. (Ebenso wie o.)

34 Eine Rute Kalkstein kostete 20 fl. SHStA Dresden, Loc. 8294, p. 127.

Huttvesselbreth: 2 n d von 1 ßo Huttveßlinbreth. (Ebenso wie o.)
Hopfen: 4 n d von eim Malder Hopfen. (Ebenso wie o.)
Tuchmacherfarb: 2 n d von eim Veßlin Tuchmacherfarb (Ebenso wie o.)
Leinwandt undt Wullentüchern: 2 n d von 1 ß Leinwandt, 4 n d von eim Krahmvaß, 2 n d von einem behmischen Tuch, 4 n d von einem pirnischen Tuch, so das ein Frembder wegkfuhreth. (Ebenso wie oben)

Für Handelswaren, *die mahn gebreuchlicher ufm Landt treibeth oder mith der Axt furthbringeth,* aber ufm Wasser unterweihlen fuhret, wurden die Gebühren des Landgeleites angeschlagen. Genannt wurden *Schwein, Heute, Fellwergk, Seitenfleisch, Speck, Werckstucke, Kalck etc.*

Neben seinem Lohn erhielt der Geleitsmann noch erhebliche Geleitseinnahmen (*seindt iedem Gleitsmahn ... aus Gnaden nachgelassen*) von einer Reihe Handelswaren, die auch ein interessantes Licht auf den Warentransit wirft und zwar *1 fl von eim neuen Schiff, 4 fl von eim nauen behemischen Schiff, 4 gr von eim nauen Kahn, 2 gr von eim Schiff, das durchgehet mith Getreide ader sunsten, 1 gr von eim Kahen, 1 gr von eim Vheßelin Obs, 1 gr von eim Juden zu Fuß, 2 gr von einem Juden, der reith, 4 n d von 1 ß klein Reifsteben, 2 gr von eim Vhaß lebendiger Vische, 4 a d von eim Scheffel Gries oder Mehle, 1 gr 4 n d von einer Rinne, 1 die beste Mulden von 1 ß, 2 gr von eim bahr Schalen, 1 gr 8 n d von 1 ß Hanfkuchen, 4 gr von einer Thonnen gebrandten Wein, 8 n d von 1 ß Schwarten, 1 gr Toppe von 1 Fuder bautzischer Töppe, 7 ½ gr wann mahn Bauradt zu Wasser und Lande durchfuhret.*

Aufschlussreich ist in dieser Aufzählung, dass Flöße nicht, sondern nur *neue Schiff* genannt werden. In Verbindung mit der Vorschrift, *alle Flöße, die mahn hinwegführen will, vor Pirna auf der Elbe* (zu) *binden und zu richten,* darf wohl nicht vermutet werden, dass es bis dahin auf der Elbe nur Triftflößerei gegeben habe und dass der Verkehr mit gebundenen Flößen auf der Elbe erst bei Pirna begann.

Ein *Fermeister* hatte *von denen, die mith Floßen, Kähnen, Schiffen etc. furuber fahren,* die Wegezeichen einzufordern. Der Geleitsmann hatte dann die Aufgabe, dem Vorüberfahrenden einen *Zeddel* mitzugeben (für die erstatteten Geleitsgebühren) *gen Dreßden.*

Zwei weitere Beigeleite im Amt Pirna befanden sich noch in Dohna und Ploschwitz (Ploschkewitz, jetzt Ortsteil von Falkenhain), hatten aber keine Beziehung zum Geleit auf der Elbe. Die Geleitsordnung bezog sich ausschließlich auf Wagen- und Karrentransporte sowie auf Vieh. Die Einnahmen sollen in Dohna auf jährlich 5 – 6 Gulden (*ungefehr 2 ß*) gekommen sein, das Geleit in Ploschwitz auf 20 – 30 gr. *Die Gleitsstelle Dohna hatte zwo Leisten* (Fährte, Wege), *eine uf Freibergk, die ander uf Außegk.*

Der Warentransit durch die Geleitsorte des Amtes Pirna muss beträchtlich gewesen sein, denn für das Rechnungsjahr 1483/1484 rechnete der Amtmann Zolleinnahmen ab über nicht weniger als 279 fl 5 gr,[35] und für die 39 Wochen vom 30.05.1484 bis 27.02.1485 – d.h. ohne die Frühjahrsfahrten 1485 auf der Elbe – 175 fl 3 gr.[36]

Der nächste Geleitsort flussabwärts war Dresden. Die in der umfangreichen, aber bei weitem nicht so ausführlich gehaltenen Ordnung von 1547[37] mit einem Abschnitt *Gleithe aufm Wasser*, finden sich alle in der Pirina-Königsteiner Ordnung genannten Waren. Allerdings sind die Belastungen wesentlich höher, vor allem bei Mühl- und Schleifsteinen (*4 gr von einem Läufer, 2 gr von ein Boden Schleifstein, 2 gr von einen großen Schleifstein, 1 gr von einen kleinen Schleifstein*), und mit einer neuen Berechnungsgrundlage wird die Vermutung bestärkt, dass ein Verkehr mit umfangreichen Transportflößen tatsächlich erst mit dem Austritt der Elbe aus dem Sandsteingebirge begann. Sparrenholz, Bretter, Holz, Brennholz und Kalk waren jetzt frei von Geleitsgebühren, dafür hatten *allein die Knechte, so viel ihr ufm Floß seynd, ... iezlicher 4 gr* zu zahlen. Für Pech, Eisen, Getreide und Käse sollten die gleichen Gebühren gezahlt werden wie beim Geleit auf dem Lande.

Wie in Pirna/Königstein erhielt der Vertreter der Obrigkeit zusätzliche Einnahmen: für ein neues Schiff oder für neue Flöße war 1 fl zu zahlen *und ist des Ambtmanns, doch giebt man nach Gelegenheit der Größe von einem 5, 10, 15 gr.*

In der Geleitsordnung von Meißen – weiter flussabwärts – stehen die Bestimmungen über das *Waßergleydt* am Anfang.[38] Sie enthalten die gleichen Warenarten wie in den Ordnungen für Dresden und Pirna/Königstein. Grundsätzlich waren auch hier *von eynem Knechte 4 gr zu zahlen, und wo ein Herr nicht mehr dan einen Knecht hat, muß ehr vor sich auch vier silberne Groschen zu Geleidt geben.* Diese hohen Personalabgaben machen es deshalb schwierig, die Geleits-

35 Pirna 91 fl 7 gr, Dohna 1 fl, Ploschkewitz 3 fl 5 gr, Rathen 76 fl 20 gr. Königstein 103 fl 14 gr. ThHStA Weimar, Reg. Bb 115.

36 Pirna 48 fl, Dohna 12 gr. Ploschkewitz 1 fl 12 gr. Rathen 54 fl 3 gr, Königstein 71 fl. Ebd., Reg. Bb 116. Die einzig erhaltene und sehr umfangreiche und detaillierte Geleitsrechnung von Pirna für das Jahr 1535/36 (SHStA Dresden, Loc. 8294) mit Angaben über den *Landtzoll* und den *Wasserzoll* wird gesondert ausgewertet. Die Einnahmen betrugen für den Landzoll 171 fl 18 gr und waren gegenüber dem Vorjahr um 5 fl 15 gr gefallen, der Wasserzoll brachte 162 fl 14 gr.

37 SHStA Dresden, Coll. Schmidt, Amt Dresden, Vol. V, Intradensachen Nr. 132. Churfürstl. Sächß. Land- und Waßergleithes Ordnung zu Dreßden de anno 1630, ingeschl. die alte Gleithsordnung de anno 1547. Abschrift von 1716.

38 SHStA Dresden, Erbbuch des Amtes Meißen 1547, Loc. 37997, Meißen 9 f., p. 384-399.

einnahmen richtig einzuordnen: für die 13 Wochen und 3 Tage vom 23.02. – 28.05.1483 wurden 38 fl 19 gr an Wasserzoll kassiert, im anschließenden Rechnungsjahr vom 29.05.1483 – 25.05.1484 waren es 116 fl 5 gr (gegenüber 69 fl 8 gr für das Geleit auf dem Lande) und vom 26.05.1484 – 22.02.1485 42 fl 6 gr Wasserzoll (gegenüber 46 fl 3 gr Landgeleit).[39]

In der Mühlberger Geleitsordnung von 1555[40] werden nur Mühlsteine, Werkstücke, Kalksteine und Getreide als transportierte Waren genannt und von *Wasserknechte, so auf dem Schief dinsthaftigk, 16 d genommen,* von Knechten auf Schiffen mit Kalksteinen aber 2 gr 8 d (wobei *der Steuermeister und Wandersleute (!), so der daruf weren,* nichts zu zahlen brauchten). Die Ordnung von 1590 enthält keine wesentlichen Änderungen zu den bisher vorgestellten Ordnungen, sieht man von der Bemerkung ab, daß *von Floßen ader Schiffen, so ahneinander hangen, 28 gr* an Gebühren gezahlt werden mussten.[41] Aufgrund der wirtschaftlichen Umwelt und der fehlenden Anbindung an bedeutende Handelsstraßen ist anzunehmen, dass Mühlberg auf der Elbe lediglich passiert wurde.

Ganz anders ist die Situation im nächsten, flussabwärts gelegenen Geleitsort Torgau: die Stadt lag nicht nur an der wichtigsten Handelsstraße zwischen dem Handelszentrum Leipzig und dem Nordosten bzw. Schlesien, sie war auch kurfürstliche Residenz mit zahlreichen Bauvorhaben und demzufolge hohem Bedarf an Baumaterial, wie es das Gebiet um Pirna/Königstein liefern konnte. Auch die Quellenlage ist nicht zu vergleichen mit der von den bereits genannten Orten: die drei bekannten Geleitsordnungen[42] enthalten zwar auch nur recht summarische Angaben über die Warenarten, daneben aber noch aufschlussreiche Einzelheiten über die Bedingungen des Flussverkehrs. Noch wichtiger ist aber, dass von der Geleitsstelle Torgau nicht nur über lange Jahre hinweg die Geleitseinnahmen überliefert sind, sondern auch die Angaben über die einzelnen Transporte auf der Elbe. Somit lässt sich ein konkreter Nachweis über die Art des Flussverkehrs ebenso erbringen wie über die jahrzehntelange Frequenz.

Gleichlautend in allen drei Ausführungen der Geleitsordnung ist die Festlegung, *wer fhuruber feret als die Elbe hienabe mit eynem Vlos ader Schiffe, gibt von einem Knecht 4 gr, wer aber alhir abeleget und vorkeuffet, gibt von 1*

---

39 ThHStA Weimar, Reg. Bb 115 und Bb 116.

40 SHStA Dresden, Erbbuch des Amtes Mühlberg 1555, Loc. 38128, Mühlberg 1, p. 213-216.

41 SHStA Dresden, Erbbuch des Amtes Mühlberg 1590, Loc. 38128, Mühlberg 2, p. 838-844.

42 LHA S-A Magdeburg Rep. D, Torgau XXVIII Nr. 2, 1510, p. 348 – 354; ThHStA Weimar, Reg. Cc 1185, Geleitsrechnung Torgau 1524/25, p. 119-122; LHA S-A Magdeburg, Rep. D, Torgau XXVIII, Nr. 3, 1553, p. 522-523. In den Weimarer Geleitsrechnungen sind Geleitsordnungen mehrfach gleichlautend überliefert.

Knecht 2 gr. (1510). Übereinstimmend wird in allen drei Ordnungen festgehalten, *wen eyner uf dem Wasser gemeyne Floß brengt und furet daruf Molstein, hat er meher Steine als Knechte, so mus er von den Steynen ye von eynem 4 gr geben. So er aber meher Knechte hat den Molsteyn, gibt er von iglichem Knechte 4 gr* (1524/25). In allen drei Fassungen ist von Weintransporten *ufm Wasser oder Lande* die Rede, von denen ein bestimmtes Maß an Wein als Gebühren *der Gleitsman aus alter herkomener Gewonheit und Übung genomen und vor sich behalten* hatte (1553).

Bei den ermittelten Einnahmen aus dem Wasserzoll sind die jährlichen starken Unterschiede von besonderem Interesse.[43] Da mit Sicherheit anzunehmen ist, dass der Bedarf an Holz und Baumaterial nicht nur in Torgau (z.B. für den Bau von Schloss Hartenfels) nicht so stark schwankte wie es die jährlichen Geleitseinnahmen ausdrücken, können diese Schwankungen nur zusammenhängen mit der Schiffbarkeit der Elbe im jeweiligen Jahr. Die Elbe konnte also keine zuverlässige Wasserstraße sein für einen regelmäßigen, termingebundenen Warenaustausch mit wertvollen Gütern.

Wasserzoll-Einnahmen Torgau

Zeitraum	Wasserzoll	Zeitraum	Wasserzoll	Zeitraum	Wasserzoll
[44]1482	51 fl 17 gr	1513/14	71 fl 18 gr	1532/33	158 fl 14 gr
		1514/15	118 fl 17 gr	1533/34	159 fl 18 gr
[45]1488/ 90	47 fl 5 gr	1515/16	120 fl	1534/35	159 fl 10 gr
		1616/17	38 fl 6 gr	1535/36	154 fl 14 gr
1496/97	35 fl 4 gr	1517/18	90 fl 8 gr	1536/37	164 fl 14 gr
1497/98	13 fl 11 gr	1518/19	111 fl 2 gr	[46]*1537*	*85 fl 14 gr*
1498/99	18 fl 10 gr	1519/20	125 fl 2 gr	1537/38	140 fl 19 gr
1499/1500	40 fl 6 gr			[47]*1538*	*70 fl 19 gr*
		1522/23	120 fl	1538/39	110 fl 7 gr
1501/02	55 fl 1 gr	1523/24	102 fl 2 gr	[48]*1539*	*80 fl 10 gr*
1502/03	29 fl 17 gr	1524/25	137 fl 11 gr	1539/40	151 fl
1503/04	33 fl 19 gr	1525/26	112 fl 9 gr	1540/41	181 fl 11 gr

43 Seit 1496/97 beginnen die Abrechungen am Tag Walburgis (1. Mai) und enden am Abend Walburgis des folgenden Jahre (30. April).

44 25.02. – 28.08.1482 = 26 Wochen.

45 25.111488 – 22.02.1490 = 65 Wochen.

46 Walb. –Elisabeth (01.05. – 19.11.) 1537.

47 Walb. – Elisabeth (01.05. – 19.11.) 1538.

48 Walb. – Elisabeth (01.05. – 19.11.) 1539.

1504/05	71 fl 18 gr	1526/27	131 fl 6 gr		
1505/06	41 fl 3 gr	1527/28	111 fl 6 gr	[49] *1543*	*141 fl 11 gr*
1506/07	84 fl 14 gr	1528/29	77 fl 11 gr	1543/44	208 fl 13 gr
1507/08	57 fl 1 gr	1529/30	108 fl 16 gr	1544/45	238 fl 6 gr
1508/09	98 fl 18 gr	1530/31	185 fl 1 gr		
1509/10	38 fl 15 gr	1531/32	147 fl 16 gr		

Noch günstiger sind gegenwärtig die Aussagen für den Geleitsort Wittenberg, konnten dazu doch die Amtsrechnungen von 1444/45 an ausgewertet werden. Auch hier lassen sich die großen Unterschiede in der jährlichen Frequenz der Warentransporte auf der Elbe erkennen.

Wasserzoll-Einnahmen Wittenberg

Zeitraum	Wasserzoll	Zeitraum	Wasserzoll	Zeitraum	Wasserzoll
1444/45	17 fl 19 gr	19.02.1486 – 19.02.1487	67 fl 17 gr	1517/18	176 fl 16 gr
1445/46	148 fl 20 gr	20.02.1487 – 19.02.1488	80 fl 19 gr	1518/19	238 fl 3 gr
1446/47	49 fl 13 gr	20.02.1488 – 19.02.1489	2 fl 8 gr	1519/20	114 fl 10 gr
1447/48	66 fl 7 gr	1489/1490	114 fl 15 gr	1522/23	165 fl 2 gr
1448/49	69 fl 15 gr			1523/24	168 fl 14 gr
1449/50	65 fl 11 gr	1491/92	94 fl 3 gr	1524/25	230 fl 20 gr
1450/51	20 fl 18 gr	1492/93	126 fl 2 gr	1525/26	115 fl 18 gr
1451/52	21 fl 8 gr	1493/94	111 fl 16 gr	1526/27	181 fl 18 gr
1451/52	73 fl 10 gr	1494/95		1527/28	172 fl 11 gr
1452/53	38 fl 16 gr	1495/96		1528/29	139 fl 4 gr
1453/54	46 fl 9 gr	24.04.1496- 23.04.1497	52 fl 17 gr	1529/30	206 fl 15 gr
1454/55	77 fl 4 gr	24.04.1597- 30.04.1598	58 fl 17 gr	1530/31	335 fl 9 gr
1455/56	77 fl 4 gr	01.05.1498- 30.04.1499	94 fl 18 gr	1531/32	308 fl 18 gr
1456/57	88 fl 3 gr	1499/1500	92 fl 5 gr	1532/33	296 fl 6 gr
		1500/01	42 fl 15 gr	1533/34	227 fl 18 gr
1458/59	111 fl 10 gr	1501/02	65 fl 5 gr	1534/35	301 fl 1 gr

49 Walb. – Elisabeth (01.05. – 19.11.) 1543.

1459/60	101 fl 8 gr	1502/03	78 fl	1535/36	305 fl 15 gr
		1503/04	59 fl 18 gr	1536/37	289 fl 14 gr
1462	143 fl 17 gr	1504/05	134 fl 8 gr	1537/38	264 fl 16 gr
		1505/06	93 fl 7 gr	[50] *1538*	*203 fl 5 gr*
1464/65	134 fl 2 gr	1506/07	123 fl 19 gr	1538/39	265 fl 9 gr
1465/66	70 fl 14 gr	1507/08	87 fl 1 gr	[51] *1539*	*209 fl 8 gr*
		1508/09	142 fl 12 gr	1539/40	246 fl 15 gr
1467/68		1509/10	171 fl 10 gr	[52] *1540*	*158 fl 7 gr*
1468/69	57 fl 3 gr	1510/11	111 fl 14 gr	1540/41	296 fl 19 gr
		1511/12	162 fl 18 gr	[53] *1541*	*348 fl*
1478/79	63 fl 7 gr	1512/13	191 fl 5 gr		
		1513/14	73 fl 2 gr	[54] *1543*	*207 fl 18 gr*
23.02.1483 – 22.02.1484	73 fl	1514/15	187 fl 11 gr	1543/44	232 fl 10 gr
23.02.1484 – 22.02.1485	85 fl 16 gr	1415/16	254 fl 2 gr	1544/45	376 fl 6 gr
23.02.1485 – 19.02.1486	53 fl 16 gr	1516/17	37 fl 16 gr		

Die Wittenberger Ordnung unterscheidet sich von den bereits genannten nicht wesentlich durch die Art der transportierten Güter, es kommen nur *Eysen, Stahl, Bley, Zyhn, Kupfer, Nagel* hinzu, für die je Zentner 3 d Gebühren zu zahlen waren. Jedoch werden hier keine Flöße, sondern nur Schiffe verzeichnet und auch eine Gebührenverringerung ins Auge gefasst, wenn die Schiffe zurückkehrten: *Item was man vor Kaufmannswar und -güther die Elbe an- und aufführt, das der Zolner und ytzlicher Zollherre und auch Schiffmann von dem Knechte des Schiffes gebe und nehmen die Helfte des Zolls als er die Elbe nieder gegeben und genommen hat.* In Ergänzung wird die Praxis der Zollerhebung eingehend beschrieben: *Item ein ytzlicher Schiffmann, der die Elben bauet und daruf ferht, soll bey seinem Eyde dem Zollherren und ihren Ambtleuthen in besunder ohne alle Behelfen und Gefehrde kundt thun und sagen und verzollen insambt und besundern, was er habe und führe, und welch Zollherr des nicht entperen will, dem soll der Schiffmann darvor eyden, daß das also sey, als er das benanth und also verzollet und welch Zollherr des überfündyk würde und den Schiffmann mit

50 Walb. – Elisabeth (01.05. – 19.11.) 1538.
51 Walb. – Elisabeth (01.05. – 19.11.) 1539.
52 Walb. – Elisabeth (01.05. – 19.11.) 1540.
53 Walb. – Elisabeth (01.05. – 19.11.) 1541.
54 Walb. – Elisabeth (01.05. – 19.11.) 1543.

Wahrheit überwende, daß der Schiffmann Unrecht gesagt und verzollet hette, daß soll der Schiffmann allen und jeglichen Zollherren, den Unrecht gescheen were, damit verbussen und dem ersten gegeben Zoll darnach anderweit ersucht geben. Zusätzlich wurden die Schiffsführer verpflichtet, in Wittenberg *zweine Tage und zwu Nacht Marckt halten.* Allerdings konnte die Frist gemindert werden *nach Gelegenheit der Güter.*

Die ermittelten Einnahmen vom Wasserzoll in Torgau und Wittenberg scheinen zwar beeindruckend, sie gewinnen jedoch ihren historischen Wert erst durch die sich in ihnen ausdrückenden Warentransporte. Die lassen sich nachweisen an Eintragungen in den Geleitsrechnungen, die in ihrer ausgeformten Anlage zugleich bekunden, dass die Geleits- oder Zollpraxis schon Jahrzehnte vor den überlieferten Ordnungen in Übung gewesen sein muss. Aus der Fülle der überlieferten Angaben für Wittenberg wurde die Geleitsrechnung von 1493/94 ausgewählt, die mit 111 fl 16 gr nach den Jahren 1492/93 mit 126 fl 2 gr und 1489/90 mit 114 fl 15 gr mit die höchsten Gebühreneinnahmen im ausgehenden 15. Jahrhundert und damit nicht nur die höchste Transportfrequenz vermerkt, sondern zugleich Vergleichsmaßstab ist für die Frequenzen in den anderen Jahren. Der Geleits- oder Zollschreiber hat allerdings keine Angaben gemacht, ob es sich jeweils um Schiffe oder Flöße handelt.

Registriert wurden insgesamt 26 Transporte, von denen allein 4 dem Dresdener Hans Pfau und 5 Angehörigen der Pirnaer Familie Rische gehörten. Die Ladungen lassen erkennen, dass die Elbe mit einer Ausnahme (12.05.1493 – 4 ß Stück Salz, 8 Zentner Blei) nur flussabwärts als Wasserstraße genutzt wurde und dass ausschließlich Rohstoffe aus dem Elbsandsteingebirge transportiert wurden. Hier kommen wohl nur Flöße in Frage. Erkennbar ist auch die mehr als 4-monatige Winterpause, in der der Verkehr auf der Elbe ruhte: der letzte Eintrag in der Rechnung für 1493 war der 01.11., der erste für 1494 am 09.03.

Für einige Jahrzehnte später lässt sich ein Vergleich zwischen den überlieferten Warentransporten auf Flößen und Schiffen in den Geleitsstellen Torgau und Wittenberg 1524/25 herstellen.[55]

Nach diesen Übersichten wurden im Rechnungsjahr 01.05.1524 – 30.04.1525 in Torgau erfasst 9 Schiffe und 2 Schifflein 5 x mit dem Ziel Wittenberg (mit Kalksteinen und Mühlsteinen), je einmal nach Pretzsch (mit Kalkstein und Bauholz), nach Torgau (mit 180 Scheffel Weizen), nach Dresden (mit 55 *Feßlein* Salz), sowie 1 x ohne Zielangabe (mit 30 Mühlsteinen); von den 2 Schifflein brachte eines Seife aus Dresden, das andere *Krämerei hinaufwärts.* Von den 29 Flößen waren 21 nach Wittenberg bestimmt, je 3 nach Torgau und nach Pretzsch und eines nach Magdeburg. Ein Floß war ohne Angabe, weil geleitsfrei. Hinzu

---

55 Zu möglichen Geleitsbefreiungen im regionalen Bereich vgl. Anm. 63.

kommen noch jene 48 Flöße, bei denen nur „ausgewaschen“ vermerkt ist und die ihre Fahrt in Torgau beendeten (mit Ausnahme von 2 Flößen, von denen ein Teil weiter nach Pretzsch bzw. Prettin fuhr), außerdem vier Kähne. Schiffe und Flöße waren besetzt mit mindestens 606 Knechten, wobei auf einzelne Flöße 40, 36, 25, und 20 Knechte kamen. Diese Zahlen sind nicht absolut, denn bei einigen Eintragungen fehlen die Angaben über die Knechte.

Mit den Vermerken im Rechnungsjahr 1525/26 lassen sich Vergleiche nur bedingt herstellen, weil der Schreiber andere Schwerpunkte setzte: er hat die Namen der Schiffer und Flößer eingetragen, nicht aber die Art der Fahrzeuge. Ausgehend von der Bezeichnung „ausgewaschen“ endeten in Torgau 40 Flöße, 25 fuhren weiter nach Wittenberg, 8 nach Pretzsch, 4 Flöße wurden z.T. in Torgau „ausgewaschen“, davon gingen 3 weiter nach Wittenberg, eins nach Pretzsch. Alle hatten Holz und Holzwaren sowie Mühlsteine geladen; daneben brachte ein Kahn Schaufeln nach Wittenberg und mit einem *Schifflein* fuhren 2 Knechte aus Dresden Kramerei *wieder aufwärts.* Ein Schiff aus Aussig hatte böhmischen Käse nach Torgau angeliefert und dort verkauft, auf einem anderen (oder einem Floß) befanden sich 28 Faß böhmischer Wein und Käse. Diese Ladung wurde z.T. in Torgau verkauft, der andere nach Wittenberg gebracht. Hervorgehoben werden soll der Transport von 30 ß Werkstücken, 1 gehauenen Tür, *ettlichen* Fenstern, 227 Mühlsteinen und 30 ß Bretter, der für den Markgrafen Joachim von Brandenburg bestimmt war und geleitsfrei auf zwei neuen Schiffen und einem großen Floß Torgau geleitsfrei passierte.

Registriert wurden 387 Knechte, wobei bei vier Flößen die Angaben fehlen und bei anderen offensichtlich nicht der Flößer, sondern nur die Knechte angegeben sind. Aus beiden Rechnungen läßt sich die Schifffahrtsaison von 1525 erschließen: der erste Floß wurde in Torgau am 11. Februar und das letzte am 30. November registriert. Da in Wittenberg nicht die hier endenden Transporte verzeichnet und für die Weiterfahrt nur Flöße mit Holzladungen erfasst wurden, bleibt die Frage offen, ob der Schiffsverkehr hier endete und nur noch Transporte mit Flößen möglich waren. Ob dort, wo nur Flöße vermerkt sind, Mühlsteine u.ä. geladen waren, kann gegenwärtig ebenfalls nicht beantwortet werden. Auffällig ist auf jeden Fall, dass im Vergleich zu Torgau nur wenige Flussfahrzeuge über Wittenberg hinaus in Richtung Magdeburg unterwegs waren. Es wäre zu prüfen, ob sich zwischen Wittenberg und Magdeburg die obersächsischen und die beginnenden niedersächsischen Einzugsbereiche abgrenzen.[56]

Immerhin vermerkt die Geleitsordnung ausdrücklich auch *Steinschiffe* und *Kaufmannswaar,* die man *die Elbe an- und aufführt,* und legt fest, dass der *Schiffmann,* wenn er auf einer Rückfahrt elbaufwärts wieder Wittenberg passiert,

---

56 Vgl. dazu Buchholz, o. Anm. 21.

nur die Hälfte der Gebühren zu zahlen hat, die er auf Hinfahrt entrichten musste. Davon findet sich jedoch kein Hinweis in dieser Geleitsrechnung, wohl aber in Amtsrechnungen von 1488/89 und 1489/90 unter *Ußgabe vor das Schiff.* Danach wurden 1488/89 3.385 Malter[57] Korn (Roggen), 1.314 Malter Malz, 1.000 Malter Hafer, 900 Malter Erbsen, 781 Malter Gerste und 147 Malter Weizen von Wittenberg nach Torgau transportiert und von dort vor allem Steine zurückgebracht. Im folgenden Jahr 1489/90 waren es 2.418 Malter Hafer, 1.200 Malter Mehl, 800 Malter Gerste, 500 Malter Malz, 400 Malter Korn, die nach Torgau verschifft wurden Auch hier waren *Steine* die Rückfracht. Von weiter flussabwärts liegenden Orten ist nicht die Rede. Es wird künftighin die Aufgabe sein, alle erhaltenen Amtsrechnungen auf derartige Hinweise durchzusehen, und zu Verallgemeinerungen zu kommen.

Aber bereits jetzt bietet sich die Möglichkeit, die Transportgeschwindigkeit der Flöße festzustellen: im Vergleich der Eintragungen beider Rechnungen ergibt sich, dass die Flöße von Torgau aus Wittenberg mit einer Entfernung von mindestens 75 Flusskilometern[58] in 2 – 3 Tagen erreichen konnten, aber auch bis zu 9 Tagen unterwegs waren.

- am 17.04.1525 passierte Christoff Preuße aus Dresden mit einem Floß und 22 Knechten Torgau, zahlte hier 4 fl 4 gr, und am 19.04. wurde er mit einer Gebühr von 11 fl. 9 gr in den Wittenberger Rechnungen eingetragen,
- am 18.08.1524 entrichtete der Geleitsmann von Aken in Torgau seine Gebühren für 1 Floß mit Brettern, Schindeln und Sparren sowie 7 Knechten, am 21.08. wurde er in Wittenberg registriert,[59]
- am 04.06.1525 zahlte Benedict Klarmann aus Dresden seine Gebühren in Torgau und wurde am 13.06. in den Wittenberger Rechnungen erfasst.

Wenn nach den Eintragungen in den Geleitsrechnungen eindeutig feststehen dürfte, dass sich der Warenverkehr auf der Elbe auf Transporte mit Rohstoffen aus dem Elbsandsteingebirge flussabwärts beschränkte – die wenigen Ausnahmen mit kleinen Schiffen flussaufwärts können unberücksichtigt bleiben –, so macht der eingangs genannte erforderliche Vergleich zum Warentransport auf den Landstraßen deutlich, wo zu Beginn der frühen Neuzeit die Schwerpunkte im Handelsverkehr lagen. Zur gleichen Zeit, als die Schiffe und Flöße in Torgau ausgeladen oder aufgelöst wurden bzw. auf der Elbe an der Stadt vorüberfuhren,

57 In Wittenberg fasste ein Malter etwa 125 Liter.

58 Gegenwärtig beträgt die Entfernung 59 km, in den Jahren 1773/74 wurden aber durch Mäanderdurchstiche bei Neublesern-Mockritz der Flussverlauf um 12 km verkürzt und bei Bösewig um 4 km.

59 Bemerkenswert sind auch hier die zu zahlenden Gebühren: in Torgau 28 gr (= 1 fl 7 gr) für die 7 Knechte (je 4 gr) und in Wittenberg 6 fl 4 gr! Es geht also nicht um „Sicherheit" auf dem Fluss oder um das Handelsgut, sondern nur um die Gebühren.

konnte eine große Anzahl von Wagen nachgewiesen werden, die die Elbe auf einer Brücke überquerten und den Warenaustausch auf dem Landwege praktizierten. Es ist selbstverständlich, dass die Landstraßen einen viel größeren Einzugsbereich hatten als die Elbe haben konnte.

Nach den Festlegungen eines Leipziger Ratsvermerks von 1471 hatte der Warentransport zwischen Leipzig und dem *Konigreich zcu Polan ader Posznaw* bzw. Berlin und Frankfurt/O den Geleitsort Torgau zu passieren.[60] Weil allein bei Frankfurt der Übergang über die untere Oder erlaubt war,[61] besaß diese Straße zwischen Frankfurt und Torgau über Luckau und Herzberg – neben einer Route über Wittenberg – eine Vorrangstellung, und der Warentransport auf ihr kann als ein Gradmesser für den überregionalen Warenaustausch und die überregionale Arbeitsteilung zwischen dem hansischen Ostseegebiet und dem nördlichen Teil des polnischen Königreiches einerseits und dem mittel- und oberdeutschen Wirtschaftsraum andererseits gelten. Mit diesem Warenverkehr in und aus nordöstlicher Richtung erschöpfte sich aber nicht der Fernhandelstransit durch Torgau: hier begann auch die *niedere* Straße in Richtung Oberlausitz und Schlesien mit dem oberen Oderübergang.[62], und aufgrund der günstigen Quellenlage lässt sich auch der überregionale Warenverkehr auf dieser Straße mit den übli-

---

60 Abgedruckt in: Quellen zur älteren Wirtschaftsgeschichte Mitteldeutschlands, II. T., hrsg. v. Herbert Helbig, Weimar 1952, S. 187-190.

61 Nachdem Frankfurt (vermutlich) bereits 1253 das Niederlagsrecht besaß, dieses Vorrecht 1351 durch Markgraf Ludwig bestätigt wurde, wonach der ganze Berg- und Talverkehr auf der Oder ebenso wie der Landverkehr auf die Frankfurter Niederlage gehörte und andere Flussübergänge verboten waren, genehmigte Kurfürst Johann 1490 einen Vertrag zwischen Frankfurt und Breslau, der die Niederlagsgerechtigkeiten beider Städte regelte. In dem Vertrag wurde festgelegt, *das kein Kramer, Kaufman oder Fhurman, dy ir Kauffmanschaft und Narunge aus Poln, Reussen, Preussen, Litten, Maßuren oder aus andern Landen und auslendischen Nation pflegen zu suchen, mit irer War, Gutern und Kaufmanschatz nicht weyter dann gein Franckfurt an die Oder und gein Breslau handeln und fahrn, desgleichen keiner von denselben aus deutschen, welschen oder Nyderlanden furder gein Franckfurt rasen, zihn oder ir Wahr Kauffhandlungen zufüren vornemen sollen, bey Verlust aller irer Kaufmanns- und anderer Guter, auch ir Wahr, dy alsdann bey in gefunden wurden.* Zitiert nach Riedels Codex diplomaticus Brandenburgensis. Sammlung der Urkunden, Chroniken und sonstigen Geschichtsquellen für die Geschichte der Mark Brandenburg und ihrer Regenten. Des ersten Hauptteils ... dreiundzwanzigster Band. Berlin 1862. Zweite Abteilung: Die Mittelmark. XLVIII. Die Stadt Frankfurt, S. 357, Nr. 293.

62 Welche Bedeutung der Zusatz hat *doch soll den Stetten Glagow und Brigedise obgenante Ordenung und Bestetigung in iren gewonlichen Jarmarckten ... genzlich und in allem unschedlich sein* (ebd.), muss noch näher untersucht werden. Gleiches gilt für den Oderübergang bei Krossen. Vgl. dazu Manfred Straube. Die Stellung Frankfurts im Wirtschaftsleben zur Zeit der Gründung der Universität, in: Viadrina. Die Oder-Universität Frankfurt. Beiträge zu ihrer Geschichte. Weimar 1983, S. 73-90.

chen geleitsrechtlichen Einschränkungen[63] umfassend darstellen. Außerdem ist gleichzeitig ein beträchtlicher regionaler Warenverkehr vor allem mit dem östlichen Einzugsbereich Torgaus nachzuweisen.

In den Torgauer Geleitsrechnungen von 1524/25[64] wurden insgesamt, d.h. sowohl in Ost-West- als auch in Gegenrichtung, 6.614 Pferde mit 2.137 Wagen erfasst und Einnahmen von 380 fl 7 gr verzeichnet mit den beiden Wochen vom 25.12.1524 – 07.01.1525 als Höhepunkte.[65] Allein in diesen Wochen brachten Wagen mit 459 Pferden Waren über Eilenburg nach Leipzig. Die Geleitseinnahmen für beide Wochen betrugen zusammen 36 fl bei einem sonstigen wöchentlichen Durchschnitt von 7 fl 6 gr. Ein Zusammenhang mit der Leipziger Neujahrsmesse 1525 ist offensichtlich, wie auch die anderen wöchentlichen überdurchschnittlichen Einnahmen im Zusammenhang mit den Großen Leipziger Märkten stehen.

Nicht nur die Anzahl der Pferde war ausschlaggebend für hohe Geleitseinnahmen: hier spielt die Qualität der transportierten Waren eine besondere Rolle. In der ersten Woche wurden u.a. Fische von 133 Pferden – darunter 114 mit Heringen – und Wachs, Honig, Leder, Unschlitt sowie *Gewand* und *Zentnergut* von 105 Pferden durch Torgau in Richtung Eilenburg/Leipzig transportiert. Da Fisch kein Messhandelsgut war, können nur Wachs, Honig, Leder usw. Maßstab für die Beziehungen zwischen Warendurchgang und Großen Märkten sein:

---

63 Gemeint sind hier die Geleitsbefreiungen für Adel und Geistlichkeit und die 14tägige Frist für rückkehrende Transporte. Möglicherweise waren auch noch andere Transporte von den Gebühren befreit, wie aus der Geleitsordnung von 1524 hervorgeht; in der ungewöhnlichen Form einer Anfrage heißt es z.B.: *Item Dommatzsch, Belgern, Schildau, wenn sie gein Torgau kommen und holen Schindel, Brett etc. ader furen etwas durch, wollen frey sein. Item Pfalburger alhie, die nicht mit Haus noch Hof besessen sein, wollen uf und abe hantiren, wollen auch frey sein. Item wan man Kalgstein uf dem Wasser brenget, dem Rate ader sonst eym Burger, haben uft 15 ader 16 Knechte, wollen frey sein. Item von den Flossen mit 2 Petzen, wollen nicht davon geben, sunder allein den Knechten und stehet doch yn der Gleitztafel, dass man 56 gr von einer Petzschen geben sal. Item wan man Kene ufm Wasser brenget, haben Seife, Kese, Quitten, Epfel, Schwetzken etc. daruf, haben uft 2 Knechte, wollen nur 1 gr vom Kane geben. Item wan man Molstein ufm Floß brenget und haben auch daruf Wergkstuck, Leichstein und Kalgkstein, wollen nur allein von den Molstein geben und von dem andern nichts ...*
Item die Burger hie, wan sie fremden Leuten ire Ware, die sie hergebracht ader hie gekauft haben, wegkfuren, so wollen sie von den Pferden noch von der Ware nichts geben, sunder sie sprechen, sie seint frey. ThHStA Weimar, Reg. Cc 1185.

64 ThHStA Weimar, Reg. Cc 1184.

65 Da in Torgau vor allem für Pferde Geleitsgebühren zu zahlen waren und die Handelsgüter bei der Taxierung oftmals eine untergeordnete Rolle spielten, wurde hier und an anderen Stellen die Anzahl der Zugpferde als Grundlage für die Berechnungen gewählt.

die Bestätigung ergibt sich in der zweiten Woche, in der 46 Pferde 9 Wagen mit Leder durch Torgau zogen, außerdem 10 Pferde *Zentnergut* und 54 Pferde Ladungen mit Heringen, Fischen und Lachs in den Rechnungen notiert wurden. Insgesamt wurden 949 Pferde mit Fernhandelsgütern in Torgau auf dem Wege nach Leipzig nach den Rechnungseintragungen ermittelt: mit Leder 308, mit Wachs 224, mit Leder und Wachs 158[66], mit Leder und Federn 33, mit Wachs und Federn 25, mit Wachs und Packgarn 14, mit Garn 56, mit Honig 25, mit Unschlitt 29 und mit *Zentnergut* 77.[67] Die Fuhrleute stammten zum großen Teil aus Schlesien und der Lausitz, aber auch aus Krossen, Frankfurt/O, Posen sowie aus dem mitteldeutschen/oberdeutschen Raum (Saalfeld, Lehesten, Kronach, Nürnberg), d.h. es handelt sich hier eindeutig um einen überregionalen Fernhandel mit wertvollen und teuren Rohstoffen aus den östlichen Gebieten nach den mittel- und oberdeutschen Verbrauchs- und Verarbeitungszentren. Bei den Fischtransporten mit 255 Pferden dominierten die mit Heringen (137 Pferde). Hinzu kamen noch die Wagen mit 90 Pferden, die neben Hering auch noch Fisch, Stockfisch, Tonnenfisch oder Lachs geladen hatten. Die Ladungen stammen sämtlich aus dem Ostseegebiet: als letzte Geleitsorte vor Torgau sind durchweg Herzberg oder Jessen angegeben, Orte also, die an Straßen in Richtung Nordosten (Frankfurt/O) lagen. Bemerkenswert sind im Geleit Torgau noch die Kupfertransporte mit 147 Pferden, von denen 109 aus Schlesien und der Lausitz kamen, und möglicherweise nach Thüringen bestimmt waren.[68] Dabei ist immer zu berücksichtigen, dass diese Wagen mit wertvoller Rückfracht von Leipzig aus wieder in ihre Heimatregionen fuhren. In den Quellen werden besonders häufig genannt Tuche, Eisenwaren, Stahl und Waid.

Eine besondere Rolle spielte in Torgau aber der Salztransit: insgesamt 1.450 Pferde werden in der Rechnung in diesem Zusammenhang genannt, entweder bereits mit Salz auf der Rückfahrt oder auf dem Wege *nach Salz* oder auch mit Fracht in Richtung Halle.[69]

---

66 Die meisten Wagen waren natürlich nicht nur mit einer Ware beladen.

67 Unter Zentnergut verstand man in Torgau u.a. *Clingen, Stael, Blech, Bley, aber auch Wolle, Flachs, Hanf, Röte, Lithmas, Schwezken, Schmehr, Bücher und Pappir, gulden oder Silbergefeß*. ThHStA Weimar, Reg. Cc 1185.

68 Ein konkreter Nachweis lässt sich nicht erbringen, da diese Kupferladungen in Leipzig vermutlich von Thüringer Fuhrleuten übernommen wurden. Andererseits wurden in Eilenburg nur 17 Wagen mit 97 Pferden mit Kupferladungen von Torgau auf dem Wege nach Leipzig in den Rechnungen notiert, deren Fuhrleute auch noch aus anderen Orten kamen als in Torgau angegeben.

69 Vgl. dazu Manfred Straube, Zum Handel mit Salz aus thüringisch-sächsischen Salinen, vornehmlich in der ersten Hälfte des 16. Jahrhunderts, in: Journal of Salt-History, Jahrbuch für Salzgeschichte, Bd. 1, hrsg. v. Rudolf Palme u.a., Schwaz 1993, S. 116-140.

Neben den Transitwagen verzeichnen die Torgauer Rechnungen auch die ungewöhnlich große Zahl von 1.118 Pferden, die aus näherer und weiterer Entfernung kommend Waren nach Torgau brachten und wieder zurückkehrten. Zweifellos besteht hier ein Zusammenhang zu den Bedürfnissen der kurfürstlichen Residenz[70], zumal allein Thüringer Fuhrleute mit 181 Pferden Wein (meist Rhein- und Frankenwein), Nüsse und Kastanien nach Torgau brachten und mit leeren Wagen und Karren wieder die Heimfahrt antraten.[71] Bei den errechneten Quantitäten im elbüberschreitenden Verkehr bei Torgau ist zu bedenken, dass die zweite hölzerne Brücke am Ende des 15. Jahrhunderts zusammengebrochen und die 1490 begonnene steinerne Brücke noch nicht vollendet war,[72] so dass alle

70 Zu dieser Zeit wurden die Arbeiten am Bau des Schlosses in Torgau besonders vorangetrieben. Allein für den neuen Wendelstein wurden 1524/25 190 fl verbraucht. Auf kurfürstlichen Befehl wurden dazu 100 fl vom Geleit dazu genommen. Diese Baukosten wurden abgerechnet über den Amtmann. Vgl. ThHStA Weimar, Reg. Cc 1184.

71 Die Fuhrleute kamen aus Mehlis (mit 52 Pferden), aus Heinrichs (14), Benshausen (7), Dietzhausen (6), Suhl (2).

72 Diese Brücke konnte erst 1529 dem Verkehr übergeben werden. Während anfänglich der Bau schnell voranschritt, stockten ab 1499 die Arbeiten wegen Geldmangels. Zur Finanzierung des Brückenbaus berichtet Friedrich Joseph Grulich in seinen „Denkwürdigkeiten der altsächsischen kurfürstlichen Residenz Torgau aus der Zeit und zur Geschichte der Reformation“, hrsg. v. Johann Christian August Bürger, Torgau 1855, S. 22: „1490, nachdem die von Friedrich dem Streitbaren weiter aufwärts und oberhalb des Schlosses erbaute ... hölzerne Elbbrücke“ zusammengebrochen war, „und man sich bisher wieder mit einer Fähre beholfen hatte, so beschloß Friedrich der Weise, eine ganz steinerne aufzuführen. Zur Bestreitung der Baukosten bewilligte ihm der Papst den Ertrag eines 20jährigen Ablasses. Der heilige Vater erlaubte nämlich dem Kurfürsten und seinen Untertanen, während der Fasten Butter, Käse und Milch zu essen, wofür Jedermann, über 12 Jahre alt, jährlich 1 gr zahlen sollte; doch so, dass nur das Einkommen von den ersten zehn Jahren zum Brückenbau verwendet werden sollte. Die andere Hälfte bat sich der Papst aus, unter dem gewöhnlichen Vorwand, den Bau der Peter- und Paulskirche in Rom damit zu vollenden. Dieser Zuschuß aber reichte bei weitem nicht aus für den Brückenbau. Daher wurde unter einem folgenden Papst dasselbe Manöver wiederholt. Aber auch so konnten bis 1499 nur 4 steinerne Pfeiler, wie sie bis zur Erbauung der jetzigen neuen Brücke noch standen, gegründet werden. Man musste mit Holz fortbauen. Denn die Beiträge, welche aus der Einlage in einem Stock, Büchse (Butterbüchse) zusammen flossen, gingen immer spärlicher ein. Die Reformation, welche allen Christen den Milchgenuß freigab, störte das Unternehmen. Es half nichts mehr, dass der Rat mit Strafen drohte, wenn jemand sich eigenmächtig von dem Fastenzwang freimachte.“
Die Abrechnungen über den Bau der Brücke finden sich in den Torgauer Amtsrechnungen; zum Jahre 1509 wurde in einer *Vorzeichnung der Gebrechen* allerdings vermerkt: *in der Zimmerleute Arbeit viel Leute gerechnet, aber wenig Arbeit angezeigt.* ThHStA Weimar, Reg. Aa 2882. Zum Bau der Torgauer Elbbrücken vgl. Die Denkmale der Stadt Torgau, bearb. v. Peter Findeisen und Heinrich Magirius, Leipzig 1976, S. 91 ff.

Pferde, Wagen und Frachtgüter mit einer Fähre von einem zum anderen Elbufer gebracht werden mussten. Für die Überfahrt war der sog. Brückenzoll als besondere Gebühr zu entrichten,[73] der 1524/25 immerhin 318 fl 7 gr einbrachte (zu den 380 fl 7 gr übliche Geleitsgebühren) und eine erhebliche zusätzliche finanzielle Belastung für den Warentransport bedeutete.[74] Gleichzeitig aber sind die Brückenzoll-Einnahmen gemeinsam mit den Geleitseinnahmen auch ein Kennzeichen und ein Maßstab für den hohen Transit durch Torgau, der sich so über lange Jahre hinweg charakterisieren lässt.

Die Stellung des Geleits Wittenberg wurde aufgrund des Straßenverlaufs vor allem durch den Nord-Süd-Verkehr bestimmt. Daneben aber war Wittenberg eine wichtige Station für eine Straße zwischen Magdeburg und der Lausitz bzw. Schlesien, auf der sich ein umfangreicher, bisher nicht untersuchter überregionaler Warenverkehr vollzog. Hinzu kommen noch zahlreiche Straßenverbindungen Wittenbergs für den regionalen Warenaustausch.

Um zu möglichst korrekten Vergleichen mit dem Verkehr auf der Elbe und durch Torgau zu kommen, wurden auch für Wittenberg die Geleitsrechnungen von 1524/25[75] ausgewertet. Wie in Torgau interessierten sich die Geleitsmänner zunächst für die Anzahl der Pferde zur Berechnung der Gebühren und danach erst für die jeweiligen Waren; lediglich bei den sog. *Zentnergut*-Transporten sind auch die Wagen angegeben.

In Wittenberg wurden im Rechungsjahr 1524/25 7.731 geleitspflichtige Pferde erfasst, d.h. im wöchentlichen Durchschnitt wurden hier 149 Pferde gezählt. Absolute Höhepunkte waren die Wochen vom 25.12. – 31.12.1524 mit 296 Pfer-

73 Das betraf neben den Transporten im überregionalen Handel auch die Warentransporte Torgauer Bürger. Diese beklagten sich 1521, dass sie für 1 Person 1 d Brückenzoll zahlen sollten, wenn sie ihre Hopfengärten und Wiesen jenseits der Elbe bearbeiten oder abernten wollten. ThHStA Weimar, Reg. Cc 382. Bis zum Jahre 1506 wurde nur Fährgeld kassiert. Danach heißt es in den Quellen *Einnahme von Brückenzoll und von der Fähre.* Es lässt sich z.Z. noch nicht entscheiden, ob hier mit dem Brückenzoll eine neue Gebühr zusätzlich erhoben wurde zum Bau der steinernen Brücke, oder ob nur eine neue Bezeichnung gefunden wurde. Die Einnahmen haben sich nicht wesentlich erhöht. Die Feststellung in „Denkmale der Stadt Torgau", a.a.O., S. 94, wonach erst ab 1520 der Brückenzoll erhoben wurde, bedarf also einer Überprüfung.

74 Dennoch erhöhte sich der Warentransit durch Torgau auch im elbüberschreitenden Verkehr: im Jahre 1520 berichtete der Geleitsmann von Torgau, Wolf Metzsch, dass *das Gleit itzunder gantz gut ist und sein viel Centner- und sonst Wagen uf den itzigen leiptzscher Margt alhie gewest* wie nicht zuvor in den letzten 3 oder 4 Jahren. *Aber sie sein alle aus Polen und von Danzk raus gefaren und nicht vom Sagan.* Dagegen beschwerte sich der Geleitsmann von Belgern, *dass die Fähre ganz und gar ausgegangen ist.* ThHStA Weimar, Reg. Cc 380.

75 ThHStA Weimar, Reg. Cc 1415.

den, 11.12. – 17.12.1524 mit 268 Pferden und 08.01. – 14.01.1525, d.h. im unmittelbaren Zusammenhang mit dem Leipziger Großen Markt zu Neujahr 1525. Zu bedenken ist dabei, dass diese Zahlen bei weitem nicht dem tatsächlichen Transitverkehr durch Wittenberg entsprechen, denn auch hier galt die 14tägige Geleitsfreiheit für zurückkehrende Transporte. Bei der Rolle Leipzigs als Handelszentrum war die Stadt meist das Ziel der aus dem Norden kommenden Wagen bzw. der von dort stammenden Fuhrleute und durch die geringe Entfernung konnten die Fuhrleute innerhalb der gegebenen Frist ohne Schwierigkeiten wieder Wittenberg passieren, ohne in den Rechnungen erfasst zu werden. Mit anderen Worten: die Anzahl der tatsächlichen Transporte ist wesentlich zu erhöhen, wenn nicht fast zu verdoppeln.

Aus der Fülle der aus den Geleitsrechnungen gewonnenen Angaben sollen an dieser Stelle nur jene 328 Wagen mit 2.143 Pferden erwähnt werden, die von Nordosten (über Marzahn) auf Wittenberg und weiter nach Leipzig fuhren und unter denen sich 101 Wagen befanden mit Fuhrleuten aus Thüringen, Franken und Leipzig[76] bzw. 111 Wagen aus nördlichen und nordöstlichen Städten.[77]

Während alle bisher erwähnten Fuhrleute Zentnergüter unterschiedlichster Art und zweifellos hoher Qualität transportierten und damit letztlich den Ost-West-Handel auf den Landwegen wesentlich mitbestimmten, gab es auch andere Transporte, die Wittenberg mit den verschiedensten Waren in alle Himmelsrichtungen passierten. Dazu gehörten im Nord-Süd-Verkehr besonders Fische, daneben noch Flachs, Hopfen, Hanf, Leder und Felle sowie Teer.

Die in Wittenberg erfassten Heringe (261 to), Flumfische (131 ½ to, 17 Fassungen [?]), 3 Fässer, 14 Körbe), Hechte (45 to, 3 Planen), Kulphechte (8 to, 1 Fass, 1 Kocher), Kulper (7 to), Stockfische (26 to und 2 Pferdetransporte), Fische (79 Fässer, 18 Fassungen, 7 Körbe und 2 Pferdetransporte), *dreuge* Fische (1 Fass, 2 Pferdetransporte aus Stettin), Bleifische (6 ß), die 35 Pferdetransporte mit Krebsen und die 4 Fässer Fischöl – von denen 2 Fässer *dem Bischof von Salzburg zugeführt* werden sollten[78] – kamen zum größten Teil über Marzahn (mit 241 Pferden), Niemegk (mit 218 Pferden) und Zahna (mit 102 Pferden) in die Elbestadt. Auf den anhand der Wittenberger Quellen erkennbaren Handelsver-

---

76 Diese Fuhrleute waren zu Hause in Lehesten (230 Pferde/32 Wagen), Kronach (263/35), Leipzig (84/13), Nürnberg (60/9), Wurzbach 35/6), Neustadt (16/2), Kulmbach (8/1), Saalfeld, Gräfenthal und Pößneck (je 6/1). Insgesamt wurden 714 Pferde vergleitet.

77 Es waren Fuhrleute aus Krossen (174/29), Frankfurt/O (127/20), Posen (116/17), Danzig (108/23), [Treuen-] Brietzen (41/13), Stettin (15/4), Polen (12/2), Seyda (19/3).

78 Der Transport passierte am 19.04.1525 Wittenberg und gehörte Thebus Wolf von Werder.

kehr zwischen Schlesien und Magdeburg kann nur verwiesen werden.[79] Auch bei den angeführten Wittenberger Transporten ist natürlich zu bedenken, dass die gleichen Wagen, die nach Leipzig fuhren, die Stadt auch auf dem Rückwege mit wertvollem Frachtgut wie in Torgau in Richtung Frankfurt/Oder und Ostseeraum passierten. Im Grund war aller Handelsverkehr, der über Leipzig ging, West-Ost- bzw. Ost-West-Handelsverkehr aus dem Rhein-Main-Gebiet oder Oberdeutschland nach Polen und Schlesien und umgekehrt.

Alle in Torgau und Wittenberg nachzuweisenden Transporte von Handelswaren passierten die Städte über Straßen zu Lande und nicht auf der Elbe. Schwerpunkte des überregionalen Warenverkehrs waren die Termine der Leipziger und Naumburger Großen Märkte, Handelszentren, die nicht an schiff- oder flößbaren Flüssen für einen Warentransport lagen. Während auf der Elbe vor allem Rohstoffe aus einem begrenzten Einzugsgebiet transportiert wurden, wurden auf den großen binnenländischen Märkten neben wichtigen Nahrungsgütern und Rohstoffen vor allem hochwertige und teure Fertigprodukte aus ganz Europa gehandelt, die auf den Landstraßen heran- und weggefahren wurden. Ihren nachhaltigen Ausdruck finden die Werte und der Umfang dieser Warentransporte in den Einnahmen der Stadt Leipzig von ihren Märkten: an Gebühren von der Waage, auf der alle Waren gebührenpflichtig gewogen werden mussten, wurden allein im Zeitraum der Geleitsrechnungen (01.05.1524 – 30.04.1525) über 3.305 fl eingenommen, zu den 3 Märkten zu Michaelis 1524 und Neujahr sowie Jubilate 1525 immerhin noch 2.368 fl[80]; im gleichen Zeitraum wurden 445 *kleine* Verkaufsbuden *auf dem Markt und in den Gewölben* sowie 575 *große Buden im Gewandhaus* aufgestellt und selbstverständlich besetzt.

Festzustellen bleibt also, dass die großen Handelszentren auf der Basis einer europaweiten Verflechtung der Produktions- und Konsumtionszentren ihre Existenz und ihren Aufschwung den Warentransporten auf den Landstraßen verdankten, und dass (zumindest) die Elbe in ihrem Unter- und Mittellauf allein schon wegen der auf ihr transportierten Waren keine bedeutsame Handelsstraße war. Es geht also an der Wirklichkeit vorbei zu behaupten, dass „nicht die neuen Landstraßen, sondern die alten Wasserwege ... nach wie vor die Hauptstränge des Verkehrsnetzes“ bildeten.

79 Vgl. dazu die in Anm. 17 genannten Arbeiten.
80 Bei den Waageeinnahmen handelt es sich um Waren-Wert-Einnahmen im Verhältnis 1 a d Waagegebühren zu 1 fl Warenwert.

Wittenberg – Wasserzoll , 01.05.1493 – 30.04.1494. (ThHStA Weimar, Reg. Bb 2732)

Woche p	Gebühren	Flößer/Schiffer	Ladung
12.05. **93**	1 fl 19 gr	Sigmunt Waltheyn v.Pirna	4 ß Stück Salz, 8 Zentner Blei
19.05.	2 fl 15 gr	Blasius Bitigk v. Dresden	39 ß Bretter, 1 ß Schindelsparren, 2 ß Schindeln
19.05.	2 fl 11 gr	Hans Pfau v. Dresden	25 ß Bretter, 3 ½ ß Schindelsparren, 2 ß Schindeln, 3 ß Ziegenköpfe, 1 ½ ß Latten
13.06.	13 fl 13 gr	Hans Rische v. Pirna	51 Mühlsteine, 3 ß Holz, 5 ß Schindelsparren, 7 ß Latten, 8 Radfelgen, 3 ß Schindeln, 90 ß Bretter.
13.06.	8 fl 6 gr	Nickel Rische v. Pirna	5 ß Holz, 27 ß Bretter, 1 ß Schindelsparren, 42 Mühlsteine, 5 ß Latten, 2 Rudelschefte, 30 Scheffel Hafer
13.06.	5 fl 15 gr	Mathias Nabil v. Dresden	73 ß Bretter, 5 ß Schindelsparren, 3 ß Schindeln, 1 ß Latten, 2 ß Ziegenkoppe
29.06.	2 fl 1 gr	Michel Heinemann v. Dresden	35 ß Bretter, 4 ß Schindeln, ½ ß Sparren
29.06.	2 fl 8 gr	Hans Pfau v. Dresden	3 ß Schindelsparren, 4 ß Schindeln, 25 ß Bretter, 2 ß Ziegenkoppe.
15.07.	10 fl 10 gr	Hans Kruse v. Dresden	150 ß Bretter, 10 ß Schindeln, 1 ß Holz, 2 ß Schindelsparren
25.07.	2 fl 4 gr	Blasius Bitigk v. Dresden	30 ß Bretter, 1 ß Schindelsparren, 3 ß Schindeln.
10.08.	1 fl 1 gr	Nickel Rische v. Pirna	2 ß Holz, 1 ½ ß Schindelsparren
14.09.	1 fl 20 gr	Hans Frauenstein v. Pirna	9 Mühlsteine, 1 ½ ß Holz, 1 ß Latten, 7 ß Bretter
14.09.	3 fl 2 gr	Claus Jacoff v. Pirna	4 ß Holz, 1 ½ ß Schindelsparren, 4 Mühlsteine, 1 Schleifstein, 9 ß Latten.
21.10.	2 fl 18 gr	Michel Heynemann v. Dresden	37 ß Bretter, 2 ß Schindelsparren, 3 ß Schindeln
21.10.	2 fl 8 gr	Hans Pfau v. Dresden	32 ß Bretter, 1 ½ ß Sparren, 2 ß Schindeln
01.11.	5 fl 10 gr	Mathes Nabil v. Dresden	70 ß Bretter, 2 ß Holz, 7 ß Schindeln, 3 ß Ziegenköpfe
01.11.	12 gr	Claus Jacof v. Pirna	1 ½ ß Holz
01.11.	3 fl 1 gr	Merten Kruse v. Dresden	34 ß Bretter, 3 ß Schindelsparren, 2 ß Latten, 3 ß Schindeln
01.11. **93**	8 gr	Hans Kruse v. Dresden	6 ß Bretter
=	**72 fl 14 gr**	**Summe des ersten halben Jahres**	
09.03. **94**	17 gr	Peter Mahen v. Dresden	13 ß Bretter

16.03.	16 fl 12 gr	Claus Jacof u. Michel Rische v. Pirna	174 Mühlsteine, 2 Schleifsteine
31.03.	3 fl 12 gr	Mathes Rische v. Pirna	5 ß Holz, 6 Mühlsteine, 10 ß Bretter, 3 ß Latten, 1 ß Eisen
06.04.	6 fl 4 gr	Hans Rische v. Pirna	7 ß Bauholz, 5 ß Schindelsparren, 10 ß Latten, 13 ß Bretter, 3 Mühlsteine, 10 Schleifsteine.
13.04.	6 fl 3 gr	Peter Zincke v. Liebental	4 ß Bauholz, 4 ß Schindelsparren, 12 ß Latten, 10 ß Bretter, 23 Mühlsteine
13.04.	1 fl 3 gr	Hans Pfau v. Dresden	9 ß Bretter, 6 große Balken
20.04.	4 fl 14 gr	Mathes Syferth v. Dresden	60 ß Bretter, 5 ß Schindeln, 2 ß Schindelsparren, 15 Kasten und Tische
=	**29 fl 2 gr**	**Summe des anderen halben Jahres**	
=	**111 fl 16 gr**	**Summe des ganzen Jahres**	

Torgau – Wasserzoll, 01.05.1524 - 30.04.1525[1] (ThHStA Weimar, Reg. Cc 1184)

02.05.	1 Floß		7 ß Bauholz, 8 ß Sparren, 14 ß Bretter, 5 ß Latten, 60 Schindeln, 6 Mühlsteine	Pirna u. Tetschen	Wittenberg	[2]Geleitsfrei
04.05.	1 Floß	19 Knechte	Bauholz, Bretter, Schindeln	Pirna	Wittenberg	3 fl 13 gr
06.05.	1 Schiff	4 Knechte	¾ Kalkstein	(Wittenberg)	Wittenberg	16 gr
07.05.	1 Schiff	8 Knechte	1 Ruthe ¾ Kalkstein	Pirna	Wittenberg	1 fl 11 gr
07.05.	?	3 Knechte	Schindel, Bretter	Alten-Dresden	(hier) ausgewaschen	6 gr
14.05.	1 Schiff	10 Knechte	30 Mühlsteine	Pirna	?	5 fl 15 gr
19.05.	?	2 Knechte	Schindeln, Bretter	Alten-Dresden	?	4 gr
19.05.	1 großes Floß	36 Knechte	Bauholz, Bretter, 1 Ruthe Kalkstein	Cloden	Wittenberg	6 fl 18 gr
20.05.	1 Floß	3 Knechte	Schindeln, Bretter	Alten-Dresden	Pretzsch	8 gr
27.05.	1 neues Schiff	5 Knechte	¾ Kalkstein, 61 Bauhölzer	(Wittenberg)	Pretzsch	20 gr

1 Fragezeichen bedeuten, dass hier keine Eintragungen über das Fahrzeug vorlagen. Wenn aber gleichzeitig vermerkt wird „ausgewaschen“, dann kann sich das nur auf Flöße beziehen. Beim „Auswaschen“ wurden die unteren Stämme vom Schmutz und Unrat gesäubert und anschließend aufgelöst. Den Beweis liefern die eingenommenen Gebühren für die Knechte: in den Geleitsordnungen heißt es, *item wer furobir fert, gibt von 1 Knecht 4 gr, item wer hie verkauft, gibt von 1 Knecht 2 gr* (Ordnung von 1524/25).

2 Mit kurfürstlichem Geleitsbrief.

27.05.	1 Schiff 1 Floß	22 Knechte 50 Mühlsteine	19 Mühlsteine u. a. Mühlsteine m. 14 Knechten, Bauholz, Brettern m. 8 Knechten	(Magdeburg)	Wittenberg	11 fl 1 gr
28.05.	?		Bretter hergebracht	Alten-Dresden	(hier) gewaschen	2 gr
29.05.	?	1 Knecht u. selbst	Bretter hergebracht	Alten-Dresden	z.T. ausgewaschen, Pretzsch	6 gr
31.05.	?	4 Knechte	Schindel, Bretter	Alten Dresden	Ausgewaschen	[3]7 gr
31.05.	1 Schifflein	2 Knechte	Seifen	Dresden	Hier ausgeladen	4 gr
31.05.	1 Schiff		180 Scheffel Weizen	Dresden	Mühlberg, hier ausgeladen	[4]7 ½ gr
31.05.	?	2 Knechte	Schindel, Bretter	Alten-Dresden	Ausgewaschen	4 gr
31.05.	1 Schiff		55 *Feßlein* mit Salz	Wittenberg	Dresden	[5]13 gr
13.06.	1 Floß	8 Knechte	Bauholz, Bretter, Sparren	Tetschen	Wittenberg	1 fl 11 gr
14.06.	?	8 Knechte	Schindeln, Bretter	Alten-Dresden	Wäscht aus	6 gr
23.06.	1 Floß	42 Knechte	Bretter, Schindeln	Cloden	Wittenberg	8 fl
23.06.	?	2 Knechte	Schindeln, Bretter	Alten-Dresden	Ausgewaschen	4 gr
24.06.	?	3 Knechte	Schindeln, Bretter	Alten-Dresden	Ausgewaschen	6 gr
24.06.	1 Floß	2 Knechte	Schindeln, Bretter	(Pretzsch)	Pretzsch	4 gr
25.06.	?	2 Knechten	Bretter, Schindeln	Alten-Dresden	Wäscht aus	4 gr
26.06.	1 Schiff	10 Knechte	Kalkstein	Pirna	Wittenberg	1 fl 19 gr
04.07.	2 Flöße	4 Knechte	Bauholz, Bretter, Schindeln	Alten-Dresden	Ausgewaschen	8 gr
06.07.	?	1 Knecht u. selbst	Schindeln, Bretter	Alten-Dresden	Ausgewaschen	4 gr
12.07.	?	2 Knechte	Schindeln, Bretter	(Wittenberg)	Pretzsch	8 gr
16.07.	?	11 Knechte	Sparrenholz, Bretter, Schindeln	Dresden	Wittenberg	1 fl 19 gr
24.07.	?	5 Knechte	Schindeln, Bretter	Alten-Dresden	Ausgewaschen	10 gr
24.07.	?	2 Knechte	Schindeln, Bretter	Alten-Dresden	Ausgewaschen	4 gr
26.07.	?	2 Knechte	Schindeln, Bretter	Alten-Dresden	Wäscht aus	4 gr
29.07.	?	für sich	4 ß Bretter	Dresden	Wäscht aus	2 gr

[3] 1 gr erlassen.
[4] Für 1 Scheffel 1 n h genommen.
[5] Von einem Faß 3 n h.

29.07.	?	2 Knechte	Schindeln	Alten-Dresden	Wäscht aus	4 gr
02.08.	?	2 Knechte	Schindeln, Bretter	Alten-Dresden	Pretzsch	8 gr
04.08.	?	2 Knechte	Schindeln, Bretter	Alten-Dresden	Wäscht aus	4 gr
08.08.	1 großes Floß	22 Knechte	Bauholz, Bretter, Schindeln	(Magdeburg)	Wittenberg	4 fl 4 gr
18.08.	1 Floß	7 Knechte	Bretter, Schindeln, Sparren	(Aken)	Wittenberg	1 fl 9 gr
18.08.	1 neues Floß		12 ß Bretter, 63 Schindeln	Pirna	Magdeburg	Geleitsfrei
20.08.	1 Floß	13 Knechte	Bauholz, Bretter, 2 ß Werkstücke	Pirna	Wittenberg	2 fl 10 gr
20.08.	1 Floß		28 Mühlsteine, Bohlen, Läufer			Geleitsfrei
20.08.	?	3 Knechte	Schindeln, Bretter	Alten-Dresden	Ausgewaschen	6 gr
23.08.	?	2 Knechte	Schindeln, Bretter	Alten-Dresden	Ausgewaschen	4 gr
04.09.	?		4 ß Bretter	Alten-Dresden	Ausgewaschen	2 gr
06.09.	?	3 Knechte	Bauholz, Fellinge	Moren	Wittenberg	12 gr
06.09.	?	2 Knechte	Schindeln, Bretter	Alten-Dresden	Ausgewaschen	4 gr
12.09.	?	3 Knechte	Bauholz, Schindeln, Bretter	Alten-Dresden	Ausgewaschen	6 gr
15.09.	1 Schifflein	2 Knechte	Krämerei	Meißen	**Hinaufwärts**	4 gr
15.09.	?	4 Knechte	Böttgerholz	Tetschen	Wittenberg	16 gr
16.09.	?	2 Knechte	Schindel, Bretter	Alten-Dresden	Ausgewaschen	4 gr
16.09.	?	2 Knechte	Schindeln, Bretter	Alten-Dresden	Ausgewaschen	4 gr
17.09.	?	2 Knechte	Schindeln, Bretter	Alten-Dresden	Ausgewaschen	4 gr
21.09.	?	2 Knechte	Schindeln, Bretter	(Wittenberg)	Pretzsch	8 gr
25.09.	**1 Kahn**		Böhm. Käse, Kirschen	Aussig	Ausgeladen	1 gr
10.10.	1 Floß	11 Knechte	Bauholz, 32 Mühlsteine	(Magdeburg)	Wittenberg	3 fl 9 gr
12.10.	?	3 Knechte	Bauholz, Bretter	Pirna	Wittenberg	12 gr
12.10.	1 Floß	21 Knechte	Bauholz, Bretter, Schindeln, 24 Mühlsteine	(Magdeburg)	Wittenberg	[6]8 fl 12 gr
13.10.	1 Floß	28 Knechte	Bauholz, Schindeln, Sparren, Bretter	Dresden	Wittenberg	3 fl 9 gr
13.10.	1 Floß	5 Knechte	Böttgerholz	Leippe	Wittenberg	20 gr
16.10.	?	2 Knechte	Schindeln, Bretter	Alten-Dresden	Ausgewaschen	4 gr
18.10.	?		Fellinge	(Pretzsch)	Pretzsch	für sich 2 gr

[6] 1 gr erlassen.

18.19.	?	3 Knechte	Schindeln, Bretter	Alten-Dresden	Ausgewaschen	6 gr
21.10.	?		Schindeln, Bretter	Alten-Dresden	Ausgewaschen	für sich 4 gr
21.10.	?	2 Knechte	Schindeln, Bretter	Alten-Dresden	Ausgewaschen	4 gr
30.10.?	1 Floß	3 Knechte	Bauholz, Bretter, Schindeln	Tetschen	Pretzsch	12 gr
04.11.	?	1 Knecht u. sich	Schindeln, Bretter	Alten-Dresden	Ausgewaschen	4 gr
04.11.	?	für sich	Schindeln, Bretter, Böttgerholz	Alten-Dresden	Ausgewaschen	2 gr
06.11.	1 großer **Kahn**	2 Knechte	2 ½ Faß Wein hergebracht, fährt 63 Tafelglas **zurück**	Leitmeritz	Leitmeritz	4 gr
09.11.	1 **Kahn**	1 Knecht und sich	Böhmischer Käse	Aussig	Wittenberg	4 gr
12.11.	?	2 Knechte	Bretter	Alten-Dresden	Pretzsch	8 gr
14.11.	?	2 Knechte	Böttgerholz, Bretter	Alten-Dresden	Ausgewaschen	4 gr
15.11.	?	2 Knechte	Böttgerholz	Sanchsdorf?	Ausgewaschen	4 gr
16.11.	?	2 Knechte	Bretter, Schindel	Alten-Dresden	Ausgewaschen	4 gr
04.12.	?	4 Knechte	Böttgerholz	Schandau	Ausgewaschen	8 gr
				Summe des	**ersten halben Jahres**	**82 fl 19 gr**
11.02.	?	2 Knechte	Schindeln, Bretter	Alten-Dresden	Ausgewaschen	4 gr
11.02.	?	3 Knechte	Schindeln, Bretter	Alten-Dresden	Ausgewaschen	6 gr
18.02.	?		2 ½ ß Bretter, ein wenig Buchbretter	(Wittenberg)	Pretzsch	2 gr
21.02.	?	6 Knechte	16 Mastbäume	(Lauenburg?)	Wittenberg	[7]20 gr
23.02.	?	1 Knecht und sich	Böttgerholz	Alten-Dresden	Ausgewaschen	4 gr
02.03.	?	2 Knechte	Schindeln, Bretter	Alten-Dresden	1 Kn. wäscht Bretter aus, 1 Kn. u. Bretter n. Prettin	6 gr
13.03.	1 großer **Kahn**	2 Knechte	Böhm. Käse, Seife ausgeladen	Dresden		4 gr
13.03.	?	2 Knechte	Schindeln, Bretter	Alten-Dresden	Ausgewaschen	4 gr
14.03.	?	1 Knecht und sich	Schindeln, Bretter	Alten-Dresden	Ausgewaschen	4 gr

[7] Ein *Vorfließer* geleitsfrei.

15.03.	?	2 Knechte	Schindeln, Bretter, Bauholz	Alten-Dresden	Ausgewaschen	4 gr
24.03.	?	2 Knechte	8 Faß Wein, böhm. Käse	Leitmeritz	Hier verkauft	4 gr
28.03.	1 Flößlein	3 Knechte	Schindeln, Bretter	Alten-Dresden	Hier verkauft	6 gr
28.03.	?	2 Knechte	Bretter, Schindel gekauft	(Pretzsch)	n. Pretzsch geflößt	4 gr
29.03.	?	1 Knecht und sich	Bretter, Schindeln	Alten-Dresden	Ausgewaschen	4 gr
31.03.	?	für sich	Schindeln, Schubkarren	Alten-Dresden	Allhier verkauft	2 gr
04.04.	1 kleines Floß	6 Knechten	Bauholz	?	Wittenberg	1 fl 3 gr
06.04.	?	1 Knecht und sich	Schindeln, Bretter	Alten-Dresden	Ausgewaschen	4 gr
07.04.	?	2 Knechte	Schindeln, Brett	Alten-Dresden	Ausgewaschen	4 gr
13.04.	1 großes Floß	20 Knechte	Bauholz, Bretter, Schindeln	(Aken)	Wittenberg	3 fl 17 gr
15.04.	1 großes Floß	25 Knechte	Bauholz, Bretter, 8 Schleif-, 42 Mühlsteine	Pirna	Wittenberg	13 fl 1 gr
16.04.	1 Floß	15 Knechte	Bretter	Dresden	Wittenberg	2 fl 18 gr
19.04.	1 Floß	16 Knechte	Bauholz, Schindeln. Bretter	Dresden	Wittenberg	3 fl 1 gr
20.04.	1 großes Floß	40 Knechte	Bauholz, Bretter, Schindeln	Schandau	Wittenberg	7 fl 13 gr
21.04.	1 Floß		Bauholz, Bretter	Tetschen	Wittenberg	4 fl 20 gr
21.04.	1 Schiff	13 Knechte	31 Mühlsteine, 4 Boddem?	Pirna	Wittenberg	6 fl 6 gr
22.04.	1 Floß	25 Knechte	Bauholz, Bretter, Schindeln	Alten-Dresden	Wittenberg	4 fl 16 gr
				Summe des	**anderen halben Jahres**	**51 fl 7 gr**
				Summe des	**ganzen Jahres**	[8]**137 fl 9 gr**

[8] Die Differenz von 3 fl 4 gr findet in den Quellen keine Erklärung. Denkbar ist, dass der Geleitsschreiber in seiner Zusammenrechnung auch die Gebühren für die geleitsfreien Fahrzeuge berechnet hat, wie sich aus einer Rechnung für das Geleit Pirna von 1554/55 ergibt. SHStAD, Loc. 8294.

Torgau, Wasserzoll, 01.05.1525 – 28.04.1526 (ThHStA Weimar, Reg. Cc 1186)

02.05.	Wolf Fischer	1 Knecht	Schindeln, Bretter	Alten-Dresden	Ausgewaschen	4 gr
10.05.	Michel Moller	2 Knechte	Schindeln, Bretter	Alten-Dresden	Ausgewaschen	4 gr
11.05.	Martin Hase	2 Knechte	Schindeln, Bretter	Alten-Dresden	Ausgewaschen	4 gr
11.05.	Geleitsmann v.Pretzsch	2 Knechte	Schindeln, Bretter v. Torgau	(Pretzsch)	Pretzsch	4 gr
13.05.	Simon Storm	2 Knechte	Bolgerstangen?	Sansdorf?	Ausgewaschen	4 gr
19.05.	Simon Bottner	2 Knechte	Schindeln, Bretter	Altendorf	Ausgewaschen	3 gr
25.05.	Lenhart Gertner	1 Knecht	Bretter, Schindeln	Alten-Dresden	Ausgewaschen	4 gr
01.06.	Martin Hase	2 Knechte	Schindeln, Bretter	Alten-Dresden	Ausgewaschen	4 gr
04.06.	Benedict Klarmann	1 Knecht	4 ß Bretter	Dresden	In Wittenberg am 13.06.	4 gr
04.06.	Wolf Fischer	2 Knechte	Bretter, Schindeln	Alten-Dresden	Ausgewaschen	4 gr
04.06.	Michel Moller	2 Knechte	Schindeln, Bretter	Alten-Dresden	Ausgewaschen	4 gr
07.06.	Hans Hapke	1 Knecht	Radspeichen	Schandau	Ausgewaschen	[9]3 gr
15.06.	Wolf Fischer	2 Knechte	Schindeln, Bretter	Alten-Dresden	Ausgewaschen	4 gr
19.06.	Leonhard Gertner	2 Knechte	Schindeln, Bretter	Alten-Dresden	Ausgewaschen	4 gr
19.06.	Jorg Erzgreber	2 Knechte	Bretter	Alten-Dresden	Ausgewaschen	4 gr
19.06.	Michel Moller	2 Knechte	Schindeln, Bretter	Alten-Dresden	Ausgewaschen	4 gr
19.06.	Martin Hase	2 Knechte	Schindeln, Bretter	Alten-Dresden	Ausgewaschen	4 gr
19.06.	Endres Thomelin	2 Knechte	Schindeln, Bretter	Alten-Dresden	Ausgewaschen	4 gr
20.06.	Hans Richter	2 Knechte	Böttgerholz	Sapsdorf	Ausgewaschen	4 gr
02.07.	Linhart Gertner	2 Knechte	Schindeln, Bretter	Alten-Dresden	Ausgewaschen	4 gr
04.07.	Wolf Fischer	2 Knechte	Schindeln, Bretter	Alten-Dresden	Ausgewaschen	4 gr
06.07.	Thomas Fritzsch	2 Knechte	Schindeln, Bretter	(Wittenberg)	Pretzsch	8 gr
09.07.	Michel Moller	2 Knechte	Schindeln, Bretter	Alten-Dresden	Ausgewaschen	4 gr
09.07.	Martin Hase	2 Knechte	Schindeln, Bretter	Alten-Dresden	Ausgewaschen	4 gr
19.07.	Jorg Erzgreber	2 Knechte	Schindeln, Bretter	Alten-Dresden	z.T. ausgewaschen, n. Wittenberg	6 gr
23.07.	Martin Wingkler	4 Knechte	Schindeln, Bretter	Alten-Dresden	In Wittenberg am 30.07.	16 gr

9 1 gr erlassen.

28.07.	Wolf Fischer	2 Knechte	Schindeln, Bretter	Alten_Dresden	Ausgewaschen	4 gr
11.08.	Jorg Erzgreber	1 Knecht	Bretter	Alten-Dresden	Ausgewaschen	4 gr
15.08.	Hans Fischer	3 Knechte	Bretter, Sparrholz	Alten-Dresden	In Wittenberg am 21.08.	12 gr
18.08.	Linhart Gertner	2 Knechte	Schindeln, Bretter	Alten-Dresden	Ausgewaschen	4 gr
19.08.	Michel Moller	2 Knechte	Schindeln, Bretter	Alten-Dresden	Ausgewaschen	4 gr
24.08.	Martin Winkler	im Kahn	Schaufeln	Alten-Dresden	Wittenberg	1 gr
31.08.	Clemen Scherer	8 Knechte	Bauholz, ¾ Kalkstein	Pirna	Wittenberg	1 fl 11 gr
05.09.	Martin Hase	2 Knechte	Schindeln, Bretter	Alten-Dresden	Ausgewaschen	4 gr
	Lenhart Gertner	1 Knecht	Schindel, Bretter	Alten-Dresden	Ausgewaschen	4 gr
09.09.	Simon Koderich	**im Kahn**	Kleine Käselein	(Prettin)	Pretzsch	1 gr
	Wolf Fischer	2 Knechte	Schindeln, Bretter	Alten-Dresden	Ausgewaschen	4 gr
	Hans Figkler	2 Knechte	Krämerei im Schifflein	Dresden	Wieder aufwärts	4 gr
	Jorg Erzgreber	2 Knechte	Schindeln, Brett	Alten-Dresden	eine Hälfte ausgewaschen andere mit 1 Knecht vorübergeflößt	6 gr
25.09.	Leonhart Gertner	2 Knechte	Schindeln	Alten-Dresden	Ausgewaschen	4 gr
25.09.	Michel Moller	2 Knechte	Schindeln, Bretter	Alten-Dresden	Ausgewaschen	4 gr
26.09.	Martin Hase	2 Knechte	Schindeln, Bretter	Alten-Dresden	Ausgewaschen	4 gr
26.09.	Merten Lindener	10 Knechte	Schindeln, Bretter, Sparrenholz	Dresden	In Wittenberg, am 29.09.	1 fl 19 gr
28.09.	Nickel Weynerin	1 Knecht	Böhm. Käse auf Schiff	Aussig	Verkauft	2 gr
29.09.	Greger Wegk	5 Knechte	Neues Schiff, ½ Ruthe Kalkstein	Pirna	Wittenberg	[10]18 gr
30.09.	Sigmund v. Leitmeritz	2 Knechte	28 Faß böhm. Wein u. Käse	Leitmeritz	Verkauft bzw. nach Wittenberg	6 gr
08.10.	Martin Wingkler	2 Knechte	Bretter	Alten-Dresden	Wittenberg	8 gr
11.10.	Wolf Fischer	1 Knecht	Schindeln, Bretter	Alten-Dresden	Ausgewaschen	4 gr

[10] 2 gr erlassen.

14.10.	f. Mgf. Joachim v. Brandenburg durch Brosius Thorius	2 neue Schiffe, 1 großes Floß	30 ß Werkstücke, 1 gehauene Tür, *ettliche* Fenster, 227 Mühlsteine, 30 ß Bretter	Pirna	In Wittenberg am 17.10.	Geleitsfrei
14.10	Brosius Thorius	8 Knechte	1 Floß m. Brettern, Sparren, Latten	Pirna	Wittenberg	1 fl 11 gr
	Hans Loßer	1 neues Floß		Dresden	?	Geleitsfrei
23.10.	Hans Tietz	10 Knechte	Bauholz, Bretter	Pirna	In Wittenberg am 29.10.	1 fl 19 gr
25.10.	Hans Tietz	8 Knechte	In einem Schiff 1 Ruthe Kalkstein	Pirna	Wittenberg,.	[11]1 fl 10 gr
26.10.	Bendict Klamann	6 Knechte	1 kl. Floß m. Bauholz, Brettern	Dresden	In Wittenberg am 29.10.	1 fl 3 gr
26.10.	Thomas Pritzsch	3 Knechte	1 kl. Floßlein	(Wittenberg)	Pretzsch, am 03.11. in Wittenberg	12 gr
26.10.	Michel Moller	1 Knecht	60 Schindel, etwas Bauholz	Alten-Dresden	Ausgewaschen	2 gr
26.10.	Christoff Preuße	29 Knechte	1 neues Floß m. Bauholz + Brettern	Dresden	In Wittenberg, am 07.11.	5 fl 1 gr
28.10.	Merten Hase	3 Knechte	Schindeln, Bretter	Alten-Dresden	Ausgewaschen	6 gr
29.10.	Kilian Negk	27 Knechte	1 gr Floß, Bauholz, Bretter, 16 Mühlst.	Pirna	Wittenberg	8 fl
04.11.	Linhart Gertner		Bretter, Schindeln	Alten-Dresden	Ausgewaschen	4 gr
04.11.	Jorg Erzgreber	2 Knechte	Schindeln, Bretter	Alten-Dresden	z T.ausgewaschen, nach Pretzsch	6 gr
17.11.	Martin Hase	2 Knechte	Schindeln, Bretter	Alten-Dresden	Ausgewaschen	4 gr
17.11.	Michel Moller	1 Knecht	Schindeln, Bretter	Alten-Dresden	Ausgewaschen	4 gr
30.11.	Thomas Fritzsch		5 ß Brett	(Wittenberg)	Pretzsch	4 gr
				Summe	**des ersten halben Jahres**	**21 fl 6 gr**
02.3.	Korßner	3 Knechte	12 Faß böhm. Wein	Leitmeritz	Wittenberg	12 gr

[11] 1 gr erlassen.

20.03.	Steffan Tucher	15 Knechte	90 Mühlsteine, 2 den Knechten, auf neuem Schiff	(Magdeburg)	In Wittenberg am 22.03.	16 fl 16 gr
21.03.	Simon Koserich	11 Knechte	1 ½ Ruthen Kalkstein, neues Schiff	Pirna	Wittenberg	2 fl 1 gr
21.03.	Wolf Fischer	2 Knechte	Bauholz, Bretter, Schindeln	Alten-Dresden	Ausgewaschen	4 gr
22.03.	Michel Moller		Schindeln, Bretter	Alten-Dresden	Ausgewaschen	4 gr
29.03.	Heinz Heine	15 Knechte	45 Mühlsteine auf einem Schiff	(Wittenberg)	Pretzsch	8 fl 12 gr
04.04.	E.? Brozins	10 Knechte	38 Mühlsteine, 4 Bodden?	Pirna	Wittenberg	7 fl 13 gr
08.04.	Benedict Klamann	3 Knechte	Kl. Floß: Bauholz, Bretter, Schindeln	Dresden	Pretzsch	12 gr
20.04.	Mertin Winkler	15 Knechte	Floß m. Brettern	Alten-Dresden	Wittenberg	2 fl 18 gr
16.04.	Wenzel Schichentanz	12 Knechte	Floß m. Sparrenholz	Marksdorf	Wittenberg	2 fl 6 gr
17.04.	Christoff Preuße	22 Knechte	Floß m. Bauholz, Sparren, Brettern	Dresden	In Wittenberg am 19.04.	4 fl 4 gr
25.04.	Jorg Erzgreber	2 Knechte	Brett, wenig Schindel ½ ausgewaschen	Alten-Dresden	Pretzsch	6 gr
27.04.	Wolf Fischer	2 Knechte	Schindeln, Bretter	Alten-Dresden	Ausgewaschen	4 gr
27.04.	Henner Tucher	32 Knechte	1 gr Fl. m. Bauholz, Brettern, 40 Mühlsteinen, 2 steinerne Tröge	(Magdeburg)	Wittenberg	13 fl 7 gr
28.04.	Michel Moller		2 ß Bretter, 60 Schindeln	Alten-Dresden	Ausgewaschen	2 gr
28.04.	Martin Hase	2 Knechte	Fl. M. Brettern, Schindeln, Fellingen	Alten-Dresden	Wittenberg	8 gr

28.04.	Kilian Mark	36 Knechte	1 gr. Floß m. Bauholz, Brettern, 48 Mühlsteine	Pirna	Wittenberg	16 fl
				Summe	**des anderen halben Jahres**	**76 fl 2 gr**
				Summe	**des ganzen Jahres**	[12]**112 fl 9gr**

Wittenberg – Wasserzoll 01.05.1524 30.04.1525 (ThHStA Weimar, Reg. Cc 1415)

o.D.	1 Floß		Jorge Dhonisch v. Tetschen	Pretzsch – Coswig	4 fl 16 gr
20.07.	1 Floß:	1 ½ ß Brett, 8 ß Schindeln	Benedict Clatmann v. Dresden	Pretzsch – Coswig	8 fl 12 gr
12.08.	1 Floß	2 ½ ß Brett, 8 ß Schindeln	Hans Bulman zu Magdeburg	Pretzsch – Coswig	15 fl 15 gr
21.08.	1 Floß	1 ß Brett, 4 ß Schindeln	Der Geleitsmann von Aken	Pretzsch – Coswig	6 fl 4 gr
23.08.	1 Floß		Brosius Karnis v. Pirna	Pretzsch – Coswig	1 fl 14 gr
08.09.	1 Floß		Jobst Günter v.Praga	Pretzsch – Coswig	1 fl 2 gr
02.10.	1 Floß	6 Bretter	Jurge Dhonisch v. Tetschen	Pretzsch – Coswig	2 fl 18 gr
14.10.	1 Floß .		Steffen Tucher v. Magdeburg	Pretzsch – Coswig	8 fl 12 gr
16.10	1 Floß	9 ß Schindeln	Andres Wittyn v. Magdeburg	Pretzsch – Coswig	12 fl 18 gr
16.10.	1 Floß		Greger Holzel v.d.Leippe	Pretzsch – Coswig	3 fl 11 gr
16.10.	1 Floß	3 ß Bretter, 4 ß Schindel	Benedict Clarmann v. Dresden	Pretzsch – Coswig	20 fl
o.D.	1 Floß		Hans Pulmann v. Dresden	Pretzsch – Coswig	15 fl 15 gr
03.11.	1 Floß		Mathes Hofmann v. Tetschen	Pretzsch – Coswig	2 fl 8 gr
			Summe des ersten halben	**Jahres**	**103 fl 19 gr**
o.D.	16 Mastbäume, je Baum 4 gr,	die Geleitstafel zeigt davon nichts an	Cornelius Ditmann v. Amßgardt aus dem Stift zu Utrich	Pretzsch – Coswig	3 fl 1 gr
07.04.1525	1 Floß	1 ½ ß Schindeln	Gregor Holzel v. Pirna	Pretzsch – Coswig	3 fl 17 gr
14.04.	1 Floß	6 ß Schindeln	Kilian Naug v. Pirna	Pretzsch – Coswig	9 fl 11 gr

[12] Die Differenz von 15 fl 1 gr findet in den Quellen keine Erklärung. S. Anm. 8.

20.04.	1 Floß		Steffan Tucher v. Magdeburg, hat Lindener geführt, das andere Brosius Karus seins.	Pretzsch – Coswig	15 fl 15 gr
21.04.	1 Floß		Benedict Clarmann v. Dresden	Pretzsch – Coswig	17 fl 3 gr
22.04.	1 Floß	1 ½ ß Bretter, 3 ß Schindeln	Jorge Hensel v. Schandau	Pretzsch – Coswig	23 fl 17 gr
23.04.	1 Floß	1 ß Bretter	Hans Topfer v. Tetschen	Pretzsch – Coswig	18 fl 12 gr
24.04.	1 Floß	1 ½ ß Bretter, 7 ß Schindeln	Jurge Dhonisch v. Tetschen	Pretzsch – Coswig	21 fl 9 gr
			Summe des andern halben	**Jahres**	**113 fl**
			Summe des ganzen	**Jahres**	[13]**230 fl 20 gr**

Wittenberg – Wasserzoll 01.05. 1525 – 30.04.1526, (ThHStA Weimar, Reg. Cc 1416)

13.06.			Benedict Clarmann v. Dresden		18 gr
21.07.			Thomas Floßmann		1 fl
30.07.			Merten Winkler v. Alten-Dresden		2 fl
21,08.			Hans Vischer v. Alten-Dresden		2 fl 13 gr
29.09.			Lindener v. Alten-Dresden		5 fl 15 gr
17.10.			Brosius Tharius v. Pirna		6 fl 20 gr
22.10.	1 Floß		Hans Titz v. Pirna		7 fl 3 gr
22.10.	1 Floß		Benedict Clarman v. Dresden		5 fl 15 gr
25.10.	1 Floß		Thomas Fritz		2 fl 18 gr
07.11.	1 Floß		Preusse v. Tetschen		11 fl 9 gr
19.11.	1 Floß		v.d. Wittigyn v. Magdeburg		8 fl 17 gr
			Summe des ersten halben	**Jahres**	**55 fl 2 gr**
22.11.		28 Mühlsteine	v.d. Wittigyn v. Magdeburg		2 fl 14 gr
22.03.		90 Mühlsteine	Heymerer Tucher v. Magdeburg	Torgau - Magdeburg	8 fl 12 gr

[13] Die Differenz von 14 fl findet in den Quellen keine Erklärung.. S. Anm. 8.

15.04.	1 Floß		Lange Benedix v. Dresden		1 fl 2 gr
16.04.	1 Floß		Lindener v. Dresden		11 fl 9 gr
18.04.	1 Floß		Wenzel Schickedanz v. Merkersdorf		7 fl
19.04.	1 Floß		Christoff Preusse v. Dresden		11 fl 9 gr
29.04.	1 Floß		Brosius Charius v. Pirna		18 fl 12 gr
			Summe des anderen halben	**Jahres**	**60 fl 16 gr**
			Summe des ganzen	**Jahres**	**115 fl 18 gr**

Entstehung und Strukturwandel der südwestdeutschen Textilindustrie dargestellt am Beispiel Reutlingen

Eckhard Wandel

I. Die Industrialisierung Reutlingens im 19. Jahrhundert

Die Geschichte der Industrie Reutlingens zeigt, dass diese stark von den politischen Entscheidungen des 19. Jahrhunderts bestimmt wurde. Mit der Neuordnung Württembergs nach den napoleonischen Kriegen wurde das Schicksal der Freien Reichsstadt Reutlingen besiegelt. Reutlingen wurde im Jahr 1803 Württemberg einverleibt und somit württembergische Oberamtstadt. Durch die Zollverträge, die das Königreich Württemberg 1829 mit Hessen und 1833 mit Preußen und Bayern schloss, sowie durch die Gründung des Deutschen Zollvereins 1834 wurden der Handel und die Industrialisierung Reutlingens wesentlich gefördert. 1828 hatte die Regierung eine neue Gewerbeordnung erlassen, die grundsätzlich Gewerbefreiheit anerkannte und bei dreizehn Gewerben den Zunftzwang aufhob. Bei den übrigen 50 Zünften wurden die alten Zunftordnungen stark gemildert. Aber erst 1862 trat eine weitere liberale Gewerbeordnung in Kraft, die endgültig die Gewerbefreiheit brachte: Danach war die selbständige Ausübung eines Gewerbes nicht mehr von der Genehmigung durch die Gewerbepolizei abhängig. Der Nachweis fachlicher Befähigung war auch nicht mehr Voraussetzung für die Gründung einer Firma.

Der siegreiche Ausgang des Krieges gegen Frankreich 1870/71 und die Gründung des Deutschen Reiches waren Auslöser der nachfolgenden „Gründerjahre“. Inwieweit die erheblichen französischen Reparationszahlungen an das Deutsche Reich für den wirtschaftlichen Aufschwung eine Rolle gespielt haben, soll hier nicht geklärt werden. Das allgemeine Umfeld, wie die positive Stimmung, Optimismus, neue technische Erfindungen, Finanzierungsmöglichkeiten, ein ausgebautes Verkehrssystem, insbesondere die Eisenbahn, waren wichtige Faktoren für die einsetzende Hochkonjunktur.

Jedenfalls brachte dieser Gründerboom auch für Reutlingen eine bis dahin nicht bekannte wirtschaftliche Blüte. Diese Entwicklung hatte auch eine starke Bevölkerungszunahme zur Folge: Die Zahl der Einwohner Reutlingens stieg von 10.000 im Jahr 1803 über 17.500 im Jahr 1871 auf 27.000 im Jahr 1900. Im Jahr 2000 hatte Reutlingen rund 100.000 Einwohner.

Die Erforschung der geistigen Voraussetzungen des geschichtlichen Prozesses, dem die im 18. und 19. Jahrhundert darin führenden Engländer den Namen „industrial revolution“ gegeben haben, ist lange vernachlässigt worden.

Der Aufschwung der Naturwissenschaften und in ihrem Gefolge der Technik war bereits im 17. und 18. Jahrhundert gewaltig. Hier wurde der Grundstein für die industrielle Entwicklung gelegt, deren Beginn mit der Erfindung der Dampfmaschine im Jahr 1796 angesetzt werden kann.

Der Beginn der Industrialisierung Süddeutschlands, insbesondere auch Reutlingens und der umliegenden Täler wurde zu Beginn des 19. Jahrhunderts durch die mittelalterlich geprägte Handwerkerschaft in ihren ständischen Ordnungen gehemmt. Die engen Regeln der Zünfte verhinderten lange Zeit jeden Fortschritt. Bezeichnend dafür ist ein Beispiel aus einer Reutlinger Zunftordnung von 1523, die besagte „Niemand soll etwas Neues ausdenken oder erfinden oder gebrauchen“.

Neue Erfindungen und Techniken drohten die ökonomischen und sozialen Verhältnisse zu verändern und auch die als gerecht empfundene Einschränkung des Wettbewerbs zu zerstören. Die mächtigen Zünfte hatten daher kein Interesse an Veränderungen.

Kein Wunder, dass der Visionär Friedrich List, der am 6. August 1789 in Reutlingen geboren wurde, mit seinen Forderungen nach der Abschaffung von Binnenzöllen und nach dem Ausbau des Eisenbahnwesens in seiner Heimat auf Unverständnis und Schwierigkeiten stieß. Die wirtschaftlichen Ideen Lists waren auch von sozialer Fürsorge geprägt. Er wollte Hunger und Armut durch die Förderung einer kraftvollen industriellen Entwicklung abhelfen. Der Reutlinger Nationalökonom, der später den ersten Lehrstuhl an der Staatswirtschaftlichen Fakultät der benachbarten Universität Tübingen erhielt, hatte die Not der kleinen Leute bei den Zwergbauern auf der nahen Schwäbischen Alb kennen gelernt.

Die meisten Firmen der Textilindustrie in Reutlingen entwickelten sich langsam und allmählich aus der Zunftwirtschaft heraus. Die Gründer der ersten Textilfabriken gehörten den einst mächtigen Zünften der Gerber und vor allem der Färber an.

Der Charakter der Reutlinger Industrie ist wegen der fehlenden Rohstoffe auf die Veredelung konzentriert.

Dabei mussten die in den Reutlinger Textilbetrieben verarbeiteten Rohstoffe aus weiter Ferne bezogen werden: Baumwolle aus Amerika, Ägypten und Indien, Kohle von der Saar und der Ruhr, England und Oberschlesien, Eisen aus Lothringen, dem Saarland und Luxemburg, Wolle aus England und Australien, Rohhäute und Gerbstoffe aus Südamerika, Indien und China.

Im 19. Jahrhundert wurden rund 90% der Reutlinger Textilerzeugnisse außerhalb Württembergs abgesetzt.

Daraus geht hervor, dass die Transportfrage gerade für die Reutlinger Industrie eine besonders wichtige Rolle spielte und der Anschluss Reutlingens an das württembergische Eisenbahnnetz für die weitere Entwicklung entscheidend war. An einen Anschluss an ein bestehendes Wassernetz, an den Rhein oder an den unteren Neckar war nicht zu denken.

Reutlingen war durch den späten Anschluss an das Eisenbahnnetz im Gegensatz zu anderen Städten benachteiligt. Seit 1843 war Reutlingen ins Hintertreffen geraten. Die württembergische Eisenbahn wurde von Heilbronn über Stuttgart, Plochingen, durchs Filstal nach Ulm und von dort aus ins schwäbische Oberland nach Biberach, Ravensburg und an den Bodensee gebaut.

Reutlingen sollte zunächst durch eine Privatbahn an diese Hauptlinie angeschlossen werden. Bereits 1845 kämpfte Reutlingen um einen Anschluss. König Wilhelm entschied jedoch, dass den Städten Reutlingen und Tübingen zugemutet werden könne, noch länger zu warten. Diese Verzögerung war eine Vergeltungsmaßnahme für die Ereignisse während der Revolutionszeit von 1848. Erst 1859 wurde die Eisenbahnlinie von Plochingen über Reutlingen nach Tübingen in Betrieb genommen. Danach häuften sich die Neugründungen von Firmen und die bestehenden Fabriken nahmen einen großen Aufschwung.

Neben der verbesserten Verkehrslage war eine weitere Voraussetzung für die Industrialisierung Reutlingens auch der Ausbau des Bankwesens. Anfang des 19. Jahrhunderts verliehen wohlhabende Bürger den Handwerkern und Zunftbetrieben Gelder gegen entsprechende Sicherheiten. Ab 1836 existierte eine Reutlinger Leihbank sowie das Bank- und Wechselgeschäft des Privatbankiers Johann Georg Knapp. 1853 öffnete dann die Oberamtsparkasse, die heutige Kreissparkasse, ihre Schalter. Sie war jedoch zunächst nicht für den Kreditbedarf der gewerblichen Wirtschaft gegründet worden. 1861 nahm die Reutlinger Handwerkerbank als privatrechtliche Genossenschaft ihren Geschäftsbetrieb auf. 1871 eröffnete die Württembergische Vereinsbank eine Filiale. Sie war als größte Geschäftsbank des Landes eher gerüstet, den Kreditbedarf der Reutlinger Wirtschaft zu finanzieren. Ende des 19. Jahrhunderts folgten die Großbanken. Sie waren bei der Gründungswelle nicht beteiligt.

Als weitere wichtige Voraussetzung für die Industrialisierung Reutlingens ist auch die Entstehung neuer Schultypen zu nennen. Für die Textilindustrie besonders wichtig war die 1855 gegründete Webschule, das spätere Technikum für die Textilindustrie, aus der dann im 20. Jahrhundert die Fachhochschule Reutlingen/EBS (European Business School) hervorging.

Um die von der Mode des Auslandes abhängige Textil- und Bekleidungsindustrie zu fördern, veranstaltete die Zentralstelle für Gewerbe und Handel in Stuttgart auch in Reutlingen Kurse in Zeichnen, Muster ausnehmen und Muster komponieren. Damit war der Grund für die Reutlinger Frauenarbeitsschule gelegt, die bald eine über Württemberg hinaus reichende Bedeutung erlangen sollte.

Diese breit angelegten Bildungsmöglichkeiten erklären auch das Zitat von Franz Schnabel, der in seiner „Deutschen Geschichte im 19. Jahrhundert" geschrieben hat: *„Tatsache ist, dass im Aufbau des deutschen Industriestaates Protestanten in sehr viel größerer Zahl und sehr viel entscheidenderem Grade mitgewirkt haben als Katholiken. Dabei waren zufällig die äußeren Bedingungen für den Aufbau des deutschen Industriestaates gerade in katholischen Gegenden besonders günstig."* Dies sei, bemerkte Schnabel, auch sehr stark in Württemberg der Fall gewesen. Um diese inzwischen in der Literatur allgemein anerkannte Feststellung erklären zu können, muss man auf die Bibel hinweisen, die für alle protestantischen Richtungen von größter Bedeutung war. Bei den Protestanten wurde die Bibel ganz anders als im Katholizismus zur Pflichtlektüre. Dazu aber musste jeder lesen lernen und dafür entwickelte sich seit der Reformation allenthalben in protestantischen Gebieten ein umfassendes Schulwesen. Gerade in Württemberg, nicht zuletzt im Hinblick auf die Pietisten, wurde immer wieder vom besonderen Fleiß, der Arbeitsamkeit und der Sparsamkeit der protestantischen Menschen gesprochen.

Solange Reutlingen Reichsstadt war, waren die Gerbereien das älteste und bedeutendste Gewerbe. Die bedeutendste Industrie der Stadt Reutlingen im 19. und in der ersten Hälfte des 20. Jahrhunderts war jedoch die Textilindustrie. Fast alle vor 1890 gegründeten namhaften Betriebe Reutlingens hatten ihren Ursprung aus der Zunft der Färber. Diese hatten ihre Werkstätten an der damals bereits kanalisierten Echaz, einem vom Fuße der Schwäbischen Alb stammenden kleinen Fluss, der bei Kirchentellinsfurt in den Neckar mündet. Diese Echaz lieferte der Textilindustrie durch Wasserkraft die Energie für den Antrieb der Maschinen.

Als erstes und größtes Unternehmen der Textilindustrie muss die Firma Ulrich Gminder genannt werden, die bereits 1802 vom Färbermeister Ulrich Gminder gegründet wurde. Dessen Vorfahren waren um die Mitte der 17. Jahrhunderts aus der Schweiz eingewandert. Zunächst wurden in der Firma Gminder Leinentücher und Baumwolltücher in Lohnarbeit gefärbt. Nach dem Tode von Ulrich Gminder im Jahre 1833 vergrößerten seine Söhne das Geschäft, indem sie den Großhandel mit Baumwollwaren aufnahmen. Erst 30 Jahre später im Jahre 1864, nach dem Anschluss Reutlingens an das Eisenbahnnetz, wurde eine mechanische Baumwollweberei und 1870 eine Bleicherei errichtet. 1879 im Gründerboom entstand dann die zweite Weberei. Durch die Errichtung einer eigenen Baumwollspinnerei im benachbarten Neckartenzlingen wurde 1885 das Produktionsprogramm vertikal ausgebaut. 1890 entstand dann die dritte Weberei, 1904 eine weitere Spinnerei. In den Jahren zwischen den beiden Weltkriegen beschäftigte die Firma Ulrich Gminder 2.700 Mitarbeiter in zwei Spinnereien mit 86.000

Spindeln, in drei Webereien mit 2.500 Webstühlen und einer Ausrüstungsanstalt, die täglich 200.000 Meter Baumwollwaren durchliefen. Damit gehört die Firma Gminder zu den führenden europäischen Textilfabriken.

Eine ähnliche Entwicklung nahm die Firma G.M. Eisenlohr, die 1825 gegründet wurde und 1865 in Dettingen/Erms eine Baumwollweberei gründete. Bereits 1881 erstellte die Firma Eisenlohr eine eigene Baumwollspinnerei mit 3.000 Spindeln.

Ebenfalls im Ermstal angesiedelt war die Firma G.A. Leuze, die ihre Weberei zunächst mit 300 Webstühlen in Reutlingen unterhielt, später aber eine Spinnerei in Urach gegründet hat. Wie der Firma Eisenlohr fehlten der Firma Leuze in Reutlingen günstige Wasserkraft und ausreichende Arbeitskräfte. Deshalb verlegte man den neuen Betrieb ins Ermstal, wo beides vorhanden war. In die Reihe dieser vertikal gegliederten großen Textilfirmen gehört auch noch die 1896 gegründete Firma Gebr. Wendler, die aus einer bereits 1843 gegründeten Färberei an der Echaz hervor ging.

Wie die Reutlinger Spinnereien und Webereien aus den Färbereien hervorgegangen sind, so sind die Reutlinger Tuchfabriken aus den handwerksmäßig betriebenen Tuchmachereien entstanden. Bereits 1832 hatte die Firma Johann Georg Finckh die erste Baumwollweberei mit Wasserkraft betrieben. Parallel dazu entstanden Zwirnereien, die die Garne und Nähfaden herstellten.

Die fehlende Kohle als Kraftquelle suchen die Reutlinger Textilbetriebe durch eine optimale Ausnützung der zur Verfügung stehenden Wasserkraft zu ersetzen. An der Echaz und ihren Reutlinger Kanälen lagen Mitte des 19. Jahrhunderts bereits 75 Wasserwerke.

Bald entstanden auch die ersten Betriebe der später sehr bedeutenden Strickwarenindustrie. Während zunächst mit Handstrickmaschinen gearbeitet wurde, kam der entsprechende Durchbruch erst nach 1890 mit der Erfindung der automatischen Links/Links-Strickmaschine durch die Reutlinger Firma H. Stoll. Diese hatte schon ab 1873 Handstrickmaschinen gebaut. Die Stollsche mechanische Links/Links-Strickmaschine war für die Automatisierung der Flachstrickerei von großer Bedeutung.

Während alle der im 19. Jahrhundert entstandenen Textilbetriebe heute nicht mehr oder nicht mehr in der damaligen Bedeutung bestehen, haben fast alle heutigen Großbetriebe der Metallbearbeitung und der Maschinenindustrie ebenfalls ihren Ursprung ebenfalls in der zweiten Hälfte des 19. Jahrhunderts. Zu erwähnen sind hier vor allem die Betriebe der Metalltuchindustrie, die für die Erzeugung von Papier von großer Bedeutung sind.

Wie deutlich wurde, hat sich aus der Färberzunft die Textilindustrie und daraus die Textilmaschinenindustrie entwickelt. Diese Struktur der Reutlinger Industrie hat sich bis etwa 1970 gehalten. Insofern war die wirtschaftliche Entwicklung Reutlingens zwangsläufig mit dem Schicksal der deutschen Textilindustrie eng verbunden. Eine Verlagerung der Textilindustrie ins Ausland, wie diese in den Siebziger Jahren des 20. Jahrhunderts immer stärker einsetzte, musste zwangsläufig auch starke Veränderungen in der Reutlinger Industrielandschaft hervorrufen. Auch in anderen Gebieten und Städten, in denen eine ähnliche Struktur vorhanden war wie z.B. am Niederrhein, zeigt sich die gleiche Problematik.

Bis zum Jahre 1936 stand der Kreis Reutlingen für das gesamte Gebiet von Württemberg und Baden mit 28.900 Beschäftigten an dritter Stelle hinter Stuttgart und Mannheim. Dass dieser Rang nicht gehalten werden konnte, lag daran, dass es nach dem Zweiten Weltkrieg nicht gelang, neue und zukunftsträchtige Industrien der Investitions- und Konsumgüterindustrie anzusiedeln.

Dies wiederum hatte verschiedene Gründe. Unübersehbar ist zunächst für die Fünfziger Jahre des 20. Jahrhunderts ein ausgesprochener Arbeitskräftemangel. Gegen eine Ansiedlung fremder Großbetriebe sprach auch die familiäre, mittelständische, fast geschlossene Reutlinger Wirtschaft.

Nachdem die Eisenbahn als wichtigstes Transportmittel seine Rolle an den Straßenverkehr abgegeben hat und für den Transport von Massengütern oft Binnenschiffe eingesetzt wurden, scheint Reutlingen auch im 20. Jahrhundert wieder etwas in den Verkehrsschatten gekommen zu sein und war zunächst gegenüber anderen Städten Württembergs benachteiligt.

Zusammenfassend kann festgestellt werden, dass die Industrialisierung Reutlingens verhältnismäßig spät eingesetzt hat. In der Mitte de 19. Jahrhunderts, also in der Zeit als die Industrialisierung in Reutlingen erst richtig begann, hat sich die deutsche Industrie erst dort befunden, wo England 100 Jahre zuvor gestanden hat.

Eine im Jahr 1832 erstellte württembergische Statistik der vorhandenen Fabriken wies nur 257 Fabriken mit durchschnittlich 16 Beschäftigten auf. Auch danach ging es langsam voran und die württembergische Industrie war im Bereich der Textilindustrie fast allen übrigen deutschen Staaten unterlegen. Als Beispiel kamen 1848 in Württemberg 68 Baumwollspindeln auf 1.000 Einwohnern, in Bayern waren es 119, in Sachsen sogar 274. Dabei kann festgehalten werden, dass bei weitem der größte Teil der württembergischen Fabriken aus Spinnereien und Webereien bestand. Konfektionsbetriebe waren kaum vorhanden: Hemden, Anzüge, Damenkleider wurden selbst oder von Schneidern genäht.

Die Industrialisierung Europas und Nordamerikas im 19. Jahrhundert ist zweifellos eines der großartigsten Kapitel der menschlichen Geschichte. Die geistigen Impulse dafür kommen aus der großen Bewegung der Aufklärung und des in ihr wurzelnden wirtschaftlichen politischen Liberalismus, aber auch aus jenem protestantischen Arbeitsethos, zu dem in Württemberg insbesondere der im Luthertum wurzelnde Pietismus das seine beitrug. Wie groß dieser Beitrag war, bleibt umstritten, er ist auf jeden Fall noch nicht genügend erforscht.

Die wichtigsten materiellen Faktoren, die das Wachstum der Reutlinger Textilwirtschaft im 19. Jahrhundert gefördert haben, war der Bau der Eisenbahn, der Ausbau des Kreditwesens und der Schulen, die es ermöglichten, einen qualifizierten Nachwuchs heran zu bilden. Wichtig waren auch die neuen Interessenvertretungen bei den Handelskammern und die Zentralstelle für Gewerbe und Handel, die 1854 von Ferdinand von Steinbeis gegründet wurde. Sie hatten einen indirekten Einfluss auf die Wirtschaft und die Politik der württembergischen Regierung.

Voraussetzung für die Industrialisierung waren neben den technischen Erfindungen aber auch die Erschließung neuer Energiequellen wie Wasserkraft, Dampfkraft, Gas und Elektrizität.

Jede Erörterung der Gründe für die späte aber doch schnelle Industrialisierung Reutlingens muss unvollständig sein, ohne die Rolle, die die Reutlinger Unternehmer dabei gespielt haben. Die aus den Altreutlinger Familien stammenden Fabrikanten verbanden Solidität und Sparsamkeit mit Können, Fleiß, Wagemut und Pioniergeist. Sie stellen eine ideale Mischung von Erfinder und Geschäftsmann dar und entwickelten oft aus kleinen Anfängen namhafte Betriebe. Diese Pionierunternehmer stellen sicher eine der wichtigsten Komponenten der Reutlinger Textilindustrie dar.

Der Weg, den die industrielle Entwicklung Württembergs und Reutlingens genommen hat, war alles andere als leicht. Man übertreibt nicht, wenn man feststellt, dass die Voraussetzungen für die Industrialisierung hier ungünstiger waren als in anderen Gebieten Deutschlands. Umso eindrucksvoller ist die Überwindung dieser Widerstände durch die geistigen Kräfte der Stadt und ihr schließlich großer Erfolg.

II. Der Strukturwandel in der Textilindustrie in der zweiten Hälfte des 20. Jahrhunderts

Nach Einführung der sozialen Marktwirtschaft ab 1948 entwickelte sich die südwestdeutsche Textilindustrie schnell zu einer Schlüsselindustrie: Aus kleinen Anfängen entstanden namhafte Betriebe der Textil-, Bekleidungs- und Maschenindustrie. Unter der Bezeichnung Textilindustrie werden insbesondere Spinnereien und Webereien, unter der Bezeichnung Bekleidungsindustrie vor allem Konfektionsbetriebe zur Herstellung von Herrenbekleidung, Damenkleidern, Blusen, Hemden etc. verstanden. Unter dem Oberbegriff Maschenindustrie sind Betriebe zu verstehen, die gestrickte oder gewirkte Bekleidung, vor allem gestrickte Oberbekleidung, Unterwäsche und Strümpfe sowie Maschenstoffe herstellen.

Schwerpunkt der Maschenindustrie wurde Südwestdeutschland. Im Großraum Reutlingen mit Nürtingen und Metzingen sowie den Randgemeinden der Schwäbischen Alb wurden vor allem gestrickte Oberbekleidung für Damen, Herren und Kinder sowie gestrickte Babykleidung hergestellt. Im Raum Ebingen und Tailfingen konzentrierten sich die Hersteller von gewirkter und feingestrickter Unterwäsche. Dagegen befand sich eine Vielzahl von Konfektionsbetrieben in Westfalen, vor allem im Raum Bielefeld und Herford.

Durch den allgemeinen konjunkturellen Aufschwung und die schnell zunehmende Kaufkraft entwickelte sich die Textil- und Bekleidungsindustrie in den Fünfziger und Sechziger Jahren rasant und war zunächst die Schlüsselindustrie in Südwestdeutschland. Bald konnte die Produktion mit heimischen Arbeitskräften nicht mehr bewältigt werden, so dass in erheblichem Umfang Gastarbeiter aus Italien, Griechenland, später Jugoslawien und der Türkei angeworben wurden. Im Landkreis Tübingen gab es 1964 79 Textilbetriebe mit über 8.000 Beschäftigten. In Kirchentellinsfurt im Landkreis Tübingen gehörten von zehn Betrieben acht der Bekleidungs- und Textilindustrie an.

Das Phänomen der Konzentration auf eine Branche in einer bestimmten Gegend trifft auch für andere Teile Südwestdeutschlands zu: So siedelten sich im Raum Spaichingen und Tuttlingen vorwiegend Betriebe des medizinischen Instrumentenbaus an, aus dem sich die zukunftsträchtige Medizintechnik entwickelte.

Im Raum Reutlingen/Tübingen aber auch auf der Schwäbischen Alb zeigten sich ab Anfang der 1960er Jahre gravierende Veränderungen: 1964 wurde der größte Textilbetrieb Reutlingens, die Firma Ulrich Gminder AG, von der Robert Bosch GmbH Stuttgart übernommen. Der damalige Chef des Automobilzulieferers Robert Bosch GmbH, der bis 1958 Finanzvorstand in der Gminder AG war, übernahm für den Bosch-Konzern die Fabrikanlagen und alle 1.626 Mitarbeiter, um eine Fabrik für Scheinwerfer einzurichten. Die ehemaligen Gminder-Mitarbeiter wurden umgeschult und die Anzahl der Mitarbeiter stark aufgestockt, so dass Bosch bald zum größten Arbeitgeber in Reutlingen wurde. Der Rückgang der Textilindustrie wurde dadurch überkompensiert. Mehr als 6.800 Menschen sind 2007 im Reutlinger Bosch-Werk beschäftigt. 2007 soll mit einer Investitionssumme von 500 Millionen Euro eine zweite Fabrik zur „Halbleiterproduktion“ erstellt werden.

Dieses Beispiel zeigt, dass zumindest in Reutlingen der Strukturwandel von der einst dominierenden Textilindustrie in neue Technologien gelungen ist – ein Glücksfall für die Stadt und für die Region. Diese profitiert auch von den größten Werken der Daimler AG in Sindelfingen mit 16.000 Beschäftigten und Untertürkheim mit 17.000 Beschäftigten. Stuttgart und seine Umgebung mit Heilbronn, Ludwigsburg, Sindelfingen, Böblingen , Esslingen, die Orte des Fils-, Rems- und Neckartals sind zu Beginn des 21. Jahrhunderts industrielle Leuchttürme der deutschen Wirtschaft mit einer Arbeitslosigkeit von unter 5%, was Vollbeschäftigung bedeutet.

Von allen Spinnereien und Webereien in Reutlingen und Umgebung, auch im angrenzenden Ermstal und Echaztal, existierten zu Beginn des 21. Jahrhunderts keine mehr. Von über 50 Strickwarenfabriken im Raum Reutlingen ist nur noch eine Handvoll vorhanden, wobei die Produktion fast ausschließlich im Ausland erfolgt.

Während ab 1970 Länder Südeuropas wie Italien, Griechenland aber auch das damalige Jugoslawien dominierten, kamen bald weit entfernte Produktionsstandorte in Fernost wie Hongkong, Taiwan und Südkorea hinzu. Seit 1990 sind als Produktionsstandorte die ehemaligen sozialistischen Länder Ungarn, Polen, Rumänien, Bulgarien etc. interessant. Auch in Fernost sind neben den Textilgiganten China und Indien neue Produktionsstandorte in Thailand, Vietnam und Kambodscha aber auch Indonesien und Malaysia entstanden.

Die Zeitrechnung der Teilverlagerung der Produktion der Maschenerzeugnisse in Niedriglohnländer begann Anfang der Siebziger Jahre mit der Genehmigung der Bundesregierung für passive Veredelungsverkehre mit sozialistischen Ländern Mittel- und Osteuropas. Dies bedeutete, dass z.B. bei Maschenerzeugnissen die Produktion der Gestricke aber auch der Zuschnitt in deutschen Betrieben erfolgte, die aufwändigen und lohnintensiven Konfektionsarbeiten aber z.B. nach Jugoslawien verlagert wurden. Einfache Regelungen über die temporäre Ausfuhr und Wiedereinfuhr teilbearbeiteter Fertigwaren und Zollvergünstigungen in der Ära Brandt hatten das Ziel, die industrielle Kooperation mit sozialistischen Ländern im Zuge der Ostpolitik zu fördern und den lohnintensiv strukturierten Unternehmen der Bekleidungs- und Maschenindustrie die Möglichkeit einer Mischkostenkalkulation zu erschließen. In der zweiten Hälfte der Siebziger Jahren entstanden dann auch unter deutscher Leitung Konfektionsbetriebe der Wäsche- und Freizeitbekleidungsindustrie in Tunesien, eine Entwicklung, die durch das Assoziierungsabkommen der europäischen Wirtschaftsgemeinschaft mit den Maghreb-Ländern gefördert wurde.

Die Verlagerung der Produktion im Rahmen des passiven Lohnveredelungsverkehrs aber auch des Zukaufs von Fertigware nahm im Laufe der 1970er Jahre einen dramatischen Umfang an.

1970 gab es in Deutschland rund 1.200 Betriebe der Maschenindustrie mit 143.000 Beschäftigten. 1980 reduzierte sich diese Zahl auf 655 Betriebe mit nur noch 80.000 Beschäftigten. Dieser Trend setzte sich weiter fort.

Im Jahre 2000 existierten noch 306 Betriebe mit 29.000 Beschäftigten und im Jahr 2005 noch 199 Betriebe mit 18.000 Mitarbeitern im seit 1990 vereinigten Deutschland. Diese Entwicklung zeigt, dass die südwestdeutsche Textil- und Bekleidungsindustrie von der Globalisierung als ehemalige Leitindustrie am härtesten getroffen wurde. Eine ähnliche Entwicklung hat die deutsche Schuhindustrie durchlaufen.

Die Zahl der Betriebe in der Bekleidungs- und Maschenindustrie sank von insgesamt 5.000 Betrieben im Jahre 1974 auf weniger als 1.000 Betriebe im Jahre 2005. Ähnlich dramatisch ist die Zahl der Beschäftigten in dieser Industrie zurückgegangen: Während im Jahr 1974 noch 412.000 Beschäftigte in diesem Bereich tätig waren, erreichte die Beschäftigtenzahl 1994 noch 169.000 und 2005 weniger als 100.000.

Allein die Firma Robert Bosch GmbH beschäftigte 2006 weltweit 276.000 Mitarbeiter, darunter in Deutschland 110.000, d.h. mehr als die gesamte deutsche Textil-, Bekleidungs- und Maschenindustrie.

Diese Entwicklung wurde auch durch das Welttextilabkommen, das 1973 in Kraft trat, nicht beseitigt. Das Welttextilabkommen regelte den Handel mit Textilien zwischen Entwicklungsländern und den Industrienationen in Form von Selbstbeschränkungsabkommen. Dies bedeutete, dass z.B. für jede Warengruppe wie z.B. Hemden, Pullover, Arbeitsbekleidung etc. Einfuhrquoten bestanden und Einfuhrgenehmigungen erteilt werden mussten. Dadurch sollte die heimische Industrie geschützt werden. Dass dies letztlich nicht gelungen ist, zeigt die aufgezeigte Entwicklung. Es ist allerdings davon auszugehen, dass ohne das Welttextilabkommen der Rückgang in der Textilindustrie noch schneller vonstatten gegangen wäre. Nach Wegfall dieser Quotenregelung Anfang des 21. Jahrhunderts sind die Märkte völlig offen, so dass für Importe aus Nicht-EU Ländern nur noch Zölle, die bei ca. 20% des Einkaufspreises liegen, die importierte Ware verteuern. Dabei spielen die Transportkosten kaum eine Rolle. Ein großer Container mit einem Inhalt von 30.000 Bekleidungsstücken aus Fernost verursacht 2007 nur Frachtkosten in der Größenordnung von 3000 Euro, d.h. 10 Cent pro Teil.

In der südwestdeutschen Textil- und Bekleidungsindustrie haben sich nur noch wenige namhafte Firmen halten können, die entweder durch eine kapitalintensive Fertigung oder durch besondere Kreativität sowie eine entsprechend hochpreisige Marke den Markt beherrschen.

Das bekannteste Beispiel ist die Firma Hugo Boss in Metzingen, die sich zwischen 1970 und 1990 aus einem kleinen Hersteller von Berufsbekleidung unter der Führung der Gebrüder Holy zu einem namhaften internationalen Bekleidungskonzern mit Schwerpunkt Herrenkonfektion entwickelte. Allerdings besteht in Deutschland nur noch die Kollektionserstellung (Styling), Vertrieb, Versand und Verwaltung. Die Produktion, zum Teil auch über Lizenzen, wurde in viele

Teile der Welt verlagert. Hugo Boss wurde bereits 1991 mehrheitlich an den italienischen Modekonzern Marzotto/Valentino verkauft, der 2007 durch den privaten Equity-Fonds Permira übernommen werden soll. Dieser internationale Modekonzern hat damit auch internationale Gesellschafter.

Ein weiteres Beispiel für ein erfolgreiches Textilunternehmen in der Region Reutlingen ist die Firma Trigema: 1.200 Mitarbeitern stellen 2006 in Burladingen Sportbekleidung und T-Shirts her. Selbst bei hochrationeller Fertigung können die Löhne auf der Schwäbischen Alb aber nur schwer mit den Löhnen in Niedriglohnländern konkurrieren. Aus diesem Grunde hat sich der Absatz dieser Firma mit über 50% in eigene Fabrikverkaufsstellen, so genannte Outlets, verlagert.

Im Gegensatz zum Rückgang der Textil- und Bekleidungsindustrie konnten sich die aus diesen Industrien entstandenen Maschinenfabriken halten und sich sogar zu Weltmarktführern entwickeln: Die Firma H. Stoll & Co. in Reutlingen teilt sich zusammen mit einem japanischen Konkurrenten den Weltmarkt für vollautomatische, elektronische Flachstrickmaschinen. Die Firma Gebr. Mayer GmbH in Tailfingen nimmt eine ähnliche Stellung auf dem Gebiet der Rundstrickmaschinen ein. In Tübingen konnte sich die Firma CHT Beitlich GmbH zum führenden Hersteller von Chemikalien für die Veredelung von Textilien entwickeln.

Im 21. Jahrhundert verändert sich die Produktion von Textilien auch technologisch weiter: Immer feinere Chemiefasern und Hightechgarne kommen zum Einsatz, die erwünschte bekleidungsphysiologische Auswirkungen haben, wie den Abtransport von Feuchtigkeit oder die Absorption von UV-Strahlung etc. Ein großes Innovationspotential schlummert derzeit in der Konstruktion von neuen Maschenstoffen für technische oder medizinische Verwendungszwecke. Intelligente Maschenstoffe sind mit Sensoren ausgestattet, die mit Warnsystemen, Schutzmechanismen oder Informationssystemen vernetzt werden können. Auch im Automobilbau spielen z.B. gewirkte Autohimmel und gewebte Sicherheitsgurte eine bedeutende Rolle.

Während der Rückgang der Textil-, Bekleidungs- und Maschenindustrie im Großraum Reutlingen durch die Ansiedlung neuerer, moderner Industrien im Umfeld der im Großraum Stuttgart ansässigen Automobilindustrie gelungen ist, zeigen auch Anfang des 21. Jahrhunderts andere Standorte der vormals blühenden Textilindustrie noch strukturelle Schwächen. So ist zwar in der einstigen Hochburg der Wäscheindustrie im Bereich Ebingen und Tailfingen, dem heutigen Albstadt, der größte Betrieb die Firma Grotz-Beckert Weltmarktführer für Nadeln und Platinen für Strick- und Wirkmaschinen. Diese wenigen Ausnahmen können dort jedoch den Rückgang des traditionellen Textilgewerbes, das heute noch durch stattliche Fabrikbauten und Fabrikantenvillen ihre Spuren hinterlassen hat, noch nicht kompensieren.

Vielmehr ist zu befürchten, dass im Rahmen der immer stärker werdenden Globalisierung auch andere Leitindustrien abwandern, so z.B. Teile der Automobilzulieferer in Länder Südosteuropas.

Trotz hoher Produktivität reichen alle Rationalisierungen in der Produktion nicht mehr aus, das teilweise extrem vorhandene Lohngefälle zu Niedriglohnländern auszugleichen. So kostete im Jahr 2006 im Großraum Reutlingen eine Arbeitsstunde einer Näherin zwischen acht und zehn Euro. Durch die Lohnnebenkosten, insbesondere Sozialabgaben für Krankenversicherung und Rentenversicherung, durch bezahlte Urlaubstage und die Lohnfortzahlung im Krankheitsfalle, erhöhten sich diese Kosten auf sechzehn bis zwanzig Euro/Arbeitsstunde.

In Schwellenländern wie Vietnam oder Malaysia fallen im Extremfall Kosten von kaum mehr als einem US-Dollar pro Tag an. Kinderarbeit ist zwar zunehmend geächtet, aber 2007 nicht verschwunden.

Die Beschaffungsmärkte in den letzten 30 Jahren in der Textil- und Bekleidungsindustrie haben sich extrem verändert. Die oft vom Zufall bestimmte Wahl von Auslandsfertigungsbetrieben und Produktionsstandorten in einer Vielzahl von unterschiedlich entfernten Ländern sowie der häufige Wechsel von Beschaffungsstandort zu Beschaffungsstandort, der so genannte „Beschaffungstourismus“, werden in Zukunft durch ein mittel- bis langfristig strategisches Beschaffungssystem ersetzt werden müssen, nachdem sich langfristig die Beschaffungsmärkte immer weiter angleichen werden.

Neben Produktionsverlagerungen und Insolvenzen von produzierenden Textil- und Bekleidungsbetrieben hat sich auch die Struktur des Einzelhandels stark verändert. Während nach 1945 noch ein mittelständischer Textileinzelhandel mit vielen kleinen Fachgeschäften und Boutiquen vorherrschte, setzte schon Ende der 1950er Jahre eine zunehmende Konzentration ein.

Neben Einkaufsgenossenschaften wie z.B. der Sütex in Sindelfingen oder der Katag in Bielefeld sowie der Hadeka, hatte sich auch die Einkaufsmacht der großen Textilhäuser und Warenhäuser (Karstadt, Kaufhof, Hertie, C&A, P&C etc.) immer mehr vergrößert.

Eine bedeutende Rolle spielten auch die Versandhäuser Otto, Quelle, Neckermann Baur, Bader, Wenz und Klingel etc. mit ihrem Schwerpunkt Textilien.

Fachfremde Einzelhändler, wie z.B. die Discounter Aldi, Lidl und Tengelmann sowie die Filialen des Kaffeeherstellers Tchibo oder die Billigketten Takko, Kik und Vögele gehörten Ende des 20. Jahrhunderts zu den größten Einzelhändlern von Textilien. Diese großen Firmen wiederum beziehen direkt Ware aus dem Ausland, so dass die dazwischen liegenden Handelsspannen übersprungen werden. Durch häufig wechselnde Kollektionen und eine zunehmende Filialisierung mittelständischer Textileinzelhändler hat sich der Markt für Textilbekleidung laufend verändert: Handelsvertreter, große Messen, aufwändige Vertriebsorganisationen lassen sich nur noch schwer in den Preisen unterbringen.

Direktimporte von großen Modeketten wie z.B. GAP, H&M, Zara, die ihren Ursprung in den USA, in Skandinavien oder Spanien haben, beherrschen zunehmend die Innenstädte und rund 500 „Shopping-Malls" in Deutschland. Diese oft den Modetrend beherrschenden Großbetriebe lassen ihre eigenen Kollektionen vorwiegend in Niedriglohnländern bzw. Schwellenländern produzieren.

Auch die zunächst von deutschen Textilfabriken produzierten Eigenmarken von Kaufhauskonzernen standen so unter Preisdruck, dass diese häufig ins kostengünstige Ausland verlagert und später in die Fertigungsregie von den Kaufhauskonzernen und Versandhäusern selbst übernommen wurden.

Der früher nahe Reutlingen gelegene Textilproduktionsstandort Metzingen hat sich durch eine große Anzahl von Fabrikverkäufen, so genannten „Outlets", in eine attraktive Einkaufsstadt verwandelt. Dabei werden gerade in Metzingen neben „Hugo Boss" viele hochpreisige Designermarken angeboten, die Kundschaft aus allen Teilen Deutschlands aber auch aus dem Ausland anziehen.

Ab Anfang der 1990er Jahren ist eine Polarisierung der Konsumentennachfrage festzustellen: Verbraucher mit hohem, gesicherten Einkommen zeigen im oberen Preisgenre keine wesentlichen Veränderungen ihres Einkaufsverhaltens. Konsumenten mit mittleren Einkommen haben ihr Einkaufsverhalten bei Textilien hingegen verändert. Entweder haben sie die Einkäufe zurück gestellt oder die Nachfrage auf das untere Preisgenre verlagert. Hochpreisige Waren werden von diesem Verbraucherkreis nur dann gekauft, wenn es drastische Abschriften gibt oder die entsprechende Ware direkt vom Hersteller über Outlets angeboten wird. Der Erfolg der 1992 erstmals erschienen „Schnäppchenführer" spricht hierbei für sich.

Untere Einkommensschichten fallen als Konsumenten für das Mittelgenre fast ganz aus, sie kaufen ausschließlich preisaggressive Angebote des unteren Preissegmentes und Sonderposten.

Allgemein ist auf dem Bekleidungssektor eine zunehmende „Amerikanisierung" festzustellen: Der Trend zu preisgünstigen Bekleidungsstücken wie Jeans und billigen Oberteilen, sowie alle Arten von Freizeit- und Sportbekleidung ist deutlich sichtbar. Hochwertige Gesellschaftskleidung, Anzüge mit Krawatten, edle Damenoberbekleidung finden bei der Jugend aber auch bei einem zunehmenden Anteil der gesamten Bevölkerung immer weniger Anklang.

Dieses veränderte Konsumverhalten zeigt sich auch an dem veränderten Warenkorb einer Durchschnittsfamilie: Während für Auto, Urlaub, Freizeit etc. mehr ausgegeben wird, gehen die Anteile des verfügbaren Einkommens sowohl für Nahrungsmittel aber auch für Bekleidung und Textilien immer mehr zurück. Dieser Trend wird durch immer günstigere, aus dem Ausland stammende Textilien bestimmt und hat letztendlich zu einer dramatischen und nachhaltigen Strukturveränderung der einst blühenden Textil- und Bekleidungsindustrien geführt.

Diese hat ab Mitte des 19. Jahrhunderts die Industrialisierung eingeleitet und in den 1950er und 1960er Jahren ihren Zenit erreicht. Durch die Globalisierung hat insbesondere die Bekleidungs- und Maschenindustrie bis auf wenige Ausnahmen ihre einstige Bedeutung im hochindustrialisierten Südwesten Deutschland verloren.

III. Fallbeispiel: Die Unternehmensgeschichte der Familien Wagner, Hornung und Wandel

Nachdem in Reutlingen Wasserkraft und Arbeitskräfte knapp wurden, siedelten sich in der zweiten Hälfte des 19. Jahrhunderts zunehmend Textilbetriebe im nahe gelegenen Ermstal an, das heißt zwischen Urach und Metzingen, aber auch im Echaztal zwischen Reutlingen und Kirchentellinsfurt. Kirchentellinsfurt wurde urkundlich erstmals 1007 erwähnt und ist aus zwei Dorfteilen Kirchen und Tälinsfurt entstanden. Durch viele historische Funde ist belegt, dass bereits um das Jahr 74 n. Chr. römische Soldaten diese Gegend besiedelten und über eine Römerstrasse von Köngen am Neckar nach Rottenburg/Sumelocenna zogen.

Kirchentellinsfurt hatte zur Tausendjahrfeier 2007 rund 5.000 Einwohner und liegt jeweils acht Kilometer von Reutlingen und Tübingen entfernt. Bei Kirchentellinsfurt mündet die Echaz in den Neckar.

Im 19. Jahrhundert herrschte im oberen Ortsteil Landwirtschaft vor. Ab 1878 entstand im Tal in rascher Folge eine Reihe von Fabriken. Diese waren auf den ersten Fabrikanten, Gottlieb Wagner (1844-1909), den Begründer der Kirchentellinsfurter Textilindustrie zurückzuführen. Im Jahre 1878 kaufte der Schlossermeister Gottlieb Wagner – der Urgroßvater des Autors dieser Abhandlung – ein kleines Fabrikanwesen, das an der aufgestauten Echaz errichtet wurde und somit über Wasserkraft verfügte. Im Untergeschoss unterhielt er zunächst eine Schlosserei, in der Küchenherde angefertigt wurden. Im Obergeschoss befand sich eine kleine Zwirnerei, deren Maschinen über Transmissionsriemen mit Wasserkraft angetrieben wurden. Das Ehepaar Wagner hatte 5 Söhne und 5 Töchter. Aus der kleinen Fabrik Gottlieb Wagners entstanden zu Ende des 19. Jahrhunderts insgesamt vier Betriebe, davon zwei namhafte Textilfabriken:

Die Firma Wagner & Söhne errichtete an der Echaz neben der Zwirnerei eine Nähfadenfabrik und eine Färberei. Seine Blüte erreichte dieser Betrieb zwischen 1950 und 1970. 1970 wurde er unter der Firmierung Unigarn an den badischen Nähfadenkonzern Metz verkauft, der wenige Jahre später von dem britischen

Konzern Coats übernommen wurde. Die Produktion in Kirchentellinsfurt wurde 1990 eingestellt. Die ehemaligen Fabrikhallen dienen heute als Gewerbepark für verschiedene Branchen.

Ein weiterer Sohn Gottlieb Wagners gründete zu Anfang des 20. Jahrhunderts die Firma Carl A. Wagner, Zwirnerei, Bleicherei, Färberei und Mercerisieranstalt. Dieser Betrieb spezialisierte sich auf die Fabrikation von verschiedenen Garnen, insbesondere zur Herstellung von Strümpfen und Babykleidungsartikeln. Nach einem raschen Aufschwung in der Weimarer Republik, aber auch nach dem Zweiten Weltkrieg in den Fünfziger Jahren, wurde bereits 1967 die Produktion stillgelegt und die Fabrikliegenschaften in einen Gewerbepark umgewandelt, in dem sich unter anderem ein Metallbetrieb angesiedelt hat.

Die Maschinenfabrik des Wagnerschen Gründungsbetriebes wurde nach dem Tode des Vaters von seinem Sohn Wilhelm weitergeführt. Bereits 1902 erfolgte ein Fabrikneubau, in dem die weltweit bekannten Wagner-Kühlschiffe gebaut wurden, die zur Herstellung von Bier verwendet wurden.

Der Bruder von Gottlieb Wagner, August Wagner, gründete einen Behälterbau, der große Silos für Brauereien und Mälzereien baute und bis 1980 existierte.

Neben den Wagnerschen Firmen entstand 1900 die Zweizylinderspinnerei, Betttuchweberei und Rauerei von Carl Schirm, die sich bald zum größten Textilbetrieb am Ort entwickelte. 1987 ging dieser namhafte Betrieb in Konkurs.

1924 gründeten die Bauernsöhne Zeeb und Hornung eine Hemdenfabrik. Sie beschäftigten in den Jahren nach dem Zweiten Weltkrieg mehrere Hundert Beschäftigte und unterhielt verschiedenen Nähfilialen. Mit der Marke „Einhorn“ war diese Firma neben „Seidensticker“ und „Olymp“ sowie der Edelmarke „van Laak“ einer der bekanntesten deutschen Hemdenhersteller. Ab 1980 wurde die heimische Produktion zurückgefahren, so dass im 21. Jahrhundert fast die gesamte Produktion im Ausland erfolgt.

Während die Söhne des Industriebegründers Gottlieb Wagner ihre eigenen Firmen gründeten und leiteten, wurden die Töchter mit einer Erbschaft von je 50.000 Goldmark abgefunden, was bei der Kaufkraft um die Jahrhundertwende im Kaiserreich einen siebenstelligen Eurobetrag dargestellt haben dürfte.

Die Tochter Wilhelmine (Mina) Wagner (1876–1971) heiratete 1903 den aus dem Schwarzwald stammenden Schreinermeister Christian Hornung und gründete mit ihrem Erbe eine kleine Möbelfabrik, die 1910 schon 40 Beschäftigte hatte. Nach dem allzu frühen Tod ihres Mannes, der mit 35 Jahren im Jahr 1910 starb, versuchte sie die Firma mit einem angestellten Meister weiterzuführen, verkaufte sie aber schließlich 1912 an ihren Bruder Carl August Wagner, der in den Fabrikräumen eine Zwirnerei errichtete. Den Verkaufserlös und ihr restliches Erbe legte sie patriotisch in Kriegsanleihen an. Diese waren nach der Inflation von 1923 wertlos, so dass Mina Hornung und ihre drei minderjährigen Töchter mittellos waren.

Ihre erfolgreichen Brüder errichteten ihr daraufhin ein Geschäftshaus in Kirchentellinsfurt, in dem eine Filiale der Kreissparkasse als Mieter untergebracht wurde. Daneben betrieb Mina Hornung – die Großmutter des Autors – ab 1924 eine Handmaschinenstrickerei zur Herstellung von Strümpfen, sowie ein Ladengeschäft für Textil- und Kurzwaren. Anfang 1939 wurde die erste Motorstrickmaschine der Reutlinger Firma Stoll gekauft, mit der während der Kriegszeit Wehrmachtspullover produziert wurden.

Nach Kriegsende 1945 waren sowohl Wolle als auch Baumwolle knapp. Deshalb wurden alte, gestrickte Wollwaren und Wollabfälle im Wege der Kompensation gegen Handstrickgarn oder gestrickte Strümpfe umgetauscht. 1947, zwei Jahre nach Kriegsende, trat der Schwiegersohn Friedrich Wandel (1911-2007) – Vater des Autors – in die Firma ein, die nunmehr als Hornung & Wandel OHG Strickwarenfabrikation in das Handelsregister eingetragen wurde. Bereits 1948 wurden an größere Textilhäuser im Rhein-Ruhr-Gebiet Damenpullover verkauft. In den 1950er und 1960er Jahren war der Verkauf von gestrickter Damenoberbekleidung nicht schwer. Das Hauptproblem lag aber in der Produktion, da Arbeitskräfte am Ort zunehmend knapp wurden. Neben verschiedenen Erweiterungsbauten des Fabrikanwesens wurden in den umliegenden Dörfern die Nebenräume von Gastwirtschaften angemietet, in denen Nähereien eingerichtet wurden.

1970 setzte der Strukturwandel in der Textil- und Bekleidungsindustrie ein: Die in der Nähe produzierende Miederfirma „Naturana“ schloss ihre Nähfilialen und verlagerte sukzessive ihre Näharbeiten ins kostengünstigere Ausland. Die Firma Hornung & Wandel GmbH & Co. („HOWA“) übernahm damals eine dieser Nähfilialen mit über 50 Näherinnen, um der steigenden Nachfrage nach Pullovern gerecht zu werden. 1970 beschäftigte HOWA 150 Mitarbeiter.

Produziert wurden neben Damenpullover vor allem Kleider und Kostüme aus Jersey, das heißt feingestrickten Stoffen, die auf Rundstrickmaschinen hergestellt wurden.

Anfang der 70er Jahre wurde die Konfektion auch von HOWA zunehmend in das benachbarte Ausland, zunächst nach Italien, dann nach Griechenland und in das vormalige Jugoslawien verlagert. Aus diesen Ländern waren auch ab 1960 so genannte Gastarbeiter angeworben worden.

Erstmals 1971 wurde von HOWA Fertigware aus Fernost, vornehmlich aus Hongkong, Taiwan und Korea zugekauft. Trotz der auf diesen Importen liegenden Zölle und der durch das Welttextilabkommen bestehenden Einfuhrquoten waren diese Waren preislich attraktiv und qualitativ mit deutschen Produkten vergleichbar.

Ab 1975 entwickelte sich die Firma Hornung & Wandel zunehmend zur Handelsfirma. In der eigenen Produktion wurden erstmals Verluste erwirtschaftet. Ab 1976 wurde der Versand der aus dem Ausland importierten Pullover und T-Shirts in ein angemietetes Logistikgebäude verlagert, das 1979 durch einen Neubau ersetzt wurde. 1978 wurde neben gestrickter Damenoberbekleidung eine Kollektion sehr hochwertiger Blusen aus japanischen Stoffen auf den Markt gebracht, die in Hongkong angefertigt wurden. Bereits im ersten Jahr wurden damit Umsätze von fünf Millionen DM erzielt. Die in der Produktion angefallenen roten Zahlen wurden durch entsprechende Gewinne im Handelsgeschäft überkompensiert. 1980 setzte HOWA rund 20 Millionen DM um.

1981 ergab sich die Gelegenheit, eine vormals bedeutende Strickwarenfabrik im Kreis Reutlingen zu übernehmen: Die Firma Mestri GmbH in Trochtelfingen wurde bereits 1924 als mechanische Strickwarenfabrik gegründet. Sie hatte um 1960 mit 450 Beschäftigten in der Herstellung von modischen Herrenpullovern ihre Blüte erreicht. Zum Zeitpunkt der Übernahme 1981 wurden noch rund 180 Mitarbeiter beschäftigt. Erleichtert wurde die Übernahme durch einen Auftrag der Bundeswehr, die damals ihre Soldaten mit über 500.000 olivgrünen Nato-Pullovern ausstattete, die von Mestri entwickelt wurden. Die Firma Mestri GmbH war daher in den Jahren 1981-1984 mit diesen Aufträgen, die 50% der Produktion ausmachten, voll ausgelastet. Sie erzielte ebenfalls Jahresumsätze in der Größenordnung von 20 Millionen DM und konnte die in den Vorjahren aufgelaufenen Verluste wieder kompensieren. Aufgrund der verdeckten Ausschreibungen des Bundeswehrbeschaffungsamtes kam aber ab 1985 ein Wettbewerber zum Zug, der die Bundeswehrpullover in Jugoslawien produzierte. Die Mestri GmbH geriet durch den dadurch entstandenen erheblichen Umsatzrückgang in eine schwere Krise, die schließlich 1986 zur Insolvenz führte.

Die Firma Hornung & Wandel GmbH & Co. KG (HOWA) hatte inzwischen die Produktion ganz eingestellt und beschäftigte nur noch zwanzig Mitarbeiter für Kollektionsentwurf (Styling), Vertrieb, Versand und Verwaltung.

Nach der Insolvenz der Firma Mestri wurde auch „HOWA" bis auf ein Einzelhandelsgeschäft aufgelöst. Das Fabrikgebäude konnte an eine Textilhandelsgesellschaft verkauft werden. Im ehemaligen Logistikgebäude, das sich noch im Eigentum des Autors befindet, hat sich 1988 die Metro-Gruppe mit einem großflächigen Einzelhandel eingemietet.

Um die Firma Mestri GmbH zu stabilisieren und dem drohenden Ausfall des großen Bundeswehrauftrages zuvorzukommen, waren schon 1982 aus der Konkursmasse der Firma Bernhard Altmann Ges.m.b.H., Wien, die Markenrechte „Bernhard Altmann" übernommen worden. Diese Firma produzierte in den Fünfziger Jahren in Wien mit rund 3.000 Mitarbeitern hochwertige, klassische Damenpullover und „Twinsets" aus Lammwolle. Die Modemarke Bernhard Altmann hatte damals in Europa einen hohen Bekanntheitsgrad. Bei seinem Staatsbesuch in Österreich im Jahr 1953 hatte sogar Chruschtschow diese Firma als Vorzeigebetrieb besucht.

Der Konkursverwalter der Bernhard Altmann Ges.m.b.H. verkaufte zusammen mit den Markenrechten an HOWA auch das große Fertigwarenlager, das bei seinem Wiederverkauf über Fabrikverkäufe einen hohen Ertrag einbrachte.

Die damalige Regierung Kreisky bot daraufhin eine Förderung zur Wiederaufnahme der Produktion an: Während die Zentrale in Wien geschlossen wurde und das große Gebäude im 15. Bezirk von der Wiener Allianz übernommen worden war, befand sich noch die Produktion mit 150 Mitarbeitern in Pinkafeld/ Burgenland. Bei Wiederaufnahme der Produktion wurden Subventionen in Höhe von ÖS 100.000 pro Beschäftigten vom österreichischen Staat zugesichert. Daraufhin wurde 1982 die Produktion im Burgenland wieder aufgenommen, die ohne Altlasten in den ersten Jahren zunächst auch erfolgreich war.

Nach dem Konkurs der Firma Mestri GmbH und der stillen Abwicklung der Firma HOWA in Kirchentellinsfurt wurden die Aktien der in Bernhard Altmann AG umfirmierten Wiener Tochtergesellschaft durch die Österr. Länderbank an die deutsche Falke-Gruppe verkauft. Diese stellte dort zunächst unter der Lizenz „Hugo Boss“ Herrenpullover her.

Die Firma Hornung & Wandel, ist ab 1924 aus kleinsten Anfängen entstanden und hatte mit den Beteiligungsgesellschaften Mestrie GmbH und Bernhard Altmann AG, etwa 400 Beschäftigte und einem Gruppenumsatz von rund 50 Millionen DM p.a. Sie hatte Mitte der 1980er Jahre ihren Zenit erreicht. Als direkte Folge der Globalisierung und der Verlagerung weiter Teile der Textil- und Bekleidungsproduktion in Länder mit einem niedrigen Lohnniveau erfolgte auch in wenigen Jahren der schnelle Niedergang.

Die Unternehmensgeschichte der Familien Wagner, Hornung und Wandel ist sicher nicht repräsentativ, aber doch ein gutes Beispiel für die Entwicklung der südwestdeutschen Textil- und Bekleidungsindustrie im 19. und 20. Jahrhundert.

FSC
www.fsc.org
MIX
Papier | Fördert
gute Waldnutzung
FSC® C083411

Kolibri 360 GmbH
Ferdinand-Jühlke-Straße 7
99095 Erfurt, Deutschland
produktsicherheit@kolibri360.de

Druck:
CPI Druckdienstleistungen GmbH
im Auftrag der
Kolibri 360 GmbH
Ferdinand-Jühlke-Str. 7
99095 Erfurt